张文江 著

管錐編讀解

修订本

引　言

若干年前，余读《管锥编》及其相关著作，时有感触与遐想。一九八九年五月，再读《管锥编》，并参阅所引书，陆续有所记，久之成帙。《管锥编》牵涉多种文化系统之多种典籍，其运用可含多种变化。《读解》阐发其部分材料，亦属变化之一，冀来者择焉。阐述较自由（complete liberty of interpretation），或有未合之处，读者谅之。

一九九五年二月

上海陈思和先生多方促成本书之写作。上海黄任轲先生、大连范旭仑先生、上海张晨先生阅读本书部分初稿，并提出宝贵意见，谨此致谢。

一九九七年十月

目　次

周易正义

论易之三名 … 1
乾 … 2
蛊 … 4
观 … 5
颐 … 8
睽 … 8
损 … 9
姤 … 10
革 … 10
震 … 12
艮 … 13
渐 … 14
归妹 … 14
系辞（一） … 16
系辞（二） … 16
系辞（三） … 17
系辞（四） … 18

系辞（五）	19
系辞（六）	21
系辞（七）	22
系辞（八）	22
系辞（九）	23
说卦（一）	24
说卦（二）	25

毛诗正义

关雎	27
卷耳	28
桃夭	29
芣苢	30
汝坟	31
行露	31
柏舟	32
燕燕	33
击鼓	33
谷风	34
泉水	35
静女	35
淇奥	36
硕人	37
氓	38
河广	38

伯兮 ……………………………………	39
木瓜 ……………………………………	41
君子于役 ………………………………	41
采葛 ……………………………………	42
叔于田 …………………………………	43
女曰鸡鸣 ………………………………	44
有女同车 ………………………………	44
狡童 ……………………………………	45
鸡鸣 ……………………………………	46
敝笱 ……………………………………	47
陟岵 ……………………………………	47
伐檀 ……………………………………	49
蟋蟀 ……………………………………	50
山有枢 …………………………………	52
驷驖 ……………………………………	53
蒹葭 ……………………………………	54
衡门 ……………………………………	56
泽陂 ……………………………………	56
隰有苌楚 ………………………………	57
七月 ……………………………………	58
鸱鸮 ……………………………………	59
四牡 ……………………………………	60
采薇 ……………………………………	61
车攻 ……………………………………	62
正月 ……………………………………	64

雨无正 ················ 67
小弁 ·················· 68
大东 ·················· 69
楚茨 ·················· 70
大明 ·················· 71
常武 ·················· 71

左传正义

隐公 ·················· 73
隐公元年 ·············· 73
庄公六年 ·············· 76
庄公十年 ·············· 78
庄公十四年 ············ 78
庄公二十八年 ·········· 79
僖公五年 ·············· 79
僖公二十二年 ·········· 83
僖公二十四年 ·········· 84
僖公二十七年 ·········· 85
僖公二十八年 ·········· 85
文公元年 ·············· 88
文公七年 ·············· 89
宣公二年 ·············· 90
宣公十二年 ············ 90
成公二年 ·············· 91
成公十年 ·············· 92

成公十五年	93
襄公九年	95
襄公十四年	96
襄公二十一年	96
襄公二十三年	98
襄公二十四年	99
襄公二十五年（一）	99
襄公二十五年（二）	100
襄公二十七年	100
襄公二十八年	102
昭公元年（一）	104
昭公元年（二）	105
昭公五年	106
昭公七年	107
昭公十二年	108
昭公十七年	110
昭公十八年	111
昭公二十年	112
昭公二十八年（一）	113
昭公二十八年（二）	114
昭公三十年	115
定公四年	115
定公十四年	116
哀公三年	117
哀公十一年	118

哀公十二年……………………………………………… 119

史记会注考证

五帝本纪……………………………………………… 121
周本纪………………………………………………… 123
秦始皇本纪…………………………………………… 124
项羽本纪……………………………………………… 131
高祖本纪……………………………………………… 136
礼书…………………………………………………… 138
律书…………………………………………………… 139
封禅书………………………………………………… 140
赵世家………………………………………………… 144
孔子世家……………………………………………… 145
陈涉世家……………………………………………… 146
外戚世家……………………………………………… 147
萧相国世家…………………………………………… 149
留侯世家……………………………………………… 149
陈丞相世家…………………………………………… 150
绛侯周勃世家………………………………………… 152
伯夷列传……………………………………………… 153
管晏列传……………………………………………… 155
老子韩非列传………………………………………… 156
孙子吴起列传………………………………………… 158
苏秦列传……………………………………………… 159
樗里子甘茂列传……………………………………… 161

孟尝君列传…………………………………… 162

春申君列传…………………………………… 162

鲁仲连邹阳列传……………………………… 163

吕不韦列传…………………………………… 165

刺客列传……………………………………… 165

李斯列传……………………………………… 166

魏豹彭越列传………………………………… 169

黥布列传……………………………………… 170

淮阴侯列传…………………………………… 170

田儋列传……………………………………… 171

郦生陆贾列传………………………………… 172

扁鹊仓公列传………………………………… 173

魏其武安列传………………………………… 175

韩长孺列传…………………………………… 178

李将军列传…………………………………… 179

匈奴列传……………………………………… 180

卫将军骠骑列传……………………………… 180

平津侯主父列传……………………………… 183

司马相如列传………………………………… 184

儒林列传……………………………………… 187

酷吏列传……………………………………… 187

大宛列传……………………………………… 189

佞幸列传……………………………………… 189

滑稽列传……………………………………… 190

货殖列传……………………………………… 193

太史公自序…………………………………… 196

老子王弼注

一章…………………………………………… 201
二章…………………………………………… 202
五章…………………………………………… 205
七章…………………………………………… 206
一一章………………………………………… 207
一三章………………………………………… 207
一四章………………………………………… 211
一七章………………………………………… 212
二六章………………………………………… 213
二八章………………………………………… 214
三九章………………………………………… 215
四〇章………………………………………… 216
四一章………………………………………… 217
四七章………………………………………… 218
五六章………………………………………… 219
五八章………………………………………… 221
七二章………………………………………… 221
七八章………………………………………… 221

列子张湛注

天瑞…………………………………………… 225
黄帝…………………………………………… 230

周穆王	233
仲尼	237
汤问	241
力命	244
杨朱	245
说符	251

焦氏易林

乾	255
坤	258
屯	260
蒙	261
师	263
比	265
小畜	267
泰	268
大有	269
谦	269
豫	270
蛊	272
噬嗑	273
贲	273
剥	274
无妄	275
大过	276

离 ……………………………………………… 277
恒 ……………………………………………… 277
大壮 …………………………………………… 278
解 ……………………………………………… 279
蹇 ……………………………………………… 280
益 ……………………………………………… 281
姤 ……………………………………………… 282
渐 ……………………………………………… 282
未济 …………………………………………… 283

楚辞洪兴祖补注

离骚 …………………………………………… 285
九歌（一）…………………………………… 293
九歌（二）…………………………………… 293
九歌（三）…………………………………… 294
九歌（四）…………………………………… 296
九歌（五）…………………………………… 297
天问 …………………………………………… 298
九章（一）…………………………………… 300
九章（二）…………………………………… 301
九章（三）…………………………………… 302
远游 …………………………………………… 303
卜居 …………………………………………… 308
九辩（一）…………………………………… 308
九辩（二）…………………………………… 310

招魂 ··· 311
大招 ··· 313

太平广记

卷二 ·· 315
卷三 ·· 318
卷四 ·· 319
卷七 ·· 319
卷八 ·· 321
卷一〇 ·· 322
卷一二 ·· 323
卷一三 ·· 324
卷一六 ·· 324
卷一八 ·· 325
卷三〇 ·· 326
卷三七 ·· 326
卷三八 ·· 327
卷三九 ·· 328
卷五〇 ·· 329
卷五二 ·· 330
卷五三 ·· 331
卷五九 ·· 331
卷六八 ·· 332
卷八〇 ·· 333
卷八一 ·· 333

卷	页
卷八八	334
卷八九	335
卷九六	336
卷九九	337
卷一〇〇	337
卷一〇一	338
卷一〇二	339
卷一一二	341
卷一三五	341
卷一三六	342
卷一四六	342
卷一六三	342
卷一六六	343
卷一六九	344
卷一七〇	345
卷一七一	345
卷一七五	346
卷一七六	346
卷一八〇	348
卷一九三	349
卷一九七	350
卷二〇〇	351
卷二〇一	352
卷二〇四	353
卷二〇七	354

卷二〇八	355
卷二一〇	355
卷二一一	358
卷二一三	360
卷二一六	360
卷二一八	361
卷二一九	361
卷二二七	362
卷二三〇	363
卷二三七	365
卷二三八	366
卷二四三	366
卷二四七	367
卷二五一	368
卷二五二	368
卷二五五	369
卷二五六	370
卷二五八	371
卷二六〇	372
卷二六二	373
卷二七三	375
卷二七五	376
卷二七六	376
卷二八三	377
卷二八四	380

卷二九一 …………………………………………… 382
卷二九二 …………………………………………… 382
卷三〇三 …………………………………………… 382
卷三一〇 …………………………………………… 384
卷三一五 …………………………………………… 385
卷三一七 …………………………………………… 386
卷三一八 …………………………………………… 386
卷三二〇 …………………………………………… 387
卷三二一 …………………………………………… 388
卷三二八 …………………………………………… 389
卷三三〇 …………………………………………… 390
卷三三二 …………………………………………… 391
卷三三六 …………………………………………… 391
卷三四九 …………………………………………… 392
卷三五三 …………………………………………… 393
卷三五八 …………………………………………… 394
卷三六二 …………………………………………… 394
卷三六三 …………………………………………… 395
卷三六八 …………………………………………… 395
卷三六九 …………………………………………… 396
卷三七七 …………………………………………… 398
卷三八三 …………………………………………… 399
卷三八九 …………………………………………… 399
卷三九三 …………………………………………… 400
卷三九九 …………………………………………… 400

卷四〇九 ……………………………………………… 401
卷四一八 ……………………………………………… 401
卷四一九 ……………………………………………… 401
卷四二〇 ……………………………………………… 403
卷四二九 ……………………………………………… 404
卷四三三 ……………………………………………… 405
卷四四二 ……………………………………………… 405
卷四四七 ……………………………………………… 406
卷四六九 ……………………………………………… 407
卷四八二 ……………………………………………… 407
卷四八六 ……………………………………………… 408
卷四九〇 ……………………………………………… 409
卷四九六 ……………………………………………… 410
卷四九八 ……………………………………………… 411

全上古三代秦汉三国六朝文

全上古三代文卷二 ………………………………………… 413
全上古三代文卷三 ………………………………………… 415
全上古三代文卷五 ………………………………………… 416
全上古三代文卷八 ………………………………………… 417
全上古三代文卷九 ………………………………………… 417
全上古三代文卷一〇 ……………………………………… 418
全上古三代文卷一四 ……………………………………… 421
全秦文卷一 ………………………………………………… 422
全汉文卷六 ………………………………………………… 422

全汉文卷一五……423
全汉文卷一六……425
全汉文卷一八……426
全汉文卷一九……428
全汉文卷二〇……429
全汉文卷二二……435
全汉文卷二三……436
全汉文卷二四……438
全汉文卷二六……439
全汉文卷三一……440
全汉文卷三七……441
全汉文卷四二……442
全汉文卷五一……443
全汉文卷五二……443
全汉文卷五六……445
全后汉文卷一三……446
全后汉文卷一四……447
全后汉文卷一五……448
全后汉文卷一八……450
全后汉文卷一九……452
全后汉文卷二四……453
全后汉文卷二五……453
全后汉文卷二八……454
全后汉文卷二九……455
全后汉文卷三五……455

全后汉文卷三六·················· 455
全后汉文卷四一·················· 457
全后汉文卷四三·················· 458
全后汉文卷四四·················· 458
全后汉文卷四六·················· 459
全后汉文卷五三·················· 461
全后汉文卷五四·················· 461
全后汉文卷五八·················· 462
全后汉文卷六九·················· 462
全后汉文卷八二·················· 463
全后汉文卷八三·················· 463
全后汉文卷八四·················· 465
全后汉文卷八八·················· 468
全后汉文卷八九·················· 468
全后汉文卷九三·················· 470
全三国文卷三···················· 471
全三国文卷八···················· 472
全三国文卷一〇·················· 474
全三国文卷一四·················· 475
全三国文卷一五·················· 475
全三国文卷一六·················· 476
全三国文卷一八·················· 478
全三国文卷二五·················· 479
全三国文卷三三·················· 480
全三国文卷三八·················· 482

全三国文卷三九……………………………………… 483

全三国文卷四二……………………………………… 483

全三国文卷四三……………………………………… 484

全三国文卷四六……………………………………… 486

全三国文卷四七……………………………………… 487

全三国文卷四八……………………………………… 489

全三国文卷四九……………………………………… 490

全三国文卷五〇……………………………………… 492

全三国文卷五八……………………………………… 493

全三国文卷六二……………………………………… 494

全三国文卷七一……………………………………… 494

全三国文卷七五……………………………………… 495

全三国文卷七五……………………………………… 495

全晋文卷七…………………………………………… 497

全晋文卷一八………………………………………… 498

全晋文卷二二………………………………………… 500

全晋文卷二六………………………………………… 501

全晋文卷三〇………………………………………… 506

全晋文卷三七………………………………………… 508

全晋文卷四六………………………………………… 510

全晋文卷五〇………………………………………… 510

全晋文卷五二………………………………………… 512

全晋文卷五九………………………………………… 512

全晋文卷六一………………………………………… 514

全晋文卷七一………………………………………… 515

全晋文卷七四 …… 515
全晋文卷七五 …… 516
全晋文卷八三 …… 517
全晋文卷八六 …… 517
全晋文卷九五 …… 521
全晋文卷九六 …… 522
全晋文卷九七 …… 523
全晋文卷九九 …… 531
全晋文卷一〇二 …… 532
全晋文卷一〇五 …… 534
全晋文卷一〇七 …… 534
全晋文卷一一一 …… 535
全晋文卷一一二 …… 536
全晋文卷一一三 …… 539
全晋文卷一一六 …… 540
全晋文卷一二一 …… 542
全晋文卷一二二 …… 543
全晋文卷一二五 …… 543
全晋文卷一三四 …… 544
全晋文卷一三七 …… 545
全晋文卷一三八 …… 547
全晋文卷一三九 …… 549
全晋文卷一四三 …… 550
全晋文卷一四六 …… 552
全晋文卷一五八 …… 553

全晋文卷一六一	556
全晋文卷一六四	557
全晋文卷一六五	558
全宋文卷一五	559
全宋文卷二〇	562
全宋文卷三一	564
全宋文卷三二	565
全宋文卷三三	567
全宋文卷三四	567
全宋文卷三六	569
全宋文卷四六	570
全宋文卷四七	571
全宋文卷四八	572
全宋文卷五五	573
全宋文卷六二	575
全宋文卷六四	576
全齐文卷八	577
全齐文卷一二	578
全齐文卷一五	579
全齐文卷一九	581
全齐文卷二五	581
全齐文卷二六	584
全梁文卷一	586
全梁文卷五	588
全梁文卷六	589

全梁文卷一一……………………………………………… 591
全梁文卷一九……………………………………………… 593
全梁文卷二〇……………………………………………… 594
全梁文卷二八……………………………………………… 595
全梁文卷二九……………………………………………… 595
全梁文卷三二……………………………………………… 596
全梁文卷三三……………………………………………… 597
全梁文卷三八……………………………………………… 597
全梁文卷三九……………………………………………… 599
全梁文卷四五……………………………………………… 600
全梁文卷四六……………………………………………… 601
全梁文卷四七……………………………………………… 603
全梁文卷五二……………………………………………… 607
全梁文卷五三……………………………………………… 608
全梁文卷五四……………………………………………… 608
全梁文卷五五……………………………………………… 609
全梁文卷五七……………………………………………… 610
全梁文卷五九……………………………………………… 611
全梁文卷六〇……………………………………………… 612
全梁文卷六六……………………………………………… 612
全陈文卷六………………………………………………… 613
全陈文卷九………………………………………………… 614
全陈文卷一〇……………………………………………… 614
全陈文卷一一……………………………………………… 615
全后魏文卷二七…………………………………………… 615

全后魏文卷三一 …………………………………… 616
全后魏文卷五八 …………………………………… 617
全北齐文卷二 ……………………………………… 618
全北齐文卷八 ……………………………………… 619
全北齐文卷九 ……………………………………… 620
全后周文卷八 ……………………………………… 620
全后周文卷二〇 …………………………………… 621
全后周文卷二二 …………………………………… 622
全后周文卷二四 …………………………………… 622
全隋文卷六 ………………………………………… 623
全隋文卷一〇 ……………………………………… 624
全隋文卷一九 ……………………………………… 625
全隋文卷二〇 ……………………………………… 626
全隋文卷二四 ……………………………………… 627
全隋文卷三一 ……………………………………… 628
全隋文卷三三 ……………………………………… 628

修订本后记 ………………………………………… 631

周 易 正 义

论易之三名

《管锥编》论"易一名而含三义",引《庄子·齐物论》:"以是其所非,而非其所是。……物无非彼,物无非是。……彼出于是,是亦因彼,彼是方生之说也。……因是因非,因非因是。……是亦彼也,彼亦是也。彼亦一是非,此亦一是非。"按可作为《庄子》所理解之易象。若非"齐物"以平等诸象,何能见其因是因非之变化?彼是莫得其偶,此所谓道枢也。且因变者又可变,故彼是两无尽也。此绝对变化之说,乃所以化解《淮南子·齐俗训》"是与非各异,皆自是而非人"。引《墨子·经上》:"已:成,亡",按两义可相成,《庄子·齐物论》:"其分也,成也;其成也,毁也。凡物无成与毁,复通为一"(《庚桑楚》论"道通"略同);至于"方生方死"、"方死方生"之说,亦刹那刹那成毁也。

《管锥编》引歌德深非诗有笺释(Auslegung),以为释文不啻取原文而代之。此极是，因经籍原文，终究超越一切笺释，自足其义。且诗者，玲珑剔透，不可方物，而笺释者，把事物摊成平面（explain）是也。然笺释之妙者，与原文亦即亦离，互通声气，亦能自成一诗，《七缀集·林纾的翻译》所谓："囮、讹、讹、诱、译、化也。"引《礼记·乐记》（按当作《学记》）："不学博依，不能安诗。"按天地万物无不可依，此"博依"之象，《论语·阳货》"兴、观、群、怨"乃至"多识于鸟兽虫鱼之名"，皆"博依"也，此以质言，犹"格物"之旨。《管锥编》引郑玄注"广譬喻也"，则以文言，文质宜相宣也。引《汉书·东方朔传·赞》："依隐玩世，……其滑稽之雄乎"，此"隐"字似含"隐世"、"隐语"二义。如淳注"依违朝隐"，似解其隐世义，钟、谭《古诗归》引朔《诫子诗》谓"圣人之道，一龙一蛇，形见神藏，与物变化"是也。《史记·滑稽列传》"淳于髡喜隐"，则解其隐语义，亦成其说。两解可融贯，如《诫子诗》解"依隐玩世"为"诡时不逢"是也。

乾

"乾、元亨利贞"；《正义》："天者，定体之名；乾者，体用之称。故《说卦》云'乾、健'者，言天之体以健为用。"按《周易》不言体用，《正义》乃不得不言者，此经、注之所以异也。《周易》首乾，乾者亦体亦用，所以自强不息。《管锥编》引范缜《神灭论》："神之于质，犹利之于刀；形之于用，犹刀之于利"；《法宝坛经·定慧》："定是慧体，慧是定用，犹如灯光，有灯即光，无灯即暗。"刀利、灯光可分乎？故体用不可分也。引顾炎武与李颙札附见《二曲集》卷一六："魏伯阳《参同契》首章云：'春夏据内体，秋冬当外用'；伯阳，东汉人也。……是则并举'体'、'用'，始于伯阳，而惠能用之。"观中国文化发展脉络，道、禅两家各有所主，然未必无潜通之处，借用名词，或仅一端。道家主修炼工夫次第，禅家主一超直入，亦可相辅相成。道家《参同契》，禅家或弃之，或阅之，实无碍也。

禅家亦有《参同契》，《五灯会元》卷五石头希迁章次载石头著《参同契》，"竺土大仙心，东西密相付。……灵源明皎洁，枝派暗流注"是也。《谈艺录》二八亦引及石头《参同契》，"执事原是迷，契理亦非悟"者，所以扫空事障理障，此宜反身自验，"如鱼饮水，冷暖自知"是也。引及晁说之《〈太玄〉准〈易〉图》云云，亦可注意。能知《太玄》准《易》，乃知易学发展之理，乾健生生，二元一也。又《太玄》准《易》，涉及康节与温公之关系。康节治《易》，温公治《太玄》，温公兄事康节，亦非偶然。

"象曰：天行健"；《正义》："或有实象，或有假象。实象者，若地上有水（脱"比"字）、地中生木升也；皆非虚言，故言实也。假象者，若天在山中、风自火出；如此之类，实无此象，假而为义，故谓之假也。"按象者象其物宜，唯变所适，虚实宜变通之，所以妙也。易象广包三才，且与诗象相通，故中国典籍《易》、《诗》之象变化最为活泼，不可以一端限。清末廖平称天人之书，超乎六合之外是也。

《管锥编》引西方哲人谓义理之博大创辟者每生于新喻妙譬，至以譬喻为致知之具，穷理之阶。按此因新譬灵光独耀，迥脱根尘，犹《谈艺录》六〇引雪窦偈称"苍鹰生擒"，能见及事物之隐秘联系，故能致知也。时过境迁，亦不宜执，释氏称权宜方便是也。引王弼《易略例·明象》："故言者所以明象，得象而忘言；象者所以存意，得意而忘象。……然则忘象者乃得意者也，忘言者乃得象者也。……义苟在健，何必马乎？类苟在顺，何必牛乎？"按此即"扫象"之说。因《易》之拟象不即是也，然仍有其不离：凡易象，即之则可离，不即则不可离，即之乃所以离之。"得意忘象"、"得象忘言"，可，"忘象者乃得意者也"、"忘言者乃得象者也"，反言之则非。王弼"扫象"乃易学之大损失，有误导之过焉。又易象之不即不离，《管锥编》重其不即；诗象之不离不即，《管锥编》重其不离。或有不即不离者？是所谓中道矣。

蛊

《象》："初六：干父之蛊，有子，考无咎。"《注》："干父之事，能承先轨，堪其任者也，故曰'有子'也。"按句首"《象》"字衍。《管锥编》谓"干蛊"之解有二：一、"古训"，理事之义，《序卦》："蛊者，事也。"虞翻、李鼎祚皆以能继父之志事为解。二、宋以后始有训"干蛊"为盖父之愆，如舜之于瞽叟，禹之于鲧者。按两解当以一为主，亦可兼通二。《左传》昭公元年："在《周易》，女惑男，风落山，谓之蛊。"蛊之象，风为山所阻挡，郁塞不通也，故有事，宜治之，治者干也。

凡历代继承之间，必有事，子干父蛊，既继父之志事，又纠父之错失，此即盖父之愆，故"有子，考无咎"。此犹"奥伏赫变"扬弃义，扬弃亦即继承，有后方有先，故《象》曰："干父之蛊，意承考也。"于卦象"干蛊"为发初爻之伏阳，爻辞由发阳言，故有承先轨堪任意，《象》由转阴言，乃兼有补过盖愆意，两意当相合也。宋以后仅执此爻盖愆之意，为尊、贤者讳，故阴霾重重，清阳埋藏而不发也。今仍恢复古训以"干蛊"为干事，乃超越"代沟"（generation gap）以见进化之形象。

观

《彖》："圣人以神道设教而天下服矣。"按《观·彖》有二大义：一为"大观在上"，一为"下观而化"；"观天之神道而四时不忒"相应前者，"圣人以神道设教而天下服矣"相应后者。而卦辞"盥而不荐，有孚颙若"，谓孚此天人之际,《中庸》称"声色之于化民,末也。……上天之载,无声无臭,至矣"。《观·彖》之"观天之神道"与"神道设教"当联系以观,此与宗教起源相关,然非仅指宗教。于《易》言,"神"即《系辞》上之"阴阳不测之谓神","道"即《系辞》上之"一阴一阳之谓道",观"神道"而"四时不忒",犹认识自然规律,故可"设教"。能"大观在上"者,或能理解并欣赏宗教,而不为其所囿。其间变化万状,虽有不可究诘处,仍有"四时不忒"之规律在,此规律《周易》以种种象数喻之,故可"设教"。

《管锥编》引十八世纪英国史家吉朋(Gibbon)谓:众人(the people)视各教皆真(equally true),哲人(the philosopher)视各教皆妄(equally false),官人(the magistrate)视各教皆有用(equally useful)。按此极是,乃一语道破统治者愚民之天机。谓吾国古人每借天变以谏诫帝王,然君主复即以此道还治臣工,有灾异则谴咎公卿。按此君臣相互钳制之法,或不得不然。《增订》一引《吕氏春秋·乐制》称"荧惑者,天罚也。……祸当于君;虽然,可移于宰相,……可移于民,……可移于岁",此似谓能量转移需寻找相应承担者,而社会发展有其阳面,亦不得不有其阴面。移入阴面者,被牺牲、被放弃、被成为代价,可不悚惕乎?引《荀子·天论》:"日、月食而救之,天旱而雩,卜筮然后决大事,非以为得求也,以文之也;故君子以为文,而百姓以为神。"杨倞注:"顺人之情,以为文饰。"按卜筮以求概率，重要在判断之理与决断之人，其间有神思寓焉。顺人情以为文，于古代亦不得不然。得其判断之理乃至神思者或无需形式，故《荀子·大略篇》谓"善为《易》者不占"是也。

《管锥编》引马克思谓宗教乃人民对实际困苦之抗议，不啻为人民之鸦片（引《黑格尔法哲学批判》，非《神圣家族》），乃全书征引四段马克思恩格斯著作之一（其余三段为《左传》卷襄公二十八年引《共产党宣言》，《史记》卷《秦始皇本纪》引《德意志意识形态》，《全上古三代秦汉三国六朝文》卷《全后周文》卷二四注引马克思恩格斯《全集》）。此四段征引中，尤以本段论"神道设教"与四段论"末派失开宗之本真"最为尖锐。《管锥编》写作于"文化大革命"期间，于当时条件下引述马克思以破除宗教迷信，正是作者之时代感觉，需要极大之勇气。《管》书以征引方式体现出来于整个西方文化发展中认识马克思之方法，既为对前辈学者之尊敬，于当时亦有破除"执一"之道之现实意义。参观《谈艺录》补订115页引恩格斯《反杜林论》，《七缀集·诗可以怨》注引柏拉威尔《马克思与世界文学》。

又《易》有"观"、"止"二义。"止"即《艮·象》释"艮止"："时止则止，时行则行，动静不失其时，其道光明"；"观"即《观·象》释"大观"："大观在上，顺而巽，中正以观天下。"此"观"、"止"或"止观"双成之道，即后世天台"止观"法之中国文化来源。又《易·观·象》之"大观"，可参观《庄子·逍遥游》鲲化鹏海运徙于南冥之象："野马也，尘埃也，生物之以息相吹也。天之苍苍，其正色邪？其远而无所至极邪？其视下也，亦若是则已矣。"怒飞间有此一念疑惑，乃大观时之上出过程。

颐

"象曰：君子以慎言语，节饮食"；《正义》："病从口入，祸从口出。"按《大象》、《正义》之"节饮食"、"病从口入"，所关注为生物学之人，而"慎言语"、"祸从口出"，所关注为社会学之人。贯通其间极要，故初得灵龟之气，乃成小乘修身之功，上有利涉大川之庆，乃成大乘济世之功，此所以颐生而大过死也。《管锥编》引武王《机铭》"囗戕囗"等云云，皆黄帝《金人铭》"我古之慎言人也。戒之哉，戒之哉"之义。引《易林·否》之《巽》"杜口结舌，言为祸母"，参观《噬嗑》之《大有》："国多忌讳，大人恒畏，结口无患，可以长存。"《管锥编》谓人之惧祸过于畏病，而处世难于摄生，回顾作者著书时所身处之社会状况，其苍凉之意，尽在不言中矣。

睽

"象曰：火动而上，泽动而下。二女同居，其志不同行。……天地睽而其事同也，男女睽而其志通也，万物睽而其事类也。睽之时义大矣哉！"《管锥编》引《革·彖》："二女同居，其志不相得。"按以"两象易"而论，睽兑下离上，革离下兑上，故皆曰"二女同居"。睽离火炎上兑泽润下，其象相违，故曰"其志不同行"；革兑泽下施灭火，离火炎上烧水，故曰"其志不相得"。然调济以变其象，乃有大用，故睽、革之"时用"或"时"皆"大矣哉"。《易》有十二时卦，分"时"、"时用"与"时义"。

引《咸·彖》："咸，感也。柔上而刚下，二气感应以相与。……男下女。"此明阴阳宜相反相成、互济互补，《周易尚氏学》卷一"阳遇阳则窒，阳遇阴则通"是也。引《左传》昭公二十年论"和"与"同"："若以水济水，谁能食之？琴瑟之专壹，谁能听之？同之不可也如是。"极是，下云"济其不及，以泄其过，君子食之，以平其心"，乃达成"中道"之象。此辨阴阳之性，相关易理，故明成祖敕撰《永乐琴书集成》卷一《序琴》引《琴操》曰："扶羲作琴，修身理性，返其天真也。"

损

"象曰：君子以惩忿窒欲。"按惩、窒者，犹《老子》四八章"损之又损"也。《管锥编》引《礼记·坊记》："君子约言，小人先言。"按即《系辞》下十二章"吉人之辞寡，躁人之辞多"。参观《论语·里仁》："以约失之者鲜矣。"

《老子》六七章："不敢为天下先。""小人先言"者，躁也。

姤

"女壮，勿用取女。……初六：羸豕孚蹢躅。"按《易》十二辟卦消息，有扶阳抑阴义，故于复初赞"见天地之心"，姤初则曰"女壮，勿用取女"。姤初一阴为卦主，卦辞对应初六爻义："系于金柅，贞吉，有攸往，见凶。羸豕孚蹢躅。""系于金柅"者，金柅为刹车，所以止阴上消，卦辞"勿用取女"是也。"羸豕孚蹢躅"者，即卦辞"女壮"，为躁动不安之象，"孚"谓一心上消。《易》于复初一阳始生而言"复小"，姤初一阴始生即言"女壮"者，初阴上消之势可畏也。坤初爻"履霜，坚冰至"，《文言》以"积善"、"积不善"之"非一朝一夕之故"释之，即此爻"有攸往，见凶"之义，故于复初、姤初，宜辨始也。

革

"彖曰：革，水火相息"；《注》："变之所生，生于不合者也。息者，生变之谓也"；《正义》："既相侵克，其变乃生。"《管锥编》谓"息"兼生息、灭息两义。按相灭亦相生，相反而相成。于《易》消息有二义，一为既济未济消息，一为十二辟卦消息。革属既济未济消息，《管锥编》引观、姤等属十二辟卦消息，革之"生变"当变于四，爻辞"改命吉"是也。引及《周礼》"保息以养万民"谓培养民力；引《孟子》"夜之所息"谓存夜气；引《汉书·高帝纪》"臣有息女"，息谓所生，古又有"息男"；引《货殖传》"息二千"谓利息，钱生子也，既有"金戈戈"矣（参观《史记》卷论《货殖列传》、《全晋文》卷论《钱神论》），则又有息子也。此皆生息意。《管锥编》本卷引及《中庸》"不息则久。……如此者不见而章，不动而变，无为而成。……其为物不贰，则其生物不测"，此处又引"不息则久"一句（误作《易》），此则止息意。所引《左传》（按出《孟子·离娄》下）"王者之迹息"虽可训止，然细玩仍有未灭意，盖息于此者生于彼。息者，潜生也。《五灯会元》卷七德山宣鉴章次记龙潭吹灭纸烛，德山大悟，或即悟此。又所引《太玄经·格》之次六："息金消石，往小来弈"，"弈"一本作"奕"（司马光《集注》本）。《测》曰："息金消石，美曰大也"，小与大对，奕者大也。

"初九：巩用黄牛之革。象曰：巩用黄牛，不可以有为也"；《注》："在革之始，革道未成。……巩，固也；黄，中也；牛之革，坚仞不可变也。"《管锥编》引遯之六二："执之用黄牛之革，莫之胜说。"按革属既济未济消息，初九革道之始，乾元正位，必坚固不可变，方可变四，四变则五、上从之，故巩用黄牛之革也。革故鼎新，其事殊艰，革下三爻以持重为主，故初"巩用黄牛"，二"已日乃革"，三"革言三就"，皆谓不可轻变。而革上三爻于四爻革后，五、上以顺势从革为主，故四"改命吉"，五"大人虎变"，上"君子豹变，小人革面"。盖欲变者，必有其坚强不可变者存。故变与不变，乃时势使然，宜治历明时以处之也。遯属十二辟卦消息，其要在二，"说"同"脱"，"莫之胜说"谓重重束缚，以革坚固难变，故置于二以阻止初阴之上消成否。革初、遯二用"黄牛之革"皆谓不宜变，然时位不同，意亦有异也。

震

"六三：震苏苏；上六：震索索"；《正义》："畏惧不安之貌。"按初九、九四震动之源，六三、上六震动之地，故畏惧不安也。卦辞有"虩虩"、"哑哑"之变，又有"震惊"、"不丧"之别，"虩虩"即"苏苏"、"索索"也。知震动之源而得本，识乾元之力而定心，所以免"苏苏"、"索索"之不安也。

《管锥编》引虞翻云云；按唐以前传统易学可分《周易正义》与《周易集解》两大系，有重义理与重象数之不同，《集解》重镇在虞翻。清代治汉易者有四家宜读：惠栋、张惠言、姚配中、曹元弼，时代相承而各有其学，姚氏申虞翻之说，亦顺理成章。又《管锥编》引《周易姚氏学》卷二当作卷一二。

艮

"艮其背，不获其身；行其庭，不见其人。无咎。"按"艮其背，不获其身"谓无我，"行其庭，不见其人"谓无人，前者静中之止，后者动中之止，无我无人，观而止也。《朱子语类》卷七三解曰："'艮其背，不获其身'，只见道理所当止处，不见自家身已。不见利，不见害，不见痛痒，只见道理。如古人杀身成仁，舍身取义，皆见道理所当止处，故不见其身。'行其庭，不见其人'，只是见得道理合当恁地处置，皆不见张三李四。"又："《语录》中有云：'周茂叔谓：看一部《华严经》，不如看一艮卦。'下面注云：'各止其所。'他这里却看得'止'字好。"释义颇明。此处"周茂叔"云云，见《河南程氏遗书》卷六："看一部《华严经》，不如看一艮卦"；又卷十一："周茂叔谓一部《法华经》，只消一个艮卦可了。"《管锥编》谓《注》及《正义》引老、庄、列之说。按易道广大，以三教通之，未必已足，而斤斤于汉宋、郑朱、儒道、易老等门户者更非。郑玄能明家法而不谨守家法是其长，且已通今、古文，能破能立，方为大师。

《管锥编》谓"隔物欲"而取于背，有二义焉。一者不见可欲，引魏泰所谓"闭目不窥，已是一重公案"(《东轩笔录》卷一二)；此尚可属空间。《朱子语类》卷一二："才要坐忘，便是坐驰。"二者见不可欲，引《红楼梦》第一二回"风月宝鉴"面为美妇，背为髑髅；此可兼属时间，犹释氏之"白骨观"也。观此镜所以自儆生死无常，繁华不实，然背、面尚可互转，有圆通之象。或径直打破，亦是一法。参观《五灯会元》卷九沩山曰："若悟得本他自知时，修与不修是两头语。"又卷一慧可韬光晦迹，变易形相，出入酒肆屠门，或问之，曰："我自调心，何干汝事？"

渐

"九三：鸿渐于陆。夫征不复，妇孕不育。"按渐卦以鸿渐示爻象，渐陆乃有九三、上九之别。三初入人道，涉世而世涉之，入而不出，故有此难。此犹《围城》人物取名"方鸿渐"焉，恰当三爻人道不安之象。上九之渐陆，其渐由初、二、三、四、五而上，世涉而涉世之，由天而人，出而能入，阴阳已和，故"其羽可用为仪，吉"也。"羽"而为"仪"，阴阳相和之美也，故夫征而复，妇孕而育矣。

归妹

"初九：归妹以娣，跛能履。九二：眇能视"；又《履》之"六三：眇能视，跛能履。象曰：眇能视，不足以有明也；跛能履，不足以与行也"。《管锥编》发凡论比喻有两柄复具多边。按此为《管》书重要见地之一，贯穿全书，比喻有两柄多边，其变不可胜穷也。

《管锥编》引晋慧远《鸠摩罗什法师大乘大义》卷上，称"法身同化"，无四大五根，"如镜中象、水中月，见如有色，而无触等，则非色也"，盖以扬之；言"幻化梦响"，如"镜象、水月，但诳心眼"，又以抑之。按此以誉毁当阴阳，可二，亦可不二，因至玄妙者即此虚妄者也。识浮世虚妄无异于至道玄妙，犹《心经》之"色不异空"，识至道玄妙无异于浮世虚妄，犹《心经》之"空不异色"。此即色即空、即空即色、二与不二之理，亦如《管锥编》引《墨经》言坚若白之在石，"不相外"而"相盈"，或犹《楞严经》言空与土之在"法界"，"二性周遍"而"不相陵灭"是也。"镜花水月"之喻，参观《谈艺录》补订306页引《大智度论·十喻释论》举十喻："如幻，如焰，如水中月，如虚空，如响，如揵闼婆城，如梦，如影，如镜中像，如化"，《金刚经》举"六如"："一切有为法，如梦、幻、泡、影，如露亦如电，应作如是观。"

《管锥编》引《华严经·世主庄严品》（当作"妙严品"）"如来法身不思议，如影分形等法界"，极是，华严法界帝网重重之象，亦可与管窥锥指之象相成，即多即一，即一即多，皆无尽也。又所引《坤》六四"括囊"之喻，其理无误，因坤四非乾四"或跃"之时，故宜"括囊"，《荀子·非相》斥为"腐儒"，未知时位也。引周亮工《书影》卷一〇"佛氏有'花友'、'秤友'之喻，花者因时为盛衰，秤者视物为低昂"；按此喻出支谦译《孛经》："有友如花，有友如称，有友如山，有友如地。……何谓如花？好时插头，萎时捐之，见富贵附，贫贱则弃，是花友也。何谓如称？物重头低，物轻则仰，有与则敬，无与则慢，是称友也。"

系辞（一）

《系辞》上四章："一阴一阳之谓道。"按与同章"阴阳不测之谓神"构成《易》之神道观。《庄子·天下篇》："易以道阴阳。"故阴阳也，道也，易也。《老子》首章开宗明义："道可道，非常道；名可名，非常名。"亦可与此相参。道之变化不可测不可穷，阴阳变化亦不可测不可穷，名从之，故可名非常名，其变亦不可穷也。

系辞（二）

《系辞》上五章："显诸仁，藏诸用，鼓万物而不与圣人同忧。"《管锥编》引《注》："万物由之以化。……圣人虽体道以为用，未能至（按当作"全"，形近致误）无以为体，故顺通天下，则有经营之迹也。"参观《世说新语·文学》引王弼曰："圣人体无，无又不可以为训，故言必及有。"引古希腊哲人谓有道之士契合自然（Life in agreement with

Nature），心如木石，无喜怒哀乐之情（Apathy）。颇似旧题达磨著《略辨大乘入道四行论》所谓"壁观"："凝住壁观，无自无他，凡圣等一，坚住不移。"然内涵未必尽同，盖契合自然者，乃理解生物与非生物之相应关系，非仅谓心如木石也。《管锥编》引斯宾诺莎《伦理学》"上帝无情感"（Deus expers est passionum），又引《世说新语·伤逝》王衍曰："圣人忘情。"此或即《说文》性阳情阴之说，要在性其情，即《参同契》中篇"推情合性"，如此钟物乃至钟情者，皆可化之。《庄子·大宗师》（《养生主》略同）论"古之所谓'悬解'"："安时而处顺，哀乐不能入也。"

系辞（三）

《系辞》上九章："夫易，圣人之所以极深而研几也。"按本章谓《易》有圣人之道四：以言者尚辞，以动者尚变，以制器者尚象，以卜筮者尚占，而与之以天下之至精、至变、至神，故"夫易，圣人之所以极深而研几也"，而"唯神也，故不疾而速，不行而至"。《管锥编》引《系辞》下："知几其神乎！几者动之微，吉之先见者也。"韩康伯《注》引及《老子》六四章："其安易持，其未兆易谋，其脆易泮，其微易散，为之于未有，治之于未乱。合抱之木，生于毫末；九层之台，起于累土；千里之行，始于足下。"于《易》犹复姤消息，亦即《系辞》下九章："其初难知，其上易知，本末也。"其初其微犹"本",其上其著犹"末"也。

引范应元《道德经古本集注》引唐傅奕云:"几者,幽而无象也",此似无也;引张载《坤化》(按当作《神化》,本卷《乾》引此无误):"几者,象见而未形也",此似有也;有无之际,宜两通之。而能察"动之微"者,斯知"几"矣。能知"几"者,有吉而无凶也。然《易》贵"逆数",《老》又非"前识",何也?《老子》三八章"前识者,道之华而愚之始",《韩非子·解老》:"先物行,先理动之谓前识;前识者,无缘而妄意度耳",阐发甚明。知《易》、《老》可分可合,观道执行,乃知"几"也。《管锥编》论"势",引米凯朗吉罗论雕塑人物,必选其"郁怒"(furia)之态,聚力作势,一触即发(action barely restrained)。按"势"中仍有"几",得其"几"或可制其"势"。引苏诗《高邮陈直躬处士画雁》:"野雁见人时,未动(按当作"起")意先改",此即生物之"几",时时移易也。

系辞(四)

《系辞》上十章:"圣人以此洗心,退藏于密。"《注》:"洗濯万物之心。"《管锥编》引《系辞》下云:"圣人以此斋戒,以神明其德夫。"《注》:"洗心曰斋,防患曰戒。"按本章上云《易》"冒天下之道",圣人"以通天下之志","以定天下之业","以断天下之疑",由"天下"而言,故《注》

云"洗濯万物之心";而下云"圣人以此斋戒",乃由"退藏于密"而言,故亦"洗濯"己之心。"洗濯万物之心"与"洗濯"己之心绝不相违,乃"圣人"之心量也,《注》似无误。

后世"洗心"当指"洗濯"己之心,陆游《剑南诗稿》卷一二《自咏》:"晨兴聊取经遮眼,夜坐时凭《易》洗心。""遮眼"用《五灯会元》卷五药山惟俨章次,僧问:"和尚寻常不许人看经,为甚么却自看?"师曰:"我只图遮眼。""洗心"即用《系辞》。"洗心"《集解》作"先心",虞翻解"先心"为"知来"。按"洗心"与"先心"亦可通。《老子》十章:"涤除玄览,能无疵乎?"河上公注:"当洗其心,使洁净也。心居玄冥之处,览知万事,故谓之玄览也。""洗心"犹"涤除玄览",虞翻注"乾神知来,坤知藏往。来谓先心,往谓藏密",犹河上公注"览知万事",是即"先心"矣。

系辞(五)

《系辞》上十章:"吉凶与民同患。"《正义》:"凶虽民之所患,吉亦民之所患也;既得其吉,又患其失,故《老子》云'宠辱若惊'也。"按与上则同章,紧接上则。"洗心"内圣,"同患"外王。观《系辞》所言,重在"圣人",《正义》略异,重在"民"。二义并观,当以《系辞》原文为主。此句马王堆帛书作"吉凶与民同顴(愿)","顴"(愿)字极有理，可参考之。凡"吉凶与民同顈（愿）"由正面言，"吉凶与民同患"由反面言，圣人去大衍不用之一，化于四十九，自破其体也。故吉为愿（患），凶亦为愿（患），破吉破凶，无所执也。马王堆帛书《二三子问》："君子智（知）难而备〔之，则〕不难矣。见几而务之，……务几者，成存其人，不言吉凶矣。"亦可笺其义。《系辞》所言，为后世中土大乘思想之基。

"吉凶与民同患"，《正义》以"既得其吉，又患其失"解之，虽为人情之常，然思想境界已略异。而《管锥编》解此句谓"凶"为患，"吉"非患，又成一说。此诸解不同，因《系辞》、《正义》从事哲学分析，《管锥编》从事修辞分析，观察角度不同，结论亦不同。引《礼记·学记》："君子知至学之难易"，通难易也，不知难，何以知易？知难易、美恶而能博喻，可以为师矣。引《左传》昭公四年："子产曰：'苟利社稷，生死以之'"，通生死也。后世林则徐《赴戍登程口占示家人》诗云："苟利国家生死以，岂因祸福避趋之。"凡为国从政者，当有此心量云。

引《史记·匈奴列传》："举事而候星月，月盛壮则攻战，月亏则退兵。"此言"月"而兼言"星"，因日、月为太阳系，星为银河系，背景坐标有星有月，乃提高判断之时间数量级，故"星"、"月"兼言，似亦可也。又月盛壮则攻战，月亏则退兵，似古代理解之行军方式，其理关涉生物钟，犹今之波浪理论，潮起又潮落也。

系辞（六）

《系辞》下三章："子曰：'天下何思何虑；天下同归而殊途，一致而百虑。'"《注》："苟识其要，不在博求，一以贯之，不虑而尽矣。"按"百虑"后《系辞》又言"天下何思何虑"。此即本章中心，首尾两言，所以呼应，故中间包以"天下同归而殊途，一致而百虑"，且启下"日往则月来，月往则日来"云云，乃见天地生物本来如此，则"天下何思何虑"？所谓"道法自然"、道即自然也。《管锥编》引《史记·自序》论六家要旨引《易大传》谓不谋而合，引韩《注》谓执简驭繁，皆有一，"天下何思何虑"则无一，有一与无一互成，方可完备，亦即《易》生生不息之变。

《管锥编》引《象山全集·杂说》："千万世之前有圣人出焉，同此心，同此理也；千万世之后，有圣人出焉，同此心，同此理也；东、南、西、北海有圣人出焉，同此心，同此理也。"按此即陆九渊之大省处，故曰："宇宙内事，是己分内事；己分内事，是宇宙内事。"又曰："宇宙即是吾心，吾心即是宇宙。"合宇宙世界为一而人参其中，乃陆氏思想中心点，然《系辞》"天下何思何虑"与此仍有同异，因并此一亦可化之。此所以中华学术之证量其广无边，且可汇通其他学术互相印证而共谋发展也。又此亦《管》书治学之理想所在，《谈艺录·序》云："东海西海，心理攸同；南学北学，道术未裂"，前句用及陆氏言，后句用及《庄子·天下篇》，见《史记》卷论《太史公自序》。

系辞（七）

《系辞》下三章："屈信相感，而利生焉。尺蠖之屈，以求信也。"按与上则同章。此自然之理，亦生物自我保存之本能，所以发展进化也。屈信相感于《易》当消息，阴极则阳生，阳极则阴生矣。《管锥编》引《块肉余生述》（David Copperfield）云云。按此书作者于"文革"下放干校时曾再读，并作过各种记号[①]；不知此时是否体会屈信相感之《易》义？处身于广阔天地，宜看云看天，亦宜验学于心矣。又密考伯欲借小债，为发大财之地，曰"吾之小退却，将以大距跃也"（fallen back, for a spring），此于商今云"启动资金"。引《六韬·武韬·发敌》云云，"敌"当作"启（啟）"，"敛翼"、"俯伏"者，所以待时也。

系辞（八）

《系辞》下八章："物相杂，故曰文。"按《系辞》下九章："《易》之为书也，原始要终，以为质也。六爻相杂，唯

---

① 李文俊《同伙记趣》，《文汇读书周报》1992年4月4日。

其时物也。"又一〇章："道有变动，故曰爻。爻有等，故曰物。物相杂，故曰文。文不当，故吉凶生焉。"此"物相杂"，即"六爻相杂"；"物"谓阴物阳物，阴阳之变，是即爻也。虞翻注："阴阳错居称杂，时阳则阳，时阴则阴，故唯其时物也。"又："纯乾纯坤之时未有文章，阳物入坤，阴物入乾，更相杂成六十四卦，乃有文章，故曰文也。"又《周易姚氏学·赞元》第一"元发为画，画变成爻，爻极乃化"，亦其义也。《老残游记》十一回解"爻"字云："一撇一捺，这是一交；又一撇一捺，这又是一交；天上天下一切事理尽于这两交了。初交为正，再交为变，一正一复，互相乘除，就没有纪极了。"又《国语·郑语》史伯对郑恒公云云，可参观《史记·郑世家》，乃西周灭亡前统治阶层中两位清醒者对天下形势之分析。此后郑室东迁，即为西周东迁之先声。而史伯等之智慧，又可见柱下史出现之文化背景。中国东周文化之灿烂，有西周文化之基础。

系辞（九）

《系辞》下八章："危者使平，易者使倾"；《注》："易，慢易也。"与上则同章。《管锥编》述正反相成、盈缺相生之理。按"危者使平，易者使倾"，于本章归于"惧以终始，其要无咎"，此《易》所以为忧患之书，亦所以为补过之书也。《论语·述而》："加我数年，五十以学《易》，可以无大过矣!"

《管锥编》谓希腊古文学好咏叹"造化嘲弄"、"鬼神忌盈"、"报应"（Irony of Fate, Divine jealousy, Nemesis），犹《老子》三十章之"其事好还"。引扬雄谓"炎炎者灭，隆隆者绝，高明之家，鬼瞰其室"，于《易》当丰上之象："丰其屋，蔀其家，窥其户，阒其无人，三岁不觌，凶。"《左传》宣公六年解其义："无德而贪，弗过之矣!"

引《旧约全书》（Isaiah, XL. 3 当作 4）"谷升为陵，山夷为壤"（Every valley shall be exalted, and every mountain and hill shall be made low），此乃大变，犹《诗·十月之交》"高岸为谷，深谷为陵"之剧烈震动。以"沧海桑田"渐变之义解之，则为极长之时空数量级。

说卦（一）

《说卦》二章："数往者顺，知来者逆"；《正义》："人欲知既往之事者，《易》则顺后而知之；人欲知将来之事者，《易》则逆前而数之。"按此为重要易理之一，《系辞》上"卦之德方以智，蓍之德圆而神"是也。《系辞》上"神以知来，智以藏往"，《系辞》下"夫《易》彰往而察来"，皆同此意，逆数知来，此《易》之所以贵也。《管锥编》谓"前"、"后"、"往"、"来"等字示过去或未来，相反而每可互训，按是，故人当知转身也。引"前事不忘，后事之师"、

"往者不谏,来者可追"云云,皆极是,宜得"当下"之中以处之。又引《论语·八佾》:"自既观而往者",孔注:"既观之后",两"观"字皆当作"灌"。

说卦(二)

《说卦》六章:"乾为天,为父,为良马,为老马。坤为地,为母,为子母牛。"按《说卦》卦象由原始文化而来,为《周易》最早部分之一,其内容当先于今本经传。《管锥编》谓此等拟象,各国或同或异,安得好事者旁通直贯,据《说卦》而广讨参稽乎?按极是,如于人类各大文化之拟象古说,果能广讨参稽之,必更有所得,或能见及一新拟象系统,《说卦》仅为投影之一,其变永远生生不息也。又《说卦》"乾为马"者,为生物本具之能量,其变万状,基本属上出动力之一。西方现代戏剧有以《马》(EQUUS)为名者,所探讨亦及此。

毛诗正义

关雎

"窈窕淑女,君子好逑。"按《序》:"后妃之德也,风之始也,所以风天下而正夫妇也。故用之乡人焉,用之邦国焉。"《管锥编》引《序》:"是以《关雎》乐得淑女以配君子,忧在进贤,不淫其色,哀窈窕,思贤才。"《序》、诗相合,可当传统《诗》始《关雎》,重人伦夫妇之大义。《序》由后妃家国而落实于"乐得淑女以配君子",凡《诗》之为"经",亦由此引申牵延而已。中国"国家"一词与西方country或state有不同之隐含意义,亦与《诗》相关。《论语·八佾》曰:"《关雎》乐而不淫,哀而不伤。"于诗义有所辩证。《管锥编》谓"哀"即"爱",按"哀"稍兼痛楚之意,于情感体验或较深厚。参观《释名·释言语》:"哀,爱也,爱乃思念之也。"

《管锥编》引《史记·老子韩非列传》:"鸟吾知其能飞,鱼吾知其能游,兽吾知其能走。走者可以为罔,游者可以为纶，飞者可以为缯。"按此涉及孔、老问答，下文"至于龙，吾不能知其乘风云而上天"，即孔于老"犹龙"之叹，可参观《论语·微子》又《庄子·人间世》楚狂接舆"凤兮"之歌。以中国文化而论，龙、凤两象之互观，犹儒、道两家之变也。

"求之不得，寤寐思服，悠哉悠哉，辗转反侧。"《传》、《笺》以"服"与"悠"皆训"思"。思之哉，思之哉，此精诚之极，故思也。《左传》卷论僖公五年引《管子·内业》（参观《心术》）"思之思之"，亦此象。此"思"真挚无伪，犹"发乎情"也；下以"琴瑟友之"、"钟鼓乐之"收束之，犹"止乎礼义"乎。

卷耳

《小序》谓"后妃"以"臣下""勤劳"，"朝夕思念"而作此诗，毛、郑恪遵无违。《管锥编》谓其说迂腐可哂，"求贤"而几于不避嫌！按读《诗》，《序》尚不可废。因有编诗结构与大、小《序》之存在，《诗》才成一特殊读法，否则将全部散乱。观《小序》之设自成体系，诸《序》纵横交织，《诗三百》乃构成以周为中心、跨越数百年且显示各种情感关系之网络。此网络庞大复杂且变化多端，《诗》之为"诗"，魅力即在此。《序》以意解诗，可谓独步，然此乃提示《诗》用法之一，非限定《诗》之用必不可变也。盖

《诗》自"诗",《序》自"序",两者本不尽同,故亦不必异之。凡旧学执《序》与新说废《序》,皆死于《序》下者也。《诗》尚有其他读法,如"齐诗"之"四始五际",亦成一说,要能得其整体云。

《管锥编》谓《卷耳》妇与夫皆诗中人,诗人代言其情事,故各曰"我"。此解较平允,犹清人诗"向天涯一样缠绵,各自飘零"(关锳《高阳台·送沈湘佩入都》)是也。引《红楼梦》第九八回:"却说宝玉成家的那一日,黛玉白日已经昏晕过去;当时黛玉气绝,正是宝玉娶宝钗的这个时辰。"此男女两人处两地而情事一时,涉及时空连续区之说;而对照两端之一阴一阳或一寒一暖,犹诗学之"反讽"(Irony),彼此刺激也。引《淮南子·说林训》:"行者思于道,而居者梦于床;慈母吟于燕,适子怀于荆。"高诱注:"精神相往来也。"此远隔而能感通(telepathy,ESP)之象,尚温厚自然,能否验证?未可知也。

桃夭

"桃之夭夭,灼灼其华";《传》:"夭夭,其少壮也;灼灼,华之盛也。"按"夭夭"解作"少壮",与解作"笑"乃至"娇好",其意相须而不相离。以"少壮"为底,则"笑"与"娇好"乃自然附丽,此《诗》之质朴美也。杨荫杭《老圃遗文辑·说笑》(一)亦论及"芺"与

"笑"之关系。《管锥编》谓观物之时,瞥眼乍见,得其大体之风致,所谓"感觉情调"或"第三种性质";注目熟视,得其细节之实象,如形模色泽,所谓"第一、二种性质"。按亦相须而不相离,如以医理为喻,前者犹"望",后者犹"闻、问、切"云。

引《小雅·节南山》"节彼南山,维石岩岩"道全山气象之尊严,与《桃夭》以"夭夭"总言一树桃花之风调。按以易象解之,犹老夫与少妇之别,盖艮、兑相错,故成对比也。《管锥编》谓"桃花源再过,便成聚落",参见《谈艺录》补订83页"阿閦国之一见不再见"(《五灯会元》卷一达磨章次),此灵光一闪也,或能相应乎。又非"今"斯"今",用《周颂·载芟》:"匪今斯今,振古如兹!"《传》:"振,自也";《笺》:"振亦古也。"以振动结合时间,亦《诗》之能也。

苤苢

《序》:"和平则妇人乐有子矣";《正义》:"若天下乱离,兵役不息,则我躬不阅,于此之时,岂思子也。"按和平当生,战争当克,生克相辅而互成,故马尔萨斯有"人口论"也。然人类乐观主义理想永不熄灭,《诗》通《易》,亦忧患之书。故以"二南之化"置首,以引导"十五国风",所谓"不要绝望"是也。

汝坟

"未见君子，惄如调饥"；《笺》："'调'，朝也。……如朝饥之思食。"《管锥编》谓以饮食喻男女，以甘喻匹。按此生物自我保存之本能，饮食维持空间，男女维持时间。时空相须而不相离，故饮食、男女亦相须而不相离。《礼记·礼运》："饮食男女，人之大欲存焉"；《孟子·告子》上："食色，性也。"《管锥编》引小说常云："秀色可餐"，"恨不能一口水吞了他"，此从生理性质而言，当与内分泌变化相关。或云男女见其钟爱之人时，皆目光莹莹，亦此意也。

行露

"谁谓雀无角？何以穿我屋！谁谓鼠无牙，何以穿我墉！"《管锥编》谓夸饰以不可能为能，譬喻以不同类为类。按此极是，现代修辞理论有"远距原则"（principle of distance）与"异质原则"（principle of incongruity）者，亦可笺此①。引《五灯会元》卷一六天衣义怀章次："芭蕉闻雷开，还有耳么？葵色（按当作"花"）随日转，还有眼么？"就艺术而言，此犹超现实图案。然禅家即此推究物理与生物

---

① 赵毅衡《新批评——一种独特的形式主义文论》，中国社会科学出版社1986年8月第一版，142—145页。

间之关系，盖释氏"格物"之学，故曰"若也会得，西天即是此土"也。

柏舟

"我心匪鉴，不可以茹。……我心匪石，不可转也；我心匪席，不可卷也。"《传》："鉴所以察形也，'茹'，度也。"《管锥编》引王先谦《诗三家义集疏》据韩诗义："'茹'，容也。"按《毛诗》之"度"谓施，《韩诗》之"容"谓受，亦浑涵相成。观《诗》原文，"茹"尚兼含"不言"义，故下云"薄言往愬，逢彼之怒"是也。又按引《小雅》"柔则茹之"，当作《大雅》，见《烝民》。曾国藩日记同治四年辛酉（一八六六年）正月廿二日，列八种文境，其五曰"茹"，文曰："众义辐辏，吞多吐少，幽独咀含，不求共晓。"亦可与《诗》义相笺。又清代文章，以桐城、湘乡为大宗，桐城姚鼐以阳刚、阴柔析文，至湘乡曾氏化而为八，犹阴阳化为八卦云。

《管锥编》谓吾国古籍镜喻有两边。一者洞察：物无遁形，善辨美恶；二者涵容：物来斯受，不择美恶。按此岂非释氏大圆镜智空空之象乎？参观《华严经》卷一三《菩萨问明品》："譬如净明镜，随其所对质，现象各不同"；《楞伽经》卷二："譬如明镜，随缘显现一切色像，而无妄想。"王梵志诗云："人去像还去，人来像以明。像有投镜意，人无合像情。镜像俱磨灭，何处有众生？"又按《大雅·烝民》谓"柔亦不茹，刚亦不吐"，乃儒者中道之象，与《柏舟》"匪鉴"、"匪石"、"匪席"之刚直亦成对照，《中庸》所谓"强哉矫"是也。慧皎《高僧传》卷二《鸠摩罗什》记什拒魔扰而自明其志："汝是小魔，宜时速去。我心如地，不可转也。"

燕燕

"瞻望弗及，伫立以泣。"按"望断"之象，释氏谓"爱别离"是也。《管锥编》引万时华《〈诗经〉偶笺·序》："今之君子知《诗》之为经，而不知《诗》之为诗，一蔽也。"按于"经"读法当参考《序》，于"诗"读法当涵泳本文，两种读法皆当活用，仅执其一乃蔽也。《荀子·解蔽》云："故为蔽，欲为蔽，恶为蔽，始为蔽，终为蔽，远为蔽，近为蔽，博为蔽，浅为蔽，古为蔽，今为蔽。凡万物异则莫不相为蔽，此心术之公患也。"故知"经"为蔽，"诗"亦为蔽，其蔽或宜解乎？引《朱子语类》卷八〇："读《诗》且只（将）做今人做底诗看。"按此甚要，知古知今，乃知《诗》（诗）也。又此语本卷论《桑中》亦引，"将"字未脱。

击鼓

"死生契阔，与子成说，执子之手，与子偕老。"《传》：

"契阔，勤苦也。"《笺》："从军之士，与其伍约：'死也、生也，相与处勤苦之中，我与子成相说爱之恩。'志在相存救也；'俱老'者，庶几俱免于难。"《正义》引王肃云："言国人室家之志，欲相与从；'生死契阔'，勤苦而不相离。相与成男女之数，相扶持俱老。"按《笺》解为"从军之士与其伍约"，今谓"战友"关系；《正义》引王肃解为征人别室妇之词，今谓"夫妇"关系。如断章取义，则以解为"夫妇"关系为善。盖"夫妇"境界有多种，而终以"携手共度人生"为最美也。《槐聚诗存》一九三四年《玉泉山同绛》，末句云："明朝即长路，惜取此时心。"此诗早年曾刊出，名《和季康玉泉听铃》，末句云："颠风明日渡，珍取此时心。"然则"长路"乃定稿之改笔也。以诗象而论，原稿相应钱、杨两人之初谈恋爱，次年成婚，乃同船赴英。定稿则相应钱、杨夫妇之相互扶持六十余年，所谓"长路"者，非虚语也。

谷风

《序》："刺夫妇失道也。"此《邶风》也，《小雅·谷风》之《序》曰："刺朋友道绝。"《管锥编》谓二诗词意相肖，何须强分朋友与夫妇乎？按二诗同题《谷风》，而编排有"变风"、"变雅"之异，《序》依例解之，乃成夫妇、朋友之别；如就诗而论，固可不别也。引杨万里《诚斋集》卷四《分宜逆旅逢同郡客子》："在家儿女亦心轻，行路逢人总弟兄。未问后来相忆否，其如临别不胜情。"诗为清纯少年之情状，然三句老成，似含反讽，盖世间惜别不舍，语固不伪，稍假时日，亦见其未必真也。

泉水

"思须与漕，我心悠悠，驾言出游，以写我忧。"《管锥编》引《卫风·竹竿》："淇水悠悠，桧楫松舟，驾言出游，以写我忧。"按两诗《序》皆以"卫女思归"解之，"出游写忧"者，乃排解乃至转移郁闷之一法。"写"，《传》："除也。"两诗辞气甚静，或曰："境平而心婉也。"又曾读梵澄《落花》诗云："落花轻拍肩，独行悄已觉。"亦可笺之。

静女

"自牧归荑，洵美且异；匪女之为美，美人之贻。"按《左传》定公三年："《静女》之三章，取彤管焉。"《管锥编》谓诗人至情洋溢，推己及他，我而多情，则视物可以如人（I-thou）；我而薄情，则视人亦只如物（I-it）。此用犹太宗教哲学家布伯交感说，以解修辞学之"拟人"、"拟物"。引孙奕《履斋示儿编》解杜诗云："少陵尔汝群物"，犹韩诗《听颖师弹琴》："昵昵儿女语，恩怨相尔汝。"此天真烂漫境界，唯诗人与儿童有之，《管锥编》谓"忘形亲密之称"是也。

淇奥

《淇奥·序》:"美武公之德也。"《正义》:"武公杀兄篡国,得为美者,美其逆取顺守;齐桓、晋文皆以篡弑而立,终建大功,亦其类也。"《管锥编》引姚范《援鹑堂笔记》方东树按语:"此唐儒傅会,回避太宗、建成、元吉事耳。"按此极是,经说或史论,往往有为而发,克罗齐所谓"一切(真)历史都是当代史"(《历史学的理论和历史》)是也。"逆取"、"顺守",当革、鼎两象变化,语出《汉书·陆贾传》"且汤武逆取而以顺守之,文武并用,长久之术也。"《资治通鉴》卷一九二唐贞观元年太宗曰:"周得天下,增修仁义;秦得天下,益尚诈力,此修短所以殊也。盖取之或可以逆得,守之不可以不顺故也。"

"瞻彼淇奥,绿竹猗猗。"按"绿竹猗猗"与"淇奥"之"奥"关联。"绿竹猗猗"生机旺盛,"奥"者乃其原也。《管锥编》谓诗文风景物色,有得之当时目验者,有出于一时兴到者。按此极是,所引《孟子·告子》上"牛山之木尝美矣",欧阳修《醉翁亭记》"环滁皆山也"等句,皆属兴象。兴象者其时空组合另有方式,宜以"诗眼"(the third eye)观之。目验与兴到亦未必可分,两者相聚以成其象,乃流传千古云。

"宽兮绰兮,倚重较兮。善戏谑兮,不为虐兮。"《笺》:"君子之德,有张有弛,故不常矜庄,而时戏谑。"按此儒者修养之象，"宽绰"犹《大学》之"心广体胖"；"倚重较"者舒迟，犹《史记》卷论《魏其武安侯列传》所谓"相体"也。"谑而不虐"为"幽默"之分寸感。《管锥编》谓释迦"恐人言佛不知笑故"而开笑口（安世高译《佛说处处经》说"笑光出者有五因缘"之二）；耶稣又悲天悯人，其容常戚戚，终身不开笑口。方斯二人，孔子"时然后笑"，较得中道。按此即东、西文化之别，盖东方笑当生，西方戚当克也。三家之"志于道"或同？而儒者"游于艺"，故"时然后笑"也。又笑者放散，戚者收敛，"时然后笑"，得其机也。引《大智度论》口、眼、举体毛孔皆笑，乃通体光明之象。又《放光释论》第一四应作第七（别见同卷《三昧释论》），《缘起义释论》一作《缘起释论》。

硕人

"手如柔荑，肤如凝脂，领如蝤蛴，齿如瓠犀，螓首蛾眉。巧笑倩兮，美目盼兮。"按前五句犹画龙，后二句乃点睛。《管锥编》引拉丁、西班牙、阿拉伯咏美人诸相，皆有其数：三十二为六十四之半，三十为六十之半，三十六为七十二之半。引《楚辞·招魂》"蛾眉曼睩，目腾光些"云云，谓《诗》中美人如画像之水墨白描，《骚》则渲染丹黄。此《诗》、《骚》之别，犹《楚辞》卷《九章》（一）论物色与景色、《九章》（三）论拟物与寓物之别。《论语·八佾》曰：

"绘事后素",谓宜质而文也;子夏达其旨,故孔子曰:"始可与言《诗》已矣。"

氓

《氓》与《谷风》皆弃妇诗。《氓》为中国最早之叙事诗,《谷风》则抒情诗是也。《管锥编》谓"子无良媒"而"愆期","不见复关"而"泣涕",只觉是人事之应有曲折。按此因世间法之发展趋势虽可成一方向,然其进程必呈波折状,盖无直线者。引唐传奇元稹《会真记》、沈既济《任氏传》云云,崔氏之娇、任氏之烈,亦与《氓》妇之质直温婉对照。谓阿兄爱妹,视母氏怜女,亦复差减;此亦体贴人情语。故命学以父母当"印绶",此"生我"而得其助;而以兄弟当"比肩",或"劫财"以分其势也。

河广

"谁谓河广,一苇杭之。……谁谓河广,曾不容刀。"按极言河狭,犹汉高祖封功臣誓曰"使(黄)河如带"(《史记·高祖功臣年表》),隋文帝称长江曰"衣带水"(《南史·陈本纪下·后主》)是也。汉高、隋文所言犹帝王气概,此愿欲强,故视河狭也。参观《宋史》卷二五八《潘美传》记其率军渡长江灭南唐,"时舟楫未具,美下令曰:'美受诏提骁果数万人，期于必胜，岂限此一衣带水而不径渡乎？'遂麾以涉，大军随之，吴军大败。"

《管锥编》谓苟有人焉，据诗语而考订方舆、丈量幅面，则痴人耳，不可向之说梦也。此亦是，诗者出入于六合内外，犹梦出入于六合内外，泥之执之，皆未足以读诗也。又唐诗"斗酒十千"与"斗酒三百"之辨，前者当出李白《行路难》"金樽清酒斗十千"（《将进酒》有"斗酒十千"），后者当出杜甫《饮中八仙歌》"肯来相就饮一斗，恰有三百青铜钱"（《逼侧行赠毕曜》有"径须相就饮一斗，恰有三百青铜钱"）。此考李、杜酒价，尚合乎二人气质，前者夸张语，后者大体近是，然亦可不辨也。

引《唐棣》之诗曰："（唐棣之华，偏其反而。）岂不尔思，室是远而。"《论语·子罕》记孔子论之曰："未之思也！夫何远之有？"此重感应之诚，亦含"当下"之几，所谓"权道"也。《述而》曰："仁远乎哉？我欲仁，斯仁至矣。"有感斯应，"当下"云尔。

伯兮

"愿言思伯，甘心首疾。"《管锥编》引王国维《静庵文集》续编《古雅之在美学上之地位》论柳永《凤栖梧》："衣带渐宽终不悔，为伊消得人憔悴。"按《老子》卷论四七章引王氏《文学小言》五："古今成大事业、大学问者，不可不历三种之阶级"(《人间词话》作"境界")。此柳词恰当三阶级之二,亦苦修之功也,过此达光明境地乃能回首见"那人"矣。又以唯识学解之,"三阶级"恰当"境、行、果"之象,然境已含果,果亦含境,因地不真,果遭纡曲,取境不可不慎也。

《管锥编》引《孟子·梁惠王》:"举疾首蹙頞。"按如以《告子》"心之官则思"辅之,则成"脑"、"心"之说,文廷式《纯常子枝语》卷一一"脑与心二说宜互相备"是也。中国古代脑、心二说,《黄庭经》言之甚详。《黄庭内景经》以十三神分析人身,面部七神以脑为主("脑神精根字泥丸"、"一面之神宗泥丸"),躯干六神以心为主("心神丹元字守灵","皆在心内运天经"),两者以合一为当,乃构成整个人身。而清代渐出重脑之说,当与西学传入相关。明末利玛窦著《西国记法》一书,有"记含之室在脑"(《原本篇》)说。其后康熙间汪昂《本草备要》"辛夷"条记:"吾乡金正希(声)先生尝语余曰:人之记性皆在脑中。小儿善忘者,脑未满也;老人健忘者,脑渐空也。凡人外见一物,必有一形影留于脑中。昂思今人每记忆往事,必闭目上瞪而思索之,此即凝神于脑之意也。"而其后王清任《医林改错》"脑髓说"之"灵机记性不在心在脑",亦当由利氏之说出[①]。《纯常子枝语》卷三三引《黄庭经》"脑神觉元字道都","脑

[①] 马伯英《中国医学文化史》,上海人民出版社1994年5月版,409—414页。

神觉元"乃自觉生命起源,亦为修养学问之归宿,故曰"字道都"也。

木瓜

"投我以木瓜,报之以琼琚;匪报也,永以为好也。"《管锥编》引《大雅·抑》:"投我以桃,报之以李",谓报与施相等,此则施薄而报厚。按《大雅·抑》以直报之,《木瓜》以德报之,两种平衡观孰是孰非,甚难知之,或以自然为上也。《管锥编》谓此实交易贸迁之一道(une forme de l'échange),事同货殖,且小往而责大来;推及事神,则"市道"之"功德"(fides mercenaria)也。按信仰宗教者往往有此希冀,故《周易》卷引吉朋谓"哲人视诸教皆妄"(equally false)也。《华严》有云:"于一切果报无希望心"(《入法界品》),或能消此希冀乎?

君子于役

"鸡栖于埘,日之夕矣,牛羊下来;君子于役,如之何勿思?鸡栖于桀,牛羊下括;君子于役,苟无饥渴。"《管锥编》引《日知录》卷三论此诗,谓古之"君子以向晦入宴息",日夕是"当归之时"。按此用《随·大象》"泽中有雷"之文,乃养生之象,存夜气也。黄昏乃消之时,"宴息"乃转消为息。如以卯酉周天解之,卯升酉降,卯升犹今语"早晨八九点钟的太阳",酉降即此"日之夕矣";宜知平衡之理也。

采葛

按《王风》十篇,宜首读《黍离》。"知我者谓我心忧,不知我者谓我何求"之象,极要。平王东迁后,周尚能维持五百余年,此亦一因也。其次《君子于役》之戍役之怨,《君子阳阳》之全身远害,均可说明时代。《采葛》之惧谗,《兔爰》之不乐生,亦可参观。《兔爰》"我生之初,尚无为;我生之后,逢此百罹,尚寐无吪"之对比,直截鲜明,乃见短短数十年间之剧烈变化。

《管锥编》引《采葛》:"一日不见,如三月兮。"《序》:"惧谗也。"《传》:"一日不见于君,忧惧于谗矣",依《序》解之。《序》意未必为诗意,然于《王风》整体中解之,尚当,恰与《君子阳阳》之全身远害相辅相成。《郑风·子衿·序》:"刺学校废也。乱世,则学校不修焉。"亦未必为诗意,然于《郑风》整体中解之,亦当,故"一日不见,如三月兮"之句,《笺》依《序》解为"独学无友,故思之甚"。《诗序》自成系统,以当社会之治乱变化,宜见其条理焉。《序》误读诗有极巧者,有极拙者,然拙、巧仍可相通,此含读诗之几,或能启发思维也。

《管锥编》谓古来权臣得君者，恋位不去，亦以深虑去位而身与君疏，身疏则谗入矣，举李德裕、秦桧、徐乾学为例。此以史观之，虽仅唐、宋、清三例，亦可惊可畏。

叔于田

"巷无居人，岂无居人？不如叔也，洵美且仁。"按《序》以《左传》郑伯与共叔段之事解之，当引申之义，原诗乃一男子青春英武之象。"叔"为此地之信息中心，此信息中心在巷，则田无人矣；在田，则巷无人矣。"叔"之"洵美且仁"，相合儒家理想，仁在美中，美在仁中。《易·睽》二曰："遇主于巷"；《象》曰："未失道也。""巷"或有人乎？《论语·公冶长》："十室之邑，必有忠信如丘者焉，不如丘之好学也。"《雍也》："贤哉回也。一箪食，一瓢饮，在陋巷。人不堪其忧，回也不改其乐。贤哉回也。"此孔、颜之乐，或可当巷之信息中心，此即巷之主，亦巷之人也。

《管锥编》引《论衡·艺增》："《易》曰：'丰其屋，蔀其家，窥其户，阒其无人也'；非其无人也，无贤人也。"此解当用《左传》宣公六年："郑公子曼满与王子伯廖语，欲为卿。伯廖告人曰：'无德而贪，其在《周易》丰之离，弗过之矣。'间一岁，郑人杀之。"此以"丰之离"即丰上为断，已解"无人"之象，"无德而贪"者，信息已先散亡也。《淮南子·泰族训》亦解"无人"句，谓非无众庶，"言无圣人以统理之也"。引韩愈《送温处士赴河南军序》:"伯乐一过冀北之野而马群遂空,非无马也,无良马也。"此即"英雄史观",无伯乐乃至"无马"者,犹无乾象也。

女曰鸡鸣

"女曰鸡鸣,士曰昧旦;子兴视夜,明星有烂。"《笺》:"(此夫妇相警觉以夙兴,)言不留色也。"按此阴阳二气变化之时。以易象解之,"鸡鸣"犹阳,"昧旦"犹阴,夜中星明,阴中含阳焉;"昧旦"而"鸡鸣"发阳,整体成"复"象。此如《郑风·风雨》"风雨如晦,鸡鸣不已","如晦"不明,"鸡鸣"破晓,亦成"复"象;"鸣"者震动,犹《说卦》"帝出乎震"是也。又按鲁迅晚年诗歌《亥年残秋偶作》:"竦听荒鸡偏阒寂,起看星斗正阑干。"亦相应此时之"复"象。星移斗转,宜闻"晓角"(鲁迅最后所用之笔名)焉。

有女同车

"颜如舜华。……颜如舜英";《传》:"舜,木槿也。"《管锥编》引谢肇淛《五杂俎》卷一〇:"木槿……朝开暮落,妇人容色之易衰若此;诗之寄兴,微而婉矣。"按参观《谈艺录》补订83页【一】引王安石《君难托》:"槿花朝开暮还坠,妾身与花宁独异。如今始悟君难托。"谓参禅不宜

"死在句下"，参观《谈艺录》补订 115 页【一】引曾茶山《读吕居仁旧诗有怀其人作诗寄之》："学诗如参禅，慎勿参死句。纵横无不可，乃在欢喜处。又如学仙子，辛苦终不遇。忽然毛骨换，政用口诀故。……其圆如金弹，所向如脱兔。"又八四《以禅喻诗》引《诗人玉屑》卷一载吴可《学诗诗》："学诗浑似学参禅，竹榻蒲团不计年。直待自家都了得，等闲拈出便超然。""参死句"犹积聚能量，由量变至质变为"悟"，乃成"活法"自由之象。且禅句无所谓"死活"，在学人之善参与否是也。

"彼美孟姜，洵美且都。"按《左传》庄公二十八年："凡邑有宗庙先君之主曰'都'，无曰'邑'。""都"者聚集，而此言意态，丰盛有余貌。《传》："都，闲也"，"闲"者从容不迫。陈奂《诗毛氏传疏》谓"闲"即"娴"，静美也。诸解皆可通，盖"都"者，以地域义而兼含文化义也。"都"、"鄙"亦即城乡、贵贱之判者，因两者所含信息因子不同。且引申而论，政治、经济乃至文化地位之不同，皆足以影响乃至改变关联者之心理预期，甚或使人年轻。盖权力、金钱乃至学问皆含有能量与信息，宜观其变化焉。

狡童

按《序》、《传》、《笺》以君臣为解，《集传》"尊本文"以男女为解，此《序》、诗之异，两行可也。《管锥编》谓

《文选》录张衡《四愁诗》有序，乃后人依托，断然可识。按亦犹《诗》序之后出也。《序》明时代，诗明感情；《序》不碍诗，诗不碍《序》；可连可分，窒碍或在解者之执也。《四愁诗》五四时代亦有戏仿之作，即鲁迅之拟古打油诗《我的失恋》，此诗改"金错刀"、"英琼瑶"为"猫头鹰"、"冰糖葫芦"，改"何以怀忧心烦劳"为"不知何故兮由他去罢"，此类变动含时代之异，亦反讽也。又按《管锥编》所谓"考史"云云当史，"说教"云云当哲，"谈艺"云云当文，凡《诗》者亦三亦一，执一以废二，未见其可云。此犹"由指而见月"相关印典，"指测以尽海"相关中典，"逐影而亡骨"相关西典，亦三亦一也。又印、中、西乃至文、史、哲之相互关涉，乃《管》书之象也。

鸡鸣

"鸡既鸣矣，朝既盈矣？匪鸡则鸣，苍蝇之声。东方明矣，朝既昌矣？匪东方则明，月出之光。"《管锥编》引《笺》、《正义》云云，谓"贤妃贞女，心常惊惧，恒恐伤晚"，故"谬听"蝇声，"谬见"月光。按此依《序》"夙夜警戒相成之道"解诗，所谓"只争朝夕"之象，"恒恐伤晚"而促起，确有此心情。《管锥编》谓解作男女对答之词，更饶情致。此说亦体贴人情，与本卷论《女曰鸡鸣》同。

敝笱

"齐子归止,其从如云。……其从如雨。……其从如水。"《管锥编》引《华严经·世主妙严品》:"有诸菩萨,其众如云";清凉澄观《疏抄》卷一:"无心成行,故如云出。"按《华严》法会菩萨之出,亦如《诗》之如云、如雨、如水,层出而不穷,大经之气象也。

陟岵

"陟彼岵兮,瞻望父兮。父曰:'嗟予子行役,夙夜无已!上慎旃哉,犹来无止。'"《管锥编》谓词气不类临歧分手之嘱,而似远役者思亲,因想亲亦方思己之口吻。引厉鹗《樊榭山房续集》卷四:"俯江亭上何人坐,看我扁舟望翠微。"按参观今人诗作《断章》:"你站在桥上看风景,看风景人在楼上看你。明月装饰了你的窗子,你装饰了别人的梦。①"引王国维《苕华词·浣溪纱》:"试上高峰窥皓月,偶开天眼觑红尘,可怜身是眼中人。"则含悲悯之念,《人间词话》谓"释迦、基督担荷人类罪恶之意",盖亦有感于此也。"偶开天眼"意象,参观《苏轼诗集》卷一七《中秋见

---

① 卞之琳《雕虫纪历》二辑,人民文学出版社1984年6月版。

月和子由》:"谁为天公洗眸子,应费明河千斛水。遂令冷看世间人,照我湛然心不起。"又柏拉图咏星小诗云(周作人译):"你看着星么,我的星?我愿为天空,得以无数的眼看你。"

《管锥编》引释典言道场陈设,以"八圆镜各安其方","使其形影,重重相涉"(《楞严经》卷七);唐释子悬二乃至十镜,交光互影,彼此涉入,以此方便,喻示法界事理相融(《华严经疏抄悬谈》卷二七、《高僧传》三集《法藏传》)。按性海圆融,缘起无碍,相即相入之象。此布置以中华象数解之,二镜至于十镜,犹阴阳衍成天地十数,八镜至于八镜,犹八卦交涉成六十四卦也。印、中象数或可参证?或不言数而言理,《河南程氏粹言》卷一:"或问:'释氏有事事无碍,譬如镜灯,包含万物,无有穷尽,此理有诸?'曰:'佛氏善侈大其说也。今一言以蔽之曰:万物一理耳。'"

《管锥编》谓《陟岵》此篇,虽千古传诵,而征之实事,子之爱亲远不如妇之爱夫。按爱亲、爱夫而继以爱子,为人一生注意重心之转移顺序,亦为感情之转移顺序。此为遗传之自然而常含冲突,故社会设种种规范以调节之,宜注意顺逆之变也。引《隋书·经籍志》引郑玄《六艺论》言孔子"作《孝经》以总会《六经》"。此即何休《公羊解诂序》疏引《孝经钩命决》言孔子"志在《春秋》,行在《孝经》"之说。此原始宗教祖先崇拜之遗,亦儒家所以为儒教也。以人类情感而言,《韩诗外传》卷九"树欲静而风不止,子欲养而亲不待（"待"后世或引作"在"）"，确有其悲。故《论语·里仁》曰："父母之年，不可不知也，一则以喜，一则以惧。"然将情感之自然作为巩固政权之手段，如后世诵说《孝经》，诏号"孝治"，则另成一义，当有其非。

伐檀

"坎坎伐檀兮。……河水清且涟猗。……河水清且沦猗。"《传》："'坎坎'伐檀声。……风行水成文曰'涟'。……小风，水成文，转如轮也。"《管锥编》引《高僧传》卷九佛图澄言相轮铃语："（秀支）替戾冈、（仆谷）劬秃当"；按由声音而得信息，亦聆音而察理也，"羯语"云云，或为幌子。《太平经合校》卷五十《诸乐古文是非诀》："聆声音而知微言，占吉凶。"参观《晋书·佛图澄传》："石勒死之年，天静无风，而塔上一铃独鸣。澄谓众曰：'铃音云，国有大丧，不出今年矣。'"引苏轼《大风留金山两日》："塔上一铃独自语，明日颠风当断渡。""颠"、"当断渡"，象铃声"叮……当当当"，作者早年教学时曾予说明①。又作者《和季康玉泉听铃》亦有"颠风明日渡"之句，前已引之矣。引《聊斋志异》卷七《仙人岛》芳云评文曰："羯鼓当是四挝"，绿云释义曰："鼓四挝，其声曰：'不通！又不通！'也。"此由上

---

① 林子清《钱锺书先生在暨大》，《文汇读书周报》1990年12月4日。

手观下手，竟一无是处，故芳云曰："从此不作诗，亦藏拙之一道也。"

《毛传》释"涟"为"风行水成文"。《管锥编》引《易》涣卦"象曰：风行水上涣"及《论语·泰伯》"涣乎其有文章"。按观《易》下文"先王以享于帝立庙"及《论语》上文"巍巍乎其有成功也"，则古代"文章"义较后世为广，《易·系辞》上"举而错之天下之民谓之事业"，又《贲·彖》："观乎人文以化成天下。"然《毛传》以赏景论文，亦为佳喻。刘熙载《艺概·文概》引苏老泉（按即《仲兄字文甫说》）曰："风行水上涣，此天下之至文也。"作者一学生记幼年时读墙上对联："好鸟枝头亦朋友，落花水面皆文章"，初不以为意，忽似有所悟，心神愉快[①]；亦此境也。

蟋蟀

"今我不乐，日月其除。……日月其迈。……日月其慆。"《管锥编》谓每章皆申"好乐无荒"之戒，而宗旨归于"及时行乐"。按两义可相成，《序》谓"及时以礼自虞乐也。""及时"而"礼"，庶几中道。《秦风·车邻》亦云："今者不乐，逝者其耋。"然《秦风》美秦仲"始大"，《唐风》刺晋僖"俭不中礼"，美之刺之，有兴衰之不同。《蟋

[①] 许国璋《回忆学生时代》，见《外语教育往事谈——教授们的回忆》，上海外语教育出版社1988年8月版，201页。

蟀·序》曰："此晋也，而谓之唐。"然则知唐尧遗风亦有及时行乐之象，或振兴之一法乎。

《管锥编》引《庄子·缮性》论"乐全"，则当性命之乐。《缮性》谓："古之所谓得志者，非轩冕之谓也，谓其无以益其乐而已矣。……轩冕在身，非性命也。物之傥来，寄者也。寄之，其来不可圉，其去不可止。……"《管锥编》引："今寄去则不乐，由之（一作"是"）观之，虽乐，未尝不荒也。"故"知与恬交相养，而和理出其性"乃"乐全"之象，"乐全之谓得志"。

《管锥编》引杨恽《报孙会宗书》，对比司马迁《报任安书》。两人皆有其郁结，然司马迁著书以散之，"欲以究天人之际，通古今之变，成一家之言"；杨恽以财色自娱散之，"人生行乐耳，须富贵何时"？然两书仍有联系，《苕溪渔隐丛话》前集卷六引《诗眼》曰："古人学问，必有师友渊源。汉杨恽一书，迥出当时流辈，则司马迁外孙故也。"王楙《野客丛书》卷二谓恽有外祖风："盖其平日读外祖《太史公记》，故发于词旨，不期而然。虽人之笔力高下本于其材，然师友渊源，未有不因习染而能成之者。"

《管锥编》引古乐府："夫为乐，为乐当及时；昼短苦夜长，何不秉烛游？"按《说苑·建平》记晋平公、师旷之问答："少而好学，如日出之阳；壮而好学，如日中之光；老而好学，如炳烛之明。炳烛之明，孰与昧行乎？"如此则

"秉烛（炳烛）"尚有发愤向学与及时行乐两义，两义似南辕北辙，可相成否？参观曹丕《与吴质书》："古人思秉烛夜游，良有以也。"又李白《春夜宴桃李园序》："古人秉烛夜游，良有以也。"《管锥编》引朱希真《西江月》："不须计较与安排，领取而今现在。"此重视现实至极，犹"当下"之象。《初刻拍案惊奇》第一卷《转运汉巧遇洞庭红》开首亦引此词，解云："单道着人生功名富贵，总有天数，不如图一个见前快活。"且云："真所谓时也，运也，命也。"

《管锥编》引《古诗十九首》："人生忽如寄，寿无金石固。不如饮美酒，被服纨与素。"按盖有感于"浩浩阴阳移，年命如朝露"也。此诗上文云："服食求神仙，多为药所误。"乃对汉代求仙思潮之反冲，热忱于求仙者，或不免此类感慨。参观《资治通鉴》卷二二汉武帝征和四年帝对群臣自叹："向时愚惑，为方士所欺。天下岂有仙人，尽妖妄耳。节食服药，差可以少病而已。"又桓谭《新论·辨惑》："无仙道，好奇者为之。"

山有枢

"子有车马，勿驰勿驱；宛其死矣，他人是愉。……子有钟鼓，勿鼓勿考；宛其死矣，他人是保。"按上篇《蟋蟀》正言及时行乐，犹以理刺激欲；此篇反言及时行乐，犹以死刺激生，更进一解是也。或谓《山有枢》乃答《蟋蟀》者，亦有针锋相对之妙。《旧约·以赛亚书》二二章记耶路撒冷将遭毁灭，耶和华叫人哭泣哀号，谁知人们倒欢喜快乐，宰牛杀羊，吃肉喝酒。说我们吃喝吧，因为明天要死了（let us eat and drink, for tomorrow we shall die）。参观《谈艺录》九引希腊古诗云："为乐须及生时，酹酒坟前，徒成泥淖，死人固不能饮一滴也。"杜甫《曲江二首》之一："细推物理须行乐，何用浮名绊此生？"

《管锥编》引《敦煌掇琐·五言白话诗》："无情任改嫁，资产听将赔。吾在惜不用，死后他人财。"参观《悟真篇》七言四韵十六首之二："妻财抛下非君有，罪业将行难自欺。"以前引《古诗十九首》参证，其"浩浩阴阳移，年命如朝露"前提略同，《悟真》盖取"服食求神仙，多为药所误"一路，《掇琐》盖取"不如饮美酒，被服纨与素"一路，两路有其联系。引白居易《有感》之三，当作之二，见《白居易集》卷二一。《管锥编》谓盛衰转烛，亦有不必待身后事者。按此极是，因身后事于生前皆能见之，盖观古而知今，观人而知己也，惟晓与不晓耳。

驷驖

"公之媚子，从公于狩。"《传》："能以道媚于上下者。"《正义》引《卷阿》"媚于天子"、"媚于庶人"以释"上下"。按《大雅·卷阿》可重视之，整部《诗经》相应周代国运，转折点在此。《卷阿》："凤凰鸣矣，于彼高冈。梧桐生矣，于彼朝阳。"景象一片光明，当周初极盛之时。其前周为上行时代，其后逐步移出升轨，转入下降时代。历代王朝鼎盛期皆不长，或保持一姓遗传之失乎？《卷阿·序》："召康公戒成王也，言求贤用吉士也。"诗句如："俾尔弥尔性，似先公之遒矣。……百神尔主矣。……纯嘏尔常矣。"皆持盈保泰之道，盛世之辞气也。或谓后世宋学有取于此，亦无不可。"蔼蔼王多吉士"，亦见人才之富。《卷阿》"媚于天子"、"媚于庶人"，《笺》："媚，爱也"，乃君臣民和合之象，故《传》曰："以道媚于上下者"，确为佳义。

《驷驖》（"鐵"误）美秦襄公始命为诸侯，"有田狩之事，园囿之乐焉"。《卷阿》志盛，《驷驖》始兴，或有所联系，得其道者渐大也。《驷驖》"公之媚子"当指随从，当时似无褒贬意，即钱大昕《潜研堂答问》引朱氏《传》谓"所亲爱之人"。《管锥编》由《答问》引严氏《诗辑》引申，以便嬖男宠当之，即后世安陵、龙阳之流，亦成一说。举例云云，可作为研究中国男子同性恋史之参考。

蒹葭

"所谓伊人，在水一方。溯洄从之，道阻且长；溯游从之，宛在水中央。"《传》："'一方'，难至矣。"按《秦风》十篇，由秦仲起，至襄公、穆公、康公，基本处于发展阶段,"附庸蔚为大国"。其时诸国变风皆转衰,唯秦风反有渐兴之势,此其异耳。十篇以《蒹葭》、《无衣》最要,前者所谓"传道诗"(参见潘雨廷《诗说》序),后者有兵象,所以统一六国。《蒹葭·序》:"刺襄公也,未能用周礼,将无以固其国焉。""周礼"此处似未可泛指,《左传》昭公二年:"韩宣子聘鲁,见《易》象与鲁《春秋》,曰:'周礼尽在鲁矣。'"故"周礼"似宜指周王室之文化,且含《易》与《春秋》两端,《蒹葭》诗象洁静精微,乃含其精神焉。秦襄公已得西周故地,然尚未理解其文化,故《序》云云。《蒹葭》于自然界物候流迁中观得生机,与《王风·黍离》作者之悲,有不同之思想境界,诗意通天也。

《管锥编》引古罗马诗人桓吉尔名句:"望对岸而伸手向往",参观《孟子·离娄》下:"视民如伤,望道而未之见。"引《史记·封禅书》记方士言三神山云:"未至,望之如云;及到,三神山反在水下,临之,风辄引去。……未能至,望见之焉。"此"海市蜃楼"之象,后世仙境说或本此,亦道教思想起源之一。参观《史记》卷论《封禅书》。引汉译佛典《杂阿含经》卷二八"邪见者非彼岸,正见者是彼岸",参观巴利文佛典《经集》(郭良鋆译)之《蛇经·蛇品》:"这样的比丘抛弃此岸和彼岸,犹如蛇蜕去衰老的皮",亦佛教思想起源之一。以中华思想释之,"此岸"、"彼岸"犹两仪也,"抛弃"犹化两仪而太极也,"蜕皮"者上出也。然则"此岸"、"彼岸","正见"、"邪见",亦一念之转乎。

衡门

"衡门之下,可以栖迟;泌之洋洋,可以樂饥。"毛《序》:"诱僖公也。愿而无立志,故作是诗以诱掖其君也。"朱《传》:"此隐居自乐而无求者之诗。"按以易象而论,毛《序》重诱掖其君以进乾之九五,至少亦成乾之九三;朱《传》则重乾初隐者之象,意与《卫风·考槃》相通。《孔丛子·记义》引孔子曰:"吾于《考槃》见遁世之士而不闷也。""不闷"即乾初之"无闷","无闷"者打开心门,乃沟通天地之象。《管锥编》引刘过《赠术士》:"退一步行安乐法",此宽心安命之法,可救术者之失,今所谓"退一步即海阔天空"是也。引《战国策·齐策》"安步以当车"云云,可参照《易》履初"素履,往无咎"。履初通乾初,履初"独行愿"通乾初"无闷",则初位虽安,亦有三、五之志焉。

泽陂

"有蒲与蕳。"按诗意当花草美人,交相映也。《管锥编》引《论语·八佾》宰我答哀公问社曰:"夏后氏以松,殷人以柏,周人以栗,曰使民战栗。"按松、柏、栗之义,孔安国以"凡建邦立社各以其土所宜之木"解之,颇朴实。宰我之解，偏重国家之单边威权，或启时君杀伐之心，故非。何休《公羊注》以"谨敬"解"战栗"，对统治者有所限制，胜宰我之解。

《管锥编》引《三国志·蜀书·姜维传》裴注引孙盛《杂记》："得母书，令求当归。维曰：'……但有远志，不在当归也。'"按"当归"、"远志"可当向心力与离心力之矛盾。"当归"犹回乡，赞宁《宋高僧传》卷五《一行传》记唐玄宗密问社稷吉凶并祚运终毕事，行遗帝一金合子。帝幸蜀到成都，忽忆启之，则内贮物乃当归也。帝曰："师知朕违难至蜀当归也。""远志"甚是，犹近代所传日人西乡隆盛《誓志》诗："埋骨何须桑梓地，人生何处不青山。"又"当归"、"远志"以药材谐音取义，于今人作品亦见之。《倚天屠龙记》十二章："我开个救命的药方给你，用当归、远志、生地、独活、防风五味药，二更时以穿山甲为引，急服。"此处"当归"即"该当归去"，"远志"即"志在远方"、"高飞远走"。

隰有苌楚

"夭之沃沃，乐子之无知。……乐子之无家，乐子之无室。"《笺》："知，匹也，于人年少沃沃之时，乐其无匹配之意。'无家'谓无夫妇室家之道。"《正义》："谓十五六时也。"按观《诗》原文，如以"知"、"家"、"室"映带其义，则"知"训"匹"亦得；以道家理论而言，"无知"者，犹葆元也。解"知"为知人事，通人道，如《孟子·万章》"知好色而慕少艾"，此以情欲为主，由命宫解其义；如以知虑为主，则由性宫解其义。性、命互成，两解亦未可尽歧。由"无知"而"有知"之十五六时，乃生命极美之阶段，其气氤氲，今所谓"阳光灿烂的日子"是也。知识渐开，乃初入人生。

《管锥编》引《荀子·王制》篇："水火有气而无生，草木有生而无知，禽兽有知而无义"；可参观清华昔年所绘之"万物品级图"(The Graded Beings of the Universe)[①]。其间"人"有知有义居长，然仍须理解"禽兽"、"草木"、"水火"，乃能返观以理解自身也。此物性相感而无穷，然则 God 与 Nature，infinite 与 zero，其同乎异乎？《管锥编》引近世意大利学人《碧空》之篇，略谓彼苍者天，昨日如斯，今日如斯，明日仍如斯，无感情，无知觉，不病不衰，不死不灭，不朽不腐，冷如冰，覆如坟，无边无际，压盖下界。按此即所谓冰凉之物理世界，然翻转一观，生命亦由此起。

七月

"春日迟迟，采蘩祁祁，女心伤悲，殆及公子同归。"

---

① 吴宓《文学与人生》，王岷源译，清华大学出版社 1993 年 8 月版，88 页。

《传》:"春,女悲,秋,士悲;感其物化也";《笺》:"春,女感阳气而思男;秋,士感阳(按当作"阴")气而思女。是其物化,所以悲也。悲则始有与公子同归之志,欲嫁焉。"按四时阴阳之变,有相应之理,此犹时气之感应,参观《黄帝内经·四气调神大论》。

《管锥编》引《牡丹亭》中腐儒陈再良授杜丽娘《诗经》,推为"最葩"(韩愈《进学解》"《诗》正而葩"),又自矜"六十来岁,从不晓得伤个春",可与杜丽娘"原来姹紫嫣红开遍"对照。陈氏当庄生《齐物论》"近死之心,莫使复阳也",与杜丽娘之"如花美眷,似水流年",相辅相成。

引丁绍仪《听秋声馆词话》卷一一:"俗谚:'管得住身,管不住心。'周济《虞美人》:'留住花枝,留不住花魂。'"此"身"、"心"云云,如以"止乎礼义"、"发乎情"解之,乃从儒家学说。如以道家理论解之,"身"、"花枝"当形交,"心"、"花魂"当神交,亦气交之两端也。引贾谊《论治安疏》、《史记·自序》等"礼禁于将然,法禁于已然"云云,犹今道德与法律之别,礼成社会、法成国家,礼、法衔接而交替,犹阴阳也。

鸱鸮

按《鸱鸮》之辞"艰苦深奥",亦见创业乃至守业之难,诗意可从《七月》,所谓"反风"也。凡过中则戾,返归始基可重获生气，故回顾过去非尽消极，犹今所谓"忆长征"是也。《七月》"七月流火，九月授衣"苍劲，此篇"风雨所漂摇"含悲郁之意，皆初升阶段之奋斗景象。"予手拮据，……予口卒瘏，……予羽谯谯，予尾翛翛"，乃见经营之苦。《管锥编》谓"鸟手"不可言，此修词小疵也。按于篇中似急不择言之象，于修辞为"拟人"手法之变例。本篇三章以"予口"、"予手"并置，四章以"予羽"、"予尾"并置，秩序井然而妙。凡修辞立诚，或无施不可也。

四牡

"岂不怀归，王事靡盬，我心伤悲。……不遑将父。……不遑将母。"《传》："思归者，私恩也；靡盬者，公义也。伤悲者，情思也。"《笺》："无私恩，非孝子也；无公义，非忠臣也。"《管锥编》谓后世小说、院本所写"忠孝不能两全"，意发于此。按存在主义以个人选择解之。萨特记二次大战期间，一青年来询从军抗法西斯乎？抑居家奉老母乎？萨特以"自决"答之；且云此青年来问我而非他人，实际已自作选择了。（见《存在主义是一种人道主义》）又，后据查考，此青年终于是上前线的；故理论或有两难，实践解之也。《管锥编》引《诗·大雅·桑柔》："人亦有言，进退维谷。"此"谷"字，周人训为"善"（主两全），汉人训为"穷"（主不能两全），二解各有其是，不必执以相非也。

至于悲剧中负嵎背水之绝地穷境（limit-situation），此《易》"睽孤"之象，乃存在之绝大刺激，克尔凯戈尔谓上帝出现之契机即在此，当有飞跃焉。《管锥编》引高德温《政治正义论》中设想：入火宅救文章宗主乎，或救其母抑妻——愚媪或荡妇？结论："明达之士必以斯文为重，宁舍置妻母。①"高氏崇尚理想与理性，故有此抉择。因读者大哗而追易妻、母为父或兄，易愚媪、荡妇为钝汉或浪子，则或与西方尊重妇女传统相关。荷马史诗中特洛依大战因争夺海伦而起，然交战双方均敬重之，初未如吾国旧说视女色为"祸水"也。

采薇

按《鱼丽·序》："文、武以《天保》以上治内，《采薇》以下治外。始于忧勤，终于逸乐。"则《采薇》之"遣戍役"，当"治外"之义。《世说新语·文学》记谢氏子弟集聚，评："《毛诗》何句最佳？"谢玄称引"昔我往矣，杨柳依依；今我来思，雨雪霏霏"，犹为将者之性情。而谢安称引《大雅·抑》"讦谟定命，远猷辰告"，此所谓"雅量"，乃"相体"也。又"昔我往矣，杨柳依依"云云，参观《谈

---

① 参观《政治正义论》一卷二篇二章《论正义》："有名的坎布雷大主教就比他的仆人更有价值。……正义，纯粹的真正的正义，仍会把最有价值的当作更宝贵的。"商务印书馆汉译学术名著丛书1982年版，85—86页。

艺录》六六《堤远意相随》。

《管锥编》引及《论语·雍也》"齐一变至于鲁,鲁一变至于道"之文,此涉及编《诗》者之思想。《诗》以《周颂》、《鲁颂》、《商颂》相次,以当现在、未来、过去之循环,犹注目于鲁也。然时势发展,恰与此义相反,乃"鲁一变至于齐,齐一变至于秦"。如以皎然《诗式》卷一"偷语"、"偷意"、"偷势"之说为喻,则鲁保存周孔遗说当"偷语",齐成稷下学派当"偷意",秦占西北天时当"偷势"云。

车攻

"萧萧马鸣,悠悠旆旌。"《传》:"言不諠哗也。"按此军中景象,参观苏洵《法制》:"偃旗仆鼓,寂若无气。严戢兵士,敢哗者斩。"《管锥编》引王籍《入若耶溪》:"蝉噪林逾静,鸟鸣山更幽。"又引沈括《梦溪笔谈》卷一四引王安石集句成一联:"风定花犹落,鸟鸣山更幽。"此辩证寂静与声响之关系,乃涉及天籁、人籁之别,王勃《王子安集》卷三《春庄》"直(《全唐诗》作"岂")知人事静,不觉鸟声喧"是也。司空图《诗品·沈著》:"脱巾独步,时闻鸟声。"黄庭坚《再呈明略并寄无咎》:"两士风流对酒樽,四无人声鸟声喜。"参观作者早年作品《写在人生边上·一个偏见》:"似乎寂静已将鸟语吸收消化,变成一种有声音的寂静。……禽兽风涛等一切天籁能和寂静相安相得。"

王籍、安石句后世亦有批评者,如《苕溪渔隐丛话》前集卷一引蔡宽夫《诗话》云:"晋宋间诗人造语虽秀拔,然大抵上下句多出一意,如'鱼戏新荷动,鸟散余花落','蝉噪林逾静,鸟鸣山更幽'之类,非不工也,终不免此病。"曾季狸《艇斋诗话》亦引《梦溪》之联,且引荆公仿作绝句:"茅檐相对坐终日,一鸟不鸣山更幽。"评曰"无味":"盖鸟鸣即山不幽,鸟不鸣即山自幽矣,何必言更幽乎?"翁方纲《石洲诗话》:"'一鸟不鸣山更幽',自不如'鸟鸣山更幽'。王介甫好争长短,如此类小者亦然。"顾嗣立《寒厅诗话》引李日华言:"王半山改王文海'鸟鸣山更幽'为'一鸟不鸣山更幽',直是死句矣。"所论或有理,然皆未及寂静吸收声音之义,所谓"有闻无声"也。《管锥编》引杜甫《题张氏幽居》(按"幽"当作"隐"):"伐木丁丁山更幽",杨伦《杜诗镜铨》注:"与'鸟鸣山更幽'同旨。"

《管锥编》引雪莱诗言沙漠浩阔无垠,不睹一物,仅余埃及古王雕像残石,可参观作者《偏见》引唐子西名句:"山静似太古",此心理学"同时反衬现象",空间中含时间焉。况周颐《蕙风词话》卷一:"吾苍茫独立于寂寞无人之区,忽有匪夷所思之一念,自沈冥杳霭中来。吾于是乎有词。洎吾词成,则于顷者之一念若相属若不相属也。"姚宽《西溪丛话》卷上记洛中董氏蓄雷琴一张,题云:"山虚水深,万籁萧萧。古无人踪,惟石嶕峣。"亦可与唐子西句相参,虽曰"状其声",实则状其静也。参观袁小修《珂雪斋集》卷一五《爽籁亭记》:"泉之喧者,入吾耳而注吾心,萧然泠然,浣濯肺腑,疏瀹尘垢,洒洒乎忘身世而一死生。故泉愈喧,则吾神愈静也。……虽帝王之咸英韶武,犹不能与此泠泠世外之声较也,而况其他乎?"

《管锥编》引《全唐文》卷七〇九李德裕《文章论》引其从兄李翰喻文章高境曰:"千军(《全唐文》作"兵")万马,风恬雨霁,寂无人声。"此喻极佳,刘大櫆《论文偶记》谓:"最形容得'气'好。"《谈艺录》补订270页亦引此喻,且引李义山《会昌一品集序》警句"静与天语"。参观叶寘《爱日斋丛钞》:"静中置心,真与见闻无毫末隔碍,始得此妙。"又钱易《南部新书》卷丙:"李元宾言:'文贵天成,强不高也。'李翰又言:'文章如千兵万马,而无人声。'"

正月

"瞻乌爰止,于谁之屋?"《传》:"富人之屋,乌所集也。"《管锥编》引张穆《月斋文集》卷一《〈正月〉瞻乌义》等,略云:乌者,周家受命之祥,"幽王时天变叠见,讹言朋兴,诗人忧大命将堕,故为是语"。按《诗》、《书》屡言"天命",于此谨敬不已。《周颂·维天之命》:"维天之命,於穆不已!"《大雅·文王》:"假哉天命,……天命靡常。"此"天命"、"大命"云云,乃当时人判断天下形势之方式,且藉以警惕身心,居国家兴衰之时,于此犹为敏感。周之王业由文、武、成而至宣、幽，其命将变，大夫感其兆象，故有是语也。

"谓天盖高，不敢不局；谓地盖厚，不敢不蹐。"《管锥编》引《节南山》："我瞻四方，蹙蹙靡所骋。"按两诗背景相似，皆为幽王时代之特殊感情。本节"谓天盖高"云云涉及客观空间与主观空间，《谈艺录》三《王静安诗》涉及客观时间与主观时间，乃分属空、时之变化。《节南山》之"我瞻四方，蹙蹙靡所骋"，王国维《人间词话》以"忧生"当之，《谈艺录》引王氏《出门》"出门茫茫知奚适"是也。此境或宜安顿之，故有"独上高楼，望尽天涯路"焉。

《管锥编》引孟郊《登科后》"春风得意马蹄疾，一日看尽长安花"，又引《长安旅情》"我马亦四蹄，谁谓天地宽"，复引《送别崔纯亮》"出门即有碍，谁谓天地宽"，宋人颇有评论。吴处厚《青箱杂记》卷七比较郊《下第》、《及第》两诗，谓："大凡进取，得失盖亦常事。而郊器宇不宏，偶一下第，则其情陨获如伤刀剑，以至下泪；既后登科，则其中充溢若无所容，一日之间花即看尽，何其速也！"又谓："白居易诗曰：'无事日月长，不羁天地阔。'此旷达者之词也。孟郊诗曰：'出门即有碍，谁谓天地宽。'此褊隘者之词也。然则天地又何尝碍郊，郊自碍耳。"苏辙《诗病五事》亦评"出门"句为"唐人工于为诗而陋于闻道也"。《宋诗话辑佚》下《休斋诗话》八《天地宽窄》亦以杜诗、白诗、邵康节诗与孟诗"出门"云云比较，诸公胸襟皆与孟氏异也。参观陆游《剑南诗稿》卷一四《草书歌》："题笔四顾天地窄。"《管锥编》引白居易《小宅》："宽窄在心中"；聂夷中《行路难》："出处全在人，路亦无通塞"；宋奚潓《声声慢》："算江湖，随人宽窄。"按皆明主观空间变化之理，宋儒谓"万变皆在人，其实无一事"（《河南程氏遗书》卷六）是也。

"父母生我，胡俾我瘉？不自我先，不自我后。"按遭丧乱而叹"生不逢辰"，犹《王风·兔爰》之义。又按《管锥编》引《正月》共六节，原文次序应为：一、"父母生我"；二、"瞻乌爰止"；三、"视天梦梦"；四、"谓天盖高"；五、"鱼在于沼"；六、"哿矣富人"。观《管锥编》所引，以原居二之"瞻乌"移至首，原居首之"父母"移至末，原居三之"视天"移至五。数项移动纯系偶然？然则"瞻乌"当"天命"居前，经"谓天"（天）、"鱼在"（水）、"哿矣"（人）之辗转变化，而以"视天"（天）、"父母"（人）作结，亦成结构之义矣。

《管锥编》引王梵志诗："还你天公我，还我未生时"；此本释氏破生死关之意，破此关乃得先天气，犹波、粒本无二也。王梵志诗又云："寄语冥路道，还我未生时。"《管锥编》引《四月》："先祖匪人，胡宁忍予？"谓《诗》有"直斥不讳"、"骂人极狠"之言，亦见《诗》性情之真。此与"温柔敦厚"之"《诗》教"并不相违，尊经者苦心曲说而为之讳，实不必也。曾见齐白石某画，题云："人骂我我也骂人"，亦见其性情之真。盖"骂"者为情，"性其情"者宜从厚不从薄也。

雨无正

　　《雨无正》通首不道雨，与题羌无系属。按似有后世无标题音乐或无题诗之义。如以"变雅"观之，《序》："大夫刺幽王也。雨自上下者也，众多如雨，而非所以为政也。"故"雨无正"所以扰民，"政"通"正"，"雨无正"者，今云政策未有稳定性而多且变也。"雨"亦可"正"，《易·乾·彖》"云行雨施，天下平也"，有适时之义。"雨无正"发兴，诗题亦无误也。

　　"三事大夫，莫肯夙夜；邦君诸侯，莫肯朝夕。"按此《诗》所示末日之感，大厦将倾，无梁木可支也。《管锥编》谓西方古称文为"解放语"，以别于诗之为"束缚语"。此观诗、文之异，亦可观其同，盖各有"解放"与"束缚"，且"束缚"乃"解放"之基焉。况周颐《蕙风词话》卷一："守律诚至苦，然亦有至乐之一境。据律细勘，循声以求，忽然得至隽之字、绝警之句。此时曼声微吟，拍案而起，其乐何如！"吴宓《诗韵问题之我见》："凡人生社会各种规矩（Conventions）似若束缚，实皆为全体或大多数人之利使。……上者如道德事功，下之如衣服装饰，于规矩定律之外，随时因人施以变化，乃见巧思与聪明，乃成新奇与美丽。……文学艺术，理正同此。各种规律之存在，不特不阻抑天才，且能赞助天才之滋长。①"束缚"与"解放"，盖相成也。《管锥编》前引《七月》属"豳风"，为始兴之象，由"风"而将"雅"也；后引《小宛》等当"变雅"，由"雅"而将"风"也。以《易》而言，前者当"潜龙"而"见"，后者当"飞龙"而"亢"，然则宜穷上反下以重获生机乎？叶秉敬引《诗》三例中，有《小宛》之"天命不又"。"天命不又"者，时也，难得而易失，可不慎乎。

小弁

"伐木掎矣，析薪扡矣。"《传》："掎其颠，随其理。"《管锥编》引焦循《雕菰楼集》卷一〇《诗说》云："《小弁》之诗曰'伐木'云云，即伐木之情状，而炼一'掎'字以写之。"又引王铎《拟山园初集》黄道周序（《黄忠端公全集》未收）云："或又谓《三百》无意为诗也。今请观'阴靷'……宁非古人攻琢而出者？"按《诗》乃浑成之全相，兼经与诗二义，宜识其分合焉。黄、焦治经各有所长，此引其论诗也，是耶非耶？"炼字"云云，参观陶明濬《诗说杂记》卷七："若夫字法，所以组织成句者，一字妥帖，则全篇生色。……一字可以追魂摄魄也。"刘熙载《艺概》卷二《诗概》："炼篇、炼章、炼句、炼字，总之所贵乎炼者，是

---

① 转引自萧公权《问学谏往录》，台湾传记文学出版社1972年元月版，149页。

往活处炼，非往死处炼也。夫活，亦在乎认取诗眼而已矣。"又云："有以数句为眼者，有以一句为眼者，有以一二字为眼者。……诗要细筋入骨，必由善用此字始得。"又雪莱《诗辩》："甚至单独一个字也是不可磨灭的思想火花。"

《黄忠端公全集》未收王铎《拟山园初集》序，或为编集者之有意删略。黄氏殉明，王氏降清，道不同不相为谋也。凡《全集》、《文集》删略或变换篇目事，历代皆有之，因"记忆"往往有"创造性"（《人兽鬼》和《写在人生边上》重印本序），所谓"全集"者，皆未必全也。

大东

"跂彼织女，终日七襄；虽则七襄，不成报章。睆彼牵牛，不可以服箱。……维南有箕，不可以簸扬。维北有斗，不可以挹酒浆。"《笺》："织女有织名尔。"《正义》："是皆有名无实。"《管锥编》谓科以思辨之学，即引喻取分而不可充类至全（pars pro toto）也。按《谈艺录》二《黄山谷诗补注》（四）、（五十九），一〇《长吉曲喻》所论，亦即此事。《谈艺录》二谓："诗人修辞，奇情幻想，则雪山比象，不妨生长尾牙；满月同面，尽可妆成眉目。英国玄学诗派（Metaphysical poets）之曲喻（conceits），多属此体。"又一〇谓："夫二物相似，故以彼喻此；然彼此相似，只在一端，非为全体。……长吉乃往往以一端之相似，推而及之初不相似之他端。"皆可参证。《管锥编》引《水浒传》第二五回潘金莲激西门庆曰:"急上场便没些用,见个纸虎也吓一跤",即《西厢记》四本一折所嘲之"银样蜡枪头"。又"纸老虎"一语,因已故毛泽东主席用之而流行,"真老虎"、"纸老虎"云云,亦有见于消息之义。引《左传》哀公二十五年所嘲:"是食言多矣,能无肥乎?"即"分喻"或"曲喻"之例,坐实"食"字,遂双关出"肥"也(俞正燮《癸巳存稿》考释"食言"颇详)。

楚茨

"先祖是皇,神保是飨。"《管锥编》引《尚书·舜典》:"夔典乐,……神人以和,祖考来格。"按此即原始宗教以降舞、乐相成之义,"乐必有舞为之容,舞必乐为之节"是也。引《说文》:"巫、祝也。女能事无形,以舞降神者也。"如以音训解之,则巫者,舞也,无也,故能事于无形也。引西方民俗学著述言各地巫祝皆以舞蹈致神之格思,其作法时,俨然是神,且舞且成神(der Tänzer ist der Gott, wird zum Gott)。按此顺向,然亦可逆向,印度神秘主义教典《阿笈摩》"应先成神再祭神",又中国禅宗"悟后修"是也。引明高拱《病榻遗言》记张居正阴倾害而阳保全,"俗言:'又做师婆又做鬼。'"此即世间法之两面性,多能见之。师婆乎鬼乎?二乎一乎?故于读书、读物而外,尚须读人也。

大明

"维师尚父,时维鹰扬。"《传》:"师,大师也。尚父,可尚可父。"《笺》:"尚父,吕望也,尊称焉。"按"师尚父"之"师",《毛传》以"大师"当之,即"三公"之一,"无官属,与王同职,坐而论道",此涉及古代政制乃至教制之思想核心。《尚书·周官》:"立太师、太傅、太保。兹惟三公,论道经邦,燮理阴阳。官不必备,惟其人。"贾谊《陈政事疏》(《大戴礼记·保傅》略同):"昔者成王幼,在襁抱之中,召公为太保,周公为太傅,太公为太师。保,保其身体;傅,傅其德义;师,道之教训;此三公之职也。"三公犹鼎足:太保犹体育,太傅犹德育,太师犹智育。此成稳定之象,乃缺一不可也。

常武

"王旅啴啴,如飞如翰,如江如汉,如山之苞,如川之流。绵绵翼翼,不测不克,濯征徐国。"《管锥编》以兵法解其义,引及《孙子·军争》篇:"其疾如风,其徐如林,侵略如火,不动如山,难知如阴阳,动如雷霆。"按《易·师》初六:"师出以律,否臧凶。"此"律"或以"音律"与"纪律"当之,皆是而稍实。如以"律动"当之,则抽象而佳,且虚涵"音律"、"纪律"二义。"否臧凶"者，未合"律"也。《管锥编》引塔索（Tasso）写十字军行军名句"速而有律"（rapido sì, ma papido con legge）笺《诗》"如飞"而能"翼翼"（《毛传》："翼翼，敬也。"）；极是，盖于紧张中维持平衡，有聚精会神之象。本卷论《车攻》引欧阳修《秋声赋》："如赴敌之兵，衔枚疾走，不闻号令，但闻人马之行声"，亦可与塔索句映照。legge译"律"，或即《周易集解》引《九家易》"坎为法律"乎？坎者水也，其波动之象，与兵形兵势相合。

左传正义

隐公

按经学有"《易》始伏羲,《书》始尧舜,《诗》始文王,《春秋》始鲁隐公"之说,以时代坐标志始。《孟子·离娄》下"王者之迹熄而《诗》亡,《诗》亡然后《春秋》作",乃衔接之一也。鲁隐公元年当周平王四十九年(公元前722年),平王于元年(前770年)东迁,《春秋》避让四十九年者,尚待周之重兴。而平王终未能有为,《雅》、《颂》降而为《王风》,《春秋》乃代行天子之事(《孟子·滕文公》下引孔子曰:"知我者其惟《春秋》乎,罪我者其惟《春秋》乎"),以应诸侯兴起之象。虽然,仍署"春王正月"以存《公羊》"大一统"理想,此《春秋》大义,所以衔接《诗》也。

隐公元年

"公曰:'多行不义,必自毙,子姑待之。'"按此于

《易》当阴消之象，《坤·文言》"积不善"是也。"待"者"待时"，《管锥编》谓待恶贯之满盈、时机之成熟；下文云："公闻其期，曰：'可矣！'"则"时至"也。《管锥编》引文艺复兴时意大利政论家"待熟"（aspettare la sua maturità, la sur stagione）之说；此于《易·革》当"已日乃孚"、"已日乃革之"，皆持重之义。盖势之形成，非一朝一夕之故，必积累以待因缘之和合。参观《论语·泰伯》"三分天下有其二，以服事殷，周之德，其可谓至德也矣"。然"待"者，正面义为持重，负面义为保守，盖犹疑迁延亦为失也。引李伐洛谓人事亦有时季（Les opérations des hommes ont leur saison），若物候然。此亦属佳义，德国斯宾格勒（Oswald Spengler）撰《西方的没落》，即以此义解史；加拿大弗赖（N·Frye）撰《批评之解剖》，即以此义解文。

"不义不暱，厚将崩。"按"不义不暱"者，于易象消息当消；"厚将崩"者当剥象，乃消之极乎。此象极危，故《剥·大象》谓"上以厚下安宅"；"多行不义"者未能厚下，故"将崩"也。《管锥编》引《论语·述而》"不愤不启，不悱不发"；按此当教学之道，"愤"、"悱"者犹能量积累，"启"、"发"者乃运用之法。引《庄子·应帝王》"不将不迎"，承"圣人用心若镜"而言，唯"不将不迎"、"应而不藏"，故能胜物而不伤也。引《心经》"不生不灭，不垢不净，不增不减"与《圆觉经》"不即不离"属释典至深之义，五蕴未空者或未能知也。引韩愈《原道》"不塞不流，不止不行"，亦可于两端间见其因果。韩愈《原道》有启后世理学，《河南程氏遗书》卷一："韩愈亦近世豪杰之士。如《原道》中语言虽有病，能将许大见识寻求者，才见此人。至如断曰：'孟氏醇乎醇。'又曰：'荀与扬择焉而不精，语焉而不详。'若不是他见得，岂千余年后便能断得如此分明也？"

《管锥编》论"阐释之循环"（der hermeneutische Zirkel），谓解全篇之义乃至全书之指（"志"），庶得以定某句之意（"词"），解全句之意，庶得以定某字之诂（"文"）。此与乾嘉朴学必知字之诂而后识句之意，识句之意而后通全篇之义，进而窥全书之指相较，自然更胜一层，立其大体也。至于并须晓会作者立言之宗尚、当时流行之文风以及修辞异宜之著述体裁云云，已渐及文本之外。若充其极则《谈艺录》九一所谓"时代精神"、"地域影响"皆有其理，因文本自足而未足，如能渐渐上及天地间之大循环，则文本亦附丽之物矣。《管锥编》引戴震《〈古经解钩沉〉序》："经之至者，道也。所以明道者，其词也。所以成词者，未有能外小学文字者也。由文字以通乎语言，由语言以通乎古圣贤之心志，譬之适堂坛之必循其阶而不躐等"，正当朴学鼎盛期之自信。观张之洞《书目答问》附二《国朝著述诸家姓名略》谓："由小学入经学者，其经学可信；由经学入史学者，其史学可信；由经学史学入理学者，其理学可信；以经学史学兼词章者，其词章有用；以经学史学兼经济者，其经济成就远大。"仍沿用其义。然于"小学"诸项以下添一"经济"，亦含时代色彩。清末重臣由曾、李而张，皆主"经济"，盖世变日亟，考据与空言无补于世也。

《管锥编》引《华严经·初发心菩萨功德品》（按当作"初发心功德品"）："一切解即是一解，一解即是一切解故。"此当华严境界之融通无碍，盖根本即差别，差别即根本。推广而言，世界之解犹身心之解，身心之解犹文辞之解，《性命圭旨》佘序谓"从法界摄色身，《华严》尚矣"。又初发心即有无量功德，以儒家而论，犹《论语·述而》谓"我欲仁，斯仁至矣"。

"称'郑伯'，讥失教也；谓之郑志。"《注》："明郑伯志在于杀。"《管锥编》谓指隐衷蓄意，为心事之不可告人者。本卷论昭公十九年亦引《传》曰："谓之郑志"，指诛心之笔。按心之所之曰"志"，此"郑志"处心积虑不在天下大势，而仅注意内部权位，亦何足道哉。郑于桓、武、庄三代，尚处发展之势。郑桓于平王东迁前四年（前774年）率先东迁立国，预感大势有变，可谓有识，参观《史记·郑世家》记郑桓与周太史之对话（出《国语·郑语》）。武灭郐、虢，庄亦雄主，然处天下之中未能有为，"郑志"卑琐，或为原因之一。郑于庄公后渐衰，非偶然也。

庄公六年

"请杀楚子，邓侯弗许。三甥曰：'亡邓国者，必此人也。若不早图，后君噬脐。'"《注》："若啮腹脐，喻不能及。"按《谈艺录》三五引陆游《杂感》："迟归悔噬脐。"又《剑南诗稿》卷二八《村居》："言狂悔噬脐。"《管锥编》引《易·坤·象》："行地无疆"；又《临·大象》："君子以教思无穷，容保民无疆。"按坤地本有疆，《坤·象》"德合无疆"、"行地无疆"、"应地无疆"，凡三言"无疆"者，皆指坤顺乾；时空相须，坤之"无疆"，犹乾之"不息"也。又临本坤卦而来，又上体坤，故皆言"无疆"；李道平《周易集解纂疏》卷三即以坤"行地无疆"释临"容保民无疆"。

《管锥编》谓《楞严经》出于房融增饰；按《东坡题跋》卷一《跋柳闳〈楞严经〉后》："《楞严》者，房融笔受，其文雅丽，于书生学佛者为宜。"至于经文真伪，此涉及印、中文化关系，异乎同乎，迄无定论。或撰《楞严百伪》，谓此经集伪说之大成①，则未必然也。明智旭《阅藏知津》归《楞严》于"方等密部"，"密"当指"楞严咒"而言。此经旧题神龙元年（706 年）译（此属中宗朝），如以时代观之，尚在唐密善无畏、金刚智（716、720 年分别来华，活动于玄宗朝）乃至藏密莲花生（766 年建立桑耶寺，活动于肃宗朝）之前。此密法流传之大系，释迦说耶，佛说耶，亦无定论云。《管锥编》引此经卷六："因地不真，果招纡曲，求佛菩提，如噬脐人，欲谁成就？"此极是，故有"菩萨畏因，

---

① 吕澂《楞严百伪》，《中国哲学》第二辑，三联书店 1980 年 3 月版，185—199 页。

众生畏果"之说矣。

庄公十年

"公曰：'牺牲玉帛，弗敢加也，必以信。'"《管锥编》引《论语·公冶长》子贡曰："我不欲人之加诸我也，吾亦欲无加诸人。"按此涉及孔门"己所不欲，勿施于人"（《论语·颜渊》又《卫灵公》）之信条，甚平实，"有一言而可以终身行之"，故孔子谓子贡曰："赐也，非尔所及也。"杨荫杭《老圃遗文辑》一九二〇年《积极之金科与消极之金科》讨论东方"己所不欲，勿施于人"与西方"己所欲者，施之于人"之异，似各有利弊。然东方尚有《论语·雍也》"己欲立而立人，己欲达而达人"，与"己所不欲，勿施于人"相辅相成，如此始仁而终圣，消极而兼积极，终属无弊也。

"夫战，勇气也。一鼓作气，再而衰，三而竭。彼竭我盈，故克之。"按此揭示能量转换规律。"彼竭我盈"乃消息之几，其几在能否得"一鼓作气"之生力。"一"而"再"，"再"而"三"者，当易数之变。《易纬乾凿度》云："物有始，有壮，有究，故三画而成乾。"

庄公十四年

楚子灭息，以息妫归，生堵敖及成王，"未言，楚子问之，对曰：'吾一妇人而事二夫，纵弗能死，其又奚言？'"《注》："未与王言。"按"未言"者，或有消极应对，而绝无积极答问是也。杨伯峻《注》引《礼记·丧服四制》云："礼，斩衰之丧，唯而不对，齐衰之丧，对而不言。"郑注云："言为先发口也。"又《说文》："直言曰言"；段注引郑注"大司乐"云："发端为言。"如贯通以观，"未言"谓消除交流之主动性，俞氏谓"守心丧之礼"，或可存乎。

又隐公六年及本年引《商书》："恶之易也，如火之燎于原，不可向迩，其犹可扑灭？"此于消息当坤初之消。今本《尚书·盘庚上》无"恶之易也"一语，则亦可当乾初之息，犹今语"星星之火，可以燎原"是也。

庄公二十八年

"楚师夜遁。郑人将奔桐丘，谍告曰：'楚幕有乌'，乃止。"《管锥编》引古罗马兵法谓鸟惊翔而不集者，下有伏也。参观《六韬·犬韬·垒虚》："听其鼓无音，铎无声，望其垒上多飞鸟而不惊，上无氛气，必知敌诈而为偶人也。"

僖公五年

晋侯假道于虞，以伐虢，宫之奇谏。"公曰：'吾享祀丰洁，神必据我。'对曰：'臣闻之，鬼神非人实亲，惟德是依。……如是则非德，民不和，神不享矣。神所冯依，将在德矣。若晋取虞，而明德以荐馨香，神其吐之乎？'"按删略一段为："故《周书》曰：'皇天无亲，惟德是辅。'又曰：'黍稷非馨，明德惟馨。'又曰：'民不易物，惟德繄物。'"此实中国传统文化要义之一，隽永可思；参以《周易·系辞》下第八章"苟非其人，道不虚行"，《老子》七九章"天道无亲，常与善人"，皆能见其一贯之处。

《管锥编》引庄公三十二年，神降于莘，内史过曰："国之将兴，明神降之，监其德也；将亡，神又降之，观其恶也。故有得神以兴，亦有以亡，……其以物享焉。"同年史嚚曰："虢其亡乎！吾闻之，国将兴，听于民；将亡，听于神。神聪明正直而壹者也，依人而行，虢多凉德。"按《左传》襄公二十三年"祸福无门，唯人所召"，似可当其基本思想，故谓左氏多叙鬼神亦是，谓其破除迷信亦是，凡"万物皆有两柄"（Everything has two handles），操之在人也。参观《中庸》二十四章："国家将兴，必有祯祥；国家将亡，必有妖孽。……故至诚如神"；《老子》六〇章："以道莅天下者，其鬼不神。"

《管锥编》引《欧阳文忠公年谱》记试《左氏失之巫论》，略云："石言于晋，神降于莘，内蛇斗而外蛇伤，新鬼大而故鬼小。"按分别见昭公八年、庄公三十二年、庄公十四年、文公二年。"内蛇斗而外蛇伤"（魏泰《东轩笔录》卷一二"欧阳文忠"条作"外蛇斗而内蛇伤"），当作"两蛇斗而内蛇死"。本年申繻答公曰:"妖由人兴也。人无衅焉,妖不自作。人弃常,则妖兴,故有妖。"可与内史过、史嚚之言互证,亦《左传》之理性原则焉。又"新鬼大而故鬼小"亦有理,盖往往当时极重要之人与事,时过境迁,乃逐渐销归平淡。或有残留信息乎,亦无不变者也。杨慎《廿一史弹词》第三段《说秦汉》开场词《临江仙》(毛宗岗采入《三国演义》卷首):"滚滚长江东逝水,浪花淘尽英雄,是非成败转头空。……古今多少事,都付笑谈中。"此明时间之作用,亦此景也。"是非成败转头空"似出白居易《自咏》:"百年随手过,万事转头空。"苏轼《西江月》:"休言万事转头空,未转头时是梦。"

《管锥编》引《战国策·魏策》一知伯索地,魏桓子弗与,任章曰:"《周书》曰:'将欲败之,必故辅之;将欲取之,必姑与之。'君不如与之,以骄知伯。"按此引《周书》与《韩非子·说林》上引《周书》语同,盖逸《书》也,前一"故"字当作"姑"。又此语与《老子》三六章"将欲翕之,必固张之;将欲弱之,必固强之;将欲废之,必固兴之;将欲夺之,必固与之"意同。河上公注:"先开张之者,欲极其奢淫";"先强大之者,欲使之遭祸患";"先兴之者,欲使其骄危也";"先与之者,欲极其贪心也";亦与任章解说映照。然"固"与"姑"字义尚有异,参观《史记》卷论《货殖列传》。又《左传》数引《周书》,与《国策》所引是否同一?中国先秦文化诸家之关系,极难梳理,或谓老子乃周之守藏史，固无书不观也。

《管锥编》引昭公七年赵景子问："伯有犹能为鬼乎?"子产曰："用物精多，则魂魄强，是以有精爽，至于神明。……能为鬼，不亦宜乎?"按参观昭公二十五年乐祁曰："心之精爽，是谓魂魄。魂魄去之，何以能久?"别见本卷论昭公七年。引《管子·心术》："思之思之，思之不得，鬼神教之。"此论思维之理，非辨鬼神，故下曰："非鬼神之力也，其精气之极也。"参观《内业》："思之思之，又重思之。思之而不通，鬼神将通之。非鬼神之力也，精气之极也。"《管锥编》引西人谓："魔鬼出世，实在上帝之先"（At bottom the devil is more ancient than God）；亦有义理。川端康成反复感叹："入佛界易，入魔界难"（引一休宗纯），或与此相通。盖未能打破"魔"关，终未能知佛之究竟云。引《史记·封禅书》："五利常祠其家，欲以下神，神未至而百鬼集矣。"参观谭峭《化书》："为巫者鬼必附之，设象者神必主之，盖乐所飨也。"

《管锥编》引古罗马人谓两军相斗，"上帝佑其强有力者"（Deos fortioribus adesse）。按此尚有正面意义，犹英谚"天助自助者"（God helps who helps himself）。引李山甫《自叹拙》："年衰鬼弄人"，《通俗编》引作"时衰"。按两者稍有异，盖后者尚含客观义，前者似纯谓生物钟矣。参观《全唐诗》卷六五七罗隐《筹笔驿》："时来天地皆同力，运去英雄不自由。"

僖公二十二年

"宋人既成列，楚人未既济。司马曰：'彼众我寡，及其未既济也，请击之。'……既济而未成列，又以告。"按宋楚泓之战，亦即"子鱼论战"，宋襄公于齐桓、晋文间之短暂争霸结束于此。凡子鱼云云，皆痛快淋漓，含至理焉。此"半渡而击"亦为兵法之要，盖旧力已尽，新力未生之际，为缺陷所在，即可击之几；以易象示之，犹否泰反类也。"可击"因力有断续处，此缺陷宜补，故拳诀有"勿断续"是也。

子鱼曰："君未知战。"《管锥编》引《老子》五七章："以正治国，以奇用兵，（以无事取天下。）"按参观三〇章："以道佐人主者，不以兵强天下。"故可用奇也，亦可不用奇也。《文子·道德》申言："以道王者德也，以兵王者亦德也"；乃兼取二义焉。"以奇用兵"句，河上公注："奇，诈也，天使诈伪之人，使用兵也。"又后世以兵书解《老》者，有唐代王真，其《道德经论兵要义述》谓"王者必先务于道德而重用兵也"，又谓"是知兵可用也，不可好也"，仍兼取二义。是书于元和四年（八〇九年）上于朝，唐宪宗手诏褒美之。

"若爱重伤，则如勿伤；爱其二毛，则如服焉。"《正义》："'如'犹'不如'，古人之语然，犹似'敢'即'不敢'。"《管锥编》论"如"即"不如";按亦可解为"何如",如此为反诘句,似更佳。论"敢"即"岂敢"、"不敢";参观《槐聚诗存》一九三八年《答叔子》注:"时见君尊人所著《后山诗笺》,后山赠少年动曰'飞腾飞扬',又每用'敢'字作'不敢'解。""君尊人"即冒广生(疚斋),作者读其《后山诗笺》事,见《谈艺录》补订23页【一】。

《管锥编》引《诗·大雅·文王》:"有周不显,帝命不时";《笺》:"周之德不光明乎?光明矣。天命之不是乎?又是矣。"此"不"解作"丕",然解作"不"亦可;"时"解作"是",然解作"时"亦可,如与下文"天命靡常","永言配命,自求多福","上天之载,无声无臭"合观,可见周兴起之象。又以六书之象形观之,"不"为鸟翔,"丕"者离地,由"丕"而"不",则三年不飞,一飞冲天矣。

僖公二十四年

"富辰谏曰:'女德无极,妇怨无终'";《注》:"妇女之志,近之则不知止足,远之则忿怨无已。"《管锥编》以恩德易忘,怨毒难消解之,且谓人情皆然,无间男女。按此极是,盖人心确易于忘德而记怨也。引《大般涅槃经·梵行品》:"譬如画石,其文长存,画水速灭,势不久住;嗔如画石,诸善根本,如彼画水。"此似用北本,若南本前四句略同,后三句当作四句:"嗔恚难除,譬如画石,善根易灭,犹如画水"，则意尤明白。

"画水"喻速灭，《列子》卷论《周穆王》亦引《大般涅槃经·序品》："亦如画水，随画随合。"参观《恒河大手印》："如未得起灭之要，则所渗漏之妄念皆轮回业因。……唯不离自然本体以关照之，使不连续，如在水上画图，随画随消。"又曰："念之起灭，如水上绘图，即绘即消。"

僖公二十七年

"子文治兵于睽，终朝而毕，不戮一人。子玉复治兵于芳，终日而毕，鞭七人，贯三人耳。"《管锥编》引太公《六韬·龙韬·将威》："故杀一人而三军震者，杀之；赏一人而万人悦者，赏之。"按此兵家言，以刑戮立威，亦不得不然。引《太平御览》卷二九六引《卫公兵法》与通行本《唐太宗李卫公问对》不同者，盖治军有宽、严两道，犹李广与程不识也，卫公或能兼此，故为名将也。又《问对》宋神宗元丰间列入"武经七书"，《卫公兵法》乃清人据《通典》、《御览》等辑出。《管锥编》引《尉缭子·政权》云云，"政"当作"攻"。

僖公二十八年

"《军志》曰：'允当则归。'又曰：'知难而退。'又曰：

'有德者不可敌。'"按晋楚城濮之战。楚成王曰:"无从晋师!晋侯在外,十九年矣,而果得晋国。险阻艰难,备尝之矣;民之情伪,尽知之矣。天假之年而除其害,天之所置,其可废乎?"此审时度势,顺势而为,故为明主也。又本年晋文公听舆人之颂云:"原田每每,舍其旧而新是谋",此更新之象,晋文公感其生机,故能兴霸也。《军志》"知难而退"云云,参观《吴子·料敌》第二:"有不战而避之者六。……凡此不如敌人,避之勿疑,所谓'见可而进,知难而退'也。"

"晋师退。吏曰:'以君避臣,辱也。'"按退三舍以避之,《易·师》四"左次,无咎"之象,不敢为天下先也。《老子》六一章:"大国者下流,天下之交,……故大国以下小国,则取小国;小国以下大国,则取大国;大者宜为下。"又六九章:"用兵有言:'吾不敢为主而为客,不敢进寸而退尺。'……祸莫大于轻敌,轻敌几丧吾宝。"亦此象也。又本年子犯曰:"师直为壮,曲为老,岂在久乎?微楚之惠不及此,退三舍以辟之,所以报也。"参观《老子》三〇章又二五章:"物壮则老,是谓(一作"谓之")不道,不道早已。"

"子玉使斗勃请战,曰:'请与君之士戏,君凭轼而观之,得臣与寓目焉。'"按杨荫杭《老圃遗文辑》一九二〇年《今小学》(四)亦解此,略谓:"'戏'字从戈,许慎曰:'戏,三军之偏也,一曰兵也。'《汉书》'诸侯罢戏下',师古曰：'戏，军之旌麾也。'《窦田灌韩传》'至戏下'，师古曰：'戏，大将之旗也。'故戏为武事，亦极庄严之事。……楚子玉谓晋文公曰：'请与君之士戏。'此其意犹言请与君之士决战，非以交战为演戏也。"《管锥编》谓"战"与"戏"通：危词耸说，戏亦战也；轻描淡写，战即戏也。当局者"性命相扑"，战也；旁观者"云端里看厮杀"，戏也。按此解甚佳，杜甫《秋兴》之四："闻道长安如弈棋，百年世事不胜悲。"方注："弈棋言迭盛迭衰。"此亦以"戏"喻"战"，然言"悲"者，盖见两者之异也。当局者迷犹入，旁观者清犹出，出入可无疾乎？

　　《管锥编》谓诸凡竞技能、较短长之事，古今多称曰"戏"；又以其判输赢，犹战斗之分胜负也，莫不可谓为"战"或"斗"。按杨荫杭《老圃遗文辑》一九二一年《运动与战争之比较》："运动非战争之事也，然竭其力以求胜于人，则与战争无异。"又读奥威尔（George Orwell）论体育竞赛某文（The sporting spirit），亦论及"戏"、"战"同异，且云："此岂戏乎，乃战也"（At the international level sports is frankly mimic warfare）。《管锥编》谓子玉请战而曰"请戏"，虽所以自示从容整暇，而自雄轻敌之情亦复隐约言外，此殆又刘知几所称左氏"用晦"，寓骄兵必败之旨欤？按兵凶战危，如以胜负而论，"戏"而以"战"视之者或胜，"战"而以"戏"视之必败，骄兵者气浮，故为败因也。

文公元年

公孙敖闻周内史叔服能相人，见其子，叔服曰："谷也丰下，必有后于鲁国。"按《古今考·汉高帝纪》谓"相人"一词始此。《管锥编》引及《荀子·非相》云："相形不如论心，论心不如择术。形不胜心，心不胜术。术正而心顺之，则形相虽凶而心术善，无害为君子也；形相虽善而心术恶，无害为小人也。君子之谓吉，小人之谓凶。故长短小大善恶形相非吉凶也，古之人无有也，学者不道也。"按此以"择术"为最高者甚是，理解相学宜以此为指归。"择术"审是非，当指所深信之理论，亦即古代学者之立命处。"术"者邑中道，所由也，故胜于"论心"。

引吴处厚《青箱杂记》卷四："谚曰：'有心无相，相逐心生，有相无心，相逐心灭。'此言人以心相为上也。故心有三十六相"；杨荫杭《老圃遗文辑》一九二〇年《说相》亦引之，且详引"三十六相"之目。此见相学有其理性原则，仅知揣摩形貌者，陋矣。或引林肯谓："人在四十岁以后，应该对自己的相貌负责。"此盖以四十当先、后天之辨。四十前当先天由父母，四十而不惑，故当后天由己。然则世俗"修心补相"之说，"补相"未可知，而"修心"必无非也。

文公七年

赵宣子曰："先人有夺人之心，军之善谋也。"《管锥编》引《史记·项羽本纪》等阐"先发制人、后发制于人"之义，按是。又引《孙子·军争》篇等阐"后发制人"之义，亦是。先发犹阳，后发犹阴。制者，制其机也。《管锥编》引《国语·越语》下范蠡论"善用兵者，后则用阴，先则用阳"云云，乃通此二义，运用之妙，存乎一心也。

《荀子·议兵》临武君曰："上得天时，下得地利，观敌之变动，后之发，先之至，此用兵之要术也。"此阴阳先后，乃兵法之本，亦武学之本。《庄子·说剑》："夫为剑者，示之以虚，开之以利，后之以发，先之以至。"《吴越春秋》卷九，记越处女论剑道曰"其道甚微而易，其意甚幽而深。道有门户，亦有阴阳，开门闭户，阴衰阳兴。凡手战之道，内实精神，外示安仪，见之似好妇，夺之似惧虎。布形候气，与神俱往，杳之若日，偏如腾兔，追形逐影，光若佛仿，呼吸往来，不及法禁"云云，亦与兵法印证[1]。春秋战国时期武学必已发达，《史记·刺客列传》卷末引鲁勾践叹荆轲刺秦王曰："嗟乎，惜哉，其不讲于刺剑之术也！"

---

[1] 金庸《三十三剑客图》中《赵处女》亦引之，可视为金氏十四部小说武学之根。

宣公二年

赵盾舍于翳桑,见灵辄饿,食之。晋侯饮赵盾酒,伏甲攻之,介倒戈以御公徒而免之,问:"何故?"对曰:"翳桑之饿人也。"《管锥编》论一饭之恩与一饭之仇。按参观周亮工《书影》卷八:"翳桑饿夫倒戈以卫宣子,漂絮老母进食而哀王孙,顾荣受报于亲炙之人,黔敖忍死于嗟来之食,古人视饮食之重如此!"引梁玉绳《演连珠》:"怨毒之事,在小不在大;饮食之人,可贱亦可畏";按是,故善小恶小,皆宜慎之也。杜甫《奉赠韦左丞丈二十二韵》:"常拟报一饭。"注引《史记·范雎传》:"一饭之恩必偿",又引《后汉书·李固传》:"窃感古人一饭之报",注曰:"谓灵辄也。"又按此事之结果灵公被杀,晋董狐有"赵盾弑其君"之书,为直笔无畏之代表,文天祥《正气歌》"在晋董狐笔"是也。《史记》卷论《五帝本纪》亦引宣公二年称董狐:"古之良史也,书法不隐。"

宣公十二年

士贞子谏晋侯,引晋文公语曰:"得臣犹在,忧未歇也。困兽犹斗,况国相乎?"《管锥编》引《孙子·军争》篇:"归师勿遏,围师必阙,穷寇勿迫。"又引《九变》篇:"投之亡地然后存,陷之死地然后生。"按前者柔人,后者激己,两情相反而互转，犹阴阳两端之相生也。引《太平御览》卷二九一引《卫公兵法》"敌固无小，蜂虿有毒"云云，亦见《通典》卷一五〇。"固"当作"国"。"国无小"者，见僖公二十二年臧文仲曰："国虽小，不可易也。无备，虽众，不可恃也。……君其无谓邾小，蜂虿有毒，而况国乎！"

成公二年

张侯曰："此车一人殿之，可以集事。"《注》："殿，镇也。"按上文曰："师之耳目，在吾旗鼓，进退从之。"此战场之信息中心，乃一军之根，决不可动摇，故曰："以一人殿之。"《管锥编》解"殿"作"镇"，亦作"填"，皆厚实之象。《老子》三七章："镇之以无名之朴"，马王堆帛书本"镇"作"瞋"，与"填"亦通。又三二章："朴虽小，天下不敢臣"，观《左传》"一人殿之"，或其象乎？

邴夏曰："射其御者，君子也。"公曰："谓之君子而射之，非礼也。"《注》："齐侯不知戎礼。"《正义》："是戎事以杀敌为礼。"《管锥编》谓"礼"者非揖让节文（code of courtesy），乃因事制宜（decorum）之谓；故射仪则君子必争，戎礼则君子亦杀。按《薄伽梵歌》第二章记阿周那于阵前因须杀敌而心怀忧伤，克里希那以"合乎达摩"开解之[1]。"达摩"

---

[1] 《薄伽梵歌》第二章《数论与瑜珈》，张保胜译，中国社会科学出版社1987年12月版，24页。

（dharma）者法也，具足多义，"戎礼"或可当其一乎？《管锥编》引昭公五年"是仪也，不可谓礼"等释"礼"、"仪"之别；盖"仪"仅为形式，"礼"合乎精神，"礼"含"仪"而"仪"不可谓"礼"。《论语·阳货》曰："礼云礼云，玉帛云乎哉。乐云乐云，钟鼓云乎哉。"此玉帛、钟鼓皆"仪"，非"礼"也。

成公十年

晋景公卒，杜注曰："巫以明术见杀，小臣以言梦自祸。"按"明术"、"言梦"云云，或能涉及局部之生理，然终未知社会及其心理也。《管锥编》引《庄子》之《人间世》、《山木》两篇所谓"不材"得终天年云云，宜知《人间世》"使予也而有用，且得有此大也邪"及《山木》"无誉无訾，一龙一蛇，与时俱化，无肯专为"之象。秦医缓至，二竖子逃于肓之上、膏之下，此见医终有所未及。《史记·扁鹊仓公列传》："天下尽以扁鹊为能生死人。扁鹊曰：'越人非能生死人也。此自当生者，越人能使之起耳。'"秦医缓，参观昭公元年之秦医和，以"缓"、"和"成象，亦医理也。"疾"为二童子而入膏肓，"攻之不可，达之不及，药不至焉"而不可为，医缓声势或过盛乎？"疾"深藏而逸走，然医者意也，犹可以化及之。清徐大椿著《用药如用兵论》，以兵法喻攻疾之法，终云："孙武子十三篇，治病之法尽之

矣。"(《医学源流论》卷上)

成公十五年

子臧曰:"前志有之曰:'圣达节,次守节,下失节。'"《管锥编》谓"达节"即昔语"权",今语"坚持原则而灵活运用"也。按以《易·节》观之,"圣达节"者,《彖》之"节亨"、五之"甘节吉"当之;"次守节"者,四之"安节亨"当之;"下失节"者,三之"不节若,则嗟若"当之。"守节"之所以"次"者,犹须辨初"不出户庭,无咎"与二"不出门庭,凶"二义。能辨之乃成"安节"之亨,不能辨而坚执之,乃成《彖》之"苦节不可贞"与上之"苦节贞凶"也。凡"失节"者,或不足与语,故《易》所详辨者,乃"达节"与"守节"之异;《彖》标示"节亨"与"苦节不可贞"二义,或欲化苦为甘乎?

《管锥编》引《论语·子罕》:"可与立,未可与权";皇侃义疏:"权者,反常而合于道也。"按《子罕》曰:"可与共学,未可与适道;可与适道,未可与立;可与立,未可与权。""权"处层层递进之峰巅,乃孔学之最高境界,故下引《唐棣》"唐棣之华,偏其反而;岂不尔思,室是远而",以明"当下"之理。子曰:"未之思也,夫何远之有。"《易》六十四卦三百八十四爻所明即此,故《系辞》下七章"三陈九卦之德"而终于"巽以行权"是也。就实物而言,"权"、

"衡"连用，"权"者秤锤也，"衡"者秤杆也（后世苏洵既著《权书》，又著《衡论》，即用此两象）。"衡"即"度量衡"之"衡"，乃"节"也（《易·节·彖》："节以制度"，《象》："制数度"）；"权"者，乃达"节"也。《孟子·梁惠王》上："权然后知轻重，度然后知长短；物皆然，心为甚。"故知"权"者，乃度其轻重长短而施其宜也。

《管锥编》引《孟子·离娄》："男女授受不亲，礼也；嫂溺而援之于手，权也"；《尽心》："执中无权，犹执一也；所恶执一者，为其贼道也，举一而废百也。"此以"权"合于"执中"云云，乃儒家思想精华之一，后世理学颇阐发之。《孟子》所恶之"执一"、"举一而废百"云云，参观《诗·小雅·小旻》："不敢暴虎，不敢冯河，人知其一，莫知其他。"引《河南二程遗书》卷一二《明道语》论"不可捉一个中来为中"云云，或指司马光。参观《遗书》卷二："君实尝患思虑纷乱，有时中夜而作，达旦不寐，可谓良自苦。人都来多少血气，若此则几何而不摧残以尽也。其后告人曰：'近得一术，常以中为念。'则又是为中所乱。中又何形，如何念得他？只是于名言中拣得一个好字。与其为中所乱，却不如与一串数珠。及与他数珠，他又不受。殊不知中之无益于治心，不如数珠之为愈也"；又："君实自谓：'吾得术矣，只管念个中字。'此则又为中所系缚。"又王安石《王文公文集》卷七《答蒋颖叔书》："虽不著二边而著中间，此亦是著。故经曰：'不此岸，不彼岸，不中流。'"

《管锥编》谓"权"者，变"经"有善，而非废"经"不顾，故必有所不为，而异于"俯仰逶迤，以窥看为精神，以向背为变通"（李康《运命论》）。此谓"行权有道"，乃所以明权象"道"与"术"之异。参观《河南程氏粹言》卷一："世之学者，未尝知权之义，于理所不可，则曰姑从权，是以权为变诈之术而已矣。夫临事之际，称轻重之权而处之以合于义，是之谓权，岂拂经之道哉！"辜鸿铭《张文襄幕府纪闻》卷上《权》云："用理得其正为权，不得其正为术。若张文襄（张之洞）所谓权，乃术也，非权也。"

　　《管锥编》引基督教长老有专门学问（casuistry），辨究遇事应物，犯戒而不失为守戒（rules for the breaking of rules）。《大智度论》卷八一《释六度相摄品》之下："下人破戒，中人著戒，上人不著戒。""不著戒"者，以菩提心为戒也。又本段排印有误，或手民之失（即"兼'时'，言"脱落于209页倒数第二行）。取《易》"时中"（蒙）、《庄子》"移是"（《庚桑楚》）义，参考范旭仑先生校语，《管锥编》原文应为："吾国古人言'中'兼'时'，言'是'兼'移'，……真所谓'出语尽双，皆取对法'（《六祖大师法宝坛经·付嘱》品第一〇）。"

襄公九年

　　公子騑进曰："天祸郑国，使介居两大国之间。""两大国"指晋、楚。按此与西周末年郑桓公迁国于天下之中,处四战之地,不能自强必趋弱之战略地位有关,参观本卷论隐公元年。《管锥编》引《汉书·西域传》楼兰王曰:"小国在大国间,不两属无以自安。"亦战略地位局促所致。

襄公十四年

师旷曰:"天生民而立之君,使司牧之,弗使失性。……天之爱民甚矣,岂其使一人肆于民上,以从其淫,而弃天地之性?"《管锥编》谓两"性"字作"生"解,"天地之性"即《易·系辞》"天地之大德曰生"。按此"民"之"性"与"天地之性",为师旷判断之标准。成公十三年刘康公曰:"吾闻之:民受天地之中以生,所谓命也。是以有动作礼义威仪之则,以定命也。"刘康公之"生",即师旷之"性"。此以天地人三才之道为判断,实易学判断之基础,较以卦爻辞判断更直接,亦用《易》之例也。又刘康公"国之大事,在祀与戎",于《易》当时空或生克;"天地之中"于《易》当复象"天地之心"。刘康公为周匡王或定王子(匡王子近是),曰"吾闻之",则此类思想起源当极早。

襄公二十一年

"于是鲁多盗,季孙谓臧武仲曰:'子盍诘盗?'……武仲曰：'子召外盗而大礼焉，何以止吾盗！'"按据《左传》此节，正之之道在上，武仲曰："纥也闻之：在上位者洒濯其心，壹以待人，轨度其信，可明征也，而后可以治人。夫上之所为，民之归也。上所不为，而民或为之，是以加刑罚焉，而莫敢不惩。若上之所为，而民亦为之，乃其所也，又可禁乎？"此颇佳，下引《夏书》"念兹在兹，释兹在兹，名言兹在兹，允出兹在兹，惟帝念功"亦佳，"念功"可思。此儒家法，盖治盗由治理社会结构入手，且由上之自治始。然道家知社会结构本身有变化，且上之自治亦未可信，故《庄子·胠箧》、《盗跖》皆斥："彼窃钩者诛，窃国者为诸侯"，"小盗者拘，大盗者为诸侯"，且云："圣人不死，大盗不止！"盖前者知以阳化阴，后者知阴阳消息亦无尽也。

然社会既有结构，即属自然，治理乃终未可免也。故《左传》臧武仲义可取，《胠箧》、《盗跖》稍稍坚执，或有过乎？《列子·说符》"晋国苦盗"节亦言治盗，而终以教化为主。结云："且君欲无盗，莫若举贤而任之，使教明于上，化行于下，民有耻心，则何盗之为？"可通《左传》义。而篇中引"周谚"："察见渊鱼者不祥，智料隐匿者有殃"，亦可与《左传》引《夏书》对照。《夏书》之"念功"当"信由己壹"而自知，"周谚"之"察见"、"智料"仅当知他，故曰"不祥"、"有殃"也。

襄公二十三年

"臧孙曰：'季孙之爱我，疾疢也；孟孙之爱我，药石也。美疢不如恶石：夫石犹生我，疢之美，其毒滋多。孟孙死，吾亡无日矣。'"按此即《孟子·告子》"无敌国外患者，国恒亡；然后知生于忧患，死于安乐也"，又《尽心》"人之有德慧术知者，恒存乎疢疾"之旨。盖国与人之发展壮大，有待于外界正、负面之刺激，所谓 Growing pains 是也。且凡事业有成，挫折乃至负面刺激亦可能成为滋养，"良药苦口利于病，忠言逆耳利于行"，不其然乎？

《管锥编》引成公十六年范文子曰："自非圣人，外宁必有内忧，盍释楚以为外惧乎？"按《晋书·王羲之传》引此语，已故毛泽东主席批："虽圣人亦如此，况无圣人耶？①"谓释敌以为外惧，固远识谋国之忠，而养寇挟以自重，则老黠谋身之巧。按此亦不得不然，兔死狗烹，鸟尽弓藏，观史可知也。引《阴符经》下篇"恩生于害，害生于恩"属生克变化，世出世法，概莫能外。《悟真篇》中卷"七言绝句"第六十二亦云："始知害里却生恩。"又《管锥编》谓以冷眼看热病，"保持心理距离"（psychical distance）。此亦是，欲助人者，必如此方能有成；《庄子·人间世》称"形莫如就，

---

① 《毛泽东读文史古籍批语集》，中央文献出版社 1993 年 11 月版，134 页。

心莫如和，……就不欲入，和不欲出"，亦谓此也。参观《七缀集·读〈拉奥孔〉》引谚："先学无情后学戏。"

襄公二十四年

按本年穆叔曰："豹闻之：'太上有立德，其次有立功，再次有立言。'虽久不废，此之谓'三不朽'。"此"三不朽"乃个体生命联系于群体生命之方式。凡立功、立言当人之言、行两端，立德者，乃其根本归宿云。凡"世禄"云云仅知一宗一姓，故"不可谓不朽"。《管锥编》引《论语·泰伯》："人之将死，其言也善"；《集注》："人穷反本，故言善。""将死"、"反本"者，盖不得不接近生命内在深处，故"其言也善"。

襄公二十五年（一）

鲜虞曰："一与一，谁能惧我？"《管锥编》引黑格尔书牍谓"非抱不能推"，又引圣佩韦笔记谓"欲拒必相接"。按《七缀集·中国诗与中国画》亦论及此义，且译圣佩韦同语云："尽管一个人要推开自己所处的时代，仍然和它接触，而且接触得很着实。"此极是，乃知时代之理。爱默生 Brahman 诗云："当他们逃离我的时候，我还是他们的翅膀。"

襄公二十五年（二）

赵文子曰："若敬行其礼，道之以文辞，以靖诸侯，兵可以弭。"昭公十三年刘献公曰："告之以文辞，董之以武师。"《管锥编》谓两"文辞"略当今语所谓"宣传"。按此亦战争方式之一，盖以武力为后备，"文辞"先导以攻心也。引本年仲尼曰："言之无文，行而不远。晋为伯，郑入陈，非文辞不为功。慎辞哉！"谓此"文辞"指宣传而兼外交辞令。按如推其本，乃由《诗》而来。《论语·宪问》："使乎！使乎！"《季氏》："不学《诗》，无以言。"可见"慎辞"之象，亦《诗》用之一也。

襄公二十七年

向戌欲弭兵以为名，子罕曰："谁能去兵？兵之设久矣，所以威不轨而昭文德也。圣人以兴，乱人以废，废兴存亡昏明之术，皆兵之由也。"按"弭兵"或是，"为名"非也。《老子》三一章云："夫佳兵不祥之器（傅奕本作"美兵"，王念孙考证应作"唯兵"，马王堆帛书甲乙本径作"兵"），……非君子之器，不得已而用之。……战胜以丧礼处之。"《左传》阐发战争积极一面，《老子》阐发战争消极一面，可互笺焉。又《大戴礼·用兵》："公曰：'用兵者，其由不祥乎？'子曰：'胡为其不祥也？圣人之用兵也，以禁残止暴于天下也；及后世贪者之用兵也，以刈百姓、危国家也。'"唐甄《潜书》下篇《室语》曰："定乱岂能不杀乎！古之王者，有不得已而杀者二：有罪不得不杀，临战不得不杀。有罪而杀，尧舜所不能免也；临战而杀，汤武所不能免也。非是，奚以杀为。"亦兼言两面。

《管锥编》引《文子·道原》及《庄子·庚桑楚》皆曰："兵莫憯于志，镆铘为下。"此极是，因"兵"象根于心，犹"生"、"克"二义根于心，"镆铘"者，其外化而已。引《吕氏春秋·荡兵》："古圣王有义兵，而无偃兵。……察兵之微：在心而未发，兵也；疾视，兵也；作色，兵也；傲言，兵也；侈斗，兵也；三军攻战，兵也。……今世以偃兵疾说者，终身用兵而不自知，悖！"此见杀机伏于寻常言动中，故欲偃兵者，亦当由融解身心入手，不在疾说也。引《韩非子·五蠹》："上古竞于道德，中世逐于智谋，当今争于气力。"此属古代之退化史观，每况愈下。"道德"亦成争竞之具，故后世或以《老子》为兵书乎？鲁迅《摩罗诗力说》云："奈何星气既凝，人道既出而后，无时无物，不禀杀机。进化或可停，生物不能返本。"亦揭示此意。引霍柏士谓战争非直两军厮杀，人之情性无时不欲争，即战所寓也。此情性或本能宜以游戏化之，如古之琴、棋，今之体育竞赛是也。

襄公二十八年

卢蒲癸曰："赋《诗》断章，余取所求焉。"《管锥编》谓强颜藉口，而道出春秋以来词令一法。按董仲舒《春秋繁露·精华》："所闻《诗》无达诂，《易》无达占，《春秋》无达辞。从变从义，而一以奉人（天）。"此见随时空变化，于典籍之理解乃至运用亦有变化，未可执焉，故"辞也者，各指其所之"。钟惺批点《诗经》卷首《诗论》（收入《隐秀轩集》列集）云："诗，活物也"；"夫诗取断章者也：断之于彼而无损于此，此无所予而彼取之。"亦指《诗》自由变化之象。

《管锥编》引卢文弨《抱经堂文集》卷三《校本〈韩诗外传〉序》："《诗》无定形，读《诗》亦无定解"，极为佳义，参观《谈艺录》补订297页【二】引谭献《复堂词话》"作者未必然，读者何必不然"（complete liberty of interpretation）。谢榛《诗家直说》："诗有可解，不可解，不必解，如水月镜花，勿泥其迹可也。"谓后世词章之驱遣古语、成句，往往不特乖违本旨，抑且窜易原文，巧取豪夺，挦撦古人以供今我之用。按此于江西派当"夺胎换骨"、"点铁成金"之法，虽善运不亚善创，然终以自然会心无刻意痕迹为高也。

《管锥编》引罗泌《路史·发挥》卷五谓哀公十六年诔

孔子"昊天不吊，不憖遗一老，俾屏余一人以在位，茕茕余在疚"，乃集《诗·（节）南山》等句。按《春秋》哀公十四年："春，西狩获麟"，《公》、《谷》对应之经文止此；哀公十六年："夏四月己丑，孔丘卒"，《左传》对应之经文止此；其间有二年之差，即"续经"也。集《诗》之"诔"在此，乃见《诗》、《春秋》与孔子之关系，亦见三者与《左传》之关系。《诗》亡而后《春秋》作，《春秋》亡而后如何？《左传》传文其后又延续至哀公二十七年，即"补传"也。"续经"、"补传"，乃见《诗》与《春秋》之无尽乎。

《管锥编》引及《五灯会元》卷一九昭觉克勤章次引"小艳诗"："频呼小玉元无事，只要檀郎认得声。""频呼小玉"于禅家当"主对宾"，为"觉他"义，"认得声"乃化宾为主矣。本章"通所得"复呈之偈，亦为"艳体"："金鸭香销锦绣帏，笙歌丛里醉扶归。少年一段风流事，只许佳人独自知。"此于禅家当"主对主"，为"自觉"义，"独自知"者，自知其知之也。

庆封"则以其内实，迁于卢蒲嫳氏，易内而饮酒"。按《左传》此段原居"赋诗断章"前，《管锥编》安排移后。引《共产党宣言》第二节所斥"以互诱彼此妻室为至乐"，为《管》书引用马克思恩格斯之一，参观《周易》卷论《观》。作者于"文化大革命"期间读德文版马克思、恩格斯书信集[①]，

[①] 夏志清《重会钱锺书纪实》，《钱锺书研究》第二辑，文化艺术出版社1990年11月版，302页。

又追问友人道："马克思第三个外孙女嫁给谁了？[①]"皆逸事也。

昭公元年（一）

子羽谓子皮曰："齐、卫、陈大夫其不免乎！国子代人忧，子招乐忧，齐子虽忧勿害……皆取忧之道也。忧必及之。"《注》："国子（弱）、齐子（恶）当身各无患。"按《左传》引《大誓》："民之所欲，天必从之"，此感应之象，或有其理？三大夫兆忧而忧及之，与叔孙穆子等"保世之主"对照，有思出、不出其位之别，所感不同，故其应亦异也。观杨伯峻注，谓昭公八年陈招杀太子，哀公六年国弱之子奔鲁，昭公二十年齐恶之子被灭，则《传》之"保世"与《注》之"当身"，或有其言下意也。

《管锥编》引昭公十五年叔向曰："王其不终乎！吾闻之，所乐必卒焉，今王乐忧。"此亦属感应，生于内者必对应于外，"乐忧"者乐其"忧"，故"王其不终乎"！引昭公二十五年："饮酒乐，宋公使昭子右坐，语相泣也。乐祁佐，退而告人曰：'今兹君与叔孙其皆死乎！吾闻之，哀乐而乐哀，皆丧心也。'"此与"乐忧"稍异，"哀乐"《注》谓

---

① 李洪岩《吴组缃畅谈钱锺书》，牟晓朋、范旭仑编《记钱锺书先生》，大连出版社1995年11月版，123页。

"可乐而哀","乐哀"《注》谓"可哀而乐",即本卷论襄公二十四年所谓"非其常"、"失常",故"丧心"也。

《管锥编》谓吾国古人于心性之学说,仅标"六情"、"七情"之目,千载未尝有所增损。按参观潘雨廷《原情》(见《二观二玩斋易说》甲编)。又参观作者《〈干校六记〉小引》:"惭愧是该被淘汰而不是该被培养的感情;古来经典上相传的'七情'里就没有列上它。"作者此语当属反讽。惭愧之情由知羞耻而来,《论语·子路》曰:"行己有耻。"《孟子·公孙丑》上:"无羞恶之心,非人也。"释氏唯识学列"惭"、"愧"于十一善心所之中,《华严经》卷二一《十无尽藏品》有"惭"、"愧"二藏,《大般涅槃经·梵行品》称"惭者内自羞耻,愧者发露向人",乃"二白法"是也。近世高僧亦有以"常惭愧"为号者。盖惭愧者反身而感不足,乃知自修也。

昭公元年（二）

医和曰:"疾不可为也。是为（当作"谓"）近女室,疾如蛊。非鬼非食,惑以丧志。"按此段问答,涉及传统文化之多种内容。"先王之乐,所以节百事也"一段,乃古代房室养生思想,启《汉书·艺文志》之说。"天有六气,降生五味,发为五色,征为五声,淫生六疾"一段,涉及"五运六气",乃医家经典《黄帝内经》之旨。

"良臣将死，天命不佑"二句，后世或解为"太素脉"依据。周煇《清波杂志》卷一一记医僧智缘曰："昔秦医和诊晋侯之脉，知其良臣将死。夫良臣之命，尚于晋侯脉息见之；因父知子，又何怪乎？"此说又有驳之者（如《四库提要》卷一一一子部术数类存目《太素脉》条）。驳之甚是，盖医和当别有观象法，非仅由察脉而知也。下文"女惑男，风落山，谓之蛊"云云，解蛊卦义甚佳，相合医《易》同原之说。

又《左传》本节内容《国语·晋语》八亦有述，且云："上医医国，其次疾人，固医官也。"此与后世"不为良相，便为良医"（《围城》第四章亦引及）之说，影响中国文化甚深，《史记·日者列传》引贾谊曰："吾闻古之圣人，不居朝廷，必在卜医之中"，亦此义也。

昭公五年

楚子欲辱晋，大夫莫对，薳启强曰："可！苟有其备，何故不可！……未有其备，使群臣往遗之禽，以逞君心，何不可之有！"《管锥编》引《中庸》"道之不行也，我知之矣"节，结云："道其不行矣夫！"又引《大学》"故君子必慎其独也"节。按《中庸》、《大学》相辅相成，《中庸》高蹈，《大学》平实，故辞气有异也。《中庸》三三章引《诗·大雅·抑》："相在尔室，尚不愧于屋漏"，亦与《大学》"慎独"映照，皆儒家修身义也。

《管锥编》引古希腊人言修词，谓句法当具圆相（in an orb or circle），且云宜扩及一章、一节、一篇以至全书；参观《谈艺录》三一《说圆》引蒂克（Tieck）短篇小说，谓真学问、大艺术皆可以圆形象之，无起无迄，如蛇自嘬其尾。苏籀《栾城先生遗言》亦谓："予少作文，要使心如旋床。大事大圆成，小事小圆转，每句如珠圆。"引陈善《扪虱新话》卷二："桓温见八阵图，曰：'此常山蛇势也。击其首则尾应，击其尾首应，击其中则首尾俱应。'予谓此非特兵法，亦文章法也。"此实含方圆之变，凡未击不应当静方，击而应之当动圆矣。别见《山谷尺牍》卷二《答王云子飞》："至于作文，深知古人之关键。其论事救首救尾，如常山之蛇。"

又《谈艺录》引歌德诗："诗人赋物，如水掬在手，自作圆球之形"（schöpft des Dichters reine hand/Wasser wird sich ballen）。译语用于良史《春山夜月》"掬水月在手，弄花香满衣"之句，此句《虚堂录》第三亦引之，当禅境之一解云。又"春山"，《全晋文》卷一二〇误引作"青山"。

昭公七年

子产论伯有为鬼曰："匹夫匹妇强死，其魂魄犹能冯依于人，以为淫厉。"按子产前云"人生始化曰魄，既生魄，阳曰魂，用物精多"，乃推其原。而前云"鬼有所归，乃不为厉。吾为之归也"，乃化解之法。本卷文公十年亦引"强死"云云，此属不得已，故当化解而重"养生"也。《庄子·养生主》曰："为善无近名，为恶无近刑，缘督以为经。可以保身，可以全生，可以养亲，可以尽年。"其意淳厚，盖"养生"之法乎？"尽年"云云，即所谓寿终之鬼不厉也。道书《云笈七签》卷八八《道生旨》亦谓："若人暴横而死者，元气犹强而未弱，还元反本不得，或为匿鬼而凭陵于人。"

昭公十二年

南蒯将叛，枚筮之，以为大吉。子服惠伯曰："吾尝学此矣。忠信之事则可，不然必败。……且夫《易》不可以占险。"按襄公九年穆姜筮，曰："有四德者，随而无咎。……我则取恶，能无咎乎？"《左传》"夫《易》不可以占险"、"有德者无咎"极是，亦即传统易学对待占筮之理性原则。马王堆帛书《要》："（子贡问）：'夫子亦信筮乎？'（子曰）：'我观其德义耳。吾与史巫同途而殊归。'"此即《礼记·少仪》谓："问卜筮曰：'义与？志与？'义则可问，志则否。"郑注："义，正事也；志，私意也。"亦即《太玄·玄数》谓："不轨不筮。"

《管锥编》引张载《正蒙·大易》篇"《易》为君子谋，不为小人谋"，亦此类思想。同一辞可吉可凶，全随具体情形而定，此即卦爻辞之作用，与纯粹术家之卜筮有异也。此重德不重筮之思想，古代颇多。《左传》哀公十八年："圣人不烦卜筮。"《注》："不疑故不卜也。"参观《庄子·庚桑楚》："能无卜筮而知吉凶乎?"《管子·心术》："能毋卜筮而知吉凶乎?"（《内业》同，"毋"作"无"）又"不卜不筮，而谨知吉凶"；《荀子·大略》篇："善为《易》者不占。"又于《易》，"占"与"不占"当"初筮"、"原筮"之别。蒙曰："初筮告，再三渎，渎则不告"，此重初发之诚，尚谓可占；比曰："原筮，元永贞"，此已重不占。《尔雅·释言》："原，再也。"凡"再筮"当推求筮之原，其原在筮之外，故重不占也。参观《华严经》卷三五《十地品》："菩萨住于正道，不行占卜。"

又《管锥编》引王符《潜夫论·梦列》云："同事，贵人梦之即为祥，贱人梦之即为妖，君子梦之即为荣，小人梦之即为辱。"此亦传统之说，参观崇祯本《梦林玄解》（旧题葛洪撰）："凶人获吉梦，梦则吉矣，德不足以当之，虽吉亦凶，胡可幸也? 吉人获凶梦，梦则凶矣，天必有以佑之，虽凶亦吉，犹可避也。至如中怀恶意，梦得吉占，是必所以速其祸；实抱仁心而反罹凶兆，是必玉其成。"又曰："故梦瑞而德益修者，福必臻；梦瑞而纵恣者，福转为祸矣。梦妖而骄益甚者，祸必成；梦妖而戒惧者，祸转为福矣。故梦之妖瑞，视乎其人之德不德。召感几微，呼吸转移，不可不慎，岂执经而论哉?"

昭公十七年

梓慎曰："水，火之牡也。"《管锥编》引昭公九年裨灶曰："火，水妃也。"按梓慎为鲁大夫，裨灶郑臣，两人皆其时从事天文术数者，所谓"天事恒象"，其言有验有不验。然持人文理想者于术数之说必不可从，故昭公十七年记"子产弗与"，次年又记子产"不与"，且曰："天道远，人道迩，非所及也。"此为政治家应有之理性素质，可贵。参观《三国志·魏书·王卫二刘傅传》刘劭曰："梓慎、裨灶，古之良史，犹占水火，错失天时。"于梓慎等"水雄火雌"说，《管锥编》引《汉书·五行志》以"于《易》，坎为水，为中男；离为火，为中女"解之，此成一说。于《易》坎离宜交，故《传》有"丙子"、"壬午"之语，乃当水火合也。然阴中含阳，阳中含阴，水、火之象亦可互变，故唐宋以来方术及小说家言亦以火为男而水为女。引《五灯会元》卷一〇南唐僧清勉曰："丙丁童子来求火"，玄则参释曰："丙丁属火而更求火，如将自己求自己。"参观《悟真篇·禅宗歌颂诗曲杂言》之《采珠歌》："贫子衣中珠，本自圆明好。不会自寻求，却数他人宝。"佛家与道家，其理可互笺也。又火畏水者，未济之象；水畏火者，既济之象，宜得其平衡焉。

昭公十八年

"往者见周原伯鲁焉，与之语，不说学。……闵子马曰：'周其乱乎！夫必多有是说，而后及其大人。大人患失而惑，又曰：可以无学，无学不害。……（夫学，殖也。不学将落，原氏其亡乎！）'"按此涉及"说学"、"不说学"两类观点。《管锥编》引《老子》六五章："古之善为道者，非为明民，将以愚之，民之难治，以其智多。"又引《论语·泰伯》："民可使由之，不可使知之。"此当"不说学"，犹《庄子·在宥》无以"仁义撄人心"、"无撄人心"是也。而《左传》"夫学，殖也，不学将落"，又《荀子·劝学》"学不可以已"等，当"说学"，今云唯有学习型组织与个人方能适应环境而进化是也。

如以《易·蒙》观之，两类观点浑言可互含，析言则有时位之异。若"不说学"者，知二"包蒙"、五"童蒙"之吉也；"说学"者，知初"发蒙"之利与四"困蒙"之吝也；而三之"勿用取女"与上之"击蒙"，一禁一止，亦有其变。此即"蒙以养正"之"圣功"，亦"蒙"之亨也。故"说学"、"不说学"因时位之异皆有其正，然为统治者所利用，则另成其象。夫秦始皇焚书坑儒，似"不说学"也；明太祖以制艺取士，似"说学"也。然用以愚天下之心，则终成自愚，其弊可胜言哉？

《管锥编》引《河南二程遗书》卷二五云："秦之愚黔首，其术盖出于老子。"此混同正变，是岂老子过乎？《史记》以老庄申韩同传，老庄与申韩或有其同，然终宜见其异也。引《圆觉经》"有照有觉，俱名障碍"，极是，此即《圆觉经》彻底之处，盖"有学"宜达成"无学"，一切痕迹均寂灭之而自然显现，故称"修多罗了义"也。

昭公二十年

齐景公曰："和与同异乎？"晏子对曰："异！和如羹焉，水火醯醢盐梅，以烹鱼肉，燀之以薪，宰夫和之，齐之以味，济其不及，以泄其过。……君臣亦然。君所谓可，而有否焉，臣献其否，以成其可；君所谓否，而有可焉，臣献其可，以去其否。……声亦如味，一气、二体、三类、四物、五声、六律、七音、八风、九歌以相成也，清浊、大小、短长、疾徐、哀乐、刚柔、迟速、高下、出入、周疏以相济也。……若以水济水，谁能食之？若琴瑟之专壹，谁能听之？同之不可也如是！"按此论和而不同、相反相成之意，君臣"可"、"否"之异亦所以成政。

《管锥编》引赫拉克利特谓无高下相反之音则乐不能和，故同必至于不和而谐出于不一；柏拉图引其语并取譬于爱情。按此见音乐与爱情之联系，犹中国以琴瑟和谐喻夫妇和好，如《诗大序》"乐得淑女以配君子"之义，《关雎》以

"琴瑟友之"、"钟鼓乐之"应之也。引古希腊诗人谓争（strife）有二，一善而一恶，前者互利，后者交残。按此指涉人际关系，近代博弈论（Game theory）曾研究之。凡行为主体决定其策略选择，宜考虑竞争对手之可能反应。"善争"可导致互利，"交残"则两败俱伤，而"中庸"思想，或其指归乎？

"饮酒乐。公曰：'古而无死，其乐若何！'晏子对曰：'古而无死，则古之乐也，君何得焉？……古若无死，爽鸠氏之乐，非君所愿也。'"按此明古今生死极是，盖消息之理，"人事有代谢，往来成古今"，其何能执？《管锥编》引李邕《谏郑普思以方技得幸疏》言仙方则秦皇、汉武永有天下，佛法则汉明、梁武永有天下，亦是；参观鲁迅《热风·随感录》四十九："万一当真成了神仙，那便永远请他主持，不必再有后进，原也是极好的事。可惜他又究竟不成，终于个个死去"[1]，亦谓此也。古代文化之仙方、佛法有其哲理基础，且与消息互成，必以贪欲执之则非也。

昭公二十八年（一）

魏子曰："吾闻诸伯叔，谚曰：'惟食忘忧。'"按"食色性也"，于人生"食"当维持空间，"色"当维持时间。有

---

[1] 《鲁迅全集》第一卷，人民文学出版社1981年版，338页。

待之身，其忧以食、色为大，故"惟食"可"忘忧"也。《管锥编》引希腊一小诗云："患相思病者之对治无过饥饿，岁月亦为灵药"（Hunger puts an end to love, or if not hunger, time）。"相思"当空当色，而饥饿与岁月当食当时，故成对治也。且此云"食"胜色，《毛诗》卷《汝坟》引曹植《洛神赋》"华容婀娜，令我忘餐"，犹言"色"胜"食"也。

昭公二十八年（二）

"昔贾大夫恶，娶妻而美，三年不言不笑。御以如皋，射雉获之，其妻始笑而言。贾大夫曰：'才之不可以已！我不能射，女遂不言不笑夫！'"按以易象而言，此犹阴阳之性，乾"健"而坤"乃顺承天"。《说文》"才"为草木初生之象，故人之能曰"才"，言人之所蕴。"才之不可以已"，犹言乾健当首出也。参观《易林》井之未济（又晋之大畜）："贾辛丑恶，妻不安夫。"

又依《左传》原文，《管锥编》引昭公二十八年两段当（二）居先，（一）居后。今变换次序，或重"惟食忘忧"之义？《左传》贾大夫事，《史记》卷论《司马相如列传》引及《水经注》卷六《汾水》曰："贾辛邑也，辛貌丑，妻不为言，与之如皋射雉，双中之，则笑也。"参观《苏轼诗集》卷一三《和梅户曹会猎铁沟》："向不如皋闲射雉，归来何以得卿卿。"《苕溪渔隐丛话》后集卷二七引《复斋漫录》引山谷《南园记》："他日御以如皋，虽不获雉，尚期一笑哉。"

昭公三十年

伍员论伐楚曰："若为三军以肄焉。……彼出则归，彼归则出，楚必道弊。亟肄以疲之，多方以误之，既罢而后以三军继之，必大克之。"按此即"三军疲楚"之策。吴轮流以三分之一兵力攻楚，而楚则全师出动应战，楚出则吴归，楚归则吴出，遂疲于奔命。后世运动战战术，如红军时代"敌进我退，敌退我进，敌驻我扰，敌疲我打"十六字方针，亦于此有部分关联。

又按春秋时代吴之大兴与二楚人入吴有关，申公巫臣（公元前583年入吴）兴吴王寿梦为其一，伍子胥（前522年入吴）兴吴王阖庐为其二。然吴本有深厚文化，决非蛮荒之地，于寿梦、阖庐间，尚有襄公二十九年（前544年）之季札观周乐，此为春秋文化史之大事，亦为《诗》之根。今考古发掘出土有吴之编钟，季札观周乐，完全有此程度。

定公四年

吴从楚，"又败之。楚人为食，吴人及之，奔，食而从之"。按吴五战及郢，亦所谓"三军疲楚"之效也。《管锥编》引《易·同人》："先号咷而后笑"，《象》曰："同人之先，以中直也。"按参观《旅》："旅人先笑后号咷。"凡同人亲也，旅人亲寡，故有先、后之变也。

引《礼记·乡饮酒义》："吾观于乡，然后知王道之易易也。"凡乡者，乃天下与国之基础。故安天下安国必自安乡始，安乡必自安身始，所谓"德"者，得于身也，故《礼记》本篇曰："正身安国，彼国安而后天下安。"或有所谓"王道"者，其效必于乡先见之。《老子》五四章："修之于身，其德乃真；修之于家，其德乃余；修之于乡，其德乃长；修之于国，其德乃丰；修之于天下，其德乃普"；亦此次序。

定公十四年

戏阳速曰："……余是故许而弗为，以纾余死。谚曰：'民保于信'，吾以信义也。"《管锥编》引《孟子·离娄》："大人者，言不必信，行不必果，唯义所在。"按此犹"守经而达权"之说，参观前论成公十五年。昔年清华吴宓探讨"中庸之道"（The Gold Mean），亦谓：经 = Principle or Standard（原则与标准）；权 = the right application of that principle（这一原则之正确运用）。评曰："守经和达权是一事而非两事。"[①]《中庸》九章子曰："天下国家可均也，爵

---

① 吴宓《文学与人生》，清华大学出版社1993年8月版，120—121页。

禄可辞也，白刃可蹈也，中庸不可能也。"此悬标准至高，盖亦有见于此也。

《管锥编》引莎士比亚剧中人云："善事而不得当，则反其本性，变为恶事。道德乖宜则转为罪过。"按此极是，盖善恶皆有其度，其度实难知，失其度则反向[①]，况尚有窃其名义者。罗兰夫人感叹："自由，自由，世间多少罪恶假汝之名以行（Many crimes have been committed by the name of liberty）！"即为一例。《老残游记》一六回评："贪官可恨，人人知之；清官尤可恨，人多不知。……作者苦心愿天下清官勿以不要钱便可任性妄为也。"亦为一例。杨荫杭《老圃遗文辑·至美之名辞》云："凡至美之名辞，每为人所利用。"

哀公三年

"富父槐至，曰：'无备而官办也（"也"当作"者"），犹拾沈也。'"《管锥编》谓"拾沈"即"收复水"，引《三国志·吴书·张昭传》裴注引昭曰："言声一放，犹拾沈也；过词在前，悔其何追！"按此即时间不可逆之象。"悔其何追"者，犹《论语·颜渊》"驷不及舌"也。引《汉书·楚

---

① 参观列宁《共产主义运动中的"左派"幼稚病》："然而，只要再多走一小步，看来像是朝同一方向多走了一小步，真理就会变成错误。"《列宁全集》39卷，人民出版社1986年10月版，83页。

元王传》刘向上封事："《易》曰：'涣汗其大号。'言号令如汗，汗出而不反者也；今出善令，未能逾时而反，是反汗也。"参观《九家易》："故宣布号令，百姓被泽，若汗之出身，不还反也。"此皆解《易·涣》五之文，亦见汉易有其一致性。参观《文心雕龙·诏策》："王言之大，动入史册，其出如浡，不反如汗。"引《旧约全书》"水泼于地，收拾不起"（As water split upon the ground, which cannot be gathered up again）之喻，与英谚 cry over split milk 亦有一致性。水泼于地矣，留恋何益？今云"沉没成本"，或当掉头不顾也。

哀公十一年

"子胥使于齐，属其子于鲍氏，为王孙氏。反役，王闻之，使赐之属镂以死。"按吴、越兴衰之转机，伍子胥死似可当之。子胥属其子于齐，或已有所感觉而预为之地？亦越王句践"卧薪尝胆"、"十年生聚、十年教训"（《国语·越语》、《左传》哀公元年）之应也。一九六五年湖北江陵县楚墓出土有越王鸠浅自作用剑，青铜铸，鸟篆文。鸠浅即句践，吴王金戈越王剑，为吴越地区之兵象。就总体而言，盖战国形势必以三家分晋、田氏代齐始，而春秋形势必以越灭吴终也。

哀公十二年

"长木之毙,无不摽也;国狗之瘈,无不噬也。"《管锥编》引《庄子·徐无鬼》:"是国马也,而未若天下之马也。"按《徐无鬼》谓"国马":"吾相马:直者中绳,曲者中钩,方者中矩,圆者中规";谓"天下马":"天下马有成材,若卹若失,若丧若一。若是,超轶绝尘,不知其所。"凡"国马"者,尚局限于体,"天下马"者已破体也,故超越时空之外,宜神而明之。又《徐无鬼》此段内容,《列子·说符》亦袭之。

史记会注考证

五帝本纪

《考证》:"林伯桐曰:'古来制作,自黄帝而定。……然则《史记》托始,自有深意。'"按"制作"云云,参观《易·系辞》下第二章:"古者庖牺氏之王天下也,……庖牺氏没,神农氏作,……黄帝尧舜垂衣裳而天下治。……"此即《系辞》作者所认识之古来"制作"大纲,而"制作"史即古史也。司马迁撰《五帝本纪》(合五数)盖托始于后段,司马贞更撰《三皇本纪》(合三数)则托始于前段。时代愈后,推古史愈前,此即近代"古史辨"派"层累递增说"[1]。大司马未如小司马推前者,盖其慎也。

以前、后段之衔接论,黄帝"制作"正处其间,林氏引《礼记·祭法》"黄帝正名百物"是也。《易·系辞》下十二章有云:"其道甚大,百物不废。"如重视"百物",则《本

---

[1] 《古史辨第一册自序》《与钱玄同先生论古史书》,见《顾颉刚古史论文集》第一册,中华书局1988年11月版,50页、102页、107页。

纪》张氏《正义》"命大挠造甲子，容成造历"是也；乃相应于"古者庖牺氏之王天下"。如重视"正名"，则孔疏"上虽有百物，而未有名，黄帝为物作名，正名其体也"是也；乃相应于"黄帝尧舜垂衣裳而天下治"。贯通以观，所谓"制作"，宜前、后相成云。

《管锥编》引周广业《〈史记〉首黄帝说》略云："《史记》之首黄帝，非其本意，观《五帝本纪·论》及《自序》，再参之《封禅书》，可以知之。一再称'尧以来'，'陶唐以来'，明乎删《书》断自唐虞，前此宜置勿论。"按此涉及《史记》所内含黄帝与尧舜之时代关系以及司马迁父子之异尚。《史记》既成书，自然已成综合之象，其矛盾恰为张力所在。观此综合与矛盾，与汉高帝至武帝时黄老与儒家思潮之消长相关。其初黄老占上风，至武帝时其象已变。武帝外崇儒以绌百家，内用方士，实黄老之末流。以《五帝本纪》与《封禅书》并读，能见汉武时代之风潮。周氏视为"寓规于颂"，亦成一说。《史记》之称黄帝，为战国以来认识时代所需，汉初诸帝之尊崇黄帝，非源乃流。故破除迷信甚是，而据此抹煞战国以来之文化发展则非也。

"学者多称五帝，尚矣。然《尚书》独载尧以来，而百家言黄帝，其文不雅驯，缙绅先生难言之。……其轶乃时时见于他说（《管锥编》引作"轶事时时见于他说"），余择其言尤雅者。"按司马迁所立之标准，乃建立历史之黄帝，而破除神话之黄帝。联系现实，具体破除汉武帝之信方士，即

"寓规于颂"之说。然黄帝相当于一个时代，此一时代有极重要之意义，神话乃族群之共同想象，与历史有其内在联系，故破神话可，废历史不可也。司马迁维护文明，以"好学深思，心知其意"辨之，而"择其言尤雅者"。

《管锥编》引《论语·述而》："子不语怪、力、乱、神"，参观《论语·公冶长》子贡曰："夫子之文章可得而闻也，夫子之言性与天道不可得而闻也"；又《子罕》："子罕言利与命与仁。"此构成孔门"罕言"或"不语"系列。《子罕》之"仁"上接"性与天道"；"命"居中；"利"下接"怪、力、乱、神"，含阴阳两端。以阳端而论，《公冶长》之"性与天道"即寓于"文章"中，此实孔门彻上彻下语，子贡其时尚未知也。《易·系辞》上有云："大衍之数五十，其用四十有九"，凡"性与天道"，盖大衍不用之一乎？《论语·阳货》子曰："予欲无言。"又曰："天何言哉？四时行焉，百物生焉，天何言哉？"后世理学反复读解"性与天道"而忽略"文章"，有所得亦有所失。至于《述而》之"怪、力、乱、神"，孔门有其理性原则，《论语·先进》谓"未能事人，焉能事鬼"，"未知生，焉知死"，《雍也》谓"务民之义，敬鬼神而远之"，乃化解于寻常日用间矣。

周本纪

《考证》："叶适曰：迁极力收拾，然亦不过《诗》、

《书》、《国语》所记而已。"按欲理解原始至三代中国文化发展之内容，需参照考古文化，以鉴史实与传说之别。《礼记·礼运》孔子曰："我欲观夏道，是故之杞，而不足征也，吾得夏时焉。我欲观殷道，是故之宋，而不足征也，吾得坤乾焉。"孔子时尚且"不足征"，何况其后？周居三代之末，可依据材料已多，故为中国数千年文献之祖。叶适云云，恰见周文献之大要。此类文献有极精采处，笼罩数千年文化，故宜厘清而上出之，不宜自限也。

"流为乌，其色赤，其声魄云。"按盟津观兵，诸侯不期而会者八百，诸侯请伐，未从而归。周持重以观天命如此，故国祚延长也。"流为乌"之"乌"，《毛诗》卷《正月》谓周室王业之象。"其色赤"者火德。"其声魄云"，《集解》："魄然，安定意也"；《考证》："状其声也。"此周祚兴起之象，积蓄极厚，故安定意显于声也。

秦始皇本纪

八年，"河鱼大上"；附班固言曰："痛哉言乎！人头畜鸣。"《管锥编》谓明中叶言"古文"者分两派，若寻寇仇而操戈矛，顾皆尊奉《史记》。按盖前、后七子与唐宋派之别。李攀龙（于鳞）圈阅《史记》云云，后七子也；归有光评点《史记》云云，唐宋派也。《管锥编》引冯班《钝吟杂录》尝嘲："今人看《史记》，只看得太史公文集，不曾读史。"此极是，凡《史记》有物之言，何能仅知其文也？然以文家言，归有光评点《史记》，五色标识，各为义例，或有其长。廉泉辑《惜抱轩语》谓："震川阅本《史记》最为有益，圈点启发人意，有愈于解说者矣。可借一部临之熟读，必觉有大胜处。"引章学诚《文史通义》内篇二《文理》云云，当作内篇三。

"收天下兵，聚之咸阳，销以为钟𫓹、金人十二。"《考证》谓"古代以铜铸兵"，又谓"古代又未尝不以铁造兵"。按或谓周秦之际乃中国铜器时代下界，以后转入铁器时代①。是时铜、铁相间而用，故有用铜不用铁、用铁仍用铜二说。此铜器渐衰而铁器渐兴，宜用生产力变化解释之。引江淹《铜剑赞·序》谓："古者以铜为兵，春秋迄于战国，战国迄于秦时，攻战纷纷，兵革互兴，铜既不足给，故以铁足之。铸铜既难，求铁甚易，故铜兵转少，铁兵转多。二汉之世，既见其微。"亦成一说。

《管锥编》引元陈孚《博浪沙》："如何（一作"谁知"）十二金人外，犹有人间铁未销。"又引罗聘《秦始皇》："焚书早种阿房火，收铁偏遗博浪椎。"皆以神思见及因果之理。天地运行自有其机括，递遭无尽，王力虽大，只手终未能遮天也。《管锥编》谓观荷马史诗，古希腊正如江淹所谓铜为兵而铁为器（Bronze is the metal of war; iron is for tools, not Weapons）；参观《国语·齐语》管仲曰："美金以铸剑

---

① 郭沫若《青铜器时代》，见《青铜时代》，新文艺出版社1952年8月版，306—318页。

戟，试诸狗马；恶金以铸锄夷斤斸，试诸壤土。"此"美金"、"恶金"之别，亦即青铜与生铁之别。谓人工开物成务，梯辙大同，极是，此见社会之发展有其同序性，虽希腊、中国，无有异也。

"丞相李斯曰：五帝不相复，三代不相袭，各以治；非其相反，时变异也。"按《赵世家》武灵王曰："先王不同俗，何古之法？帝王不相袭，何礼之循？虙戏、神农教而不诛，黄帝、尧舜诛而不怒。至于三王，随时制法，因事制礼，法度制令，各顺其宜，衣服器械，各便其用。故礼也不必一道，而便国不必古。圣人之兴也，不相袭而王，夏殷之衰也，不易礼而灭。然则反古未可非，而循礼未足多也。"此段《战国策·赵策》二《武灵王平昼闲居》、《商君书·更法》同，盖《史记》所采（《商君列传》略同）。数处皆较早提及伏羲者，《史记》作"虙戏"，《国策》作"宓戏"，《商君书》作"伏羲"，《正义》："虙戏、伏羲同音。"且以伏羲、神农、黄帝、尧舜连缀，构成战国时代之古史观，与《系辞》相合。以《易》而论，西北者天门，伏羲者上出之象，上出而知古今同异之变，乃知时也。又战国时所认识伏羲时代，近人薛学潜据岁差夏至点定为距今七千五百年云。

《管锥编》引《中庸》记孔子云："生乎今之世，反（返）古之道，如此者灾及其身者也。"极是，可见先秦文化以"尊今"为主之发皇气象。如此重时势之异，则"法先王"、"法后王"，又何可执也。引《朱文公集》卷四五《答潘叔昌》：

"建州有徐柟者，常言'秦始皇贤于汤、武，管仲贤于夫子'，朋友间每传以为笑。"凡汤、武、夫子者重时，秦始皇、管仲者重空，时、空相须而不离。重空而不重时，固为大失；重时而不重空，亦往往导致积弱者也。中国文化多尊古非今，秦始皇反之，所谓"千古一帝"者（李贽《藏书》）。

"制曰：'可！'"《考证》谓李斯杀韩非而用其燔《诗》《书》之教，又引胡三省语谓秦所焚乃天下之书，博士官所藏故在，至项羽烧秦宫室，始并付一炬。按此见时代思潮有其延续性，非仅系于个人也。"天下之书"与"博士官所藏"，涉及民间文化与王家文化之关系，其间存在学术思想之循环消息，意义甚深。《汉书·艺文志》谓："《诗》遭秦而全者，以其讽诵不独在竹帛故也。"

《管锥编》引《韩非子·五蠹》："藏商、管之法者，家有之，而国愈贫，……藏孙、吴之书者，家有之，而国愈弱。"此见及读书之弊，后世"《诗话》出而诗亡，《灯录》出而禅宗亡"之议论似之。袁枚《小仓山房诗集》卷三一《遣怀杂诗》有云："锄地得宝者，断非望气掘。世世出公卿，不闻谋吉穴。彭铿寿最长，何曾谈服食。百战百胜将，兵书字不识。"引《汉书·儒林传》曰："及至秦始皇，燔《诗》、《书》，杀术士"，谓"术士"可指方士亦可指儒生。盖"术"者邑中道，可从者非一，初非某家之专名也。《说文》："儒，柔也，术士之称。"引萧立之《咏秦》："燔经初意欲民愚，民果俱愚国未墟；无奈有人愚不得，夜思黄石读兵书。"可与前引陈孚《博浪沙》合观。黄石授书与张良击秦,皆所以颠覆之具,未烧之书与未销之兵,一文而一武也。萧氏诗或引作"不知何人作焚书坑诗",亦可与章碣《焚书坑》"坑灰未冷山东乱,刘项原来不读书"合观,袁宏道《经下邳》"枉把六经灰火底,桥边犹有未烧书",意中当有章诗在。至于陈孚《博浪沙》由章碣《焚书坑》脱换而来,清顾嗣立《寒厅诗话》一九已言之。

《管锥编》引朱彝尊《曝书亭集》卷四六《周鼎铭跋》:"举凡锋矛刀剑,无不有铭。自秦销金洛阳,厉禁所至,为段冶改煎,殆不可胜数。世徒惩秦燔《诗》、《书》之祸,不知销金为祸之益烈也。"此重视兵器铭文甚是。凡精兵利器,仍与纯粹思想有关,或能合一乎,则层次较高;兵中之文,乃思想之标志也。引王充《论衡·佚文》篇:"始皇前叹韩非之书,后惑李斯之议,燔五经之文,设挟书之律。……殄圣贤之文,厥辜深重,嗣不及孙,李斯创议,身伏五刑。"此由古代语文崇拜演绎而来,即民俗"敬惜字纸"之说。古代书籍之刊刻乃至文字之保存颇为不易,标举"敬惜字纸",或有尊重文化之益?人能持此敬惜之心,易形成吸收知识之氛围,民间信仰于当时或自助于维系文明,亦感应之理耳。

"赵高说二世曰:'……奈何与公卿廷决事?事即有误,示群臣短也。天子称朕,固不闻声。'……其后公卿希得朝见。"《管锥编》谓此即"君人(南面)之术",其指归固儒、道、法、纵横诸家言君道所异口同词者。按即近人著《周秦道论发微》所反复阐发者也。"君道"一词，当出《吕氏春秋》卷一七《君守》："得道者心静。静者无知，知乃无知，可以言君道也。"核实而论，黄老道论固含君道内容，然必谓两者等同则非，盖仅知社会之局部，而未知自然也。以君道而论，引《礼记·礼运》孔子曰："故政者，君之所以藏身也"，郑玄注："谓辉光于外而形体不见"；此当阳端。引《鬼谷子·谋篇》："故圣人之道阴，而愚人之道阳。……圣人之制道，在隐与匿"；此当阴端。阴阳两端，同而有异也。

《管锥编》引莎士比亚剧中英王训太子，谓无使臣民轻易瞻仰（lavish of presence），见稀（seldom seen），则偶出而众皆惊悚（wondered at）。此即君道深居简出之象，历代大君晚年往往用之。参观《六韬·文韬·上贤》："夫王者之道如龙首：高居而远望，深视而审听，示其形，隐其情。若天之高不及也，若渊之深不测也。"《旧唐书》卷七三《孔颖达传》记其对太宗言"帝王之德"："夫帝王内蕴神明，外须玄默，使深不可测，度不可知，《易》称'蒙以养正'，'明夷以莅众'。若其位居尊极，炫耀聪明，以才凌人，饰非拒谏，则上下情隔，君臣道乖，自古灭亡，莫不由此也。"引《太平御览》卷三八八引《太玄经》："老子行则灭迹，立则隐形"（参观同卷引《地镜图》），则"善行无辙迹"之象，亦后世神化老子之例。参观《淮南子·诠言训》："古圣人掩明于不形，藏迹于无为。"引西籍自《圣经》下及但丁、密尔敦、特莱敦等名什写上帝，均谓光裹云绕，不许人逼视，但可闻声（dwelling in light unapproachable. etc.）；至写魔王鬼魁，亦称其能瞜诸幺魔鬼子而不为所睹（round about him saw, but unseen）。此当阴阳之别，如以天文为喻，其白洞黑洞乎？以《易》而论，"贵而无位，高而无民"之"亢龙有悔"，与"天德不可为首"之"群龙无首吉"不同，前者为九所用，后者乃用九也。

又《管锥编》所谓"字根瞀论"（fallacy found on etymology），仍含两面性。如将理论推断仅基于"字根"，自然证据薄弱，可成瞀论。然如探寻字词之演变史，则"字根"提示种种线索，包含极多老化之比喻，如激活则意象可观也。引马克思与恩格斯所诃"以字源为逋逃所"（sein Asyl in der Etymologie sucht），亦可与海德格尔以字源为家园（Heideggers Etymologisieren）合观，可两行之。

"子婴遂刺杀高于斋宫，三族高家，以徇咸阳。"《管锥编》谓始皇精骛八极，目游万仞，而不知伏寇在侧，正如睫在眼前而长不见也。按如以隐藏而论，搜寻者身边或即最佳之所；然以哲理而言，尚非究竟。鸠摩罗什译《龙树菩萨传》言龙树少年时与契友三人学隐身术，入宫侵美人，王令力士挥刀空斫，斫杀三人；王头侧七尺刀所不至，龙树敛身屏气依王头侧而免。于是始悟欲为苦本，乃出家探求佛法。盖有藏身处则有踪迹，以佛道思想观之，或此处尚欲化之乎？《庄子·庚桑楚》："有乎生，有乎死；有乎出，有乎入。入出而无见其形，是谓天门。天门者，无有也。……有不能以有为有，必出乎无有，而无有一无有，圣人藏乎是。"《五灯会元》卷五船子德诚谓夹山曰："汝向去直须藏身处没踪迹，没踪迹处莫藏身。"引《韩非子·用人》："不谨萧墙之患，而固金城于远境也。"亦是，盖防外患者宜兼注意内忧也。且外患变化亦相应于内忧变化，《论语·季氏》："吾恐季氏之忧，不在颛臾而在萧墙之内也。"

《管锥编》引司马光《传家集》卷六三《答范梦得》谓："实录、正史未必皆可据，野史、小说未必皆无凭。"此涉及"通鉴学"之内容。顾栋高《年谱》引光子康告晁说之曰："唐以来稗官野史暨百家谱录、正集别集、墓志碑碣、行状别传，亦不敢忽。"又引高氏《纬略》："《通鉴》一书用三四处出处纂成。正史之外，用杂史诸书，凡二百二十种。"《答范梦得》实《通鉴》之发凡起例，故云。然《通鉴》引书实极谨慎，《答刘蒙书》云："视地而后敢行，顿足而后敢立"，故旁搜远绍而无害也。《管锥编》谓稗史小说、野语村谈，即未可凭以考信人事，亦每足以觇人情而征人心。此实佳见，盖历史非仅干燥之数据与事实，乃心灵史也。又《通鉴》草稿盈两屋，可见精力所聚；《管》书草稿达五麻袋之多，亦见作者之勤奋用功也。

项羽本纪

"乃悉引兵渡河，皆沉船，破釜甑，（烧庐舍，）持三日粮，以示士卒必死，无一还心。"按《本纪》谓项羽学书不成，学剑又不成，终学"万人敌"即兵法，略知其意，又不肯竟学。此渡河沉船云云，乃其勇悍，或亦"万人敌"之遗意也。凡为兵乃至为学，必宜有此无退反之勇气，亦精进之象也。马克思《政治经济学批判》序言引《神曲》，谓于科学之入口处，亦如于地狱之入口处，必须提出这样要求："Qui si convien lasciare ogni sospetto / Ogni viltà convien che qui sia morta"（这里必须根绝一切犹豫，这里任何怯弱都无济于事）①。

《管锥编》谓释典每言"如筏喻"者，实《般若经》乃至《大智度论》之旨。《大智度论》二、《金刚经》六"如筏喻"者，"善法应弃舍，何况不善法"（"法尚应舍，何况非法"）？盖大乘菩萨行须兼破法执也。然禅家须荡尽恶知恶觉，无执著之活法，非由死地入则终不能得。而兵喻、禅喻亦可有其联系，以"六度"论之，禅喻当般若，兵喻当精进，般若、精进，其致一也。

"诸将皆从壁上观，楚战士无不一以当十，楚兵呼声动天，诸侯军无不人人慴恐。于是已破秦军。项羽召见诸侯将，入辕门，无不膝行而前。"《管锥编》引篇末项羽曰："此天之亡我，非战之罪也。"按巨鹿之战，如火如荼，势盛也；垓下之围，顿挫太息，势衰也。盛、衰之间，有其潜移默化之转机，竟无可如何；所谓"天"者，乃各种因素之总

---

① 《马克思恩格斯全集》第13卷，人民出版社1962年11月版，11页。

和，天者时也。谓马迁行文，深得累叠之妙，此涉及文章之气势。刘大櫆《论文偶记》："论'气'不论'势'不备。今粗示学者，古人行文至不可阻处，便是他'气'盛。非独一篇为然，即一句亦有之。古人下一语如山崩峡流，竟拦阻他不住，其妙只是个直的。"凡累叠之形，乃蓄势之发，亦所谓"气盛"也。

引《后汉书·班彪传》载其论《史记》曰："刊落不尽，尚有盈辞。"此谓文章尚宜修治，或可去其冗复者。廉泉辑《惜抱轩语》："花木之英杂于芜草秽叶中，则其光不耀，夫文亦犹是尔。"又鲁迅《二心集·答北斗杂志社问》："写完后至少看两遍，竭力将可有可无的字、句、段删去，毫不可惜。"亦此意也。

"范增起，出，召项庄谓曰：'君王为人不忍。'"按两国对阵，其胜负概率牵涉政治、经济各方面之综合实力，而双方统帅之精神修养，亦关键因素之一。《三国志·魏书·荀彧荀攸贾诩传》彧曰："古之成败者，诚有其才，虽弱必强；苟非其人，虽强易弱。刘项之存亡，足以观矣。"《旧唐书》卷九四《卢藏用传》引《析滞论》亦言："垓下悲歌，实阶刭印。"又范增谓"君王为人不忍"，此"忍"字或以为乃中国成功政治领袖之第一条件，包括克制自己之"忍"（1），容人之忍（2），以及对付政敌之残忍（3）[①]。范增之

[①] 《倚天屠龙记·后记》，《金庸作品集》17册，香港明河社1976年12月版，1662页。

"不忍"似指（3）矣，实则（2）（1）项羽并皆无之，宜其失败也。

"张良入谢曰：'沛公不胜杯杓，不能辞。'"《管锥编》引《三国志·蜀书·先主传》裴注引《世语》："曾请备宴会，蒯越、蔡瑁欲因会取备，备觉之，伪如厕，潜遁出。"按此即《三国演义》三四回《刘皇叔跃马过檀溪》所本。然则不仅《演义》为小说，裴注所引亦为小说，如此层累而积，史事固难得其真也。《管锥编》后又引周亮工《尺牍新钞》释道盛《与某》："余独谓垓下是何等时，……亦何暇更作歌诗！即有作，亦谁闻之而谁记之欤？"参观《阅微草堂笔记·姑妄听之》盛时彦跋记乃师言："燕妮之词，蝶狎之态，细微曲折，摹绘如生。使出自言，似无此理，使出作者代言，则何从而闻见之？"

"范增曰：'唉！竖子不足与谋！夺项王天下者，必沛公也。吾属今为之虏矣！'"《管锥编》谓"今"者，未来之最逼近而几如现在。按犹过去相含于现在，未来亦早已至"今"，然"今"者体无，亦不可得也。

"项王谓汉王曰：'天下匈匈数岁者，徒以吾两人耳。愿与汉王挑战决雌雄，毋徒苦天下之民父子为也。'汉王笑谢曰：'吾宁斗智，不能斗力。'"《集解》："挑身独战，不复须众也。"按战争涉及不同集团之利益分配，以"挑战"、"斗将"之古典方式亡其君若帅之一人，矛盾亦未必解决。且"一将功成万骨枯"，君若帅愿挺身而出者，古今不多耳。

又偶阅报章某评论曰："若美苏高级首脑会谈能于航天飞机举行，则双方下视此小小寰球，不忍其毁灭，或稍稍收敛其龙争虎斗耳。"《管锥编》引第一次世界大战时，英国民间语曰："捉德国之君王将帅及英国之宰执，各置一战壕中，使双方对掷炸弹，则三分钟内两国必议和。"恰可连类。盖观于天者则和，而滞于地者或死也。

"吾闻之周生曰：'舜目盖重瞳子，又闻羽又（"羽"前脱"项"，《黥布列传》引此无误；"又"当作"亦"）重瞳子。'羽岂其苗裔耶？何兴之暴耶！"《管锥编》引《滹南遗老集》卷一二指斥《史记》议论之谬曰："陋哉此论！人之容貌，偶有相似。……舜玄德升闻，岂专以异相之故而暴兴？后世状人君之相者，类以舜重瞳为美谈，皆迁启之也。后梁朱友敬自恃重瞳当为天子，作乱伏诛，亦本此之误也。"按此本《荀子·非相》之义，说理明允可取。滞形而不论心，乃术数之大弊也。相学或理解人之一端，然执之则非。《五帝本纪》谓舜"入于大麓，烈风雷雨不迷"，或与重瞳传说相关？《易林》泰之既济："重瞳四乳，聪明顺理，无隐不形，微视千里。灾害不作，君子集聚。"尚存古代传说之象。

又本篇记："楼烦欲射之，项王目叱之，楼烦目不敢视，手不敢发"，"赤泉侯为骑将，追项王，项王瞋目而叱之，赤泉侯人马俱惊，辟易数里"，"诸侯将莫敢仰视"，"（吕）马童面之"，或亦重瞳之威？舜、项羽重瞳之矛盾，后世亦有弥缝者。《月波洞中记》卷上《心隐》："《经》云：'重瞳者未必为贵。'"参观田艺蘅《留青日札》卷一七《重瞳十人》条："尧舜三瞳子（朱校："舜"字疑衍）。舜重瞳。晋重耳重瞳。项羽重瞳。王莽重瞳。隋鱼俱罗重瞳，炀帝忌而诛之。五代东汉刘昱重瞳。梁康王友敬重瞳。元末明玉珍重瞳，后为飞矢损右目，号明眼子。南唐李煜一目重瞳。卢循瞳子四转。"又《古今图书集成·艺术典·相术集成·汇考一》："秘诀云：德在形先，形在德后。即如项羽，目有重瞳，形则善矣。然而咸阳三月火，骸骨乱如麻，哭声惨怛天地，非羽残暴之器致之乎？竟而舣舟不渡，刎首乌江，形何足恃哉！"

高祖本纪

"母曰刘媪。"《管锥编》谓六朝人始以金石遗文于经史正讹补阙，入宋而金石之学大盛，遂成风会。按此即王国维"两重证据法"也。王氏治学，以甲骨替换金石，得此法之益甚多。两重证据，一重纸上，一重地下，其隐显或与运会相关。今地下材料渐出，乃渐可重建古史，亦中华学术上出之机也。

"其先刘媪尝息大泽之陂，梦与神遇。（是时雷电晦冥，）太公往视，则见蛟龙于其上。"按此"刘媪交龙"，乃古代神话之遗，亦《管锥编》所谓"怪事"、"轶闻"之一。《诗纬含神雾》历举"大迹出雷泽，华胥履之，生庖牺"，"大雷光绕北斗枢星，照郊野，感附宝而生黄帝","握登见大虹，意感而生舜于姚墟"等，终云"执嘉妻含始生刘季","含始吞赤珠，刻曰王英，生汉皇"，"后赤龙感女媪，刘季兴也"；皆许慎《五经异义》引《公羊》"圣人皆无父，感天而生"是也。"雷电晦冥"有氤氲意，与握登感虹说相辅相成。

古代帝王常渲染"天命"，故有种种神话附益之。又历代政治、经济乃至学术之领袖人物，于特定历史条件下，往往显示超人之能量或魅力，即马克斯·韦伯（1864—1920）所谓"奇里斯玛"（charisma）现象；或不知其能量与魅力从何而来，故有种种神话附益其上也。《史记》本篇记："高祖即自疑，亡匿隐于芒砀山泽岩石之间。吕后与人俱求，常得之。高祖怪问之。吕后曰：'季所居，上常有云气。故从往，常得季。'高祖心喜。"《正义》："京房《易兆候》云：'何以知贤人隐？'颜师古曰：'四方常有大云，五色具而不下雨，其下有贤人隐矣，故吕后望云气而得之。'"《考证》："徐孚远曰：'高祖隐处，岂不阴语吕后耶？隐而求，求而怪，皆所以动众也。'"盖此类现象历来有二说。今于现象尚可研究之，于神话已可不信云。

"行道病，病甚，吕后迎良医。医入见，高祖问医，医曰：'病可治。'"《管锥编》引《汉书·高帝纪》下论"不医曰可治"。按观《史记》下文："于是高祖嫚骂之曰：'吾以布衣提三尺剑取天下，此非天命乎？命乃在天，虽扁鹊何益！'遂不使治病，赐金五十斤而罢之。"则《汉书》五字诚为骈枝,然《管锥编》之句读仍妙解心理,医之所言乃"避讳"也。引《周书·艺术传》姚僧垣曰:"天子上应天心,或当非愚所及;若凡庶如此,万无一全!"参观《旧唐书·方伎传》记隋炀帝迫问,乙弗弘礼答:"臣本观相书,凡人之相有类于陛下者,不得善终。臣闻圣人不相,故知凡圣不同耳。"谓医、卜、星、相之徒于大富贵人之休咎死生不肯直言,亦不得不然。引《左传》之医缓、医和不受此限云云,亦极是,盖"讳"之存在有其时空条件,时空一变,"讳"亦相应转移,亦自然之理也。观《左传》成公十年记秦医缓厚礼而归与桑田巫被杀,"远来和尚好念经",不其然乎?

礼书

按《礼书》、《乐书》当合观。礼犹舞蹈,乐犹音乐,由天地而人,则礼乐修之于身当节拍,故《乐书》云"大乐与天地同和,大礼与天地同节"是也。礼乐相辅,犹阴阳也。《论语·阳货》曰:"礼云礼云,玉帛云乎哉,乐云乐云,钟鼓云乎哉。"能知应答应和义,则虽去玉帛、钟鼓可也。《管锥编》引《礼书》:"自子夏,门人之高弟也。犹云:'出见纷华盛丽而悦,入闻夫子之道而乐,二者心战,未能自决。'"按此人心之基本矛盾,节拍未成故心战,节拍成则出入皆悦乐也。《淮南子·原道训》(又《精神训》)云:

"故子夏心战而惧，道胜而肥。"

律书

"自是之后，名士迭兴，晋用咎犯，而齐用王子，吴用孙武。"《管锥编》谓"名士"有二，一为德尊望重而不仕者，一为处士纯盗虚声者。按"名士"宜重其名下无虚义，然有真必有伪，故成二义之歧也。引《裴子语林》卷上司马懿美诸葛亮曰："可谓名士矣！"此赞叹其虽居廊庙而有山林襟度，即"名士风流"之象。郑燮《潍县署中与舍弟第五书》："古人云：'诸葛君真名士。'名士二字，是诸葛才当受得起。近日写字作画，满街都是名士，岂不令诸葛怀羞，高人齿冷。"引《世说新语·任诞》王孝伯曰："名士不必须奇才，但使常得无事，痛饮酒，熟读《离骚》，便可称名士。"此成"名士"亦易，几成后世之狂士、游士矣。陆游《剑南诗稿》卷二一《放逐》："饮酣自足称名士，安用辛勤读《楚骚》"（又卷七《小疾谢客》："名士真须读《离骚》"），亦用《世说》语。

于名实之辨，当以实衡之，梁慧皎《高僧传》自序谓："自前代所撰，多曰名僧。然名者，本实之宾也。若实行潜光，则高而不名，寡德适时，则名而不高。名而不高，本非所纪，高而不名，则备今录。故省名音，代以高字。"故宜知所择焉。且"名士"云云，终以盗虚声者为多，昔人云：

"士当以器识为先，一号为文人，无足观矣。"(《宋史》列传第九十九《刘挚传》)"名士"亦然。

"故教笞不可废于家，刑罚不可捐于国，诛伐不可偃于天下。"《管锥编》谓兵与刑乃一事之内外异用，其为暴力则同。"刑罚"之施于天下者，即"诛伐"也；"诛伐"之施于家国者，即"刑罚"也。按兵、刑贯通甚是，然仍当明其别。于《周礼》兵者向外，当夏官之事；刑者向内，当秋官之事。两者固有所联系，或转向外于向内，则终有其非也。

《律书》所言为国，然其意亦可用于家。《颜氏家训·治家》第五："笞怒废于家，则竖子之过立见；刑罚不中，则民无所措手足。治家之宽猛，亦犹国焉。"《教子》第二："凡人不能教子女者，亦非欲陷其罪恶，但重于诃怒，伤其颜色，不忍楚挞惨其肌肤耳。当以疾病为喻，安得不用汤药针灸救之哉？""教笞不可废于家"者，乃传统家庭教育之一法，犹后世民谚"棒头下出孝子"（spare the bod and spoil the child）之说。然以罚代教，亦不可也。

封禅书

按封禅者，封天禅地，属天地与人之联系，乃原始宗教之内容。《管锥编》引《考证》引洪迈曰："东坡作《赵德麟字说》云：'汉武帝获白麟，司马迁、班固书曰：获一角兽，盖麟云；盖之为言，疑之也。'"盖其事在真实与虚幻之间，行文惚恍迷茫，亦不得不然。引《孔子世家》："俱适周问礼，盖见老子云。"此涉及孔老关系，别见本卷论《老子韩非列传》。释、孔、老并立于同时代，其成就乃东方文化之高度。

"而宋毋忌、正伯侨、充尚、羡门高最后皆燕人，为方仙道，形解销化，依于鬼神之事。"按此当后世道教两派之源头。"形解销化"，当丹鼎派，其变为全真；"依于鬼神之事"，当符箓派，其变为正一。

"使人入海求蓬莱、方丈、瀛洲，此三神山者，其传在勃海中。"《管锥编》引王世贞《弇州山人四部稿》谓此即海市蜃楼也，沿海与沙漠常见之。观后世道教仙境说之缘起，蜃市现象可当其物理层面，而《毛诗·蒹葭》所谓"浪漫主义企慕"（Sehnsucht）则可当其心理层面，然或可合一乎。"三神山"之说，固含方士之伪及秦皇、汉武之愚，然推究其因，仍相合人类之积极理想。《苏轼诗集》卷二六《登州海市》："东方云海空复空，群仙出没空明中。荡摇浮世生万象，岂有贝阙藏珠宫。心知所见皆幻影，敢以耳目烦神工。"盖已知其为幻矣。然《叙》云："予到官五日而去，以不见为恨，祷于海神广德王之庙，明日见焉，乃作此诗。"则仍含信仰成分云。

引明人尝嘲释氏之六字真言"唵嘛呢叭咪吽"，谓"乃'俺把你哄'也"。按前者与印度文化相关，尊崇真言，其源可上溯"奥义书"时代，乃密乘主要真言之一。于汉地佛教之传入,见宋大息灾译《大乘庄严宝王经》卷四,原译"唵引麽抳钵讷铭二合吽",与通行译法不同。道唵《显密圆通成佛心要集》卷上作"唵麽抳钵讷铭二合吽",与《经》同,然夹注:"唵嘛呢叭咪吽",则已与通行译法同。于藏传佛教六字真言亦最早传入,为"天降四宝"之一,其时尚在松赞干布(?—650在位)与赤松德赞(755—797在位)之前[①]。后者与中国文化相关,破斥真言,已渗入禅家义。然两义互相支拄,亦可合也。且"俺把你哄"仍有作用,如《谈艺录》八八【附说二十二】论"神秘经验"引布莱克谓"一切情感,充极至尽,皆可引人入天"(All emotion, if thorough enough, would take one to heaven),又《支诺皋》卷下载村人为僧绐,日念"驴"字,遂具神通是也。又于印、藏、汉佛教关系,宜注意唐贞元八至十年(792—794)之吐蕃僧诤[②],汉、藏佛教诸派之分歧由此出,影响后世深远。

"李少君能使物、却老。……言上曰:'祠灶能致物。'"《管锥编》引《留侯世家》:"太史公曰:'学者多言无鬼神,然言有物。'"按《易·系辞》上第三章:"精气为物,游魂为变,是故知鬼神之情状。""物"此处当兼生物与非生物而言,且含聚、散义;"鬼""神"者屈伸,当二气之良能也。引《左传》昭公八年"石言"于晋之鬼实"凭焉"事,古人

[①] 参观蔡巴·贡噶多吉《红史》,陈庆英、周润平译,西藏人民出版社1988年3月版,31页。

[②] [法]戴密微《吐蕃僧诤记》,耿升译,甘肃人民出版社1984年11月版。

或信之,《河南程氏遗书》卷二:"世间有鬼神冯依言语者,盖屡见之,未可全不信,'莫见乎隐,莫显乎微'而已。"

李少卿(当作"君")曰:"益寿而海上蓬莱仙者乃可见,见之以封禅则不死,黄帝是也。"《考证》:"茅坤曰:'至是始以封禅为不死之术。'"按此见战国秦汉方士依托于黄帝之完整想象。"炼金"想象与后世化学发展相关,"长生"想象与后世养生学发展相关,此想象内容由原始宗教而来,秦皇、汉武促进之。《管锥编》谓以泰山为治鬼之府,死者魂魄所归,其说亦昉于汉。引《后汉书·鲜卑乌桓传》:"中国人死者,云魂神归泰山";《博物志》卷一引《孝经援神契》:"泰山,天帝孙也,主召人魂。东方,万物之始,故知人生命之长短。"此即"东岳"形象,参观《水经注·汶水注》引《开山图》:"太山在左,亢父在右,亢父主生,太山主死。"顾炎武《日知录》卷三〇《泰山治鬼》:"尝考泰山之故,仙论起于周末,鬼论起于汉末。"引《后汉书·许曼传》:"曼少尝疾病,乃诣泰山请命";《三国志·管辂传》谓其弟曰:"但恐泰山治鬼,不得治生人。"《管锥编》谓经来白马,泰山更成地狱之别名,引《八吉祥神咒经》"泰山地狱饿鬼畜生道"云云,此见佛教初传时,颇借助中国原有文化。吴康僧会译《六度集经》亦以泰山当地狱。胡适一九六一年所撰手稿《"泥犁"(Niraya)音译与"太山地狱"意译》亦论及此,引《佛说善恶分别功德经》(僧佑《出三藏记集》四列入"失译杂经录"中,后世列入安世高译),谓此经用"太山地狱"十七次，连开篇"泥犁太山地狱"，总共十八次之多。

公孙卿曰："黄帝且战且学仙。……百余岁然后得与神通。"《考证》："何焯曰：'恐其言不验被诛，故远其期于百余岁。'"按如以考古文化核之，古史传说之炎、黄时代距今约五千余年，约相当于中国农业社会上层建筑建立时期，故尊为"人文初祖"，种种制作托始之。而"学仙"乃中华民族特有之理想，或有其合理内核，寄托于黄帝，有其因也。《管锥编》谓学仙所以求长寿，今乃谓长寿然后得学仙；汉武若非妄想颠倒，必能遁词知其所穷。按极是，欲究仙学者宜破此连环也。

赵世家

"赵简子疾，五日不知人"一节。此一大节又见于《扁鹊仓公列传》。按此言国家之政治兴衰，彼言个人之生理心理。前者宜从社会学解之，与洪秀全梦游天国相似，所谓造天命也；且赵简子言晋七世而衰事，尚有后世倒装之可能。后者宜从医学角度解之，如扁鹊由"血脉治也"乃知其身，由"主君之病与之（秦穆公）同"乃知其心也。

引赵武灵王胡服骑射（公元前307年前后）事，为战国时大变化之一。武灵王谓"夫有高世之名，必有遗俗之累"云云，与肥义谓"论至德者不和于俗，成大功者不谋于众。……愚者暗成事，智者睹未形"，主变革者喜倡之，盖以为舆论先导也。然亦宜注重潜移默化之功，欲俗从者或须先从俗乎，《诗》云："不识不知，顺帝之则。"（《大雅·皇矣》，又《列子·仲尼》引）

孔子世家

"余读孔氏书，想见其为人。……自天子王侯，中国言六艺者，折中于夫子。可谓至圣矣！"按迁高山仰止、景行行止，重视孔子流传百世之文化价值；固将其牵引于汉代，尊之适以限之也。《世家》记孔子厄于陈蔡，与子路、子贡、颜回三问三答，颜回曰："夫子之道至大，故天下莫能容。……不容何病，不容然后见君子。"孔子之学有此"不容"，故能自强不息，不见于当世而见于后世，此化空为时甚是，然何能仅限于某一代也。

"素王"一词出《庄子·天道》："以此处上，帝王天子之德也；以此处下，玄圣素王之道也。"郭象注："有其道为天下所归而无其爵者，所谓素王，自贵也。"此以道德理想论，与柏拉图《理想国》"哲人王"有近似处。然《论语崇爵谶》谓"子夏等六十四人共撰仲尼微言，以事素王"（《文选》曹颜远《思友人》注引）等，则谶纬义，汉代乃至后世之托古改制，或有其作用，然弊端极多。又《荀子·劝学》："学之经莫速乎好其人"；司马迁"想见其为人"，可参观

《世家》记孔子学鼓琴于师襄子之"得其为人"。"想见其为人"、"得其为人"乃成象也,象成乃能活泼多变云。

陈涉世家

"辍耕之垄上,怅("帐"误)恨久之,曰:'苟富贵,毋相忘。'"按近与"燕雀安知鸿鹄之志"相应,远与"王侯将相宁有种乎"相应;知"将相无种"者知消息之理,然"鸿鹄之志"仅落实于"苟富贵",则其志尚未远也。凡交游须依据一定时空条件,条件变则交游相应而变,亦世道人心之常也。《管锥编》引《后汉书·宋弘传》光武帝引谚曰"贵易交",此失在富贵者;近人谓"一阔脸就变"是也①。引《西京杂记》公孙弘叹曰"宁逢恶宾,不逢故人",此失在"故人";或记维特根斯坦尽散家财于有钱者而不济贫困,谓以免"腐蚀"他们,亦此意乎②。且交游与交友尚有所不同,盖交游以形,而交友以心也。

明末利玛窦曾集《友论》,陈继儒《小叙》云:"伸者为神,屈者为鬼。君臣父子夫妇兄弟庄事也,人之精神屈于君臣父子夫妇兄弟而伸于朋友,如春行花内,风雷行元气内,四伦非朋友不能弥缝。"极推崇友道之相知,实人间至美之

---

① 《集外集拾遗·赠邬其山》,《鲁迅全集》第七卷,424页。
② [英]亚历山大·沃《维特根斯坦之家》,钟远征译,漓江出版社2014年版,174—175页。

事也。利氏谓："吾友非他，即我之半，乃第二我也。故当视友如己焉"；"友之于我，虽有二身，二身之内，其心一而已"；"我荣时请而方来，患时不请而自来，夫友哉"；即其象焉。作者《谈交友》谓："真正友谊的产物，只是一种渗透了身心的愉快。……黄山谷《茶词》说得最妙：'恰如灯下故人，万里归来对影；口不能言，心下快活自省。'"亦其事也。利氏谓："我先贫贱而后富贵，则旧交不可弃，而新者或以势利相依。我先富贵而后贫贱，则旧交不可恃，而新者或以道义相合。友先贫贱而后富贵，我当察其情，恐我欲亲友而友或疏我也。友先富贵而后贫贱，我当加其敬，恐友防我疏而我遂自处于疏也。"此或是，然稍着形迹，以友道高境而言，相忘如何？《庄子·大宗师》："泉涸，鱼相与处于陆，相呴以湿，相濡以沫，不若相忘于江湖。"又《山木》云："君子之交淡如水，小人之交甘若醴。君子淡以亲，小人甘以绝。彼无故以合者，则无故以离。"郭象注："无利故淡，道合故亲。"《礼记·表记》亦云："君子之接如水"，郑玄注："接或为交。"

外戚世家

"人能弘道，无如命何。甚哉妃匹之爱，君不能得之于臣，父不能得之于子，况卑下乎？既欢合矣，或不能成子姓；能成子姓矣，或不能要其终。岂非命也哉！孔子罕称命，盖难言之也。非通幽明之变，恶能识乎性命哉？"《管锥编》引徐陵《孝穆集》卷三："内典谓之为'业'，外书称之为'命'。"按"业"、"命"说有联系亦有异，两行可乎？"业"说根于无穷世，且归于自力；"命"说或执于一己，易成逃避之借口。故"业"说较善，而"命"说或仅为现象云。又以义理而言，业宜消命宜改也。

"陈皇后挟妇人媚道，其事颇觉，于是废陈皇后。"《管锥编》谓通观中西旧传巫蛊之术，粗分二类。一者施法于类似之物（Magie der Ähnlichkeit），如其人之图画、偶像；一者施法于附丽之物（Magie der Kontiguität），如其人之发爪、衣冠、姓名、生肖，合用则效更神。按原始民族于事物间之联想关系，或为巫蛊术之源，法国学者列维·布留尔所谓"互渗律"是也。此类联想，或以为基于事实，则古之所谓巫蛊术；或以为基于语言，则成今之修辞术。《管锥编》之粗分二类，以修辞学而论，前者通于比喻，后者通于借代，凡修辞之生气勃勃者，或基于此类联想乎？近人鲁迅谓："捣鬼有术，也有效，然而有限，所以以此成大事者，古来无有。[①]"

褚先生曰"臣为郎时"云云。《管锥编》引陈继儒《太平清话》卷上："吾友徐孟儒欲删《史记》中褚先生所补，元美公曰：'汉人之语几何！而足下忍去之也？'"按不删甚

[①]《南腔北调集·捣鬼心传》，《鲁迅全集》第四卷，617—618页。

是，黄丕烈《重刻剡州姚氏本〈战国策〉并札记序》引吴正传语云："事莫大于存古，而学莫大于阙疑。"又校雠学有所谓"不校校之"（顾广圻《思适斋图自记》）之说，黄氏《刻陆敕先校宋本〈焦氏易林〉序》谓"虽可知当为某字者，终不辄以改窜"是也。

萧相国世家

"客有说相国曰：'君灭族不久矣！……上所为数问君者，畏君倾动关中，今君胡不多买田地、贱贳贷以自污？上心乃安。'于是相国从其计，上乃大说。"按功成身退天之道，共创业易，共守成难。开国君主灭功臣，代代有之，于为君当消除异己，固不得不然，于为臣则未知功成身退之道也。凡退有多方，自污乃一法，所谓"和光同尘"是也，亦不得不然。政治与经济两大系统虽有联系，亦有区别。萧何等所以自污者，乃自明己仅有经济野心，而无政治野心，以此消君王之忌耳。

留侯世家

按高祖、留侯有其遇合。本篇记张良数以《太公兵法》说沛公，沛公善之；为他人言，皆不省。良曰："沛公殆天授。"良之学由黄石公出，黄石公殆秦、汉之际有道者，似可属齐文化。读《太公兵法》而为王者师，此当外王；愿弃人间事，从赤松子游，此当内圣；内外兼修，可互变也。本篇记吕后曰："人生一世间，如白驹过隙。"此感慨极是，然于白驹所过之隙，仍宜识其几，或丧我而挥成时间，永恒、刹那亦相应也。

"良说：'秦兵尚强，未可轻，臣闻其将屠者子，贾竖易动以利。'"按此得其所以动，盖不得不动。参观《乐纬动声仪》卷二："如寒暑风雨之动物，如物之动人，雷动禽兽，风雨动鱼龙，仁义动君子，财色动小人。"

"上曰：'子房虽病，强卧而傅太子。'"按《资治通鉴》卷八〇晋武帝咸宁四年亦记帝欲使羊祜"卧护"诸将（又《晋书》卷三四本传）。志强者或力弱，往往难以两全。"卧治"、"卧将"云云，现代亦有其例，如或记林氏于东北躺担架以指挥战争是也。《管锥编》引《南史·王昙首传》："王公久疾不起，神州讵合卧临？"按《通鉴》卷一二一宋文帝元嘉七年作："王公久病不起，神州讵宜卧治？"引《隋书·杨尚希传》"定以治病"当作"足堪养病"，而"卧临"亦当作"卧治"，承上误也。

陈丞相世家

"嗟乎！使平得宰天下，亦如是肉矣！"按本篇记："太史公曰：陈丞相少时，本好黄帝、老子之术，方其割肉俎上之时，其意固已远矣。"此以庖厨为喻，参观《老子》六〇章："治大国若烹小鲜。"又陈丞相少年事，参观顾栋高《司马温公年谱》卷一引范淳夫曰："公初宦时年尚少，家人每每见其卧斋中，忽蹶起，著公服，执手板危坐，久率以为常，竟莫知其意。淳夫尝从容问之，答曰：'吾时忽以天下为念。'"（《山谷冷斋语》）此皆所谓于少年之志见其人也。陈平豪迈，温公谨严，气象便不同。

"始陈平曰：'我多阴谋，是道家之所禁。吾世即废，亦已矣。终不能复起，以吾多阴祸也。'"按马王堆帛书《十大经·顺道》曰："不阴谋"；《行守》曰："阴谋不祥"；又《文子·下德》曰："阴谋逆德。"《管锥编》谓马迁持阴德阴祸之说；以《易·文言》"积善余庆"、"积不善余殃"解之，宜早辨其几也。引《白起王翦列传》"客曰"云云，参观《后汉书·耿弇传》论曰："三世为将，道家所忌。"注引《史记》："夫将三世必败，以其杀伐多也。"此或古代信仰，《资治通鉴》卷四八汉和帝永元十四年记邓禹尝谓人曰："吾将百万之众，未尝妄杀一人，后世必有兴者。"又曰："尝闻活千人者子孙有封。……天道可信，家必蒙福。"引《李将军列传》王朔曰"祸莫大于杀已降，此乃将军所以不得侯者也"，则涉及"数奇"之说，然广既以为"至今大恨独此"，则已忏之矣。《管锥编》以不及身之后报当"果报"，及身之现报当"花报"。此就时言，因开花在结果前，故云。或就空言，则"果报"者正感得其实，"花报"者兼感得其枝叶云。

绛侯周勃世家

"吾尝将百万军,然安知狱吏之贵乎?"按以《周礼》而言,将军者夏官,狱吏者秋官,秋继夏而代兴,故将军或为狱吏所治也。又马迁系狱,于其成名山事业,亦为逆增上缘,创巨痛深,乃渐化而上出矣。《管锥编》谓古人编年、纪传之史,大多偏详本事,忽略衬境,匹似剧台之上,只见角色,尽缺布景。按此中国文化乃至艺术之特色,本事、本人一出场,即为时空之中心点,"万物皆备于我",故衬境、布景简略之,不足为碍。西洋文化乃至艺术示森罗万象于外,中国文化乃至艺术体重重无尽于身,各有其长也。引陆游《渭南文集》卷二八曰《跋〈岁时杂记〉》:"承平无事,故都节物及中州风俗,人人知之,若不必记。自丧乱以来七十年,遗老凋落无在者,然后知此书之不可缺也。"按故知好事多暇者之偶录,亦有不可忽者。然尽信书则不如无书,物换星移,观"历史之缄默",所言多矣。

"军门都尉曰:'将军令曰:军中闻将军令,不闻天子之诏。'"《管锥编》引《司马穰苴列传》:"将在军,君命有所不受。"按此调整君权与将权,所以避免多头指挥之失,《太平御览》卷二一三引蒋子《万机论》曰:"虽有百万之师,临时吞敌在将也。"《吴越春秋》卷四记孙子曰:"臣即受命为将,将法在军,君虽有令,臣不受之。"山东银雀山汉墓竹简《孙膑兵法·选卒》列"恒胜有五",首云"得主专制,胜",列"恒不胜有五",首云"御将,不胜",亦此理也。《黄石公三略》引《军势》:"出军行师,将在自专。进退内御,则功难成。"《白虎通义》卷五《三军》:"大夫将兵出,不从中御者,欲盛其威,使士卒一意系心也。故但闻军令,不闻君命,明进退在大夫也。"又《李卫公问对》卷下:"既行,军中但闻将军之令,不闻君命。……每有任将,必使之便宜从事。"

伯夷列传

《正义》:"老子、庄子,开元二十三年奉敕升为《列传》首,处夷、齐上。"按《史记》排列之序,主要线索乃依据时代。夷、齐时代较前居首,而管晏从之。夷齐、管晏者,朝野之两面;老子者,出入无疾也。《本纪》始黄帝重道,《列传》始夷齐重儒,谈、迁父子思想于此相合。唐玄宗开元、宋徽宗政和年间奉敕升老子为《列传》首,与道教之发展有关。玄宗、徽宗皆注《老》,能重视老子有其识,且为当时风气;然未能尊重乃至认识历史本然,亦未合道家史学之主旨。凡重要典籍版本编排之不同,往往反映对其内容之不同认识,此与时代变化相关。

"及饿且死,作歌,其辞曰:'……以暴易暴兮,不知其非矣!'"按元张养浩《山坡羊·怀古》:"峰峦如聚,波涛如怒，山河表里潼关路。望西都，意踟蹰，伤心秦汉经行处，宫阙万间都做了土。兴，百姓苦！亡，百姓苦！"

"或曰：'天道无亲，常与善人。'若伯夷、叔齐，可谓善人者，非邪？……天之报施善人，其何如哉！盗跖日杀不辜，……竟以寿终，是遵何德哉？……余甚惑焉！倘所谓天道是邪，非邪？"按《史记》于《列传》首夷齐，质疑德福是否一致，亦寄托个人之感慨。李详《愧生丛录》卷六所谓"《史记》每于愤惋不平处，又难以明言，往往归于天命，深致其意"是也。

"天道无亲，常与善人"，见今本《老子》七九章。《后汉书·郎颛传》引"《易》曰：'天道无亲，常与善人。'"又《袁绍传》注引"《太公·金匮》曰：'天道无亲，常与善人。'"如此则"天道"云云，或为先秦《易》黄老常谈，《老子》引用之。《史记》不作《老》而作"或"者，亦未定其所出。以《易》、《老》对比而言，《老》之"天道无亲，常与善人"，意义接近于《系辞》上十章"神而明之，存乎其人。默而成之，不言而信，存乎德行"。且马王堆帛书《老子》以"天道"云云居上篇《德经》末，亦与《系辞》以"神而"云云居上篇末同，皆重视其要义，故可互笺。以《史记》、《老子》对比而言，其"善人"之义尚有所不同。《老子》所谓"善人"者，盖知《庄子·骈拇》"伯夷死名"与"盗跖死利"两端之消息而修德者也，如此则夷、齐或不足以当之云。

《管锥编》谓马迁不信"天道"（divine justice），而好言"天命"（blind fate），盖指无知乃至不可知而言。然"天道"、"天命"果歧而不可合乎？《老子》七三章云："天网恢恢，疏而不失"，可深思之。谓马迁既不信天道，而复持阴德报应之说。此涉及微观空间之变化，极难知难言，置之不论可也。且以阴骘而论，若积渐之势一成，确已难移；然合抱之木生于毫末，九层之台起于累土，能注意毫末、累土者，或能转移于未形也。谓古希腊诗人咏命（moira），谓天神亦无可如何。以东方哲理而言，佛教谓天神乃六道之一，亦受业力支配，故无可如何。《易》论"天地盈虚，与时消息"，亦言"而况于人乎，况于鬼神乎"。参观《全三国文》卷论李康《运命论》、《全梁文》卷论刘峻《辨命论》。

管晏列传

"管仲卒，……后百余年而有晏子焉。"按此隔时间以相遇，乃感应之理，犹《汉书·扬雄传》之"必传"，所谓"后世之扬子云"也。《史记》用此法贯通不同时空中人物之相应关系，乃所以"通"其史焉。《管锥编》论"搭天桥"云云，如以史、哲通于文，天桥者，时间也。

"至其书世多有之，是以不论，论其轶事。"按此涉及《史记》与其他典籍之关联，现代阐释学谓各种文本互相嵌入，绝无完全独立之本文是也。以其书与其轶事相应，此知、行映照，意味深长。又其一也一，其不一也一，凡整体构思一成，例者可守之，亦可破之，以大书之浑成观之，皆无碍也。

老子韩非列传

庄子"著书十余万言，大抵率寓言也。……以诋（脱"诎"）孔子之徒，以明老子之术；畏累虚、亢桑子之属皆空语无事实"。《管锥编》谓《史记》本《庄子·天运》铺张孔子见老子事。按孔、老相见是否史实虽不可考，然孔、老之学于远古源头有其同，必有相互理解处，能知老子"犹龙"，为孔子之长，未必如后世坚执而相非也。由春秋而战国，能深知老者为庄，能深知孔者为孟，或以庄程度稍高云。《史记》谓"其学无所不窥，然其要本归于老子之言"，又谓"其言洸洋自恣以适己，故自王公大人不能器之"，能见庄子之象。《庄子·天下篇》"以天下为沈浊，不可与庄语。以卮言为曼衍，以重言为真，以寓言为广"云云，亦可笺之。

"非为人口吃，不能道说，而善著书。"《管锥编》谓即心理学之"补偿反应"（hyper-compensation, compenstory reaction）。按此极是，或益而损，或损而益，此盈虚之理，亦能量变化规律也。引《阴符经》下篇："瞽者善听，聋者善视，绝利一源"，则单科独进之象。

"余独悲韩子为《说难》，而不能自脱耳。"《管锥编》引《孙子吴起列传》："语曰：'能行之者，未必能言；能言之者，未必能行。'"按此极是，故言行能相顾而致一者鲜矣。言行关系，中国文化以重行为主，故《易·系辞》上曰"默而成之，不言而信"，《系辞》下曰"吉人之辞寡"，《老子》五六章曰"知者不言，言者不知"是也。韩子虽著《说难》，犹非深知"说"之难者，何不读《庄子·人间世》之孔颜问答？仲尼曰："嘻，若殆往而刑耳！"又反复否定："恶，恶可！"林逋《省心录》："韩非作《说难》而卒毙于说，岂非多言数穷之戒耳。"参观《苏轼诗集》卷一《寄题清溪寺》："口舌安足恃，韩非死《说难》。"王夫之《庄子通·人间世》："韩非知说之难而以说诛，扬雄知白之不可守而以玄死，其用心殊而害均。"

"老子所贵道，虚无因应，变化于无为。"《管锥编》引司马迁《自序》论六家要旨："道家无为，又曰无不为。……其术以虚无为本，以因循为用，无成势，无常形，故能究万物之情。……有法无法，因时为业；有度无度，因物与合。……虚者道之常也，因者君之纲也。"按此道家因应主旨，且应在因中，《庄子·养生主》"因其固然"是也。末句"虚者道之常也"云云，《索隐》以为出《鬼谷子》，《鬼谷》者，殆道家与兵家之联系欤。迁所引或《鬼谷》佚文，《四库提要》卷三五《鬼谷子》谓："《隋志》称皇甫谧注，则为魏晋以来书无疑耳。《说苑》引《鬼谷子》'人之不善而能矫之者难矣'一语，今本不载。"

《管锥编》引《孙子·虚实》云云，参观同篇："能因敌变化而取胜者谓之神。"引《吕氏春秋·决胜篇》云云，参观《任数篇》："因者，君术也；为者，臣道也。为者扰矣，因者静矣。"引《管子·心术》云云，参观同篇："无为之道，因也。因也者，无益无损也。以其形因为之名，此因之术也。"引《孟子·离娄》："所恶于智者，为其凿也。……禹之治水也，行其所无事也。"亦同篇"由仁义行，非行仁义"之义，如此儒家亦贵"因"乎。参观明尹宾商《兵罨》卷二《因》："夫兵，贵其因也。因也者，因敌之险以为固，因敌之胜以为克，因敌之乱以为暇，因敌之来以为往，因敌之谋以为事。故曰：能审因而加胜，则不可穷也。三代所宝，莫如因。舜因民之心，禹因水之力，汤武因人之欲。凡因则无敌。"又明无名氏《草庐经略》："凡兵势有一定，惟因其势而利导之为得算。盖敌势万变不齐，善战者惟随势以应而我无定局，是谓胜于易胜者也。"

孙子吴起列传

"孙子与有力焉。"按中国兵书数以千计，存世亦有四五百种，《孙子兵法》居最重要地位。《汉书·艺文志》"兵家类"以"吴孙子兵法八十二篇"居首，《隋书·经籍志》沿之。北宋神宗元丰三年（1082年）颁定《武经七书》（即《孙子》、《吴子》、《六韬》、《司马法》、《三略》、《尉缭子》、《李卫公问对》），《孙子》仍居首。凡兵家之学，出于黄老，通三才五行，本于仁义，佐以权谋，其意《孙子》皆含之，故集大成而自成一家，《武备志·兵诀详》所谓"前孙子者，孙子不遗；后孙子者，不能遗孙子"是也。《孙子·计篇》开首有云："兵者，国之大事，死生之地，存亡之道，不可不察也"，杜牧"兵者，世之兴废，生民之大本存焉"云云，当从此出。又引张栻《南轩集》卷三四"君子于天下之事，无所不当究"，参见扬雄《法言》"圣人之于天下，耻一物之不知"，则"一事不知，儒者之耻"之象。

"孙膑以此名显天下，世传其《兵法》。"按《汉志》于"吴孙子兵法八十二篇"外，又有"齐孙子兵法八十九篇"。"齐孙子"后世似失传，《隋志》已不见著录。于吴、齐两孙子是否各有《兵法》传世，历代有争议。一九七二年四月，于山东临沂银雀山汉墓同时出土《孙子兵法》与《孙膑兵法》，此发现震惊中外，乃顺利解决此一悬案。《考证》等所引孙膑《兵法》，均未见出土残简，亦可见古书流传之复杂情况。《管锥编》引《战国策》孙膑曰"伐国之道，攻心为上"云云，为中华军事思想精华之一。而国之相与，交即攻守之以口舌而不以干戈云云，乃见军事与外交相辅相成之象，虽一武而一文，目的竟无二致也。

苏秦列传

按据一九七三年马王堆出土之《战国纵横家书》，《史记》苏秦、张仪之次有误，其次当为张仪、苏秦。张仪之年先于苏秦，其活动时期约早于苏秦二十年。而苏秦行事亦与此传不同，《史记》所载，或有传说成分。《史记》本篇《赞》曰："世言秦事多异，异时事有类之者，皆附于苏秦。"可知《索隐》记谯周曰："秦兄弟五人，秦最少；兄代、代弟厉"，亦比《史记》"苏秦之弟曰代，代弟厉"正确。兄弟相继上推二十年，恰与张仪时代相接。

据《纵横家书》，苏秦居齐，主要为燕昭王作反间于齐，以后乐毅伐齐，即与此有关。张仪强秦、苏秦弱齐，亦成相对之象，故有种种传说衍出也。齐弱秦强，为战国后期重要转变之一。《孙子·用间》："昔殷之兴也，伊挚在夏；周之兴也，吕牙在殷"，新出土西汉银雀山竹简《孙子》有"燕之兴也，苏秦在齐"，此虽为战国末所增，亦可见秦之作用。

《管锥编》引"苏秦笑谓其嫂曰"云云，按此世态炎凉之象，于家庭内亦见之。参观王梵志诗："吾富有钱时，妇儿看我好。吾若脱衣裳，与吾叠袍袄。吾出经求去，送吾即上道。将钱入舍来，见吾满面笑。绕吾白鸽旋，恰似鹦鹉鸟。邂逅暂时贫，看吾即貌哨（项楚注：貌哨，丑陋之义）。"引《高祖本纪》："太公拥篲迎门却行"，而高祖曰："始大人常以臣为无赖，今某之所业孰与仲多？"此见政治与经济之联系，即黄宗羲《明夷待访录·原君》谓"视天下为一人之产业，创之子孙，受享无穷"是也。该篇亦引"某业所就，孰与仲多"，评曰："其逐利之情不觉溢于辞矣。"

"苏秦喟然叹曰：'……且使我有洛阳负郭田二顷，吾岂能佩六国相印乎？'"《管锥编》谓著述之事固出于穷，而亦或出于达。按此极是，有特色之学问，往往由此两端出。盖学问之成根极于志，而环境亦有相当影响，故"穷"者逆增上缘，"达"者顺增上缘也。

樗里子甘茂列传

"樗里子滑稽多智，秦人号曰'智囊'。"《索隐》："邹诞解云：'滑、乱也，稽、同也。……谓能乱同异也。'"按邹氏之解可推本于《史记·滑稽列传》太史公自解篇名之义："孔子曰：'六艺于治一也。《礼》以节人，《乐》以发和，《书》以道事，《诗》以达意，《易》以神化，《春秋》以义。'太史公曰：'天道恢恢，岂不大哉！谈言微中，亦可以解纷。'"此沟通"六艺"与"滑稽"间之关系，故天道恢恢，亦化于谈言微中矣。《管锥编》谓即异见同，以支离归于易简，非智力高卓者不能，所谓"两事相联"（bisociation）。参观作者早年自言："我没有什么，我只是会联想（association）。"

又《史记》之"滑稽"，可参观《楚辞·九章·怀沙》之"孔静幽默"，王注："孔，甚也。默（按：当作"幽"）默，无声也。"故"幽默"解寂静无声，今以此词译西语 humour，取诙谐义，则古义与今义不同。然深入以观之，humour 有

"体液"、"心情"等义,亦可通也。

孟尝君列传

"孟尝君太息叹曰:'文常好客,……客见文一日废,皆背文而去,莫顾文者。……'冯驩曰:'……富贵多士,贫贱寡友,事之固然也。君独不见夫朝趋市者乎?'"《管锥编》引《廉颇蔺相如列传》"夫天下以市道交"云云。按刘壎《隐居通议》卷二五亦引《廉蔺列传》中客语,且引谚云:"世情看冷暖,人面逐高低。"引刘峻《广绝交论》曰:"素交尽,利交兴。"按"势交"犹"利交",《古谣谚》卷三六引赵世祯《车统议》引谚论边情:"以势交者,势尽则疏。以利合者,利尽则散。"亦"势"、"利"连言。李贽《续焚书》卷二《论交难》:"以上皆易离之交,盖交难则离亦难,交易则离亦易,何也?以天下尽市道交也。夫既为市矣,曷可以交目之,曷可以易离病之,则其交也不过交易之交、交通之交耳。是故以利交易者,利尽则疏;以势交通者,势去则反。朝摩肩而暮掉臂,固矣!"

春申君列传

"乃上书说秦昭王曰:'……两虎相与斗,而驽犬受其弊(当作"獘")。'"按战国秦楚长期相争,亦有间歇处,盖呈蚕食之象。其攻守之势，由数代积累而成，《过秦论》"六世之余烈"是也。如死争于一代者，则秦、楚皆弊，统一六国或第三者也。六国统一乃大趋势，种种人物之行动，皆化入其中。又骑虎或乘龙之势难下，亦人生常有之境，当顺势而消其业。《易》履虎尾有"不咥人"之亨与"咥人"之凶，要在变化其几也。

鲁仲连邹阳列传

"鲁仲连曰：'吾始以君为天下之贤公子也。吾乃今然后知君非天下之贤公子也。'"《管锥编》引《庄子·天运》写孔子见老子归曰："吾乃今于是乎见龙"，此即《史记》"犹龙"之叹。《庄子》"合而成体，散而成章，乘云气而养乎阴阳"，即《史记》"其乘风云而上天"，叹非常之人而得幸会也。引《逍遥游》："而后乃今培风，……而后乃今将图南。"此明远大之事匪可轻举，乃厚积之意，甚是。然蜩与学鸠之笑亦是，"决起而飞，枪榆枋，时则不至，而控于地而已矣，奚以之九万里而南为？"郭注："小大虽殊，逍遥一也。"盖各成一境，未可轻易相非也。凡庄与郭象，同而不同，不同而同，知此乃可读《庄》也。

《管锥编》引迁《张释之冯唐列传》释之谏文帝曰："今盗宗庙器而族之，有如万分之一假令愚民取长陵一抔土，陛下将何以加其法乎？"复引《旧唐书·狄仁杰传》仁杰谏高宗曰："古人云：'假使盗长陵一抔土，陛下何以加之？'"此犹豫喥嚅与直言之异，亦汉唐时代之异也。汉不必避唐讳，故可直言。然汉有汉讳，唐亦有唐讳，仁杰直言汉事而隐指唐事，此引古述今法，即《庄子·人间世》"成而上比"，仍属避讳。引《宋书·前废帝纪》"太后怒，语侍者：'将刀来剖我腹，那得生如此宁馨儿！'"谓"如此宁馨"正累叠同义之词以增重语气。然于"宁馨"不顾训诂而望文生义亦是，因声调、色彩皆跃然纸上，"宁馨儿"者，生机无限也。《通鉴》卷八二晋惠帝元康七年："衍神情明秀，少时，山涛见之，嗟叹良久，曰：'何物老妪，生宁馨儿'"（见《晋书·王衍传》）。注引洪迈《随笔》："今吴中人语，尚多用'宁馨'为言，犹言若何也。刘梦得诗：'为问中华学道者，几人雄猛得宁馨？'"杨荫杭《老圃遗文辑·吴语》亦考及"宁馨"，举例甚多。

又本篇《管锥编》引及《战国策·赵策》新垣衍曰："始以先生为庸人，吾乃今日而知先生为天下士也。"可参观作者对日本友人引及新垣衍曰："吾视居此围城之中者，皆有求于平原君者也；今吾观先生之玉貌，非有求于平原君者也，曷为久居此围城之中而不去？[①]"此仍用《赵策》，乃《围城》一词之中国出处。

[①] 中岛长文《〈围城〉论》，《钱锺书研究》第二辑，文化艺术出版社1990年11月版，193页。

吕不韦列传

"因使其姊说华阳夫人曰：'吾闻之，以色事人者，色衰而爱弛。'"按此即生物消息之理，于男性中心社会或不得不然。金屋藏娇，长门买赋，一人之身，天渊殊况，亦莫可如何。《管锥编》引陆机《塘上行》："愿君广末光，照妾薄暮年"，叹其哀情苦语。按不必自薄如此，凡光者或在天或在人，可自耀亦可自晦，宜尊重自处，何必仅待"君"之"广末光"也。引《汉书·外戚传》上李夫人病笃，武帝临候，李夫人蒙被转向，不使见面。此发挥"色交"犹"利交"，参观前论"势交"犹"利交"，然尚有相关两义。一为美学义，则画美人亦宜有所隐，如周昉背面美人。一为社会学义，则见或不如不见，多见或不如少见，如梁简文帝《咏人弃妾》："常见欢成怨，非关丑易妍。"两义综合而成心理学义，《论语·里仁》子游曰："事君数，斯辱矣；朋友数，斯疏矣。"又孔子曰："以约失之者鲜矣。"引张籍《白头吟》："弃我不待白头时"，可参观《节妇吟》："何不相逢未嫁时"，前者已衰而后者犹盛也。

刺客列传

豫让曰："范、中行氏皆众人遇我，我故众人报之；至于智伯，国士遇我，我故国士报之。"按此道出刺客为统治者所用之理，众人、国士，其实一也。王定保《唐摭言》卷一记唐太宗私幸端门，见新进士缀行而出，喜曰："天下英雄入吾彀中矣！"《管锥编》引王明清《挥麈三录》记或曰："朝廷官爵是买吾曹之头颅，岂不可畏！"此虽"大言夸诞"，亦可警也。天下事宜知其出入法，参与统治者之家事，何必。凡五声之变无穷，不必仅凝于变徵之声也。引《战国策·燕策》一郭隗曰"帝者与师处，王者与友处，霸者与臣处，亡国者与役处"云云，极是。师者，盖理解当时最先进之理论者，帝者与师处，乃相应于社会进步云。参观《吴子·图国》第一引楚庄王曰："寡人闻之，世不绝圣，国不乏贤，能得其师者王，能得其友者霸。今寡人不才，而群臣莫及者，楚国其殆矣。"

"聂政曰：'老母在，政身未敢以许人也。'"按《论语·里仁》曰："父母在，不远游，游必有方"，"未敢许人"，盖由此推衍而出。引《水浒》第一五回："阮小五和阮小七把手拍着脖项曰：'这腔热血只要卖与识货的！'"指劫取"生辰纲"而言。然"热血"而须"卖"，就空间而言，皇帝终为最大买家，故"文化大革命"期间流传之《水浒》评论："只反贪官，不反皇帝"，亦可移笺焉。

李斯列传

"斯乃上书曰：'臣闻吏议逐客，窃以为过矣！……必秦国之所生然后可,则是夜光之璧不饰朝廷,犀象之器不为玩好,郑、卫之女不充后宫,而骏良駃騠不实外厩,江南金锡不为用,西蜀丹青不为采。……然则是所重者,在乎色乐珠玉,而所轻者,在乎人民也。'"按参观《谈艺录·序》:"盖取资异国,岂徒色乐器用;流布四方,可征气泽芳臭。故李斯上书,有逐客之谏,郑君序谱,曰'旁行以观'。"此处"色乐器用",由《谏逐客书》"色乐珠玉"而来;"气泽芳臭",见郑玄《诗谱序》:"欲知源流清浊之所处,则循其上下以省之;欲知风化芳臭之所及,则旁行以观之。"物质与精神两端,皆宜交流之,或偏于一端,则有失云。引《楞严经》卷四:"譬如有人,于自衣中系如意珠,不自觉知,他方乞食驰走。忽有智者指示其珠,所愿从心,致大饶富。"此"贫人得宝"喻,参观《老子》卷四〇章引《法华经·信解品》之"荡子归家"喻,可互笺焉。

引古希腊一文家著《情书集》云:"好物多不能本地自给,雨降于天,河流自海,织锦出于大秦(the woven fabrics of the Chinese)。"此涉及古代希腊文化与中国文化之交通,弥足珍贵。或谓古希伯来文化与中国文化亦有交通,《旧约·以赛亚书》第四九章第11—12节:"我必使我的众山成为大道,我的大路也被修高。看哪,这些从远方来,这些从北方、从西方来,这些从秦国来(Behold, these shall come from far; and, lo, these from the north and from the west; and these from the land of si'nim)。"《圣经》官话译本注:

"秦原音作希尼。"或谓此即《圣经》中关于中国之唯一记载①，或曰非也。龚方震先生（1924—2017）为余言："今已考定，Si'nim 斯时非指中国，乃埃及南部之 Syene，即今之阿斯旺。Si'nim 释为中国出于近代，古代并无此义。《死海古卷》之《以赛亚书》于此字拼写亦有异，今善本英译 Jerusalem Bible 已不解作 China。"希腊、希伯来而外，尚有阿拉伯古文化与中国文化之交通，伊斯兰教穆罕默德于《圣训》中曰："学问虽远在中国，亦当求之。"②古代各文明间之交通，其史料传述在疑信之间，惜未能详也。

"于是赵高待二世方燕乐，妇女居前，使人告丞相：'上方闲，可奏事。'丞相至宫门上谒，如此者三。二世怒曰：'吾常多闲日，丞相不来。吾方燕私，丞相辄来请事。丞相岂少我哉！'"按此因人体生物钟之节律于作息皆自成段落，其延续如受干扰，或震动不已也。赵高离间二世、丞相，即由此下手。《槐聚诗存·大杰来京夜过》："正用此时持事来。"

"赵高诬斯，榜掠千余，不胜痛，自诬服。"《管锥编》引古罗马修词学书引语云："严刑之下，能忍痛者不吐实，而不能忍痛者吐不实。"按此非仅论古代史实，亦含身历其境之感触，乃有为之言。友人回忆："文化大革命"时，《管》书作者在河南干校。其时批斗惨烈，作者对人私下说：

---

① 吴德铎《〈圣经〉中的中国》，《文汇读书周报》1986 年 12 月 20 日。
② 蔡德贵《孔子等中国哲人在阿拉伯》，《山东社联通讯》1990 年第 6 期。

"强者不吐实,弱者吐不实。"他意在下句,立即点明了逼供信之真相①。或谓《管锥编》同《谈艺录》,亦为"忧患之书",非尽虚语也。

魏豹彭越列传

"有司治,反形已具。"按于中国古文化,"形"、"象"两字有其区别。大致"形"属地而"象"属天,"形"属空而"象"属时,"象"高于"形"一维,此其大略。然"形"、"象"亦可浑言,本篇"反形已具",此处"反形"略近于"反象",然仍稍有区别。"反象"稍抽象,"反形"稍具体,言"反象"者或可识其心,言"反形"者已可诛其迹,故曰"有司治"也。《旧唐书》卷六九《张亮传》记李道裕言亮"反形未具",太宗悔之,亦其事也。而"模样"亦"形",犹今围棋术语有"模样"一词,谓形势也。

又就整体难识而言,曰"形",曰"象";就局部可见而言,曰"征",曰"症"。引陈师道《次韵春怀》:"老形已具臂膝痛。""臂膝痛"者,乃"征"、"症"也,"老形"者,乃"形"、"象"乎。西语 symbol、symptom 根、缀相近,亦可笺之。作者晚年书信屡言"臂痛",亦自叹"老形"也。

---

① 王水照《钱锺书世界的文化阐释》,《文汇读书周报》1994 年 1 月 22 日。

黥布列传

"英布者，其先岂春秋所见楚灭英六皋陶之后哉？身被刑法，何其拔兴之暴也！"按此涉及印、中古代信仰之异。印度文化重本身，故以前、后世为言；中国文化重祖先，故以前、后代为言。然以时空无限而观之，二说有因、缘之异云。

《管锥编》引班固《幽通赋》："三栾同于一体兮，虽移易而不诋。"曹大家注："天命佑善灾恶，非有差也。然其道广大，虽父子百叶，犹若一体也。"参观黄宗羲《破邪论·魂魄》："或疑普天之下，无家不祭其祖先者，而谓凡愚之魂尽散，则祭乃虚拘乎？曰：凡愚之魂散矣，而有子孙者，便是他未尽之气。"引《大般涅槃经·梵行品》等"业报"之说，即该品"若有造业，果终不失"，参观《大宝积经·入胎藏品》："假使百千劫，所作业不亡，因缘合遇时，果报还自受。"

淮阴侯列传

萧何曰："王必欲长王汉中，无所事信；必欲争天下，非信无所与计事者。"《管锥编》谓"必"乃疑词"如果"之"果"，非决词"必果"之"果"，"必"训"如"、"若"、"倘"、"脱"。按此"必"属虚拟语气，而含情态动词义，以疑词"必果"当之较是，其意义介于决词"必果"与疑词"如果"

之间，以现代汉语译之，大致与"如果一定"、"如果真的"相当。引《论语·公冶长》："十室之邑，必有忠信如丘者焉。"此"必"字表肯定性推测，亦以"一定"当之为是。

项羽使武涉往说韩信曰："足下所以得须臾至今者，以项王尚存也。当今二王之事，权在足下；足下右投则汉王胜，左投则项王胜。项王今日亡，则次取足下。"按三方成鼎足之势，如三成二，二必成一。故居两方之间者，其自处之道有顺、逆二向。逆向释敌养寇以自重，别见《左传》卷论襄公二十三年；顺向则功成身退天之道，如曾国藩攻占天京即解散八十万湘军是也。

"狡兔死，良狗烹；高鸟尽，良弓藏；敌国破，谋臣亡"云云，此道出历代为君者之猜忌心理，实古今不二也。袁小修编《柞林纪谭》记李贽评韩信："真可笑！蒯通说得极透彻，尚然不醒。渠解衣推食，为着甚的，不过诱你作他奴才耳。这等岂可唤作恩，可称呆狗。"《管锥编》引唐谚："太平本是将军致，不使将军见太平。"此由总结社会现象而来，然禅家用为机锋，亦为极佳义，即本卷《项羽本纪》所谓"到岸舍筏"、"过河拆桥"是也。天下太平矣，何必见将军。又"太平"云云句，元苗太素《玄教大公案》亦引之，宋元道家颇吸收禅家义云。

田儋列传

"田横之高节，宾客慕义而从横死，岂非至贤！余因而列焉。不无善画者，莫能图，何哉？"按田横一方豪雄，势孤途穷，犹有所不屈，其结束有力焉，太史公为著传，有所感也。本篇《赞》曰："甚矣蒯通之谋，乱齐、骄淮阴，其卒亡此二人！通善齐人安期生，安期生尝干项羽，项羽不能用其策。已而项羽欲封此两人，两人终不肯受，亡去。"此与《管锥编》所引"田横"云云联缀，颇见齐文化之重要侧面。安期生之仙学，蒯通之纵横学，未能与田横高节、宾客慕义联缀，或太史公"画"、"图"之感叹所由出。"画"、"图"者，成象也，谋略也。齐文化有潜在势力，为高祖心病之一，故高帝六年徙齐、楚大姓昭、屈、景、怀、田五族及豪杰于关中，与利田宅，凡十余万口。

郦生陆贾列传

陆贾"时时前说称《诗》、《书》，高祖骂之曰：'乃公居马上而得之，安事《诗》、《书》？'陆生曰：'居马上得之，安（当作"宁"）可以马上治之乎？'"按本篇陆又云："且汤武逆取而顺守之，文武并用，长久之术也。""逆取"盖"马上得之"，"顺守"盖"马上治之"乎？《大戴礼·武王践阼》曰："以仁得之，以仁守之，其量百世；以不仁得之，以仁守之，其量十世；以不仁得之，以不仁守之，必及其世。""顺"、"逆"者，即"仁"、"不仁"也。王楙《野客丛书》卷一三引东坡曰："取之以仁义，守之以仁义者周；取之以诈力，守之以诈力者秦；以秦之所以取取之，以周之所以守守之者汉。"《资治通鉴》卷六六汉献帝建安十六年庞统曰："兼弱攻昧，逆取顺守，古人所贵。"卷一九二唐太宗贞观元年太宗答封德彝："戡乱以武，守成以文，文武之用，各随其时。卿谓文不及武，过矣。"又卷九四晋成帝咸和五年记（太子）弘好属文，亲敬儒素，石勒谓徐光曰："大雅（弘字）憒憒，殊不似将家子。"光曰："汉祖以马上取天下，孝文以玄默守之，圣人之后，必有胜残去杀者，天之道也。"

陆贾"谓其子"曰："一岁中往来过他客，率不过再三过，数见不鲜，无久慁公为也！"按《考证》引中井积德曰："常相见，则意不新鲜，故不数数相过也。"参观《苏轼诗集》卷二六《次韵许遵》："击鲜毋久溷诸郎。"《增广贤文》："久住令人贱，频来亲也疏，但看三五日，相见不如初。"又："得意不宜再往，……宁使人讶其不来，勿令人厌其不去。"《管锥编》引俗谚："人无千日好，花无百日红"，参观邵雍《伊川击壤集》卷八《笺年老逢春八首》："美酒饮教微醉后，好花开到半开时"，又卷十《安乐窝中吟》："饮酒莫教成酩酊，赏花慎勿至离披"，卷十九《窥开吟》："物理窥开后，人情照破时。欲知花烂漫，便是叶离披。"

扁鹊仓公列传

"扁鹊以其言，饮药三十日，视见垣一方人；以此视病，尽见五脏症结。"按《黄帝内经》一书，总结中国远古以来之医学文化，书当成于战国乃至西汉（《河南程氏粹言》："《素问》当出战国下学"）。而春秋战国以来，名医辈出，《左传》、《史记》所载之医缓、医和、扁鹊、仓公等，皆其例也。上古医学与养生学通，"长桑君"者通此，《索隐》谓"隐者，盖神人也"，亦见扁鹊之术有所从受。凡养生学理解至深入处，宜达生物与非生物之际，如此则"视见垣一方人"，亦有可能。《管锥编》谓秦宫镜、药王树、仙人石、上池水四者，即后世医学透视之造因。按此极是，盖东方文化或从内，西方文化或从外，亦发展途径之不同也。且人之虚愿、异想经考察、批判仍有其用，或为人类文化进步之所由也。

　　本篇议论言"病有六不治"，其六曰："信巫不信医。"《管锥编》谓初民之巫，即医（shaman）耳。盖医始出巫，巫本行医，后世巫、医渐分，乃巫、医并举，《论语·子路》："南人有言曰：'人而无恒，不可以作巫、医。'善夫！"朱注："巫所以交鬼神，医所以寄生死。故虽贱役，而犹不可以无常。"此巫、医相分甚是，因巫从宗教，医从科学，巫影响心理，医影响生理，两者或有联系，终不宜相混。巫、医分途，而医后来居上以推动科学进步极是，然医之初发展或不能尽去巫之短，医之再发展或仍宜兼取巫之长云。《史记》谓"人之所病，病疾多，医之所病，病道少"，医又何能自限其域乎。然巫祝僭取医药而代之，"信巫不信医"则又大非，鲁迅《朝花夕拾·父亲的病》谓"轩辕的时候是巫医不分的，所以直到现在，他的门徒就还见鬼"是也。

《管锥编》谓有"祝由科"，专以禁咒疗疾。按此出《黄帝内经·移精变气论》十三："余闻古之治病，惟其移精变气，可祝由而已。"王冰注："祝说病由，不劳针石而已。"以心物一元观之，此或有理，亦消解病灶之一法也。谓庸医误事，不亚妖巫，流俗乞灵鬼神，正复以医药每杀人如虎狼耳。参观杨慎编《古今谚》录方回《山经》引《相冢书》："山川而能语，葬师食无所；肺肝（一作"腑"）而能语，医师面如土。"《聊斋志异》卷九《岳神》引或言："阎罗王与东岳天子，日遣侍者男女十万八千众，分布天下作巫医，名'勾魂使者'。"又《围城》第一章戏言："医生除了职业化的杀人以外，还干什么?"

魏其武安列传

景帝曰："魏其者，沾沾自喜耳；多易，难以为相持重。"按知臣莫如君，景帝此言甚是。凡相者，系天下苍生安危，持重有其是。魏其血性儿，或可为将，然终不宜为相也。《管锥编》引亚理士多德推心意弘广（megalopsychia）之"大人"为群伦表率，其形于外者，行迟缓，声沉着，语从容（a slow step, a deep voice and a level utterance）；参观《礼记·玉藻》："君子之容舒迟。……足容重，手容恭，目容端，口容止，声容静，头容直，气容肃，立容德，色容庄，坐如尸，燕居告温温。"《潜夫论·相列》："人之相法，或在面部，或在手足，或在行步，或在声响。……行步须安稳覆载，音声欲温和。"盖深沉有度量，喜怒不形于色，确为传统之宰辅风度。宋代理学于个人修养亦重此，《朱子语类》卷一〇三："李先生（延平）少年豪勇夜醉，驰马数里而归。后来养成徐缓，虽行二三里路，常委蛇缓步，如从容室中也。"后世曾国藩于子弟教育极重此，《家书》咸丰九年十月十四日《谕纪泽》云："余常细观星冈公绝人处，全在一重字。余行路容止亦颇重厚。"咸丰十年四月初四日《谕纪泽》、同年十月十六日《谕纪泽纪鸿》仍反复言此，诫其"以后须于说话走路时刻刻留心"。然此亦有弊，《陈亮集》卷一五《送吴允成运干序》："自道德性命之说兴，而寻常烂熟无所能解之人自托于其间，以端悫静深之体，以徐行缓语之用，务为不可穷测以盖其所无，于是天下之士始丧其所有而不知适从矣。"又《资治通鉴》卷二二六唐代宗大历十四年沈既济曰："夫安行徐言，非德也。"

　　武安曰："不如魏其、灌夫，日夜招聚天下豪杰壮士相（"相"字衍）与论议，腹诽而心谤，不仰视天而俯画地。"《管锥编》谓好交游而多往还，则虽不结党而党将自结，故武安此言最足以耸动主听。按此确犯人君大忌，即《史记》本篇谓"枝大于本，胫大于股，不折必披"是也。魏其案反复久之，终成弃市，此或为原因之一。引《战国策·楚策》一江乙说楚王曰："下比周则上危，下分争则上安。"此极是，故下之分争亦往往成于上，此不可不知也。

"于是上问朝臣：'两人孰是？'御史大夫韩安国曰：'……魏其言是也。……丞相言亦是。唯明主裁之！'……武安怒曰：'与长孺共一老秃翁，何为首鼠两端？'"按此狱之背后，太后或是武安，景帝或是魏其，关系微妙，两端间有其"权"，此"权"不在安国，故不得已而两可也。景帝问臣下，早具言外之意，安国之答，亦不得不然。以《易》而言，"首鼠两端"乃综卦之象，能知此象极是，盖兼两端而得中心，所谓知己知彼；然随之六二或系或失，有不知所从之困惑，故《象》曰"弗兼与也"。人于某种情形下，乃不得不作选择，亦不得不承担选择之后果，此无可逃避者也。

《管锥编》引《论语·微子》孔子曰："我则异于是，无可无不可"，此乃儒学之活泼，由《子罕》"子绝四"（意、必、固、我）而来，乃圣人气象。《后汉书·马援传》记援归谓隗嚣曰："上（光武帝）才明勇略非人敌，且开心见诚，无所隐伏，阔达多大节，略与高帝同。"嚣曰："卿谓何如高帝？"援曰："不如也，高帝无可无不可。今上好吏事，动如节度，又不喜饮酒。"引《世说新语·言语》记习凿齿与伏玄度论青、楚人物，韩康伯默不诘难，曰："无可无不可。"此亦玄学之超然态度，通《易》知时空，青、楚人物盖不足评乎。魏晋人物多豪迈古今，《晋书·阮籍传》记籍登广武，观楚、汉战处，曰："时无英雄，遂使竖子成名。"且不评甚是，《论语·宪问》："子贡方人。子曰：'赐也贤乎哉？夫我则不暇。'"重反身自修者，亦无暇评人也。参观《大宝积经》卷十一《密迹金刚力士会》第三之四："心清净不见他人心不清净。"卷九一《发胜志乐会》："于诸众生不求其过，见诸菩萨有所违犯，终不举露。"又《诸法无行经》卷二："深发菩萨心者，不当好求人长短。"

引六祖惠能《法宝坛经·付嘱》诲其徒众曰："忽有人问汝法，出语尽双，皆取对法。"按紧接下文："来去相因，究竟二法尽除，更无去处。"仅观上文，则禅家之辩证尚属机械，如观下文，乃知禅家两端间破立无方之妙云。

"武安侯病，专呼服谢罪，使巫视鬼者视之，见魏其、灌夫共守欲杀之。"按古今此类记载颇多，凡为事欺心，潜意识当生反冲之象。

韩长孺列传

"治天下终不以私乱公。语曰：'虽有亲父，安知其不为虎？虽有亲兄，安知其不为狼？'"《管锥编》谓言政治中无骨肉情也。按经济亦然，《共产党宣言》第一节称"撕下了罩在家庭关系上的温情脉脉的面纱"是也①。

又本篇记安国坐法抵罪，狱吏辱之。安国曰："死灰独不复然乎？"吏曰："然则溺之。"安国后果复官，善待此吏。

---

① 《马克思恩格斯选集》第一卷，人民出版社 1972 年 5 月版，254 页。

《传》谓安国"多大略",能识"死灰复然"之理,当为其"大略"之一。此理后世禅家体验极深,《五灯会元》卷九沩山灵佑章次记其参悟因缘云:"侍立次,……(百)丈曰:'汝拨炉中有火否?'师拨之曰:'无火。'丈躬起深拨得少火,举以示之曰:'汝道无这个,聻!'师由是发悟。"又儒家亦取此为象,冯惠民《司马光年谱》卷七引光作《子绝四论》:"或曰:'然则圣人之心,其犹死灰乎?'曰:'不然,圣人之心犹宿火耳。夫火宿之则晦,发之则光,引之则然,鼓之则炽,既而复掩之乃晦矣。深而不销,久而不灭者,其宿火乎?治其心以待物,物至而应,事至而办,岂若死灰乎哉?'"参观《苏轼诗集》卷三九《小圃五咏·地黄》:"丹田自宿火";卷五〇《答子勉》:"寒炉余几火,灰里拨阴何。"又陆游《剑南诗稿》卷八十《戊辰岁除前五日作》:"灰深火可宿。"

李将军列传

"文帝曰:'惜乎!子不遇时,如令子当高帝时,万户侯岂足道哉!'"《管锥编》引《张释之冯唐列传》记文帝曰:"嗟乎!吾独不得廉颇、李牧时为吾将,吾岂忧匈奴哉?"冯唐曰:"主臣!陛下虽得廉颇、李牧,弗能用也!"按李广才气,天下无双,"心翘然以无人视天下",亦其自许也。文帝知而不能用,亦莫可奈何。后世惜李广者多,而亦有讥之者，田艺蘅《留青日札》卷二《李广不侯》："王十朋云：'李广才名一代奇，孝文犹自未深知，辄餐长叹无廉牧，翻惜将军不遇时。'……余言广之不侯，非数奇也，孝文知之深矣。怀私恨以斩霸陵尉，岂大将军之道乎？否则，以周亚夫之贤，帝托景帝曰：'真可任将矣。'岂独不知贰师之才邪（贰师李广利，当为李广）。又杀降将八百余人，后自刎，三代皆不得其死，宜哉！"

匈奴列传

中行说"不欲行，汉强使之，说曰：'必我行也，为汉患者。'"按由周秦至汉，匈奴持续为中原之边地威胁，此属大敌，故《史记》不与南越、东越、朝鲜、西南夷并列，稍稍前置，一枝独出也。不同民族间交流方式有多种，战争虽残酷，亦交流方式之一，战争接触之侧面即为文化接触，故以刀兵相见始宜以文化相见终也。又就心理学而言，"强使"有其弊，往往生反冲之力，中行说入匈奴为汉患，即属一例。

卫将军骠骑列传

"天子尝（脱"欲"）教之（霍去病）孙、吴兵法，对曰：'顾方略何如耳，不至学古兵法。'"按北宋何去非《何博士备论·霍去病论》释之甚详，略云："盖兵未尝不出于法，而法未尝能尽于兵，……然法之所得而传者，其粗也。……法之所无得而传者，其妙也。法有定论，兵无常形。一日之内，一阵之间，离合取舍，其变无穷；一移踵、瞬目，而兵形易矣。守一定之书，而应无穷之敌，则胜负之数戾矣。"又曰："是以古之善为兵者，不以法为守，以法为用。常能缘法而生法，与夫离法而会法。顺求之于古，而逆施之于今；仰取之于人，而俯变之于己；人以之死，而我以之生；人以之败，而我以之胜。视之若拙，而卒为工；察之若愚，而适为智；运奇合变，既胜而不以语人，则人亦莫知其所以然者。此去病之不求深学，而自顾方略之如何也。"

《管锥编》引《宋史·岳飞传》飞"尤好《左氏春秋》、孙吴兵法"，喜"野战"，宗泽授以阵图，飞曰："阵而后战，兵家之常，运用之妙，存乎一心。"按此以"《左氏春秋》"与"孙吴兵法"连类，《孟子·尽心》下："春秋无义战，彼善于此则有之矣。"《春秋》二百四十二年，《左传》书"侵"者五八，书"伐"者二一三，战事不绝，确为兵法产生之土壤。《三国志·魏志·王肃传》注引《魏略》隗禧曰："《左氏》直相斫书耳，不足精意也。"又陆游《剑南诗稿》卷十一《对酒》："孙吴相斫书，了解亦何益。"岳飞云云，参观明末钱栴《城守筹略》卷四《营阵》："古来阵法，相传甚多，大率谈兵之家，支离繁琐，用兵之家，简易直截。"所谓"运用之妙，存乎一心"者，盖简易直截法乎？

《管锥编》引《三国志·吴书·吕蒙传》裴注引《江表传》记孙权劝蒙："宜急读《孙子》、《六韬》、《左传》、《国语》及三史"；此极是，亦见三国时代之读《左》风气。裴注亦引《江表传》称关羽好《左氏传》，讽诵略能上口。然蒙读《左传》，羽亦读《左传》，何者胜乎？仍宜"顾方略如何耳"。"方略"犹整体框架，兵法之兵法也。毛泽东读《新五代史》卷二二《刘䬣传》"刘䬣学《六韬》"云云，批："兵书多坏事，少读为佳。"同书卷三二《刘仁赡传》"少略通兵法"云云，批："略读可以，多则无益有害。"或谓此乎。引《新五代史·敬翔传》谓"《春秋》古法不可以用于今"；按此非是。李贽《史纲评要》卷二九宋仁宗皇祐四年记范仲淹授狄青《左氏春秋》曰："将不知古今，匹夫勇耳。"狄青由是折节读书，悉通秦汉以来将帅兵法。余嘉锡《四库提要辨证》卷十一子部兵家类陈禹谟《左氏兵略》条亦考及敬翔事，云："夫敬翔从朱温起于群盗之中，不过颇能读书识字，粗有智谋，不失为庸中佼佼而已，何足以言学问？又况平生未尝为大将，乌从知古今兵法？今乃执彼片言以为定论，甚矣其惑也。"

又《管锥编》谓造艺、治学与兵家之四种性行，皆含古今两端：赵括学古法而墨守前规（古），霍去病不屑学古法而心兵意匠（今），来护儿我用我法而后征验于古法（今而古），岳飞既学古法而出奇通变而不为所囿（古而今）；此古今之变，盖所谓"四象"乎。《颜氏家训·勉学》云："生而知之者上，学而知之者次。所以学者，欲其多知明达耳。必有天才，拔群出类，为将则暗与孙吴同术，执政则悬得管仲子产之权，虽未读书，吾亦谓之学矣。"《李卫公问对》卷上："霍去病暗与孙、吴合，诚有是夫！"

平津侯主父列传

公孙弘"为布被"，"食一肉，脱粟之饭"。《管锥编》引阎若璩《潜丘札记》谓"廉易而耻难"，"廉尚可矫而耻不容伪"。按《史记》曰："弘为人意忌，外宽内深。诸尝与弘有隙者，虽佯与善，阴报其祸。杀主父偃，徙董仲舒于胶西，皆弘之力也。"此所谓"耻难"，后世李林甫似之。又曰："故人所善宾客，仰衣食，弘奉禄皆给之，家无所余，士亦以此贤之。"此所谓"廉易"，汲黯曰："弘位在三公，奉禄甚多，然为布被，此诈也。"然耻固不容伪，矫廉者亦希见乎。《儒林列传》辕固生警之云："公孙子！务正己以言，无曲学以阿世！"

"主父偃曰：'我厄日久矣！且丈夫生不五鼎食，死即五鼎烹耳！'"《管锥编》引《南齐书·荀伯玉传》："善相墓者见伯玉家墓，谓其父曰：'当出暴贵而不久也。'伯玉后闻之曰：'朝闻道，夕死可矣。'"按偃所谓"吾日暮而途远，故倒行暴施之"，别见《伍子胥列传》"吾日莫途远，吾故倒行逆施之"。伯玉"暴贵"云云，参观《南史·张裕传》："初曾祖当葬父，郭璞为占墓地。曰葬某处，年过百岁，位至三司，而子孙不蕃；某处，年几减半，位裁卿校，而累世贵显。澄乃葬其劣处，位光禄，年六十四而亡。"伯玉与澄，盖占墓之两相云。又木槿者朝开暮敛，唐钱起《避暑纳凉诗》"木槿朝开畏日长"，故聚、散皆速也。

司马相如列传

《考证》："刘知幾曰：'司马相如为《自叙传》，具在其集中，子长因录斯篇。'"《管锥编》引《隋书·刘炫传·自赞》："通人司马相如、扬子云、马季长、郑康成皆自叙风徽，传芳来叶。"又引《汉书·司马迁传》："迁之《自叙》云尔。"按《田敬仲完世家》："盖孔子晚而喜《易》，《易》之为术，幽明远矣，非通人达才孰能注意焉。"如与先秦著作相连，诸人皆成其象：《诗》、《骚》与相如相连，作赋；《春秋》与迁相连，成《太史公书》；《易》与扬雄相连，为《太玄》；此西汉之通人也。马融、郑玄，遍注群经，东汉之通人也。西汉拟经，东汉注经，两汉通人，同乎异乎？乃各成《自叙》，亦有所足以传者。两汉之后，陶渊明独成其学，《晋书·隐逸传》全录《五柳先生传》曰："其自叙如此。"然《赞》仍不可省，盖能见其相应之层次："无怀氏之民欤？葛天氏之民欤？"又《管锥编》引"礼法岂为我辈设"，"为文身大不及胆"两语，前者出《晋书·阮籍传》，后者出韩愈《送无本师归范阳》:"无本于为文,身大不及胆。吾尝示之难,勇往无不敢。"

"卓王孙有女文君,新寡好音,故相如缪与令相重,而以琴心挑之。……文君窃从户窥之,心悦而好之,恐不得当也。……夜亡奔相如。"按相如、文君达成之要在"琴心","琴心"何谓乎?此涉及两人生物钟之相应,《管锥编》引及李贽以《易》"同声相应,同气相求","云从龙,风从虎"解之。《管锥编》谓"奇局"新"开",未必长局久持。参观《谈艺录》补订24页:"苟本叔本华之说,则宝黛良缘虽就,而好逑渐至寇仇,'冤家'终为怨耦,方是'悲剧之悲剧'。"

武帝曰:"朕独不得与此人同时哉!"按《文心雕龙·知音》:"昔《储说》始出,《子虚》初成,秦皇、汉武,恨不同时。既同时矣,则韩囚而马轻。"章学诚《文史通义》内篇四《知难》评曰:"盖悲同时之知音不足恃也。"又《资治通鉴》卷二〇五唐则天后长寿元年记补阙薛谦光上书:"……昔汉武帝见司马相如赋,恨不同时,及置之朝廷,终文园令,知其不堪公卿任故也。"《管锥编》引杜甫《咏怀古迹》:"萧条异代不同时",此谓时;引《三国志·蜀书·许靖传》裴注载王朗书曰:"眇眇异处,与异时无以异也",此谓空。隔时空而相感,其异同、同异,确具名理焉。

《游猎赋》。《管锥编》谓如李光弼入郭子仪军中,旌旗壁垒一新。按出《新唐书》卷一三六《李光弼传》："其代子仪朔方也，营垒士卒麾帜无所更，而光弼一号令之，气乃益精明。"参观魏泰《临汉隐居诗话》："李光弼代郭子仪入其军，号令不更而旌旗改色。"清顾嗣立《寒厅诗话》："古人有一字之师，昔人谓光弼临军，一号令之，百倍精采。"又《文史通义·说林》误作："李广入程不识之军，而旌旗壁垒一新焉。"（《答问》略同）

《大人赋》："下峥嵘而无地兮，上寥廓而无天。"《管锥编》引《庄子·逍遥游》："天之苍苍，其正色耶？其远而无所至极耶？其视下也亦若是则已矣。"乃鲲化为鹏上出过程中之踌躇，止观而观止矣。又"大人"者，乾卦二五之象。引郎吉纳斯谈艺名篇《崇高论》。凡崇高为阳而美为阴，崇高与高或深相关，莫测也；而美与妙相连，莫名也；莫测莫名，故不可穷。

"相如虽多虚词滥说，然其要归引之节俭，此与《诗》之风谏何异？"按本篇《赞》曰："《春秋》推见至隐，《易》本隐之以显。"此述《易》与《春秋》之关系，有极深之意义，两司马相合，或在此焉。马一浮《泰和会语·论六艺统摄于一心》曰："《易》本隐以之显，即是从体起用。《春秋》推见至隐，即是摄用归体。故《易》是全体，《春秋》是大用。"又按"劝"与"风"（讽）之关系，甚难言，犹今人所谓"赞美与破坏巧妙地结合"是也。

儒林列传

"黄生曰：'汤武非受命，乃弑也。……'辕固生曰：'不然！必若所云，是高祖代秦，即天子之位，非耶？'"按以《易》而言，此辩论含两象：谓汤武非受命者意在鼎，谓汤武受命者意在革。鼎、革两象综而相成，故《革·彖》曰："汤武革命，顺乎天而应乎人。"于儒家之政治理论，此两象之辨本已解决。然于统治阶层之实际利益而言，两象含有莫大之矛盾。于景帝时汉象已成，于巩固统治当重鼎，然其时距高祖开国未远，于支持换代之合法性又当重革。此重鼎、重革之矛盾终未能平衡，故景帝以"食肉不食马肝，不为不知味；言学者无言汤武革命，不为愚"作结，此当时所谓"不争论、向前看"之法，实不了了之。然此辨别，终为统治者所忌，故"后学者莫敢明受命放杀者"。

《管锥编》引《郦生陆贾列传》贾曰："且汤武逆取而顺守之"；"逆取"者革，即"取之以力"，"顺守"者鼎，即"持之以义"，亦此两象变化。果能"顺守"乎，则"成败论人"，"弑"与"不弑"乃两边语也。又作者早年论文评"革命文学"与"遵命文学"，亦涉及两象变化。

酷吏列传

张汤"始为小吏乾没"。《集解》："徐广曰：'随势沉浮也'";《正义》:"谓无润而取及他人也";《考证》谓是"取利"、"逐利"之意,又解为"陆沉"、"沉溺下僚"。按"陆沉"与"乾没"尚有区别。《庄子·则阳》解"陆沉":"是自埋于民,自藏于畔。其声销,其志无穷,其口虽言,其心未尝言。方且与世违,而心不屑与之俱,是陆沉者也。"如此"陆沉"有自埋自藏自销意,与"乾没"解"埋没"纯客观而言有异也。

《管锥编》引黄庭坚《再和答为之》:"金马事陆沉,市门逐乾没",谓两词互文而作对仗。然由全句观之,当以"陆沉"义为主,典出《滑稽列传》东方朔曰:"如朔等所谓避世于朝廷间也,古之人乃避世于深山之中。"又歌曰:"陆沉于俗,避世金马门。殿中可以避世全身,何必深山之中、蒿庐之下。"然"乾没"以及"埋没"仍属佳义,盖显现与埋没循环而相成,显现之能量或来自埋没之积累也。古今有成就人物均有埋没之时,因埋没之积累而渐显,因显现之耗散而终归埋没,亦消息之本然也。然消息之中,亦有不消息者乎?《庄子·则阳》引容成氏曰:"除日无岁,无内无外",可深思也。

黄诗见《山谷外集》卷一,同卷《次韵答张沙河》:"丈夫身在要勉力,岂有吾子终陆沉";又《答明略并寄无咎》:"不堪市井逐乾没。"参观《苏轼诗集》卷二九《故李诚之待制六丈挽词》:"愿斩横行将,请烹乾没儿。"曾国藩《杂著·乾、白、素、坐》解"乾没"为"无故而没入人财物"。

明清时大多用此义，如李日华《味水轩日记》万历三十八年四月二日称"乾没所入不赀"，同年七月十日称"前后乾没三十金"。此解虽可成，然未能相应"陆沉"以至"埋没"义，亦有其失。

大宛列传

匈奴留张骞"十余岁，与妻有子，然骞持汉节不失"。按张骞通西域，所谓"凿空"之行，于中国文化有关键作用。与同时武帝之"尊儒术"合观，更含妙义。丝绸之路开通，印度文化由此道逐渐传入，乃极大改变中国文化之原有格局，影响深远。《管锥编》谓张骞、苏武"持汉节不失"与娶胡妇生子；按"持汉节"者国也，娶胡妇生子者家也，国、家相互影响，亦可两行。

佞幸列传

"谚曰：'力田不如逢年，善仕不如遇合。'固无虚言。非独女以色媚，而士宦亦有之。"按"力田"与"逢年"、"善仕"与"遇合"之辨，乃自由意志论与宿命论之辨，宜注意转变之机也。"逢年"、"遇合"乃当运之时，今所谓"风口"。

《管锥编》引《易·随·彖》："随，刚来而下柔，动而说随。……随时之义大矣哉。"按此极是，万事莫不有

"时",即消息之义。因时者,含因果之理,故圣人趋之。引《吕氏春秋·首时》:"圣人之于事,似缓而急,似迟而速,以待时";又曰:"圣人之见时,若步之于影不可离。"此盘旋与时合一,有小步舞曲之象,含节奏焉。《朱子语类》卷三四:"观圣人若甚慢,只是你赶他不上。"引《盐铁论·论儒》:"孟轲守旧术,不知世务,孔子能方不能圆。"此见儒家之失。而引《孟子·公孙丑》:"虽有智慧,不如乘势,虽有镃基,不如待时。"又引《万章》赞美孔子:"圣之时者也。"则儒家亦重视"时义"。

以孔孟之辨而论,《论语·为政》"其或继周者,虽百世可知也",此由三代损益而推观百世,于当时确为卓见。如以三十年一世论,距今已近三千年矣,故宜见其变也。孔划时代于"尧舜"尚是,而孟"言必称尧舜"则非也;因春秋、战国时代不同,所理解之时间标准亦应有所不同。又"划时代"者,于认识时间有所断也。能断时间于恰当位置者或能知百世,而知时间断、续间之联系者乃知时者也。孔能分层次以断时,孟未能断时而从孔,此孔、孟之别也。

滑稽列传

"孔子曰"云云。按《太史公自序》亦引此语,由"六经"而入《春秋》,此由"六经"而入滑稽。两段相通,庄谐异用;彼就"天道恢恢"而言,此则知"谈言微中,亦可以解纷"矣。又"谈言"云云极是，后世禅家"旁敲侧击"法，亦近是焉。

"优孟曰：'请为大王六畜葬之。……葬之于人之腹肠。'"《管锥编》引古希腊文家以兀鹰食人尸，呼为"活动坟墓"（living sepulchres）。按此与原始宗教相关，今西藏尚有其俗，名"天葬"云。引烈士暮年，叹己身为活动坟墓（Myself my sepulchre, a moving grave）。参观《五灯会元》卷十一临济义玄章次："诸方火葬，我这里活埋。"王船山五十一岁迁至新居草屋"观生居"，自题联云："六经责我开生面，七尺从天乞活埋"，又七十一岁《鹧鸪天》云："七尺从天乞活埋。"然则"开生面"、"乞活埋"，二而一者也。《庄子·在宥》云："尸居而龙见，渊默而雷声，神动而天随"，亦"观生"之象焉。

"褚先生曰：'臣幸得以经术为郎，而好读外家传语。'"《考证》谓以"六经"为"内"而史为"外"。按本传谓东方朔"以好古博书，爱经术，多所博观外家之语"。以理论而言，"内"、"外"概念犹认识真理层次之异，内犹密，外犹显，其概念随时代之变而变，凡为学知内而不知外，或知外而不知内，皆非。

《管锥编》引《日知录》卷一八谓："东汉以《七纬》为'内学'，六经为'外学'。"按前以经、史分内、外，此以经、纬分内、外，或是，盖六经虽博，纬书或能得其要，郑玄注经即参用纬义。"六经"对"七纬"者，主要多一《孝经纬》，何休《公羊解诂序》引孔子谓"志在《春秋》，行在《孝经》"（出《钩命诀》），又《援神契》谓"元气混沌，孝在其中"是也。引《三国志·魏书·袁、张、凉、国、田、王、邴、管传》裴注："始精《诗》、《书》，后好内事，于众辈中最为玄默。……常读《老子》五千文及诸内书。"此以道、儒分内、外，亦是，犹《抱朴子》以道、儒分内、外篇也，其《遐览》篇载郑隐书目，即汉魏"诸内书"。

《管锥编》谓南北朝又以佛书为内而儒书为外，此涉及印、中文化与三教之对立与消长，核实而言，释有密、显，道、儒分别相应之。引阮孝绪奉佛，其《七录》本"方内"、"方外"之辨，以儒为内，佛、道为外。此见内、外名义可变，宜知其实而不宜执其名也。三教鼎立，得其任一以对二，皆成一象，儒何独不可为内乎？大密即显，《易·系辞》"百姓日用之而不知"是也。"方内"、"方外"之辨，语出《庄子·大宗师》孔子曰："彼游方之外者也，而丘游方之内者也。"然不宜隔碍，宜出入无疾也。

又以目录学而论，王俭《七志》（先道后佛）、阮孝绪《七录》（先佛后道）为《汉书·艺文志》与《隋书·经籍志》之过渡，《隋志》"远览马《史》班《书》，近观王、阮《志》、《录》"是也，于思想文化当九流、三教之变。又于目录学释、道先后之争执，亦反映两家势力之消长，参观《四库提要》子部释家类叙。

货殖列传

按《史记》本篇可分三大段：其一货殖总论；其二先秦货殖状况；其三汉兴后货殖状况。第一段首引《老子》云云，而斥为"涂民耳目"，难"行于""近世"，而结引《管子·牧民》："仓廪实而知礼节，衣食足而知荣辱"；又曰："天下熙熙，皆为利来；天下攘攘，皆为利往。"此首尾之辩证，可为总冒，乃揭示人们行为之利益动机，乃"自然之验"、"事势之流"也，何可阻挡乎？故《史记》本篇曰："故善者因之，其次利道之，其次教诲之，最下与之争。"又《管锥编》引《汉书·司马迁传·赞》"崇势利而羞贱贫"，当作"贫贱"。

"财帛欲其行如流水。"按此得"不凝滞之道"，即政治经济学中货币之流通功能是也。《管锥编》引法国谚语："钱形圆所以转动也，而钱形又匾所以累积也。"此于流通功能外又及贮存功能，亦五种功能之一，由五行而及阴阳，故相反相成也。引《平准书》如淳、司马贞等注："名钱为刀者，以其利于民也"，又引《太平御览》引《风俗通》："'钱刀'，俗说害中有利。'利'旁有'刀'，言人治下率多得钱财者，必有刀剑之祸也。"此言"钱刀"之利、害二义，亦相反相成。引陈继儒《岩栖幽事》："李之彦尝玩'钱'字旁，上着一'戈'字，下着一'戈'字，真杀人之物而不悟也。然则两'戈'争'贝',岂非'贱'乎?"参观田艺蘅《留青日札》卷二三《钱戈》条:"说者以古人名钱曰刀,以其利且能杀人也。又曰钱,言其凶害也。此皆太凿,殊不知浅、残、笺之从两戈,又何害之有?若从贝从戈为贱,则与钱字取义颇合。"又石成金《传家宝》卷五《知世事》第二集:"钱字从金从戈者,古时制钱俱如刀样,故谓之钱刀。所以钱字从戈,警戒世人。如以二戈争此一金,戈系杀人之物,若止知金而不知戈,必为人所杀矣。"

白圭曰:"吾治生产,犹伊尹、吕尚之谋,孙吴用兵、商鞅行法是也。……仁不能以取与,……虽欲学吾术,终不告之矣。"《管锥编》谓"仁"而曰"以取与"者,将欲取之,则姑与之。按《老子》三六章"将欲夺之,必固与之"云云,"固"一作"姑"。或谓二字含义不同:"固"强调客观规律,"姑"重视主观能动①。两者或可兼,如仅见后者,则以老子为阴谋家矣。马王堆帛书甲乙本此字作"古",全句作"将欲去之,必古与之","古"字音符,仍通此"固"、"姑"二义。

"而白圭乐观时变,故人弃我取,人取我与。……趋时若猛兽鸷鸟之发。"按与上文计然"贵上极则反贱,贱下极则反贵。贵出如粪土,贱取如珠玉"相通,乃阴阳相生之理,"乐观时变"者,盖见及此理乎。旧题黄石公《素书·

---

① 若木《蓟下漫笔》,《中国哲学》第九辑,三联书店1983年2月版,300页。

安礼》谓"富在迎来,贫在弃时"者,亦谓此也。又以投资学为喻,"人弃我取,人取我与"者,乃相反理论长线投资之象;"趋时若猛兽鸷鸟之发"者,盖短线追踪突破缺口之方向乎。《管锥编》引《国语·越语》下范蠡曰:"臣闻从时者,犹救火追亡人也,蹶而趋之,唯恐勿及";此犹诗兴,参观苏轼《蜡日游孤山访惠勤惠思二僧》:"作诗火急追亡逋,清景一失后难摹。"《槐聚诗存·寻诗》亦云:"伫兴追逋事不同。"又《史记》原文本节应居上节前,《管锥编》倒置者,或误植,或因上节论经济,本节论文化,故随手调整也。

"夫用贫求富,农不如工,工不如商,刺绣文不如倚市门。"按此谓生产领域不如流通领域,犹上文李悝"尽地力"与白圭"观时变"之比较,《史记》本篇谓"夫纤啬筋力,治生之正道也,而富者必用奇胜"是也。

"家贫亲老,妻子软弱,岁时无以祭祀,……如此不惭耻,则无所比矣!无岩处奇士之行,而长贫贱,好语仁义,亦足羞也!"按本节依原文应居"由此观之"段后,"夫用贫求富"段前,今居此,调节全篇轻重节奏?未可知也。《管锥编》引许鲁斋谓"儒者以治生为先",此成一说;引王阳明《传习录》斥为"误人",此亦成一说。两说可否兼通?能辨阴阳者或能识之。

《法言·渊骞》篇:"或问货殖。曰:'蚊!'"按极是,可结此传矣。《管锥编》引《五灯会元》卷四神赞睹"蜂子投窗纸求出"作偈云云,亦极是,"世界如此广阔,不肯出,钻他故纸,驴年去"!金圣叹批《西厢记》曰:"推纸窗放蜂出去,不亦快哉!"参观《谈艺录》补订160页引《朱文公集》卷九《出山道中口占》:"川原红绿一时新,暮雨朝晴更可人。书册埋头无了日,不如抛却去寻春。"

太史公自序

论六家之要旨曰:"《易大传》:'天下一致而百虑,同归而殊塗。'夫阴阳、儒、墨、名、法、道德,此务为治者也。直所从言之异路,有省不省耳。"按谈、迁父子之学连缀,乃成《史记》,其纲显于《太史公自序》,全书百三十篇总束于此。而谈之《论六家要旨》于《自序》又处核心地位,故为重心也。《管锥编》引《庄子·天下篇》:"天下之治方术者多矣,各以其有为不可加矣。古之所谓道术者果恶乎在?曰:无乎不在。……天下多得一察焉以自好,譬如耳目鼻口各有所明,不能相通。……道术将为天下裂。"此哀方术为道术,以明内圣外王之道,盖庄周之志乎。

《管锥编》谓中肯之讥弹固胜于隔膜之誉赞,按此即缪恭胜于辱。《荀子·修身》:"故非我而当者,吾师也;是我而当者,吾友也;谄谀我者,吾贼也。"契诃夫有言:"与其被混蛋所称颂,不如战死在他手里。"郑燮有联云:"搔痒不着赞何益,入木三分骂亦精。"(郑炳纯辑《郑板桥

外集》三）

"道家……其为术也，因阴阳之大顺，采儒、墨之善，撮名、法之要。"《管锥编》言道家并包备举五家之长，集其大成。按此根极于黄老所出之判断。引释志磐《佛祖统纪》曰："至于佛道广大，则凡世间九流，悉为所容，未有一法出于佛道之外。"按此根极于释家所出之判断。凡三教鼎立，立足任一家均能自显其长而见余二家之非，然贵能见其相非（Widerlegung）相续、亦扫亦包耳。

"夫儒者以六艺为法，六艺经传以千万数，累世不能通其学，当年不能究其礼。"按此极是，"博而寡要，劳而少功"，实深中儒者之病。博者广览虽有其长，然不得其要，则仍有所隔，此层未透，犹山高水远也。《史记》本篇引《易》不云乎："失之豪厘，差以千里？"又《集解》："今《易》无此语，《易纬》有之。"《考证》："《大戴礼·礼察篇》、《礼记·经解篇》并云。……阮元曰：今在《易纬·通卦验》。"此句《汉书·司马迁传》作："差以豪氂，谬以千里。"颜师古注："盖《易》家之别说者也。"《东方朔传》亦云："失之豪氂，差以千里。"

"春秋之中，弑君三十六，亡国五十二，诸侯奔走不得保其社稷者，不可胜数。"按通六艺而归于《春秋》，即司马迁之学也，故著《史记》以继《春秋》。"弑君"云云，正见春秋时代之纷乱景象，亦历史之纷乱景象，为君者似执其权，亦莫能自免也。《韩非子·奸劫弑臣篇》云："谚云：

'厉怜王',此不恭之语也。虽然,古无虚谚,不可不察也。"即此情形之写照。黄宗羲《明夷待访录·原君》曾推究其本:"虽然,使后之为君者,果能保此产业,传之无穷,亦无怪其私之也。既以产业视之,人之欲得产业,谁不如我?摄缄縢,固扃鐍,一人之智力不能胜天下欲得之者之众,远者数世,近者及身,其血肉崩溃在其子孙矣。昔人愿世世无生帝王家,而毅宗之语公主,亦曰:'若何为生我家!'痛哉斯言!回思创业时,其欲得天下之心,有不废然摧之者乎!"

"太史公曰:'唯唯!否否!不然!'"《管锥编》谓"唯唯"谦应,主意为"否",故接以"不然"。按"唯唯"者承,"否否"者转,"不然"者定;"承"之于"转",以太极拳法为喻,犹"来脉"与"转关"也。引《庄子·胠箧》篇圣人利天下少而害天下多一节,郭象注:"信哉斯言!斯言虽信而不可无圣者"云云,乃涉及庄、郭同异,此实各有其长,是而非之,所以妙也。凡通经者自变而出奇,故可与本经不合而合,历代佳经佳注,往往可如是观。《晋书·杜预传》:"左丘明本为《春秋》作传,而《左传》遂自孤行。《释例》本为《传》设,而所发明何但《左传》,故亦孤行。"李贽《焚书》增补一《又与从吾孝廉》:"《华严合论》精妙不可当,一字不可改易,盖又一《华严》也。如向、郭注《庄子》,不可便以《庄子》为经,向、郭为注。如左丘明传《春秋》,不可便以《春秋》为经,左氏为传。何者?使无《春秋》,左氏自然流行,以左氏又一经也。使无《庄子》,

向、郭自然流行，以向、郭又一经也。然则执向、郭以解《庄子》，据左氏以论《春秋》，其人为不智矣。"钟惺《隐秀轩集·三注抄序》亦推崇《三国志》裴注、《世说新语》刘注与郦道元《水经注》，因其"以书之力为注"，以述为作，"有能自立于所注之中，而又游乎其外者也"。

又《管锥编》谓偶睹《逻辑指要》云云，此为章士钊著作，章氏尚有《柳文指要》，作者亦有所不满云。谓英语常以"亦唯亦否"（yes and no）为"综合答问"（synthetic answer），或有约成一字（nes，yo）者。按今人译《尤利西斯》采及此说①。

---

① 此词见《尤利西斯》15章，萧乾、文洁若译本（译林出版社1994年版）中册502页译作"没。哦。"601页注此词即引《管》说。

老子王弼注

一章

"道可道，非常道。名可名，非常名。"按全书论道文字，除本章而外，宜重视二五章与一四章。二五章"有物混成，先天地生"云云描述"道"，一四章"视之不见名曰夷"云云描述"道纪"，皆可解"道可道，非常道"，非仅解"名可名，非常名"。二五章"独立而不改，周行而不殆"，马王堆帛书无"周行"一句，似重视圆心更胜于圆周。以四章"吾不知谁之子，象帝之先"参之，则"独立而不改"甚是，周天法非究竟也。一四章之"执古之道"，河上公、王弼诸本作"古"，马王堆帛书甲乙本作"今"，当以"执今"为是，执今御今而能知古始，是即"道纪"。知"道纪"则古今时空皆可变化，"迎之不见其首，随之而不见其后"，首尾皆消解，通古今也。严复评首章云："常道、常名，无对待故，无有文字言说故，不可思议故。"《管锥编》谓道为言辞，名为文字，且悬搁象数格物之学，而以义理思辨破文字之学，此《管》书立足点之一。

又本章"故常无欲，以观其妙；常有欲，以观其徼"，马王堆帛书本作"恒无欲也"、"恒有欲也"，如此河上公诸本读作"常无欲"、"常有欲"落实于身心为是，司马光、王安石等读作"常有"、"常无"成空言思辨则毕竟无益也。"玄之又玄，众妙之门"，参观六章"玄牝之门，是谓天地根"，十章"天门开阖，能无雌乎"，是即《老子》之三门。（潘雨廷《体老观门》）三七章"镇之以无名之朴"，乃镇此三门也。

二章

"天下皆知美之为美，斯恶已；皆知善之为善，斯不善已。故有无相生，难易相成，长短相较，高下相倾，音声相和，前后相随。"按皆对立两端消息之象，故知大圆满不立一切修也，而美恶、善不善等皆相通也。《管锥编》谓神秘宗以为大道绝对待而泯区别，引《维摩诘所说经·文殊师利问疾品》等云："分别亦空"，"法无取舍"，"欲贪以虚妄分别为本"，"于诸法无分别"，又《陀罗尼经·梦行分》云："离于两边，住平边相，……悉不赞毁，……亦不选择。"此释家意，而道家亦以此为性功之极，《悟真篇·禅宗歌颂诗曲杂言·西江月》结云"二边俱遣弃中心，见了名为上品"。引《吕氏春秋·贵公》"荆人遗弓，荆人得之"，其变体"人

老子王弼注

遗弓，人得之"与"遗之，得之"，即儒、道两家之别，儒家重社会，道家重自然，故有此异。

《管锥编》谓老子亦分别法，拣择见，曰无分别，自异于有分别耳，曰不拣择，无取于有拣择耳；引白居易《读〈老子〉》："言者不知知者默，此语吾闻于老君；若道老君是智者，缘何自著《五千文》？"按此以逻辑破《老子》，与《老子》所言属不同层次，所破不成。白诗亦游戏笔墨，似未可执以为真。白氏《新昌新居书事》："梵部经十二，玄书字五千；是非都付梦，语默不妨禅"，则仍推崇《老》书。《庄子·天道》："夫形色名声，果不足以得彼之情，则知者不言，言者不知，而世岂识之哉！"

《管锥编》注引德国诗人教人修词立言以简省为贵（die kurze），愈省愈妙。此极是，《文心雕龙·熔裁》"才核者善删，善删者字去而意留"是也。刘大櫆《论文偶记》云："文贵简。……简为文章尽境。"近人或崇尚"简单清楚取胜"（所谓"哈佛心法"），引林语堂语谓文章犹如女人之裙，愈短愈妙，且云欧阳修《醉翁亭记》"环滁皆山也"以下皆多余也①。

《管锥编》引《老子》六三章："图难于其易，为大于其细；天下难事，必作于易，天下大事，必作于细"；又引《韩非子·喻老》："大必起于小，族必起于少。……此皆慎

---

① 董晓芙《破庙里的孤僧——俞大维》，《传记文学》1996年第8期。

易以避难，敬细以远大者也。"盖阳息、阴消之象。前者进取，后者防免，扶阳抑阴是也。引《老子》六四章："合抱之木生于毫末，九层之台起于累土，千里之行始于足下"，此扶阳息。《荀子·强国》亦言："积微：月不胜日，时不胜月，岁不胜时。凡人好敖慢小事，大事至然后兴之务之，如是则常不胜夫敦比于小事者矣。……能积微者速成。"后世金圣叹极赞赏之"那辗法"（金批《西厢记》卷六），"天下但有极平易低下之法，是为天下奇法、妙法、秘密之法"，亦可推本于此。

引《老子》六四章"其脆其泮，其微易散"云云，此抑阴消，防微杜渐。引《左传》隐公二年祭仲曰："无使滋蔓，蔓难图也。"此可警之，《易·坤·文言》"弑父"、"弑君"，姤初"见凶"、四"起凶"，即其象焉。然亦可观其自然，引《老子》二〇章："唯之与阿，相去几何？善之与恶，相去若何？"《庄子·大宗师》："故其好之也一，其弗好之也一，其一也一，其不一也一。……与其誉尧而非桀也，不若两忘而化其道。"按《老子》二五章："……可以为天下母"，二〇章："……我独异于人而贵食母"，食母者，食其道也，如此大抹杀以为无町畦，仍有其本。

《管锥编》引及严复评点，按即《老子评点》（1905年东京刊行）。历代理解《老子》，有河上公与王弼两大系统。如欲尽其委曲，于河上公系统当究《道藏》六十种注本之义，王弼系统亦自然合入。如注意王弼系统，则王弼注严复评点正处于首尾：王弼于印度佛教传入初期吸收若干般若思想而成其注，严复则于欧洲西学传入初期吸收若干哲学思想而成其评点。

严复评二五章："老谓之道，《周易》谓之太极，佛谓之自在，西哲谓之第一因，佛又谓之不二法门，万化所由起讫，而学问之归墟也"（此批在"有物混成，先天地生"一句上），以及《管锥编》引"天演开宗语"、"此四句括尽达尔文新理，至哉王辅嗣"云云，皆可见时代变迁中之解老新意。严复除《老子评点》外，又有《庄子评点》。严氏晚年于《媿室先生小象赞》云："薪尽而火与天壤相弥"，1921年逝世前后于《致熊纯如》一○六云："心志怡然，委心任化"，思想归宿皆有与于老庄。如此严氏一生以引入西学始，而以体认老庄终也。

五章

"天地不仁，以万物为刍狗；圣人不仁，以百姓为刍狗。""天地"句，王弼注："天地任自然，无为无造，万物自相治理，故不仁也。""圣人"句，《管锥编》引《庄子·天运》篇"已陈刍狗"，喻无所爱惜。引"培根、斯宾诺莎古训"以辟"目的论"之第一因或最终因（Final cause），极是，绝无此因，宜化解也。《刘大櫆集》卷一《天道》："谓'天之爱人甚矣'，生百谷以养之也，而又生之螟螣以害之？生之鸡豚焉，而又生之豺虎焉？""已陈刍狗"谓时过，时过故不可留，钟、谭《古诗归》卷一引《帝载歌》"菁华已竭，褰裳去之"是也。

《管锥编》解"不仁"有二义，一为凉薄或凶残，一为麻木或痴顽。按天地与人之关系，有相关、不相关两面，不在世俗仁义道德也。《管锥编》引《周易》（王用以注《老》）、《庄子》由相关立论，引王弼注"圣人与天地合其德"（出《乾·文言》），谓人从天地之时；引《庄子·大宗师》："庸讵知吾所谓天之非人乎？所谓人之非天乎？"谓天人之时有其变化。引韩愈《孟东野失子》"天曰'天地人，由来不相关'"，由不相关立论，谓天地人各有其时。

七章

"天地所以能长且久者，以其不自生，故能长久。是以圣人后其身而身先，外其身而身存；非以其无私邪，故能成其私。"按此章总冒以"天长地久"合以"不自生"，以《易》观之，乃对应"生生"之理。引七章"不敢为天下先，故能成器长"，此老氏"三宝"之一，以《易》观之，乃对应"首出"之象。或谓《老》出《归藏》，故与《周易》相应也。

《管锥编》谓："老子操术甚巧，立说则不能自圆。"按任何学说，如究其"意义死角"，皆难以自圆。且学说之自圆与否，不仅在于理论，而在于理解此一学说之人，故不宜仅由字面究其解。何况老子立说，有"如珠走盘"之象，难以方圆绳之，宜体味其曲折变化。所谓闪失，亦未必闪失也。

一一章

"三十辐，共一毂；当其无，有车之用。……故有之以为利，无之以为用。"按五章"天地之间，其犹橐籥乎，虚而不屈，动而愈出"，犹"有之以为利，无之以为用"；而"多言数穷，不如守中"，即"三十辐，共一毂"之象。《管锥编》引《五灯会元》卷三庞蕴居士章次："但愿空诸所有，慎勿实诸所无"，乃由般若而来，或亦有取于老。庞蕴居士所参究者极深，"不与万法为侣者是甚么人"？或掩其口勿令道者甚是，盖有谁能一口吸尽西江水乎？引《宋元学案》卷九载邵雍临殁诫程颐曰："面前路径须令宽，路窄则自无着身处，况能使人行也！"雍所诫为处世，然亦深中理学狭窄之失，邵学阔大，似胜程子坚执也。

一三章

"吾所以有大患者，为吾有身；及吾无身，吾有何患？"按当以五四章"修之于身，其德乃真"与一六章"没身不殆"

解之，此唱而彼和也。《管锥编》所论有三：一者欲"吾有身"而又无"患"；二者于吾身损之又损（误作"捐"），减有而使近无，则吾鲜患而或无所患；三者虽有身而不足为吾患，能为吾患者心也，身亦外物而已。心若常静，身即感物而动，吾奚患焉？此三义牵涉身心关系之诸多层面，今暂悬搁，亦略有可论。

一、《管锥编》引《抱朴子·释滞》："五千文虽出老子，然皆泛论较略耳，其中了不肯首尾全举其事，有可承按者也。但暗诵此经，而不得要道，直为徒劳耳，又况不及者乎。至于文子、庄子、关令尹喜之徒，其属文华，虽祖述黄老，宪章玄虚，但演其大旨，永无至言。或复齐死生为（当作"谓"）无异，以存活为徭役，以殂殁为休息，其去神仙已千亿里矣！岂云（当作"足"）耽玩哉？"又引《悟真篇》卷中《七言绝句》第一二（按《管锥编》当用朱元育《阐幽》本，通行本作第五十八）首："《灵符》（当作《阴符》）宝字逾三百，《道德》灵文只五千；今古神仙（当作"上仙"）无限数，尽从此地（当作"处"）达真诠。"

《管锥编》判前后为矛盾，按亦可不矛盾。葛洪所述为魏晋时代之黄老思想，张伯端所述为唐宋时代之黄老思想，两者关注点不同，故所述有异。就修养理论而言，葛洪以命学攻性学，张伯端以命学合性学，而《老子》主大道，纯属性学，而命在其中矣。葛洪不满《老子》，乃针对玄学而言。"祖述黄老，宪章玄虚"，为汉末魏晋时代风潮之一，依之而转至实，即成魏晋道教；依之而转至虚，即成魏晋玄学。葛洪以道教破玄学，或有其理，然即此以为葛洪破《老子》则未必。《抱朴子》一书由黄老学风演变而来，书名亦采自《老子》，即一九章"见素抱朴"之义。

《管锥编》引《云笈七签》卷十引《老君太上虚无自然本起经》说《老子》四二章"三生万物"，谓"三"指气、神、精；卷四七引《玄门大论三一诀》说一四章云："三者，精、神、气也。'夷'即是精，'希'即是神，'微'即是气"；可见魏晋南北朝时代异于王弼之解《老》风气。汉末魏晋时代，黄帝文献积累极多，于《抱朴子·遐览》所列郑隐书目，可见一斑。至唐末五代此类文献损失殆尽，故不得不以《阴符经》为代表，虽此经成书稍晚，仍起黄老之作用（参见拙稿"《阴符经》析义"）。又《管锥编》此处引《悟真》将《阴符》与《老子》连类，此属用于身之一路；《全后汉文》卷二五将《阴符》与《鬼谷子》、《计然策》连类，此属用于世之一路。二路有其分合，然皆当防其流弊也。

二、损之又损可，禁欲苦行似不必。因业力本身亦有变化，仅执消业之说仍有其弊，《易》赞"安节"、"甘节"，未赞"苦节"是也。传说释迦牟尼曾苦行六年，终悟无益而弃之，亦为此象。《管锥编》引《五灯会元》卷二〇宗元谓道谦曰："驼个死尸路上行"，亦见《太平广记》卷八〇论《周隐克》。此盖禅家之息心法，"行"者，犹行脚也。道家亦重此象，北宗初祖王重阳自号"活死人"，作穴墓居之。《管锥编》引《四十二章经》载有人患淫不止，欲自断根，佛曰："不如断心。"按断根与断心，此分属生理与心理，然道家养生皆谓"穷取生身处"，此"生身处"究竟为生理或心理？反本还元，当自悟之。

三、《管锥编》引《维摩诘所说经·弟子品》第三、《佛道品》第八："不断淫、怒、痴，亦不与俱"，"行于非道，是为通达佛道"。按此属"不二法门"，极是。又引《全唐文》卷九二四司马承祯《坐忘论·收心》："若遍行诸事，言'心无染'者，于言甚美，于行甚非，真学之流，特宜戒此。"按此破伪"不二法门"，亦极是。《大乘要道密集》卷二引《令明体性要门》云："猛虎行步者，野犴不能行；狮子跳踊处，驴跳必致死。有福成甘露，无福乃为毒。"《悟真篇·禅宗歌颂诗曲杂言》之《无罪福》云："终日行，不曾行，终日坐，何曾坐。修善不成功德，造恶元无罪过。时人若未明心，莫执此言乱做，死后须见阎王，难免镬汤椎磨。"亦辩证此二义。

又按《管锥编》引《悟真篇》卷上《七言四韵》第一一（通行本作"五"）、一五首："须知大隐居廛市，何必深山守静孤？""休妻漫道（一作"遣"）阴阳隔，绝粒徒教肠胃空！"均为佳义。前者"大隐隐于市"乃张氏所理解之大乘境界，与南宗之修炼法有关，因道家所谓"药"，本不在深山也；后者谓解"身患"或与食色相关，非尽在食色，执之者非也。又道家如司马承祯《天隐子》有云："生乎《易》中，死乎《易》中"，禅家如《五灯会元》有云："不落因果"、"不昧因果"，于大小乘戒律间之通塞，当明其义也。

一四章

"是谓无状之状，无物之象，是谓惚恍。"《管锥编》引二一章："道之为物，惟恍惟惚。惚兮恍兮，其中有象，恍兮惚兮，其中有物。"按一四章要点前已述，"执今之道"以及"道纪"是也。"惚恍"或"恍惚"，谓若存若亡，盖精、气、神于此状态互转，或微观空间之象乎？

《管锥编》引近人 T. S. 艾略特论"自由诗"（vers libre）所蕴节奏（the ghost of some simple metre）云："不经心读时，则逼人而不可忽视；经心读时，又退藏于密"（to advance menacingly as we doze, and withdraw as we rouse）。按此犹密语显说。《老子》诸章亦为富于节奏之作，如能完全感觉并相应之，则《老子》书亦"自由诗"焉。又就诵读而言，音韵、节奏相关于诗文之"神气"，依附于语言而有胜于语言，故桐城文派主由"声音证入"是也。刘大櫆《论文偶记》云："神气者，文之最精处也。音节者，文之稍粗处也。字句者，文之最粗处也。然予谓论文至于字句，则文之能事毕矣。"又云："文章最要节奏，譬之管弦繁奏中，必有希声窈妙处。"

一七章

"功成事遂，百姓皆谓我自然。"《管锥编》谓"我自然"而曰"百姓谓"者，大人自知非己之本然，而缮性养知使然，大人或愚百姓而固不自欺也。按《悟真篇》中卷《七言绝句》第四十二："始于有作人难见，及至无为众始知。但见无为为要妙，岂知有作是根基。"当取材《老子》此节。就《悟真》修养理论而言，命当有作，性宜无为，先命后性，故缮性养知而归于"自然"也。

《管锥编》引二五章："人法地，地法天，天法道，道法自然"，谓人、地、天、道累叠而取法乎上，足见自然之不可几及，"法自然"为"法道"之归极焉。按"道"与"自然"，皆《老子》之最终关怀，两者无从描述，亦二亦一，严复评二五章："道即自然，特字未字异耳"（"未字"衍文）。《管锥编》引及《中庸》："《诗》云：'鸢飞戾天，鱼跃于渊'，言其上下察也"，又引"君子之道，察乎天地"，圣人"赞天地之化育"，此盖先秦儒家之发皇气象，后世理学相应于此，非偶然也。又毛泽东早年词作《沁园春》："鹰击长空，鱼翔浅底，万类霜天竞自由"，亦有取于此。

《管锥编》谓哲人之高论玄微、大言汗漫，往往可惊四筵而不能践一步，言其行之所不能而行其言之所不许。按知行难以合一，或可谅？然终宜观其一致。杨绛记作者曾笑说："理论总是不实践的人制订的"(《记钱锺书与〈围城〉》二),所见亦为其间矛盾。"惊四筵"语出《金史·文艺传》周昂曰："文章工于外而拙于内者,可以惊四筵而不可以适独坐,可以取口称而不可以得首肯。"此极是,凡为高论大言者,当以此自检焉。《管锥编》引《庄子·齐物论》:"圣人和之以是非而休乎天钧,是之谓两行。"按此无非,乃智慧之标志,所谓怀抱两套相反观念而无碍其立身处世者,乃思想成熟人也。引《五灯会元》卷四寰中章次洞山良价云:"说取行不得底,行取说不得底",仍可取其正面义;此与禅家之行履有关,"高高山头立,深深海底行"。上乘法见地即行履,《五灯会元》卷九沩山灵佑章次沩山答仰山"只贵子眼正,不说子行履"是也。

二六章

"重为轻根,静为躁君。"《管锥编》谓与一六章"各归其根,归根曰静"着眼不同;按是,而仍可相成。于一六章"万物并作,吾以观复。夫物芸芸,各复归其根,归根曰静"与本章"重为轻根,静为躁君",《管锥编》引《易·复》"复其见天地之心乎"可笺前义,然亦可通后义,可归为本章"是以圣人终日行不离辎重,虽有荣观,燕处超然"也。而静重之说,又可通三二章、三七章之"朴"说,所谓"朴虽小,天下莫能臣。侯王若能守之,万物将自宾(化)"。

"重为轻根"句，河上公注："人君不重则不尊，治身不重则失神，草木之华轻故零落，根重故长存也。"《论语·学而》子曰"君子不重则不威，学则不固"亦可笺此，然其间差别亦可见道、儒两家之异。严复批二六章"重为轻根，静为躁君"："二语乃物理公例，执道御时，则常为静重者矣。"批"是以圣人终日行不离辎重"一句："以静重自处者，自有此验。"此由物理至于生物。而批三二章"道常无名，朴虽小"句又曰："朴者，万物之本质，为五蕴六尘所附，故朴不可见，任汝如何所见所觉，皆附朴之物尘耳。西文曰萨布斯坦希。""守朴，比不离辎重更深一层。"此仍由生物通物理。然则"复其见天地之心乎"，果何如也。"萨布斯坦希"即西文 substance。

《管锥编》引杜甫《别李秘书始兴寺所居》："重闻西方《止观经》"，乃杜甫与佛学之关联，《秋日夔府永怀》云："身许双峰寺，门求七祖禅"，《谒文公上方》云："愿闻第一义，回向心地初"，亦此类。

二八章

"知其雄，守其雌，为天下谿。……知其荣，守其辱，为天下谷。"按"知雄守雌知白守黑知荣守辱"，"复归于婴儿，复归于无极，复归于朴"，此当"坤乾"，为《归藏》之义。"无极"概念，最早出《老子》此章，与《周易》"太极"概念相对。而《连山》、《归藏》、《周易》,时代虽变,而义无隔滞。《系辞》上云:"神无方而《易》无体",当理解其间变化也。

《管锥编》引《老子》六一、六六、七八诸章互解。按此环环相解之法,读熟全书而以前语解后语,以后语解前语,皆可通也。于重要经籍,如反复读之,百遍千遍以至万遍后,确可激活感觉,神而明之。《参同契》谓"千秋灿彬彬兮,万遍将可睹",《黄庭经》谓"咏之万过",《三国志·魏书·钟、华、王传》注引董遇谓"读书百遍,而义自见"(Repetitio est Mater Studium),均谓此也。此为中国读书法之一,至拙中含其巧焉。参观《朱子语类》卷十:"书只贵读,读多自然晓。今即思量得,写在纸上底,也不济事,终非我有,只贵乎读。这个不知如何,自然心与气和,舒畅发越,只是记得牢。纵饶熟看过,心里思量过,也不如读。读来读去,少间晓不得底,自然晓得,已晓得底,愈有滋味。……是知书只贵读,别无方法。"

三九章

"故致数舆无舆"。《管锥编》谓有二意:一为老子喻,言有舆也,不持分散訾论,可以得"一";一为佛喻,言无车也,正持分散訾论,所以破"聚"。二者用意相背,按或可相成乎?前者《管锥编》引《庄子·则阳》:"今指马之百体仍不得马,而马系于前者,立其百体而谓之马也。"后者似可引《庄子·养生主》庖丁之"目无全牛",亦即《金刚经》之"节节支解"。前者有太极之象,后者通无极之理。同一(unity)乎?各一(units)乎?《庄子·齐物论》曰:"故分也者,有不分也。"《管锥编》引老庄摧破名学之分散瞀论(fallacia divisionis),含未尽之意焉。

《管锥编》引元李德纯《道德会元》,按当作李道纯(《增订》31页亦引李氏,未误);"喻我是一身,无一名我也","是"当作"之","也"当作"者"(又《序例》作"者也")。宋后道家渐歧出南、北、中、东、西五派之变,或谓李,中派之翘楚也。引《大智度论·缘起义释论》"譬如车"云云,参观《杂阿含经》卷四五:"如和合众材,世名之为车。诸阴因缘合,假名为众生。"引龙树《中论·观如来品》应为青目释,"因五指有五拳"当作"因五指有拳"。引苏轼《为沈君〈十二琴说〉作诗》:"若言琴上有琴声,放在匣中何不鸣?若言声在指头上,何不于君指上听?"按陈继儒《岩栖幽语》十一评此诗曰:"此一卷《楞严经》也,东坡可谓以琴说法。"

四〇章

"反者,道之动。"《管锥编》引一六章:"夫物芸芸,各复归其根";二五章:"字之曰道,强为之名曰大,大曰逝,逝曰远，远曰反"；三〇章："其事好还"；六五章："玄德深矣远矣，与物反矣，然后乃至大顺。"按极是，胜于王注之肤略。又一四章"道纪"亦可通于此，马王堆帛书甲乙本"执今之道"，与《管锥编》引《中庸》"生于今之世，反古之道，如此者灾及其身者也"相呼应，皆见古代思想之积极有为也。

《管锥编》谓"反"字乃背出分训之同时合训，有二义。一、正反之反，违反也；二、往反（返）之反，回反（返）也。按以多维思想解之，前者当自对偶，后者当相互对偶也。（参见潘雨廷《易学与几何学》）且二义可相成。极微极近，轻轻一逆，则已大已逝已远，远则反也。《管锥编》引《妙法莲华经·信解品》，此游子归家喻，可参观作者早年论文《说"回家"》（《观察》二卷一期，1947）。胡适批《妙法莲华经》亦将此节与《新约》败子回头喻连类①。又"逃走"应为"逃逝"。

四一章

"大音希声。"按一四章"听之不闻名曰希"，即此"希"也。《管锥编》引《庄子·天运》"无声之中，独闻和焉"笺之。四一章纲领在上、中、下三士之闻道，合以"大方无

---

① 楼宇烈编《胡适读禅籍题记、眉批选》，北京大学出版社1995年5月版，276页。

隅，大器晚成，大音希声，大象无形，道隐无名"，而归于"夫唯道，善贷且成"。河上公注颇佳："大器晚成，犹九鼎瑚琏不可卒成也"，"大音犹雷霆，待时而动，喻常爱气希言也"，"大法象之人，质朴无形容"，可深味之。严复评点："大音过乎听之量，大象逾乎视之域"，亦是，犹超声波及红外、紫外之象。

《管锥编》引济慈名什《希腊古盎歌》云："可闻曲自佳，无闻曲逾妙"，此关乎听觉，犹声；《全后周文》卷一〇引济慈同诗绘男女欲就而未即之状，此关乎视觉，犹色。两者皆主有无相生，且无胜有焉。

四七章

"其出弥远，其知弥少。"《管锥编》谓"知"，知道也，即上章之"见天道"，"为道日损"而得之。"其出弥远，其知弥少"有其中心，即希腊阿波罗神殿箴言"认识你自己"（Know thyself），非谓闭门家中坐而不出也。《管锥编》引《关尹子·一宇》曰："观道者如观水，以观沼为未止，则之河，之江，之海，曰：'水至矣。'殊不知我之津、液、涎、泪皆水。"此沟通外水与内水，即希腊古哲泰勒斯惊世之言"水乃万物之本原"是也。引《黄庭内景经》"漱咽灵液灾不干"，"寸田尺宅可治生，若当决海百渎倾"，《外景经》"玉池清水上生肥"，此尚属内水，必当兼观外水，如《老子》

"上善若水"（八章），《论语》"子在川上曰：'逝者如斯夫，不舍昼夜'"（《子罕》），方由阴而阳。

《管锥编》引《论语·述而》："仁远乎哉？我欲仁，斯仁至矣。"又引《孟子·尽心》："万物皆备于我矣。反身而诚，善莫大焉。"此自诚明之象。孔句谓为仁由己，非由人也，《论语·子罕》曰："未之思也，夫何远之有？"孟句可参观拉丁诗人特伦斯名言"凡人类事物我无不通晓"（Nothing that is human is alien to me），马克思曾激赏云。《管锥编》引王国维《静庵文集》续编《文学小言》五"古今之成大事业、大学问者，不可不历三种之阶级"，即《人间词话》二六之"三种境界"。杨绛《干校六记》曾记"默存常引柳永词：'衣带渐宽终不悔，为伊消得人憔悴'"，亦与"三阶级"或"三境界"相应。寻觅"那人"，此作者之志，亦《管锥编》成书之动力乎。

五六章

"知者不言，言者不知。"按三〇章又五一章之"玄德"，合以本章"塞兑闭门挫锐解纷"之"玄同"，皆厚德主默，《庄子·知北游》"天地有大美而不言"是也。《管锥编》引《维摩诘所说经·入不二法门品》："维摩诘默然无言，文殊师利叹曰：'善哉！善哉！乃至无有文字语言，是真入不二法门！'"按维摩默然，无言也，文殊赞叹，有言。言而默，默而言，由三十二而成六十四，终归于《弟子品》又《见阿閦佛品》之"心行处灭，言语道断"乃至《观众生品》之"言说文字皆解脱相"也。

又维摩、文殊对立之相，参观《荀子·非十二子》："言而当，知也；默而当，亦知也。"引《庄子·寓言》："故云（当作"曰"）无言。言无言（此处脱"终身言"），未尝言；终身不言，未尝不言"，尤为加密。参观《齐物论》："既已为一矣，且得有言乎？既已谓之一矣，且得无言乎？一与言为二，二与一为三。自此以往，巧历不能得，何况其凡乎。……无适焉，因是已。"

《管锥编》论及观人，引《孟子·尽心》："见面盎背，四体不言而喻。"按尚可引《庄子·在宥》："尸居而龙见"，此属色；引《在宥》之"渊默而雷声"，即《天运》之"雷声而渊默"，此属声；超然象外者，于不言处得其神矣！《中庸》末章曰："声色之于化民，末也。……上天之载，无声无臭。"又引《中论·观法品》一六当作一八，引《大乘本生心地观经》脱"地"字。《管锥编》谓神秘宗藉口以言破言，随立随破；按即《老子》二七章之"善行无辙迹，善言无瑕谪"也。引《易·系辞》上"书不尽言，言不尽意"，谓最切事入情；按此仅为发端语，《系辞》上随即又设"立象以尽意"等"五尽"以解此难。

五八章

"祸兮，福之所倚；福兮，祸之所伏。"按《管锥编》将七二章排在五八章前，似为误植，试作恢复。《管锥编》引《大般涅槃经·圣行品》言"功德大天"与"大黑闇女"，"行住共俱，未曾相离"。按《五灯会元》卷六九峰道虔章次："不敬功德天，谁嫌黑暗女"，卷一七黄龙慧南章次："功德天，黑暗女，有智主人，两俱不受"（《古尊宿语录》卷十二南泉普愿章次同），皆有见于此。又祸福倚伏有其机，犹阴阳消息。

七二章

"夫唯不厌，是以不厌。"按《老子》所言，盖息极必消，餍极必厌之理，宜化解也。中国"天缺西北、地不满东南"理论有其大义，四五章"大成若缺"、"大盈若冲"、"大直若屈"及本章此句之义，皆可从之。《七缀集·读〈拉奥孔〉》"避开顶点"云云，此保持生力之法也，亦所谓"不厌"乎。

七八章

"圣人云：受国之垢，是谓社稷主；受国之不祥，是谓天下王。正言若反。"《管锥编》谓神秘宗破解身心之连环、弥缝言行之矛盾者，莫非正言若反。按《老子》颇言"圣人"，随手翻检，如二、七、十二、二二、二七、二九、四九、五七、六四、七一、七七、七九、八一诸章皆是，一路绵绵不绝，亦全书之气韵。《五千文》以道归于德，圣人者，乃体道而有德之人，犹柏拉图"哲人王"，亦道家之理想也。《老子》多言"圣人"，《论语》多言"君子"，亦先秦道、儒两家之异。

《管锥编》引神会《语录》第一残卷："今言中道者，要因边义；若不因边义，中道亦不立。"按《五灯会元》卷九仰山慧寂章次："不必立中间，亦莫住两头。"此禅家义，道家亦采之，《悟真篇·禅宗歌颂诗曲杂言》之《西江月》十二："此道非无非有，非中亦莫求寻，二边俱遣弃中心，见了名为上品。"引施彦执《北窗炙輠》记一僧曰："佛法岂有他哉？见人倒从东边去，则为他东边扶起；见人倒从西边去，则为他西边扶起；见渠在中间立，则为他推一推。"按此佛家义，亦与理学相通，参观《河南程氏遗书》卷十二记程颢曰："与贤说话，却似扶醉汉，救得一边，倒了一边，只怕人执着一边。"

《管锥编》曰：苏辙之解《老子》，旁通竺乾，严复之评《老子》，远征欧罗；虽于二西之书，皆如卖花担头之看桃李，要欲登楼四望，出门一笑。按此以中华学术贯通于二西之书，谓宜探根，复谓宜上出也。"卖花担头看桃李"有所出，李详《媿生丛录》卷六引《魏鹤山先生大全集·答周监酒书》："又见得向来多看先儒解说，不如一一从圣经看来。盖不到地头亲自涉历一番，终是见得不真。来书乃谓只须祖述朱文公诸书，文公诸书读之久矣。正缘不欲于卖花担上看桃李，须树头枝底方见活精神也。"（据《全宋文》卷七〇七三有所校正）李详即李审言，作者之丈人行也，此语或有所影响？《老子》曰："道可道，非常道。名可名，非常名。"然则中西文化之活精神，果何在乎？黄庭坚《王充道送水仙花五十枝欣然会心》诗云："坐对真成被花恼，出门一笑大江横"，读书者宜自广胸襟焉。

列子张湛注

天瑞

"用之不勤。"《注》："王弼曰：'无物不成而不劳也。'"《管锥编》引《老子》五二章"终身不勤"，王弼注："无事永逸。"按《列子》称《黄帝书》，实际所引为《老子》，称《黄》而不称《老》，既为托古，亦与所依据时代思潮相关。全书数处征引《黄帝书》（张注："古有此书，今已不存"），如本篇引"谷神不死"云云，又引"形动不生形而生影"云云，《力命》篇引"至人居若死"云云，所征引或《老》或非《老》，颇可见战国秦汉黄老思潮形成后，《黄》与《老》亦分亦合状况。汉时托名黄帝之著作颇多，观《汉书·艺文志》及马王堆帛书《黄帝四经》可知。《列子》思想由两汉黄老思潮而来，虽吸收魏晋玄学，仍与玄学清谈有不同思路。《黄》或《老》之"用之不勤"又"终身不勤"，河上公注："用气常宽舒，不当急疾勤劳也"，"塞目不妄视，闭口不妄言"。将河上公注与王注对照，能见其角度有异，宜互证焉。又"用之不勤"而"终身不勤",可参观本篇"林类年且百岁"节引子贡曰:"少不勤行,长不竞时";盖人生长勤,"不勤"乃化解也。

"生者不能不死,死者不能不化。"按当与"生物者不生,化物者不化"合观,盖自"变"与"不变"观之。《管锥编》引梁肃《〈神仙传〉论》:"夫人之生,与万物同。……生死相沿,未始有极。……列御寇谓:'生者不能不死,死者不能不化',盖谓此也。彼仙人之徒方窃窃然化金以为丹,炼气以存身,觊千百年居于六合之内。……号为道流,不亦大可哀乎!"按此即《楞严经》所破之"十种仙",盖仅执于"六合之内",自然非是,故张伯端《悟真篇·禅宗歌颂诗曲杂言》有曰:"此恐学道之人,不通性理,独修金丹。如此既性命之道未修,则运心不普,物我难齐,又焉能究竟圆通,迥超三界?……故此《悟真篇》者,先以神仙命脉诱其修炼,次以诸佛妙用广其神通,终以真如觉性遣其幻妄,而归于究竟空寂之源矣。"

"万物皆出于机,皆入于机"云云;《注》:"生于此者,或死于彼,死于彼者,或生于此,而形生之主未尝暂无。是以圣人知生不常有,死不永灭,一气之变,所适万形。"《管锥编》引《庄子·至乐》郭象注云:"此言一气而万形,有变化而无死生也。"按《庄》、《列》此节有两要点,"万物皆出于机,皆入于机"与"种有几"。"万物皆出于机,皆入于机"之"机",当生物与非生物之辨,"种有几"之"几",

当生物之物质基础。两者之分合，"机"阳而"几"阴也。以释氏而言，"万物出于机"相关变易生死，"种有几"相关分段生死，前者涉及形神之变，后者涉及神不灭之教；故有种种牵合也（如以西学言之，前者相关"生机论"Vitalism，后者相关"机械论"Mechanism，亦有不可知与可知之异）。《管锥编》引《庄子·知北游》："生也死之徒，死也生之始。……臭腐复化为神奇，神奇复化为臭腐，故曰通天下一气耳。"按以《易》言之，此犹十二辟卦消息，"死之徒"、"生之始"犹复初姤初。

"鬻熊曰：运转亡已，天地密移，畴觉之哉？……损益成亏，随世随死，往来相接，间不可省，畴觉之哉？凡一气不顿进，一形不顿亏。……亦如人自世至老，貌色智态，亡日不异，皮肤爪发，随世随落，非婴孩时有停而不易也。间不可觉，俟至后知。"《注》："此则庄子舟壑之义。"按鬻熊道家人物，《列子》往往以鬻熊、老聃连类，观《黄帝》、《力命》篇可知。《汉书·艺文志》道家："《鬻子》二十二篇。"注："名熊，为国师，自文王以下问焉。周封为楚祖。"其地位大致与吕尚相当。又《汉书·艺文志》道家："《太公》二百三十七篇，《谋》八十一篇，《言》七十一篇，《兵》八十五篇。"注："吕望为周师尚父，本有道者，或有近世又以为太公术者所增加也。"此由不同之地域文化而来：鬻熊，楚文化也；吕尚，齐文化也。

《管锥编》解"密移"为《庄》之潜移、《列》之渐移，谓着眼有异。按前后亦可通，盖不知不觉间，已成大变。参观《楞严经》卷二波斯匿王言："变化密移，我诚不觉寒暑迁流，渐至于此。……我见密移，虽此殂落，其间流易，且限十年。若复令我微细思惟，其变宁为一纪、二纪？实为年变。岂唯年变？亦兼月化。何直月化？兼又日迁。沉思谛观，刹那刹那，念念之间，不得停住。故知我身，终从变灭。"此仅观消，或可观息，天工之巧也，人可法之欤？参观《槐聚诗存·答叔子花下见怀之什》："映河面皱看成翁，参到棱严法相空。"

《管锥编》引《肇论·物不迁论》："梵志出家，白首而归，邻人见之曰：'昔人尚存乎？'梵志曰：'吾犹昔人，非昔人也。'邻人皆愕然。"按贺知章《回乡偶书》"少小离家老大回"诗意当由此化出。又《谈艺录》补订本引言亦引梵志此语，呼吸暗积，不觉白头，感慨良深矣。引康僧会《安般守意经序》："弹指之顷，心九百六十转，一日一夕，十三亿意。"按此"憧憧往来，朋从而思"之象，以安般行六门十数以治之，乃化秽为净矣。引西方流俗相传人之骨肉发肤每七年换却一过，当询诸医家，可能有其据。又原始思维之集体表象而论[①]，七年之"七"，犹《易》"七日来复"之"七"，神奇数也。

荣启期曰"天生万物，惟人为贵"云云，所谓"荣期三

---

① ［法］列维·布留尔《原始思维》，丁由译，商务印书馆1981年1月版，213—214页。

乐"。按邵雍《伊川击壤集》卷十《喜乐吟》有云"生年有五乐"，自注："一、乐生中国，二、乐为男子，三、乐为士人，四、乐见太平，五、乐闻道义。"唐寅《警世》："难得生居中国内，况兼幸作太平民。"《管锥编》引《四十二章经》曰："生中国难"；又引希腊哲人泰勒斯曰："得为希腊上国之民而不为蛮夷，是三福也。"按印度、中国、希腊皆文明古国，以"生上国"为福者，或较易接触高层次精神文化，《论语·里仁》谓"朝闻道，夕死可矣"，故以为福也。

"杞国有人忧天崩坠，身亡所寄，废寝食者。"按杞为夏之后，夏承尧舜禹有重视天文传统，观典籍有《夏小正》，《论语·卫灵公》有"行夏之时"，今尚称"夏历"可知。《列子》"杞人忧天"寓言，亦为此传统之痕迹。寓言分四层：杞人、"往晓之"者、长庐子、列子。杞人之"忧天"，乃对自然之原发性惊奇，此即知识之起始，甚为可贵。"往晓之"者以"积气"、"积块"之说晓之，犹当时所认识之自然科学理论。而长庐子知"天地不得不坏"以破"积气"、"积块"之说，此认识极长时空数量级，犹当时之哲学理论。而最终列子以"言天地坏者亦谬，言天地不得不坏者亦谬；坏与不坏，吾所不能知也"两破之，而归于"生不知死，死不知生，来不知去，去不知来。坏与不坏，吾何容心哉"。如此物理之究竟仍与生物相关，犹得《老子》"先天地生"之意，此当时之道家理论，亦列子主旨也。凡天地人皆未可执，于非生物生物之辨，宜识其义焉。

黄帝

黄帝"梦游华胥氏之国","盖非舟车足力之所及,神游而已"。下文云:"乘空如履实,寝虚若处床,云雾不碍其视,雷霆不乱其听,美恶不滑其心,山谷不踬其步,神行而已。"按"神游"、"神行"两者似不同。《管锥编》引《周穆王》:"吾与王神游也,形奚动哉?"清末廖平亦尝辨其异,其学四译后以《诗》、《易》为天学二经,《诗》为神游,如借梦而游,《易》为形游,则形神俱游于六合之外。《管锥编》引《易·系辞》上:"唯神也,故不疾而速,不行而至。"犹相合于光速或超光速,故曰"神"。

列子"进二子之道,乘风而归"。按《吕氏春秋·不二》曰:"列子贵虚。"然《列子·天瑞》又曰:"或谓子列子曰:'子奚贵虚?'列子曰:'虚者无贵也。'"盖虚者,其一破其待,其二并其待之待亦破之。《庄子·逍遥游》谓"列子御风而行,泠然善也",而"犹有所待"。《列子》本篇云:"心凝形释,骨肉都融;不觉形之所倚,足之所履,随风东西,犹木叶干壳,竟不知风乘我邪?我乘风乎?"犹郭象之"无所不乘",则《逍遥游》之"待",至本篇"九年"已化之矣。

"自吾之事夫子友若人也"云云。按"友"《管锥编》误作"及"。《列子》此"九年",《管锥编》以《庄子·大宗师》"九日"与"坐忘"、《寓言》"九年而大妙"解之,盖循级渐升,必以此为指归也。后世禅家之《牧牛图颂》,与此相关。"牧牛"之象,于北传释典当出《遗教经》:"譬如牧牛,执杖视之,不令纵逸,犯人苗稼"(《大般涅槃经·光明遍照高贵德王菩萨品》"譬如牧牛"云云略同)。鸠摩罗什译《佛说放牛经》一卷(《增壹阿含经》卷四六《放牛品》略同)阐"放牛十一法",偈云:"放牛儿聪明,知分别诸相。……昼夜定心意,六年得罗汉。"然此仅志渐门修行之始,而其终必"双泯"、"坐忘",方达"九年"造诣也。参观南传佛教《长老偈·一偈集》一六《贝拉蒂悉萨长老偈》:"有牛甚温驯,自在田中耕;似我得禅悦,日夜常轻松。[①]"

"而后眼如耳,耳如鼻,鼻如口,无不同也。心凝形释,骨肉都融。"《管锥编》引《楞严经》卷四"由是六根互相为用。阿难,汝岂不知,今此会中,阿那律陀无目而见,跋难陀龙无耳而听,殑伽神女非鼻闻香,骄梵钵提异舌知味,爱若多神无身觉触"等证之。此即"通感"(synaesthesia)现象,《七缀集》有专题论文。然此内容仍宜从人类生理心理角度观之,仅从修辞角度理解有所未足。《管锥编》引张伯端《禅宗歌颂诗曲杂言·性地颂》:"眼见不如耳见,口说争如鼻说。""耳见"或如《楞严经》卷六之"观音法门":"此方真教体,清净在音闻。……将闻持佛佛,何不自闻闻。……一根既返源,六根成解脱。""鼻说"者,视鼻端白,观出入息

---

① 《长老偈、长老尼偈》,邓殿臣译,中国社会科学出版社1997年8月版,9页。

也。《管锥编》引波德莱尔名诗谓"神变妙易，六根融一"，亦神秘宗所陈妙境，步入"象征森林"（passe à travers des forêts de symboles）者，或能见其景。

"至人潜行不空，蹈火不热，行乎万物之上而不慄。"按此列子之问，关尹以"纯气之守"答之，且云："彼将处乎不深之度，而藏乎无端之纪，游乎万物之终始。壹其性，养其气，含其德，以通乎万物之所造。夫若是者，其天守全，其神无隙，物奚自入焉。……圣人藏于天，故物莫之能伤也。"《管锥编》引释氏"神通"云云，亦印中不同文化之对比与印证。《列子》有《易》黄老之根本在，故能声色不动以窜取佛说且变化之也。《管锥编》引《大方广佛华言经·十地品》第二六论"得无量神通力"等云云，参观《大般若经》卷三五〇《初分相引摄品》第六十之二论"发起殊胜神境智通"："震动十方世界，变多为一，变一为多，或隐或显，迅速无碍。山崖墙壁，陵虚往来，犹如飞鸟。地中出没，如出没水，水上经行，如经行地。身出烟焰，如燎高原，体注众流，如销雪岭。日月神德，威势难当，以手扪摩，光明隐蔽。乃至净居转身自在，如斯神音，其数无边。"

"用志不纷，乃疑于神。"《注》："专意（当作"意专"）则与神相似者也。"按本篇"范氏有子曰子华"节："吾诚之无二心。……唯恐诚之之不至，行之之不及，不知形体之所措，利害之所存也，心一而已。"又《阴符经》下篇："绝利一源，用师十倍；三反昼夜，用师万倍。"此皆专注不二之象，故"疑于神"。

"海上之人有好沤鸟者"云云。按《易·中孚》卦曰："豚鱼吉。"《象》曰："信及豚鱼也。"爻曰："鸣鹤在阴，其子和之。我有好爵，吾与尔靡之。"《象》曰："其子和之，中心愿也。"此皆孚信之象，声应气求者也。《管锥编》引《三国志·魏书·高柔传》裴注："孙盛曰：'机心内萌，则沤鸟不下'"，则其反例。王维《积雨辋川庄作》："野老与人争席罢，海鸥何事更相疑？"

"有神巫自齐来处于郑，命曰季咸"一节，本《庄子·应帝王》列子学成事，"心醉"术数，未识道也。《列》具"九渊"，《庄》举其三，《列》条理稍详，《庄》更简劲矣。《管锥编》引《酉阳杂俎》谓《列子》此节乃华严命一公看心等传说所自出，"末后心"不可测也。此类事例如由人类心理现象观之，为崇实；如由语言现象观之，为尚虚。因"观象"、"玩辞"乃有异也。别见《太平广记》卷论卷四四七《大安和尚》。

周穆王

"西极之国，有化人来"一节。按"化人"于中国昆仑、蓬莱两大神话系统中，属昆仑神话系统，与西王母传说有关。《管锥编》引叶大庆《考古质疑》谓"其佛欤"，亦成其说。汉晋时代佛教由西域方向传入，往往杂以神仙方术，互相渗透，难以相分，亦可不分也。"化人"之"入水火，贯金石，反山川，移城邑，乘虚不坠，触实不碍，千变万化，不可穷极。既已变物之形，又且易人之虑"，可参观《黄帝》篇之"至人"。而本篇"老成子学幻于尹文先生"节，犹言其原理。

此节记尹文先生告老成子曰："昔老聃之徂西也，顾而告予曰：有生之气，有形之状，尽幻也。造化之所始，阴阳之所变者，谓之生，谓之死；穷数达变，因形移易者，谓之化，谓之幻。造物者其巧妙，其功深，固难穷难终；因形者其巧显，其功浅，故随起随灭。知幻化之不异生死也，始可与学幻矣。吾与汝亦幻也，奚须学哉！"所言似合释老意。老聃徂西，"化人"西来，犹交流也。"知幻化之不异生死也"云云，亦可与释家义相参，今藏传佛教典籍亦有以"大幻化网"云云为名者。"奚须学"盖顿门作风，本节下云老成子"终身不著其术"，即由此而来，"深思三月"者，通其义也。

"觉有八征，梦有六候"一节。按《周官·占梦》："掌其岁时，观天地之会，辨阴阳之气，以日月星辰占六梦之吉凶。"《列子》本篇："不识感变之所起者，事至则惑其所由然；识感变之所起者，事至则知其所由然；知其所由然则无所怛。一体之盈虚消息，皆通于天地，应于物类。故阴气壮，则梦涉大水而恐惧，阳气壮，则梦涉大火而燔炀。阴阳俱壮，则梦生杀。甚饱则梦与，甚饥则梦取。……将阴梦火,将疾梦食,饮酒者忧,歌舞者哭。"此中国古代之释梦理论,或有其理。《管锥编》引《世说新语·文学》乐广语以"想"与"因"释梦,盖心中之情欲、忆念,概得曰"想",体中之感觉受触,可名曰"因"。清福申辑《俚俗集》卷二二《艺术类》上"圆梦"条:"占梦事最古。《艺文志》载《黄帝长柳占梦》十一卷,《周礼》司寇掌王六梦,盖其大略也。"又云:"郎瑛谓:自乐广'因'、'想'之说兴而梦之理明矣。明则不必占也。"《周官》之"观天地之会,辨阴阳之气",《列子》之"一体之盈虚消息,皆通于天地,应于物类",范围大于乐广,且兼容"想"与"因"。《周》、《列》合观,要在"识感变之所起"而"无所怛",不仅释梦,且重消梦,即《列子》下云"神遇为梦,形接为事,……神凝者想梦自消"是也。

《列子》结语之意,袭用《庄子·大宗师》:"古之真人,其寝不梦,其觉无忧,其食不甘,其息深深。……其嗜欲深者,其天机浅。"《庄》、《列》一致,故有此相应。《槐聚诗存》一九五七年《赴鄂道中》之四:"如膜妄心应褪净,夜来无梦过邯郸",亦相关《庄》、《列》此典。其时中国风浪频仍,"想"与"因"皆不乏,作者自言"无梦",盖能"识感变之所起"耶?引杨时《游执中墓志》又陈瑚《圣学入门》等,皆理学"持敬"工夫,《近思录》卷四引程子语:"人于梦寐间,亦可以卜自家所学之深浅,如梦寐颠倒,即是心志不定,操存不固。"即杨、陈所述之主也。

"周之尹氏大治产"一节。按此节尹氏宽其役夫，减己思虑，乃"消梦"也。袁宏道《潇碧堂集》一八《龚惟学先生》："某近来始知损事之乐。所谓损事者，非独人事，田宅子女皆是也。小穷则小乐，大穷则大乐。衣食仅充，余则施之，是为损事要法。……宗少文曰：'吾已知富不如贫，贵不如贱。'始以为矫谈，今乃信之。往昔与黄平倩言，但看长安街夜半时，古庙冷铺中，乞儿丐僧鼾鼾如雷吼；而白髭老人拥锦下帷，乞一合眼而不可得，则宗少文之言验矣。"《管锥编》谓："隐于针锋粟颗，放而成山河大地，亦行文之佳致乐事"，小大由之也。按《史记》之文见于此，起义于彼，或有此象。《管锥编》全书"参观"、"别见"之例，亦有此象。盖虚实互藏，亦文法之妙也。

"郑人有薪于野者，……士师曰：若初真得鹿，妄谓之梦，真梦得鹿，妄谓之实。……国相曰：梦与不梦，臣所不能辨也。欲辨觉梦，唯黄帝、孔丘。今亡黄帝、孔丘，孰辨之哉？"按此节扑朔迷离，极妙，其实仍属《庄子·齐物论》所谓"吊诡"："且有大觉而后知其大梦也，而愚者自以为觉，窃窃然知之。……丘也与汝皆梦也，予谓汝梦亦梦也。"又云："方其梦也，不知其梦也。梦之中又占其梦焉，觉而后知其梦也。"然而或反或正，或旦或夜，其中亦有几兆乎？《大宗师》曰："成然寐，蘧然觉。"宜自识之。又旧题葛洪撰、陈士元增删《梦占逸旨》序曰："何遇非梦，何梦非真。"《红楼梦》三七回黛玉笑道："庄子说的'蕉下覆鹿'，他自称'蕉下客',可不是一只鹿么?"

仲尼

"鲁侯大悦,他日以告仲尼,仲尼笑而不答。"《注》:"亢仓言之尽矣,仲尼将何所云,今以不答为答,故寄之一笑也。"按《管锥编》于《黄帝》篇引其上文,略云:"老聃之弟子有亢仓子者,得聃之道,能以耳视而目听。鲁侯闻之大惊。……亢仓子曰:'传之者妄!我能视听不用耳目,不能易耳目之用。……我体合于心,心合于气,气合于神,神合于无。其有介然之有,唯然之音,虽远在八荒之外,近在眉睫之内,来干我者,我必知之。乃不知是我七孔四支之所觉,心腹六藏之所知,其自知而已矣。'"按亢仓子所能所知固有理,孔子虽未必以为非,亦未必尽以为然,此儒、道之各有所主,不答而笑,乃增上之象。《世说新语·文学》:"殷荆州问远公《易》以何为体,答曰:'《易》以感为体。'殷曰:'铜山西崩,灵钟东应,便是《易》耶?'远公笑而不答。"亦可笺之。

亢仓子"体合于心,心合于气,气合于神,神合于无",此虚其体乃至虚其心,乃消物我之质碍,犹"《易》以感为体";"其有介然之有"而"我必知之",此迅捷之感应,相通"铜山西崩,灵钟东应",彼言物,此言人。《列子》、《世说》皆有"笑而不答"者(《文学》篇又有"深公笑而不答"),自知其知之也。臻此境者,犹《管锥编》引《庄子·田子方》:"若夫人者,目击而道存,亦不可以容声矣!"《管锥编》引《大梵天王问佛决疑经》云云,按即"世尊拈花,迦叶微笑",乃禅宗第一公案之经典来源。此经未见历代著录,据称尚有问题,然禅家自有其创意,与经典来源未必相关也。

"孔子动容有间曰:'西方之人有圣者焉。……'商太宰默然心计曰:'孔丘欺我哉!'"《管锥编》谓隐指释迦,引《庄子·天运》孔子赞老子曰:"吾乃今于是乎见龙!"《庄》托孔子语以尊老子,《列》托孔子语以尊释迦,乃时代为之,三教角逐,亦相参也。释迦、老子之形象,皆随时代变化而变化,孔子亦然,《孟子·万章下》曰:"圣之时者也。"中国文化思潮之两大变化,分别始于汉末与明末,即汉末印度文化与明末欧洲文化之传入。

《管锥编》引《后汉书·光武十王传》记明帝弟楚王英"诵黄老之微言,尚浮图之仁祠",此约当汉明帝永平八年(公元65年)事,为佛教传入之确实记载(楚王英光武二十八年即公元52年就国,明帝十四年即公元71年自杀)。引《帝京景物略》卷五谓利玛窦之"学,远二氏,近儒,中国称之为西儒"。利氏于明万历十年(公元1582年)入华,此为耶教传入之确实记载。释迦之西与耶稣之西,所谓"二西"也。

"龙叔谓文挚曰"一节。龙叔等荣辱得失,齐生死贫富,

"视人如豕,视吾如人",文挚观其心,谓:"六孔流通,一孔不达。"按"一孔不达"解说纷纭。以《易》言之,六者乃消成阴,七者一阳来复,此毫厘之差,有千里之别。《庄子·逍遥游》反复批评宋荣子"犹有未树也"、列子"犹有所待者也",或谓此乎?以释氏言之,"六孔流通"如小乘之已破我执,"一孔不达"者,未能如大乘之兼破法执以化体起用也。

《管锥编》引《大乘本生心地观经·发菩提心品》:"本设空药,为除有病,执有成病,执空亦然。"参观《大方等顶王经》:"佛犹良医,经法如药。有疾病故而有医药,无病而无药,一切本空。"《悟真篇》附余《禅定指迷歌》:"有病用他药疗,病差药更何施。心迷须假法照,心悟法更不要。"《仲尼》篇开首记孔子颜回讨论"乐天知命故不忧"、"乐天知命之所忧",结论云:"《诗》《书》礼乐,何弃之有?革之何为?"此返本还原以合自然,亦可参观《黄帝》篇引禅宗古德(《五灯会元》卷一七青原惟信章次)"向后山仍是山,水仍是水"是也。

"尧治天下五十年,……乃微服游于康衢,闻儿童谣曰:'立我烝民,莫匪尔极。不识不知,顺帝之则。'……大夫曰:'古诗也。'尧还宫,召舜,因禅以天下,舜不辞而受之。"此所载《康衢谣》,称"古诗",其思想为黄老。而尧舜禅让又为儒家理想,且《诗·大雅·皇矣》:"帝谓文王……不大声以色……不识不知,顺帝之则";故其思想亦通儒。本篇题名《仲尼》，有儒道相兼意，而此处亦为衔接之一。本节关尹评论："物自违道，道不违物。善若道者，亦不用耳，亦不用目，亦不用力，亦不用心，……唯默而得之而性成之者得之"，可谓"不识不知，顺帝之则"之笺。其中"瞻之在前，忽焉在后"出《论语》，"用之弥满六虚，废之莫知其所"出《中庸》，关尹用之，所以响应本篇主旨。

《管锥编》引关尹语："知而亡情，能而不为，真知真能也。发无知，何能情？发不能，何能为？聚块也，积尘也，虽无为而非理也。"谓活泼剌之身心使如死灰槁木，庶几入道，死灰槁木原非有道者也。此犹析物理与生物之辨，以道而言，活泼剌之身心与死灰槁木，当亦二亦一也。引《庄子·齐物论》："何居乎？形固可如槁木，心固可如死灰乎？"盖其始事，若以终事而言，则如《庄子·在宥》"尸居而龙见，渊默而雷声，神动而天随"者也。引西人论心性思辨之学，有谓必逆溯寻常思路方中；参观《悟真篇》下卷《绝句五首》之五："俗语常言合至道，宜向其中细寻讨。能于日用颠倒求，大地尘沙尽成宝。"

壶丘子曰："外游者求备于物，内观者取足于身。取足于身，游之至也；求备于物，游之不至也。"《管锥编》引杨泉《物理论》"言天者必拟之于人"云云。按此由中国古代天人学说而来，乃中医理论之本也。《荀子·性恶》："故善言古者必有节于今（注："节，验也"），善言天者必有征于人。"《黄帝内经·气交变大论》黄帝曰："余闻之：善言天者，必应于人；善言古者，必验于今；善言气者，必彰于物；善言应者，同天地之化；善言化言变者，通神明之理。"《汉书·董仲舒传》汉武帝策问："盖善言天者，必有征于人；善言古者，必有验于今。"《太玄经·玄告》："善言天地者以人事，善言人事者以天地。"《旧唐书·孙思邈传》又《太平广记》卷二一《孙思邈》曰："吾闻善言天者，必质于人；善言人者，必本于天。"又本节依原文次序应在"龙叔谓文挚"节前。

汤问

"殷汤问于夏革"云云。按讨论时空，承《天瑞》数节而来，反复申说"无极"、"无尽"、"无无极"、"无无尽"，皆言自然之理。本篇以殷"汤"、夏"革"问答为寓言，乃兼及社会，当取义于《易·革·彖》："汤武革命，顺乎天而应乎人。"凡自然与社会运行，因革无尽，殷"革"夏，故殷汤问于夏"革"，犹《洪范》武王问于箕子。或谓"夏革"有其人，为商大夫。《庄子·齐物论》云："有始也者，有未始有始也者，有未始有夫未始也者；有有也者，有无也者，有未始有无也者，有未始有夫未始有无也者。"本篇数言"无极"、"无尽"、"无无极"、"无无尽"，此变封闭为开放；又数言"不知"，犹辅以"不可知论"，乃成引导上出之象。

郑师文学鼓琴，三年不成章，叹曰："内不得于心，外不应于器，故不敢发手而动弦。"《注》："心、手、器三者互应（不相违失）而后和音发矣。"按明成祖敕撰《古今琴书集成》卷一《序琴》引《琴史》曰："琴有四美：一曰良质，二曰善斫，三曰妙指，四曰正心。四要具备，则为天下之善琴，可以感格幽冥，光被万物，况于人乎？况于己乎？"卷一一《弹琴》引《弹琴总诀》曰："弹琴之法，必须简静，非谓人静，乃其指静。手指繁动谓之喧，简要轻稳谓之静。"此琴之四要分言物、器、心、手，四要具备而辅之以简静之法，"人静"者或应之于心，"指静"者乃得之于手，心手应，可以感格幽冥，光被万物矣。《列子》下文言郑师文"得之"之象，"当春"、"及秋"、"当夏"、"及冬"与"将终"云云，含相应之理，《集成》引《琴史》曰："昔者圣人之作琴也，天地万物之声皆在其中矣！"

偃师进"能倡者"，能歌善舞，王叹曰："人之巧乃可与造化者同功乎！"《注》："灵因机关而生（"出"误），……巧极则几乎造化。"按即木偶，似略有机器人因素，因能根据外界状况而进一步调节，所谓"反馈"也，故"班输、墨翟自谓能之极也，闻偃师之巧，终身不敢语艺"。《管锥编》引《庄子·养生主》庖丁解牛寓言。如以哲理言，《庄子》此喻亦可与《金刚经》"节节支解"相参，盖"无厚入有间"以破四相，故能忍辱非忍辱而无嗔也。又《管锥编》引拉梅德里《人是机器》（L'Homme Machine）云云，此以机械论（Machanism）破生机论（Vitalism）。然生机论终亦未可废，物理学与生物学辗转相成，宜互相促进而深入，不宜执一也。

"孔周之剑"节。"一曰含光，视之不可见，运之不知有。其所触也，泯然无际，经物而物不觉。二曰承影，将旦昧爽之交，日夕昏明之际，北面而察之，淡淡焉若有物存，莫识其状。其所触也，窃窃然有声，经物而物不疾也。三曰宵练，方昼则见影而不见光，方夜见光而不见形。其触物也，骑然而过，随过随合，觉疾而不血刃焉。此三宝者，传之十三世矣，而无施于事。匣而藏之，未尝启封。"按"三宝"实含至深之理，盖道家理想中之特殊物质，如以生物言，则与藏传佛教理想之"虹身"有所相似。以《易》而言，"含光"或取象于坤元，《坤·彖》"含弘光大"又《坤·文言》"含万物而化光"是也。

《管锥编》引《老子》四三章"无有入无间"，河上公注云："无有，谓道也。道无形质，故能出入无间，通神群生。"后世于剑尚成其他喻义，《悟真篇》中卷《七言绝句六十四首》之五二："欧冶亲传铸剑方"，刘一明《悟真直指》云："以体言则为丹，以用言则为剑，其实剑也丹也。""三宝"剑皆不能杀人，"无施于事"，又"不轻用乃至不用抑竟无用"；因剑术至极，神兵利器，亦终无所用，盖永断损他因。来丹叹而归，其业因已消。

力命

"力谓命曰:'若之功奚若我哉?'命曰:'汝奚功于物而欲比朕?'"《管锥编》谓此篇宗旨实即《庄子·达生》首二句:"达生之情者,不务生之所无以为;达命之情者,不务知之所无奈何",按此言"命"。《达生》又言:"形全精复,与天为一","形精不亏,是谓能移","精之又精,反以相天",则已言"力"。必兼及"力"与"命"之相辅相成,方可深入以观列子之"知命"、"信命"。

《管锥编》引北宫子不知荣辱之在彼在我,季梁之病大渐而不乞灵于医药,漠然中无所感,寂然外无所为;则"命"虽既定,亦有可变处。而用力处则无所用力,即"季梁"节卢医所谓:"秉生受形,既有制之者矣,又有知之者矣。""制之者"命也,"知之者"何?命乎,力乎?《史记》卷《扁鹊仓公列传》引及季梁得病,杨朱歌曰:"医乎,巫乎?其知之乎?"如以遗传学喻之,"命"相关DNA,"力"相关RNA,"命"与"力"之相辅相成,此变化先后天,犹打破中心法则。而天地造化,人亦参之也。

"《黄帝之书》云:'至人居若死,动若械。'"《管锥编》引《庄子·齐物论》:"形固可使如槁木,心固可使如死灰乎!"按《齐物论》又云:"女闻人籁而未闻地籁,女闻地籁而未闻天籁夫!"闻"天籁"而隐于机,"今者吾丧我",殆决非"槁木死灰"或王船山《庄子解》所谓"枯木禅"也。王氏有诗云:"六经责我开生面,七尺从天乞活埋。""乞活埋"之象,或可通于本节之义,"心死而神活"是也。

"东门吴曰:'吾尝无子,无子之时不忧。今子死,乃与向无子同,臣奚忧焉?'"《管锥编》引《更岂有此理》卷二《譬解解》末云:"'子病矣!'曰:'譬如死。''子病而死矣,则又何说焉?'曰:'譬如不死。'"末转语新警,因生命如至某一境地,生或更难于死也。袁宏道《瓶花斋集》九《答陶石篑》:"或问:'某某是一流人,为甚么一人平生快活,一人平生极不快活?'余曰:'快活有甚么强似苦恼?'又问:'快活与苦恼受用迥别,如何一样?'余笑曰:'受用有甚么强似不受用?'其人怒曰:'公甚糊涂!'余曰:'不糊涂有甚么强似糊涂?'其人大笑而止。"机辩似之。

《管锥编》引樊增祥《玄文》"玄文未就扬云老"云云,亦古今有成就者之感慨。因生命发展必经若干阶段之转折,方能识其真而成学,所谓"五十而知天命";然昔日少年,今已白头,其时不复年轻矣。《管锥编》序有云:"学焉未能,老之已至!"同此感慨。

杨朱

"人而已矣,奚以名为!"《管锥编》谓此篇以身与名对待,正如《力命》之以力与命对待,引《老子》四四章"名与身孰亲,身与货孰多"及《庄子·应帝王》"无为名尸"、《骈拇》"小人则以身殉利,士则以身殉名,大夫则以身殉家,圣人则以身殉天下,其于伤性以身为殉一也"。按参观《老子》卷首章论"名可名,非常名",引二五章"吾不知其名"、三二章"道常无名"及四一章"道隐无名",以身殉名,终不必也。《韩诗外传》卷一:"唯灭迹于人,能随天地自然,为能胜理而无爱名。……《诗》云:'不忮不求,何用不臧?'"

《管锥编》引严复评点《老子》四四章:"马季长曰:左手揽天下之图书,右手到其喉,虽愚者不为。"按《后汉书·马融传》又《南齐书·王僧虔传》载《诫子书》皆谓马有《老子注》。参观严复《致熊纯如》三五(一九一七年):"复生平浪得虚名,名者造物所忌,晚节末路,固应如此。不过人之为此,或得金钱,或取好官,复则两者毫无所有,以此蒙祸,殊可笑耳。"严氏如此解释一生遭遇,可备一说。

《管锥编》谓:爱身惜生之外而复好名,此人之大异乎禽兽者也。古人倡"名教",正以"名"为教,因势而善诱利导,俾就范而供使令。按此是,然亦何可入其彀中。且透底而论,"名利"者何?如以生物而言,利者滋养命宫,名者滋养性宫,又利者空,名者时,犹道家二丹田,此实生命所需,故世人坚执不舍也。

又"名教"一词,以儒为主,如《晋书·阮瞻传》王戎曰:"圣人贵名教,老庄明自然,其旨异同?"又《世说新语·德行》乐广笑曰:"名教中自有乐地,何为乃尔也?"然亦有兼指老庄者,如《旧唐书·傅奕传》临终诫其子曰:"老庄玄一之篇,周孔六经之说,是为名教,汝宜习之。妖胡乱华,举世皆惑,汝等勿学也。"《新唐书·傅奕传》删"老庄"云云,仅记"六经名教言",未合奕意。

"百年,寿之大齐,得百年者,千无一焉"云云。《管锥编》谓本《庄子·盗跖》:"人上寿百岁,中寿八十,下寿六十,除病瘦死丧忧患,其中开口而笑者,一月之中,不过四五日而已矣!"按《庄子·盗跖》又云:"天与地无穷,人死者有时。操有时之具,而托于无穷之间,忽然无异于骐骥之驰过隙也。"此类无常感觉,实为理解释道文化之前提。生命短促,寸阴寸金,故藏传佛教视人生乃至人身为"大牟尼宝",亟宜珍惜也。

李白《春日醉起言志》:"处世如大梦,胡为劳其生"(马勒《大地之歌》五《春日饮酒》歌词即用此)。柳宗元《与萧翰林俛书》:"悲夫!人生少得六七十者,今已三十七矣。比来觉日月益促,岁岁更甚,大都不过数十寒暑,则无此身矣。是非荣辱,又何足道!"苏轼《西江月》:"世事一场大梦,人生几度新凉。"实此感慨。张伯端《悟真篇》上卷《七言四韵十六首》第一:"百岁光阴石火烁,一生身世水泡浮",亦以此警动世人。《老残游记·续集·自叙》借昭明与玄冥之口辩论"人生如梦",一云"固蒙叟之寓言也",一云"蒙叟岂欺我哉",终曰:"人生百年,比之于梦,犹觉百年更虚于梦也。"老残语甚悲观,然消极亦非也。昭明、玄冥盖一阳一阴之象,凡体验人生,阴阳岂可执一乎?

"晏平仲问养生于管夷吾,管夷吾曰:'肆之而已,勿壅勿阏。……恣耳之所欲听,恣目之所欲视,恣鼻之所欲向,恣口之所欲言,恣体之所欲安,恣意之所欲行。'"按下文管夷吾问送死于晏平仲,晏曰:"既死,岂在我哉?焚之亦可,沉之亦可,瘗之亦可,露之亦可,衣薪而弃诸沟壑亦可,衮衣绣裳而纳诸石椁亦可,唯所遇焉。"此所言"生死之道",宜两观之。《管锥编》引智者《摩诃止观》谓"修大行"亦可先恣,引元曲《城南柳》吕洞宾云:"且教他酒色财气里过,方可度脱他成仙了道。"复引萧士玮《深牧庵日涉录》记:"紫柏老人云:'我未尝见有大无明人,如有之,千尺层冰,一朝暖动,便汪洋莫测也。'"按前句"且教他酒色财气里过"云云,即汉钟离度吕岩"黄粱梦"所历之境,"教他过"者,谓解结使也。盖酒色财气亦有其能,若未能吸收变化之,或嫌贫薄云。后句或谓般若如大火聚,四边不可触,积聚既厚,其发深且远也。明末四大师特立独行,胸襟皆奇伟,紫柏所言,即其象也。

《管锥编》谓管、晏生世远隔,并不容对答;按此即《庄》《列》之书所以为寓言、重言、卮言也。《列子》据类而言,乃用《史记·管晏列传》之象,其实质仍含严肃之意。而人类思想之交流异时异地亦可相通,《孟子·离娄》下云:"禹、稷、颜子,易地则皆然";《庄子·齐物论》云:

"万世以后而一遇大圣知其解者，是旦暮遇之也。"

"子产有兄曰公孙朝，有弟曰公孙穆；朝好酒，穆好色。……朝、穆曰：'夫善治外者，物未必治而身交苦，善治内者，物未必乱而性交逸。'……子产忙然无以应之。……邓析曰：'子与真人居而不知也。'"按此亦寓言，可与上文合观。上节言"养生"、"送死"，此节言"善治内"、"善治外"。《管锥编》谓《列子》全书中，此节最足骇人，张湛《注》谓"词义太径庭抑抗"，"过逸之言"。按《列子》此内容言于"杨朱"而不言于他节，其故深长可思，当识其言外意。"朝"、"穆"兄弟云云，如析其象，其声训当取义于"朝暮"（天）或"昭穆"（人），皆可当阴阳合一。此寓言由体察人心而来，且仅为特殊方法之一，固不必尽如此也。《大日经·住心品》有云："菩提心为因，大悲为（根）本，方便为究竟。"《列子》所言，似可合"方便为究竟"之义，然仍应识"因"、"本"，当观戒律遮、开间之消息，不宜执其迹也。

《大智度论》卷六《释初品中十喻》曾列喜根、胜意二菩萨之争执（亦见《诸法无行经》卷下），观喜根之偈："淫欲即是道，恚痴亦如是；如是三事中，无量诸佛道。若有人分别，淫、怒、痴及道，是人去佛远，譬如天与地。"固为究竟义。然"胜意菩萨，我身是也"，释迦修行由执持戒律入，其可忽乎？《大唐西域记》卷七《婆罗疙斯国》一之四亦记"夫修道者，苦证耶？乐证耶？"之交争，而"一切义成"者，固不在苦、乐中也。

《管锥编》谓《黄帝》篇袭《庄子·达生》侈言"醉人神全"云云，或有其说。《太平广记》卷二三三引《左传》襄公二十二年御叔曰："焉用圣人，我将饮酒而已。"亦遗形放浪之象。田艺蘅《留青日札》卷二《韬精埋照》条："不惟养生家当藏精反照，而酒亦可以养生。刘伶诗：'韬精日沉饮'；阮籍云：'沉醉似埋照。'旨哉言乎，有味哉！"

《管锥编》引谢勒（Max Scheler）说分神秘经验为二门：一为"冷静明澈宗"，一为"昏黑沉酣宗"，此可当阴阳。如以希腊神话喻之，前者可当尼采谓阿波罗或日神精神，后者可当狄奥尼索斯或酒神精神。又二门之说，别见《谈艺录》补订289页。《管锥编》引天竺《奥义书》以熟眠为归真返朴之高境，又引《奥义书》喻天人融浃于男女抱持，参观《谈艺录》八八【附说二十二】。此属印度古文化，原始佛教曾吸收其营养，又破除其执碍革新而出，此亦因变云。《管锥编》引紫阳真人张伯端《金丹四百字·序》："骨脉如睡之正酣，精神如夫妇之欢合，……此乃真境界也，非譬喻也。"按《列子》朝、穆言行之是非，如识此"真境界"，似可不辨也。又《金丹四百字》虽题名张伯端，亦可能为马自然之作品，与《悟真篇》思想未必尽同，余闻师云。

《管锥编》引张衡《同声歌》"素女为我师，天老教轩皇"云云，此属古代生理医学之一，《汉志》"房中"有所谓《黄帝三王养阳方》、《天老杂子阴道》等，与此诗对应；或谓张衡曾见其书，亦成一说。别见《全后汉文》卷八四论边让《章华台赋》。《管锥编》引元稹《离思》之四："曾经沧海难为水，除却巫山不是云；取次花丛懒回顾，半缘修道半缘君。"诗语颇佳，然或考元氏行事于诗不合，文人言行不能一致，亦其失也。《管锥编》谓参禅一旦了彻，大事已毕，妄缘尽息，此犹识第一义谛，所谓"一得永得"是也。

"不以一毫利物"，"世固非一毛之所济"，"一毛固一体万分中之一物，奈何轻之乎？"按于《列子》原文，前二语为杨朱语，后一语为孟孙阳之理解，三语不属于同一层次。《庄子·天道》引老聃曰："无私焉，乃私也。"杨朱为师，能知两边，孟孙阳为弟子，盖执一者也。杨朱谓："古之人，损一毫利天下，不与也。悉天下奉一身，不取也。人人不损一毫，人人不利天下，天下治矣。"杨朱之学由老聃、关尹而来，从两边立论，尚合"自然"之意。孟孙阳必执"一毫"或"一毛"，误。

说符

《列子》八篇，虽似松散，然从整体思路观之，亦成其象。《天瑞》为天，《黄帝》、《周穆王》、《仲尼》、《汤问》为人。且四篇可分出两种思想主流：《黄帝》、《周穆王》为道，《仲尼》、《汤问》为儒，此天人相合乃至儒道相合之思想颇深，故能自成体系以吸收外来文化，"往往与佛经相参"。五篇相合后又一分为二，乃成《力命》"一推分命"与《杨朱》"唯贵放逸"之相成，末总结以《说符》者，张湛注："夫事故无方，倚伏相推，言而验之者，摄乎变通之会"，此犹《易·说卦》"神也者，妙万物以为言也"，故"说符"也。又本篇"鲁施氏有二子"节曰："且天下理无常是，事无常非。先日所用，今或弃之；今之所弃，后或用之。此用与不用，无定是非也。投隙抵时，应事无方，属乎智。"此"得时者昌，失时者亡"，犹《易传》有"时义"、"时用"，亦"说符"也。

"宋有兰子者，以技干宋元。"《管锥编》谓"兰子"即后世所谓"烂仔"、"赖子"、"喇子"、"辣子"等，皆一音之转。按刘歆《西京杂记》卷二："故新丰多无赖，无衣冠子弟故也。"又无赖亦称"恶少"，田艺蘅《留青日札》卷三《恶少》条："汉昭发恶少年戍辽东，即所谓无赖子弟也。……唐李勋少年时自称无赖贼。"又杨绛译西班牙著作名《小癞子》，即用此"兰子"之义。

"东方有人焉，曰爰旌目"云云。《管锥编》引《阴符经》卷中："天地，万物之盗，万物，人之盗，人，万物之盗。"按此为客观实情。如自然科学发展生产力，即人盗天地万物；然天地万物亦盗人，所谓一口气呼出永无复返之理，人知之乎？《阴符经》又云："三盗既宜，三才既安"，既宜既安，乃得其中也。《管锥编》下文又云：若夫妙手空空，窜取佛说，声色不动，踪迹难寻，自有《列子》在。按此亦可当《庄子·胠箧》所谓"盗亦有道"，《阴符经》所谓"盗机"也。

"杨朱之弟曰布，衣素衣而出。天雨，解素衣，衣缁衣而反。其狗不知，迎而吠之，杨朱怒，将扑之。"《管锥编》以心理学"比邻联想"（association by contiguty）、生理学"条件反射"（condition reflex）解之，以杨朱之狗连类于巴甫洛夫之狗。按亦可与本篇"九方皋相马"节对照，此谓辨其形，彼谓识其神。伯乐曰："良马可形容筋骨相也。天下之马者，若灭若没，若亡若失，若此者绝尘弭辙。"此"若灭若没，若亡若失"，即皋所观之"天机"。伯乐所言相法："得其精者忘其粗，在其内者忘其外。见其所见，不见其所不见，视其所视，不视其所不视"，即为观"天机"之象。知此者不仅牝牡骊黄属外，形容筋骨亦属外也，所谓"说符"，可"符"于此。

焦氏易林

乾

《乾》:"道陟石阪,胡言连蹇;译瘖且聋,莫使道通。请谒不行,求事无功。"按此阳过,所谓"阳遇阳则窒",尚秉和《焦氏易诂》卷二:"孤阳不通也,阳遇阳也。"《师》之《升》:"耳目盲聋,所言不通;伫立以泣,事无成功。"阳亦未得其位。《管锥编》引段成式《酉阳杂俎》续集卷四谓梁元帝《易连山》引《归藏斗图》与此文同,"盖相传误也"。按以传统"三《易》"而论,《连山》、《归藏》以卜筮为主,《周易》以哲学而兼卜筮。《易林》取六经诸子为文,由象变见其理,似从《周易》而来;然所重仍在卜筮,有取于《连山》、《归藏》之义。相传而误,有其因也。引《旧约·创世记》载巴别城(the curse of Babel)事,语言变乱不通(confound their language),则不能合作成功。按此《圣经》寓言,如以易象解之,犹卦爻之通变。凡《易》六十四卦三百八十四爻(《易林》演成四千零九十六种变化),

如执定一卦一爻不能通变，则地天绝而成隔阂；如能洗心而变通之，则地天虽绝，仍有可通之象。作者早年有云："你们也有机会饱尝异味，只要你们肯努力去克服这巴贝尔塔的咒诅（The curse of the Babel）！"（《谈中国诗》，一九四五年十二月六日上海美军俱乐部讲稿）营造巴别塔乃人类永恒努力之一，然而塔成塔毁，永无定也。

林辞"胡言"者，《管锥编》谓胡人之言，即外国语，非译莫解。按或乾象西北，故曰"胡言"也。"译瘖且聋，莫使道通。"参观《七缀集·林纾的翻译》："翻译总是以原作的那一国语文为出发点而以译成的这一国语文为到达点。从最初出发到终竟到达，这是很艰辛的过程。一路上颠顿风尘，遭遇风险，不免有所损失或受些损伤。"《管锥编》谓邦域族类之名本寓美刺，就地论名，可以迁地而成通称，非从主而不肯假人者（non-adherent）。此则如"江西派"，《七缀集·中国诗与中国画》引《诚斋集》卷七九《江西宗派诗序》："诗江西也，非人皆江西也。"引大慧《正法眼藏》吴潜《序》："要得一则半则胡言汉语，觑来觑去，绽些光景"，谓取无义理语反复参究。按此与嚼铁丸相似，绝无滋味，如堵塞一切旧有通道，或能辟出新路以获得信息也。吴《序》别见《楚辞》卷论《九歌》。释典习言"胡、汉"，仿佛今言"中、外"，犹当时之交流也。又巴别城之语言变乱不通，显意在语言，密意在信息，两者相关而不等同。《管锥编》引近世群居而仍独处，彼此隔阂不通之境，此非语言不通，乃信息不通也。隔阂能否消解？参禅或一法乎？

《小过》："从风放火，荻芝俱死。"《管锥编》引《泰》之《旅》："从风放（一作"吹"）火，牵骐骥尾。易为功力（一作"之功"），因催（一作"摧"，《井》之《临》作"权"）受福"，因论顺、逆之理。"从风放火"为顺；《管锥编》引《五灯会元》卷一一风穴延沼章次记僧问："如何是临机一句？"答："因风吹火，用力不多。"按答语所"趁"即出语之"机"，如以兵法解之，即《三十六计》"趁火打劫"之象，《解》："敌之害大，就势取利，刚决柔也。""牵骐骥尾"为逆；《管锥编》疑"尾"字讹，引意大利古掌故书"捉狗牵尾"之谚，释者曰："将遭其啮也。"按"尾"字亦可不讹。如辩证观之，"逆"为反激，与"顺"相辅相成，故"因摧受福"也。以禅家机用解之，"逆"如"看人中毒，添把砒霜"，"顺"如"见人疲眠，送个枕子"。（见尘隐《禅密或问》）此禅家接引之法，出神入化，无有准绳，盖"老婆心切"乎。

《未济》："长面大鼻，来解己忧，遗吾福子，与我惠妻。"按《易》有乾坤六子之象，林辞之结眷拟人，或从此出。《管锥编》引中世纪呼"贫"为"夫人"（The Lady Poverty），呼"慧"为"所欢"（Eternal Wisdom the beloved），后来诗家呼"慎"为"王"（king Care），呼"愁"为"媪"（Dame Cura, Frau Sorge）。按呼"慧"为"所欢"，犹释典谓"法喜"，称"所欢"者，得定水滋润，免"乾慧之失。呼"慎"为王，犹《诗·小雅·小旻》卒章"战战兢兢，如临深渊，如履薄冰"之义，又《王子安集》卷十《平台秘略论》引谚"祸不入慎家之门"是也。呼"贫"为"夫人"似谓其易来，呼"愁"为"媪"似谓其难去也；本卷《谦》、《楚辞》卷《离骚经章句序》皆引庾信《愁赋》："闭户欲推愁，愁终不肯去；深藏欲避愁，愁已知人处。"《谦》引《淮南子·诠言训》："心有忧者，筐床衽席弗能安也。"

坤

《临》："白龙赤虎，战斗俱怒。"按龙、虎对举，其象极古。一九八七年河南濮阳出土距今六千四百年前（新石器时代）仰韶文化蚌塑似为目前所知最早者，且以龙居东、虎居西。一九七八年湖北随县曾侯乙墓出土"东西二宫二十八宿图"漆盖箱，以龙、虎形象分居东、西二宫。两图或有渊源。于战国文物见此象，当与先秦理解星象相关。《礼记·曲礼》"前朱鸟而后玄武，左青龙而右白虎"，亦与实物映照。今尚存清金石大家赵之谦手拓并题记之《汉苍龙白虎瓦》拓片两枚，亦左为苍龙，右为白虎。典籍如《易·乾》有"潜"、"见"、"飞"、"亢"之龙，《履》有"履虎尾，不咥人"之虎；《文言》曰："云从龙，风从虎"，则龙虎对举，犹阴阳也。

《管锥编》引道书"龙虎"之喻，于先秦至汉末魏晋有

《参同契》。引《参同契》上篇："白虎为熬枢，汞白（当作"日"）为流珠，青龙与之俱，（举东以合西，魂魄自相拘。）"此龙当肝木，虎当肺金，分列东西，要在交而易位，即中篇"龙呼于虎，虎吸龙精，两相饮食，俱使合并"又"龙西虎东"是也。此类思想，实上古文化之遗，故上篇又曰："古记题《龙虎》。"而《管锥编》引王道作《古文龙虎上经注疏》则为宋代作品，非其源乃其流，朱熹谓"《龙虎经》却是取法《参同》"（《朱文公集》卷六一《答曾景达》）是也。宋曾慥《道枢》卷二六引唐刘知古《日月玄枢篇》曰："道之所秘者莫若还丹，还丹可验者莫若龙虎，龙虎之所自出者，莫若《参同契》焉。"而于唐末五代宋元，钟吕、陈抟似为枢机，其后乃有南北宗之发展壮大。

《管锥编》引吕岩《七言》："龙交虎战三周毕，兔走乌飞九转成"，此《七言》真伪未可知（《管锥编·太平广记》卷二八四、《谈艺录》二皆引吕岩《七言》"一粒粟中藏世界"云云），宋末元初俞琰注吕岩《沁园春》词极佳，可与《七言》相参。《沁园春》之"龙虎交媾"、"木金间隔"，即《七言》之"龙交虎战"；《沁》之"月华莹洁，有个乌飞"，即《七》之"兔走乌飞"；《沁》之"七返"相应《七》之"九转"，亦即《参同契》中篇之"九还七返，八归六居"，乃归于《周易》"九、七、八、六"四数之变矣。《管锥编》引南宗张伯端《悟真篇》及相关作品《寄白龙洞刘道人》、《金丹四百字》等，语意略同。《全唐诗》卷八五九系《寄白龙洞刘道人》于吕岩，亦能见其义。又中国传统文化龙虎变化之象，由先秦亦延续至今。已故毛泽东主席生前曾吩咐将或送之立虎画轴置放东屋①，亦"龙西虎东"之象也。

《剥》："南山大玃，盗我媚妾。怯不敢逐，退然（当作"而"）独宿。"《管锥编》引唐人小说《补江总白猿传》等，从猿猴性淫立论。参观《周易》卷《姤》论猪性淫。如以兽性而论，猴、猪本无别。而至《西游记》乃分辨阴阳：猴则已变革胡孙习性，猪则"食肠"如壑，"色胆"如天，仍旧贯未改。徐颂尧《天乐集》卷一六亦言其别，谓八戒乃色身之象，故"唐僧一听其言，祸患不旋踵而至"，行者识"悟空"之理，故"西游"必借重之。又按猿猴形象尚有若干变体，如《吴越春秋》所述猿公越女事，或可当其一。猿公似浸淫剑道甚深者，故与越女印证武学也。《全后周文》卷一四引庾信"竹林逢猿，偏知剑术"等，亦属此。李白《结客少年场行》："少年学剑术，凌铄白猿公"，又李贺《南园十三首》："见买若耶溪水剑，明朝归去事猿公。"

屯

《豫》："重茵厚席，循皋采藿，虽蹶不惧，反复其宅。"

---

① 权延赤《走下神坛的毛泽东》一五，送画者为何香凝。毛泽东吩咐卫士："这只老虎应该放东屋。"卫士照办了，"却始终不明白为何要放东屋"？中外文化出版公司1989年4月版，164页。

按一作"复反其宅"，一作"复反其处"。诸林辞"反宅"、"归室"之象，犹今语"回家"也。"反宅"以接触能量源，亦生物之本能也。《礼记·郊特牲》引《蜡辞》："土反其宅，水归其壑，昆虫勿作，草木归其泽！"亦"回归"之象。又林辞"反复"与"复反"稍异，前者犹《易·复》三之"频复"，后者犹《复》初之"不远复"也。陶渊明《归鸟》："翼翼归鸟，循林徘徊。岂思天路，欣返故栖。虽无昔侣，众声每谐。日夕气清，悠然其怀。"亦"归家"之欢乐也。或竟谓"无家可归"矣，然而"处处无家处处家"，亦成一象。

《管锥编》引法国文家高谛叶（Gautier）自夸信手放笔，无俟加点，而字妥句适，有如掷猫空中，其下坠无不四爪着地。按此极佳，与《毛诗》卷论《车攻》引李翰谓"千军万马，风恬雨霁，寂无人声"，乃《管》书论文章高境之最佳譬喻。两喻一西一中，各有其妙，虽不能至，心向往之矣。又高谛叶即当年穿红背心参加《欧那尼》游行者，《谈艺录》译作戈蒂埃。

蒙

《渐》："鸟飞无翼，兔走折足，虽欲会同，未得所欲。"按《否》之《噬嗑》："伯骞叔盲，足痛难行。终日至暮，不离其乡。"《管锥编》引《淮南子·说山训》："寇难至，躄者告盲者，盲者负而走，两人皆活，得其（所）能也"，乃相辅相成之象。紧要关头得其力或"得其能",犹《易·明夷》"明夷于左股,用拯马壮吉"。"明夷于左股",伤也,"用拯马壮吉",得强助也。引叔本华谓愿欲(der Wille)如瞽健儿,强有力而莫知适从,理智(der Intellekt)如跛瘫汉,炯能见而不利走趋,于是瞽者肩负跛者,相依为命。按愿欲理智互成犹知行互成或性命互成,亦阴阳也。参观《朱子语类》卷九:"知行常相须,如目无足不行,足无目不见。论先后,知为先;论轻重,行为重。"杨万里《庸言》:"知,譬则目也,行,譬则趾也。目焉而已矣,离娄而躄也,可乎?趾焉而已矣,师冕而驰也,可乎?人乎人,目趾具而已矣。"

引智者《摩诃止观》卷五:"自非法器,又阙匠他,二俱坠落,盲蹶夜游,甚可怜悯!"此以"法器"与"匠他"对举,犹《庄子·大宗师》以"圣人之才"与"圣人之道"对举。"匠他"犹师,藏传佛教极重之,且有"四皈依"之说,以"皈依师"为第一。《参同契》上篇曰:"素无前识资,因师觉悟之。"然亦有以其昏昏使人昭昭者,明师难遇也。近人译印度著作《瑜伽论》,于《附记》引《阿罗频多事略》云:"夫调心制气出神入定之术,五印修治者众矣。往往弟子与师,俱为未达,如临深谷,如履刃锋,一坠邪途,百牛莫挽。纵有一得,未足揄扬。"[①]已言其事。《管锥

[①] 徐梵澄译室利·阿罗频多《瑜伽论》,商务印书馆1987年3月版,285页。

编》引《世说新语·排调》之《危语》诗："盲人骑瞎马，夜半临深池"，亦可当其象，宜警之云。

《节》："三人共妻，莫适为雌，子无名氏，公不可知。"按《焦氏易诂》卷二及《焦氏易林注》卷一，谓此节为其贯通林辞识用象之始。《管锥编》引《履》之《未济》"一雌两雄，客胜主人"有异文，《四库》本作"一鸟两雄"，尚氏本作"一鸟两雏"，注引汲古阁本作"一雌"。然《管锥编》此引仍有佳义，因如此可解"客胜主人"为外遇得妇欢心逾于家主公者。参观《写在人生边上·窗》："一个外来者，打门请进，有所要求，有所询问，他至多是个客人，一切要等主人来决定。反过来说，一个钻窗子进来的人，不管是偷东西还是偷情，早已决心来替你做个暂时的主人，顾不到你的欢迎和拒绝了。缪塞（Musset）……妙语，略谓父亲开了门，请进了物质上的丈夫（matériel époux），但是理想的爱人（idéal），总是从窗子进出的。"此段之意，亦与林辞映照。

师

《屯》："殊类异路，心不相慕；牝牛牡豻，独无室家。"《管锥编》引《庄子·齐物论》："猨猵狙以为雌，麋与鹿交，鳅与鱼游。毛嫱丽姬，人之所美也；鱼见之深入，鸟见之高飞，麋鹿见之决骤。四者孰知天下之正色哉？"谓猿鹿鱼鸟各爱其雌，不爱"人之所美"，即"殊类异路，心不相慕"也。《管锥编》复引《左传》僖公四年及服虔注、《列女传》卷四、《论衡·奇怪篇》、李商隐《柳枝词》及《闺情》、黄庭坚《戏答王定国题门》。按诸例亦见《谈艺录》二《黄山谷诗补注》（十七），《管》由《谈》而来。然《谈》引例由山谷、义山始而至《左传》、《易林》等，由宋、唐而汉，逐步上溯，《管》由《庄子》、《左传》始而至义山、山谷，乃由汉、唐而宋，逐步下及。此材料排列顺序之异，亦含为学境界之变化，《谈艺录》补订本《序》所谓"早晚心力之相形也"。

《庄子》"四者孰知天下之正色哉"，如以生物繁衍解其义，"孰知天下正色"涉及异类生物之竞争，知"正色"涉及同类生物之竞争。两类竞争各有不同范围，然彼此关涉而达成动态平衡，此"天演"所谓"物竞天择，适者生存"之象，亦合《庄子》"孰知正味"、"孰知正色"之相对观点。又《庄子》此节"鱼鸟"两句，后来转为"沉鱼落雁之容"而成辞，如此仅知"天下正色"，非《庄子》本义也。又《易》有"鱼鸟相亲"之象（杭辛斋《读易杂识》），故往往连言，参观《苏轼诗集》卷三五《送芝上人游庐山》："岂知世外人，长与鱼鸟逸。"

《噬嗑》："采唐沫乡，要我桑中。失信不会，忧思约带。"按"心广体胖"者哲人，"忧思约带"者文人，亦心理影响生理之例也。《管锥编》引《宗镜录》卷三四："今时人皆谓遮言为深，表言为浅。"按遮言、表言犹否定、肯定，释家似重遮言；如《中论·观因缘品》"不生亦不灭，不常亦不断，不一亦不异，不来亦不出"之"八不中道"，又如《金刚经》"不也"、"不也"之层层破执，皆遮言之例。《管锥编》谓禅宗无"表言"而只"遮言"，又谓名学推理所谓"排除法"（method of difference），以二非逼出一是。按两者似有异，名学推理盖得出"一是"，禅宗并此"一是"尚宜再化之，僧灿《信心铭》"二有一有，一亦莫守"是也。且禅家有话头云："万法归一，一归何处？"或可参乎？

《颐》："鸦鸣庭中，以戒灾凶，重门击柝，备不速客。"按《易·系辞》下："重门击柝，以待暴客，盖取诸《豫》。"《管锥编》谓俗忌乌鸣，以为报凶，即林辞之意；或以为瑞，以为报喜，则参观《毛诗》卷论《正月》："瞻乌爰止，于谁之屋？"又《白居易集》卷三五《酬梦得贫居咏怀见赠》："厨冷难留乌止屋"，自注："《诗》云：'瞻乌爰止，于谁之屋？'言乌多止于富家之屋也。"《乐府诗集》六〇《琴曲歌辞》引唐李勉《琴说》亦以琴曲《乌夜啼》为获赦之喜征。凡某象主何义，当观其处于何种读解系统之中，故象义亦无定也。

比

《归妹》："一身两头，莫适其躯，无见我心，乱不可治"

等，皆谓十羊九牧，今所谓"多头决策乃最混乱之管理"是也。《左传》僖公五年晋士𫇂曰："狐裘尨茸，一国三公，吾谁适从？""十羊九牧"语出《隋书·杨尚希传》："所谓民少官多，十羊九牧。"《管锥编》引《小畜》之《复》等，谓蛇无头不行；引《同人》之《乾》等，谓枝多碍事；复引《咸》之《坎》等，谓"末大于本"、"尾大不掉"；皆混乱管理之象。世事多方，更端莫尽，祸倚福伏，心异貌同，其象异，治之之法亦异也。

　　《管锥编》引《淮南子·说林训》："善用人者，若蚈之足，众而不相害"；又引《太玄经·锐》之初一："蟹之郭索，后蚓黄泉。测曰：……心不一也。"按前句即《史记·淮阴侯列传》"韩信将兵，多多益善"之象；后句当由《荀子·劝学》而来："蚓无爪牙之利，筋骨之强，上食埃土，下饮黄泉者，用心一也。蟹六跪而二螯，非蛇鳝之穴无可寄托者，用心躁也。"《管锥编》引《韩非子·扬权》："一栖两雄，其斗喭喭；一家二贵，事乃无功；夫妻持政，子无适从。"按此即"窝里斗"之象，能量皆内耗之。"夫妻持政，子无适从"，亦为持家乃至教育子女之大忌，宜警戒也。《讼》之《颐》云："两心不同，或从西东，明论终日，莫适我从"，亦可笑此。"明论终日"乃议而不决，决而不行之象，或讥"昔宋人议论未定，而兵已渡河"（《明季南略》卷二）；然与其坐而言，何如起而行（action is eloquence）？

小畜

《屯》:"取火泉源,钓鱼山巅;鱼不可得,火不肯然。"《管锥编》引《参同契》中篇:"弃正从邪径,欲速阏不通:汲水捕雉兔,登山索鱼龙,植麦欲获黍,运规以求方。"按此《老子》谓"不知常,妄作凶"也。《参同契》同节有云:"世人好小术,不识道浅深","欲知服食法,至约而不繁",可参观之。又《参同契》上篇"世间多学士,高妙负良才,邂逅不遭值,耗火亡资财。据按依文说,妄以意为之,……千举必万败,欲黠反成痴,……背道守迷路,出正入邪蹊",即"弃正从邪径"。上篇"是非历藏法,内视有所思,……心观意喜悦,自谓必延期",即"世人"所好之"小术"。

《夬》:"福祚之家,喜至忧除,如风兼雨,出车入鱼。"《管锥编》谓末句本冯谖《弹剑铗歌》;复引《箜篌引》、《龙蛇歌》云云,皆持撼冯班所谓以"诗"为占词者。按可见林辞采纳遍及经史各类,皆相涉相入,亦中国典籍所具"互文性"(intertextuality)之例也。此诸文互涉,犹镜中月、水中花,映照诸象,可观玩而未可执焉。《管锥编》未引全舜《南风歌》:"南风之熏兮,可以解吾民之愠兮。"此儒家理想之帝王胸怀,亦古代之民本思想也。《史记·乐书》:"昔者舜作五弦之琴,以歌《南风》。"郑玄注:"南风者,长养之风也。"

泰

　　《明夷》:"求兔得獐,过其所望"等。《管锥编》谓皆所得非所求,而或则过望,或则失望,或则"钧敌"。常言类此者,失望为多,过所望者较少。按此数量对比,即《易》"阳一阴二"之旨,俗谚"福无双至,祸不单行",亦其理焉。观前引"求兔得獐,过其所望",下云:"欢以相迎,高位夷伤",则仍为福倚祸伏之象,故《老子》十三章云"宠辱若惊",又云"得之若惊,失之若惊"也。惊者,警戒之象,河上公注:"得宠荣惊者,处高位如临深危也,贵不敢骄,富不敢奢";"失者,失宠处辱也。惊者,恐祸重来也"。且给定系统熵值永增,亦热力学定律也,深知而调节之,或能免凶患乎。

　　《节》:"龟厌河海,陆行不止,自令枯槁,失其都市,忧悔为咎,亦无及已。"按此《易·旅》上"旅人先笑后号咷"之象,或宜用《同人》五"同人先号咷而后笑"解之。《管锥编》引《太玄经·去》之初一:"去此灵渊,舍彼枯园",此致误之由,宜就路还家也。又《太玄》与《易林》为西汉两大易著,有互补之象。《焦氏易诂》卷十一"《焦氏易林》集象学之大成"谓:"后之人有究心易数者,《太玄》其阶;究心易象者,《易林》其薮也。"

大有

《豫》:"雷行相逐,无有休息。"《管锥编》引《古诗归》卷四钟惺评:"二语尽雷之性情行径;杜诗'隐隐寻地脉'本此。"又引《唐诗归》卷一七杜甫《白水县崔少府十九翁高斋》:"何得空里雷,隐隐寻地脉",钟惺评:"'寻'字妙,雷之性情尽具此一字中。"按此前后两引极佳,复引杜甫《上牛头寺》:"青山意不尽,滚滚上牛头",亦极是,含古代玄空学原理焉。观杜诗"隐隐寻地脉"自上而下,其根在地;杜诗"青山意不尽,滚滚上牛头"自下而上,其根在天;而观《管锥编》引岑参《登慈恩寺浮图》:"连山若波涛,奔凑似朝东",则其根在水。

《葬经·内篇》(旧题郭璞著)谓:"丘陇之骨,岗阜之支,气之所随","地势原脉,山势原骨,委蛇东西,或从南北","观支之法,隐隐隆隆,微妙玄通,吉在其中",皆属"地脉"之说,可与杜、岑诗参印至字句。《管锥编》引英诗人(G. M. Hopkins)状雷如以铜锣转成大片声音,平铺地板;此西洋比喻,与中国"寻地脉"之说不同,越战地毯式轰炸似之。

谦

《大畜》:"目不可合,忧来摇足,悚惕危惧,去我邦域。"《管锥编》引《大过》之《遯》:"坐席未温,忧来叩门,逾墙北走,兵交我后,脱于虎口";《遯》之《渐》:"端坐生患,忧来入门,使我不安。"此"叩门"、"入门"之辨,以僧于月下之推敲当之。按"推敲"二字,历代皆称许"敲",然"推"或亦可乎?王夫之《夕堂永日绪论内编》评曰:"'僧敲月下门',只是妄想揣摩,如说他人梦,纵令形容酷似,何尝毫发关心?知然者,以其沈吟'推敲'二字,就作他想也。若即景会心,则或'推'或'敲',必居其一,因景因情,自然灵妙,何容拟议哉?'长河落日圆',初无定景,'隔水问樵夫',初非想得,则禅家所谓'现量'也。"此驳痛快淋漓,如此"推"、"敲"各有其长,任择其一可也。引《归妹》之《豫》:"逐利三年,利走如神,辗转东西,如鸟避丸。"按词令极妙,参观《论语·述而》:"富而可求也,虽执鞭之士吾亦为之;如不可求,从吾所好。"此"执鞭之士"如以林辞戏映之,亦可得别解矣。

豫

《比》:"虎饥欲食,为猬所伏。"《管锥编》谓"猬能制虎"又"鹊能制猬"。按此皆属民间传说动物生克链之一环,于常态为顺,今所谓"天敌"是也;而引《明夷》之《小过》:"虎怒捕羊,猬不能攘",于常态为逆,则所谓"反侮"乎。《管锥编》引西说谓猬能胜狐,引荷马等皆咏狐具百巧千能，猬只蜷缩成团，别无他长，凭此一端，即使狐智穷才竭，莫奈之何。盖技不贵多而贵绝，"一招鲜，吃遍天"是也。《七缀集·中国诗与中国画》亦引此语，译作："狐狸多才多艺，刺猬只会一件看家本领。"译文随语境变化而变化，亦译艺之"化"境也。又《管》、《七》狐狸、刺猬喻及《七》所引当代思想史家柏林（Berlin）分天才为两个类型，莎士比亚、歌德、巴尔扎克等属狐狸型，但丁、易卜生、陀思妥也夫斯基等属刺猬型，而托尔斯太是天生的狐狸，却一心要作刺猬云云，美国 M. 怀特编《分析的时代》首章、七章、十章亦引之。此盖广博（狐狸）与专精（刺猬）之别，唯双美难兼耳。

《管锥编》引《朱子语类》卷八又卷一一五引释宗杲语："寸铁可杀人；无杀人手段，则载一车枪刀，逐件弄过，毕竟无益。"此"单刀直入"之象，亦即禅家所长。印度佛教与中国佛教有种种异，中国佛教主简单直截，即其一也。传说达磨乘海船来华而又"一苇渡江"，或可显印、中之别乎？"一苇"极简，亦少得多惑之象，至"只履西归"，乃成就矣。《管锥编》引《五灯会元》卷二寿州道树章次："伊伎俩有穷，吾不见不闻无尽。"此亦极要，俗谚"见怪不怪，其怪自败"是也。道树为神秀门人，其"不见不闻"或即北宗法乎？如以南宗而言，则见闻亦可无碍也。此即《坛经》"对境心不起"与"对境心数起"两偈之别，或可互融互转也。又《谈艺录》补订5页引山谷《和斌老》第二首："外物攻伐人，钟鼓作声气；待渠弓箭尽，我自味无味"；又引陈简斋《葆真池上》名句："微波喜摇人，小立待其定。"此虽谓处世，亦可笺寿州道树语矣。

《涣》："忍丑少羞，无面有头。"按《管锥编》"丢脸"、"不要脸"云云，参观《写在人生边上·吃饭》："自己有饭可吃而去吃人家的饭，那是赏面子。自己无饭可吃而去吃人家的饭，赏面子就一变而为丢脸。"又引十七世纪讽世文描状政客（a modern politician），谓其无上美德（virtue）为无羞耻（impudence），戴韧革面具，刀斫之则口卷锋摧；则"颜厚"之象，可当近人一部"厚黑学"矣。《管锥编》引古罗马《博物志》言动物中唯人具双颊（malae），颊乃羞惭之所，赧色了然；近世哲学家云："人者，能双颊发红之动物也，识羞耻故。"参观《写在人生边上·一个偏见》引柏拉图所下之人类定义："人者，无羽毛之两足动物也。"后者仅就形体而论，前者乃稍稍透露精神之消息，或可参印乎。《孟子·告子》上曰："羞恶之心，人皆有之"，《围城·序》欲探讨"无毛两足动物的基本根性"，此其一也。

蛊

《讼》："长舌乱家，大斧破车。"《管锥编》引杨慎《古今谚》载《易纬》引古语："踶马破车，恶妇破家"；又引梁元帝《金楼子·后妃》记其母宣修容云："妒妇不惮破家。"

按《通俗编》卷四:"《易纬》引古语'踶马破车,恶妇破家'。又《申子》:'妒妇不难破家'。"与《管》书略同。参观张锡厚《王梵志诗校释》卷二:"谗臣乱人国,妒妇破人家。"又《古谣谚》卷三五引明文皇后《内训》:"泪水淖泥,破家妒妻。"凡此"恶妇破家"之象,屡出频见,感慨深矣。然无名氏《盆儿鬼》一折等引俗谚又云:"家有贤妻,丈夫不遭横事"(石金成《传家宝》四集卷四引谚"丈夫"作"男儿","横"作"祸"),则事亦有其反也。

噬嗑

《无妄》:"爱我婴女,牵引不与,冀幸高贵,反得贱下。"同卦之《夬》:"齐侯少子,才略美好,求我长女,贱薄不与,反得丑陋,后乃大悔";二林相类。按"牵引不与"、"贱薄不与"谓优柔失决,盖当断未断也。曾读希腊某寓言云:"你永远找不到那棵最大的麦穗",谓人终不能自止希冀之心,故于麦田从头走至尾,竟空手而归也。中国俗谚:"箩里挑花,越挑越花",亦近此意。

贲

《旅》:"猾丑假诚,前后相违;言如鳖咳,语不可知。"《管锥编》引《太平御览》卷七四三引《抱朴子》佚文:

"龟、鳖、鼍之鬼令人病咳",似古人以介族与咳嗽相系联也。按此联想似建立于肺叶病变状况。《黄庭内景经》九章云:"肺部之宫似华盖",八章云:"肺神皓华字虚成",介族之属实之,故与咳嗽相系联也。引《太平广记》卷四七一引《续玄怪录》记薛伟化鱼云云,按冯梦龙《醒世恒言》卷二六《薛录事鱼服证仙》敷演其事。引卡夫卡小说《变形记》人化甲虫云云,或举以为群居类聚而仍孤踪独处(die völlige Kontaktlosigkeit)之象。按此即信息不通,亦现代人困境之一。

剥

《随》:"猕猴冠带,盗在非位,众犬共吠,仓狂蹶足。"《管锥编》引一拉丁诗家讥饰伪者竟至败露,譬之沐猴锦衣而呈其尻。按参观杨绛《隐身衣》:"猴子爬得愈高,尾部又秃又红的丑相就愈加显露。……好些略具才能的人,一辈子挣扎着求在人上,虚耗了毕生精力,一事无成,真是何苦来呢。"沐猴"呈尻"之象,其失在不自知,《管锥编》引意大利文家所谓"非分每自取咎"是也,"藏拙"或"守拙"或能补之乎。宋张靖《棋经十三篇·品格》列"入神"、"坐照"云云至"守拙"为九品,"守拙"者入品之始也。《谈艺录》补订5页引山谷《赠送张叔和》所谓"养生四印":"百战百胜,不如一忍;万言万当,不如一默。"亦"守拙"之象。参观《山谷外集》卷九《坐右铭》："臧否人物，不如默之，知人也深。"又三十年代中日冲突，胡适每放言高论，或为从政者张目，孟心史诵山谷"万言万当，不如一默"语谏之①，乃规其失也。

无妄

《豫》："东家中女，嫫母最丑，三十无室，媒伯劳苦。"《管锥编》引《涣》之《蛊》："独宿憎夜，嫫母畏昼"等，数林取女之缘悭偶怨为象；又引《师》之《小过》："邻不我顾，而望玉女，身多癞疾，谁肯媚者"等，数林取男之失配为象。此犹当时之社会问题，公益或宜关心之，故古代以"内无怨女，外无旷夫"为治世也。"嫫母畏昼"，《管锥编》引《独漉篇》"夜衣锦绣，谁知伪真"；古希腊语云："灭烛无见，何别媸妍"（All women are the same when the lights are out）。按前句出《史记·项羽本纪》："富贵不归故乡，如衣绣夜行"，参观《离》之《大过》："被绣夜行，不见文章"，本卷《剥》之《随》已引"沐猴而冠"讥之；后句似用《聊斋志异》卷九《天宫》："暗中摸索，妍媸亦当有别，何必灯烛。"借其语而反其意，盖修词所谓"夺胎"法，亦译艺之妙也。

---

① 《胡适往来书信选》中册，No. 636，中华书局1979年5月版，144页。

《明夷》:"千雀万鸠,与鹞为仇,威势不敌,虽众无益,为鹰所击。"《管锥编》引《战国策·楚策》一张仪说秦王曰:"无以异于驱群羊而攻猛虎也,……聚众弱而攻至强也";按谓众弱不能敌寡强,如六国攻秦之象。或竟以为寡强而众弱矣,引法国一文家云:"怯弱的兽成群走,狮子独自在沙漠里步行。同样步行的是诗人。[①]"末句"诗人"云云亦有理,因孤独有其至美,而诗人盖与孤独相伴者也。形影互顾,而性灵独醒。

《管锥编》引《大过》之《升》:"虾蟆群坐(按当作"聚"),从天请雨,云雷疾(一作"集")聚,应时辄下(一作"与",《渐》之《同人》作"下"),得其愿所(当作"所愿")。"此汉人遇旱取虾蟆"请雨"风俗,与"天人感应"思想有关。《汉书·丙吉传》记吉不顾道之群斗而问牛喘,或问之,曰:"三公典调和阴阳,职当忧,是以问之。"亦此思想。又《槐聚诗存》一九四〇年《山斋不寐》:"蛙喧请雨邀天听",自注:"《易林》大过之升、渐之同人:'虾蟆群聚,从天请雨。'"

大过

《谦》:"瓜蓏饱实,百女同室,苦醴不熟(按《四库》、

[①] 李健吾《福楼拜评传》第八章引维尼《一个诗人的日记》,湖南人民出版社1980年版,362页。

尚本作"醯苦不熟"），未有配合。"《管锥编》引《易·革·象》："两女共室，其心不相得。"按"两"当作"二"，"共室"应作"同居"，"心"当作"志"，承上误也。《易·睽·象》亦云："二女同居，其志不同行"，此皆阴遇阴，故窒也。《管锥编》谓外国古诗文每道两女共室而心相得之情景。按此仍有其阴阳配合，似虚室生白之象，犹神交焉。以配合而言，阴阳固先于男女也。

离

《遯》："三狸搏鼠，遮遏前后，死于圜城，不得脱走。"《管锥编》谓：多变其象，示世事之多端殊态，此《易林》所长也。按此极是，"隅见株守"者，执一卦一爻而不知通变也，故宜破之。《易林》本占筮书，如变象破执以读之，乃得哲理之用，《左传》卷昭公十二年引《论语·子路》曰："不占而已矣！"

恒

《巽》："怨虱烧被，忿怒生祸。"《管锥编》引《晏子春秋·内篇》等有投鼠忌器之象，此欲杀虱而不惜自焚其被，则投鼠不顾器矣。此褊急之象，于释氏属嗔，《全唐诗》卷八百六寒山诗"嗔是心中火，能烧功德林"是也。王梵志诗："嗔恚灭功德，如火燎豪毛。百年修善业，一念恶能烧。"又："忍辱收珍宝，嗔他捐福田。高心难见佛，下意得升天。"与寒山意同。或曰：修慈治之。

大壮

《大壮》："左有噬熊，右有啮虎，前触铁牙（当作"矛"），后蹠强弩，无可抵者。"《管锥编》谓足为西方近世"无出路境界"（Ausweglosigkeit）之示象。按《大壮》之《大壮》，或含壮伤焉。于《易》可参观《睽》九四、上九"睽孤"之象，因到忍无可忍、让无可让、避无可避、疑无可疑、坚持而无法再坚持之日，即"睽孤"物极将反之时，再坚持一下，或有新境显出，即九四"遇元夫"而上九"往遇雨则吉"也。丹麦克尔凯戈尔谓人必至危急关头，"当理智感到绝望而放弃自身的时候，存在便会豁然出现"[①]，亦近此意，得极限启示焉。《管锥编》引《五灯会元》卷七罗山道闲章次："问：'前是万丈洪崖，后是虎狼狮子，当恁么时如何？'师曰：'自在。'"此绝处逢生之象，含禅机焉，近人谓"放下、看破、自在"者，或从此出也。

[①] ［美］L. J. 宾克莱《理想的冲突——西方社会中变化着的价值观念》，马元德等译，商务印书馆1986年5月版，178页。

解

《蒙》："朽舆疲驷，不任御辔；君子服之，谈何容易。"《管锥编》谓"谈何容易"有二义。一、东方朔《非有先生论》："谈何容易！"《文选》李善注："言谈说之道何容轻易乎"，即韩非"说难"，谓言之匪易也。二、今世道斯语，乃讥难事而易言之，空谈易而不知实行难，即林辞之义。按二义均佳，颇可见吾民族古来至今之征实作风。如以古代"三不朽"（胡适所谓 Worth，Work，Words）理论解之，《非有先生论》之"谈何容易"似属"立言"之事，如此则言为实，未言为虚，所谓言之匪易也；《易林》之"谈何容易"，属"立功"之事，如此则行为实，言为虚，所谓行之匪易也。昔人诗云："书到用时方恨少，事非经过不知难"，稍作引申，或可笺此二义乎。

《非有先生论》之"谈何容易"为全篇之眼，反复言之，乃深感于"说难"，此与中国社会盘根错节且君权至上之复杂状况相关，非仅谓文艺。然转而用于文艺，仍属佳义，如《围城》旧版《序》、新版《重印前记》反复评述"理想"与"符合理想"、"写作冲动"与"写作能力"之异，皆"谈何容易"之旨。而《谈艺录》补订 23 页记当年归国时与友人论诗，友人笑曰："谈何容易。"作者受感发而别取山谷诗天社注订之，即《谈艺录》之始也。《石语》论王闿运诗，谓

"夫'优孟衣冠',亦谈何容易"。此"谈何容易",乃属《易林》义。

《管锥编》引《南齐书·王僧虔传》诫子不读书而冒为"言家"以"欺人",有曰:"曼倩有'谈何容易!'……自少至老,手不释卷,尚未敢轻言。"参观《颜氏家训·勉学》篇:"观天下书未遍,不得妄下雌黄。"引屠隆《辞世词》其五:"谈何容易:'一丝不挂!'古人临死,说句大话。"此破狂禅甚是,因己之所执,实难自知,生死尤难言。所谓"一丝不挂"者,是耶非耶,仍宜再参之。《五灯会元》卷三南泉普愿章次:"师便问:'大夫十二时中作么生?'曰:'寸丝不挂。'师曰:'犹是阶下汉。'"盖此仍非禅家究竟,欲深究宗旨者,当于此下转语也。

蹇

《革》:"折梃春稷,君不得食;头痒搔踉,无益于疾。"按《易林》以《序卦》为次,《蹇》当在《解》前。《管锥编》谓后世常以切理厌心比于搔着痒处,引耿定向《天台先生全书》卷八《杂俎》载搔痒隐语,又引周晖《金陵琐事》卷三载焦闳等诗"学道如同痒处搔"。按何薳《春渚纪闻》卷六记东坡醉墨引俚语:"处贫贱易,耐富贵难;安劳苦易,安闲散难;忍痛易,忍痒难。人能安闲散,耐富贵,忍痒,真有道之士也。"参观《苏轼诗集》卷三一《次韵答刘景文左藏》："故应好语如爬痒，有味难名只自知。"又周亮工《书影》卷四亦引及耿氏搔痒隐语，曰："此言虽戏，实可喻道，……当下了彻。"

《管锥编》引《盐铁论·利议》："不知趋舍之宜，时势之变，议论无所依，如膝痒而搔背。"参观《围城》第四章："父母的同情施错了地方，仿佛身上受伤有创口，而同情者偏向皮肉完好处去敷药包布。"引《五灯会元》卷二〇净慈师一章次："古人怎么说话，大似预搔待痒。"此即禅家重视之"当下"，不可先不可后也。《增订》引《道德指归论》卷一《上德不德论》："是以事不可预设，变不可先图，犹痛不可先摩而痒不可先折。"此极是，亦即《三十六计·总说》"机不可设，设则不中"是也。

益

《萃》："往来井上，破瓮坏盆。"《复》之《噬嗑》略同。《管锥编》引今谚"瓦罐终于井上破"等笺之。按《易·井》卦辞："改邑不改井，无丧无得，往来井井。汔至亦未繘井，羸其瓶，凶。"《易》辞二义，林辞取其"羸其瓶"一义，而"改邑不改井，无丧无得，往来井井"一义，为井道之本，尤宜注意。凡井道养而不穷，无丧无得，乃大成之象；而"邑"以下至"瓮"、"盆"、"瓶"等，有丧有得，均小成。且邑改瓮破盆塞瓶羸如何？故于变与不变之间，宜慎之，而不宜执之也。

姤

《损》:"梦饭不饱,酒未入口;婴女虽好,媒雁不许。"《管锥编》引《华严经·菩萨问明品》:"如人设美膳,自饿而不食,于法不修行,多闻亦如是";《楞严经》卷一:"虽有多闻,若不修行,与不闻等,如人说食,终不能饱。"按此犹《谈艺录》二八《妙悟与参禅》引《禅源诸诠集都序》"解悟"与"证悟"之别,亦即"理论佛法"与"实践佛法"之别,两者各有价值而不能互离,然"说得一丈,不如行取一尺,说得一尺,不如行取一寸"乎!

《憨山老人梦游集》卷二《答郑昆岩中丞》云:"悟有解、证不同。若依佛祖言教明心者,解悟也。多落知见,于一切境缘,多不得力。……此名相似般若,非真参也。若证悟者,从自己心中朴实做将去,逼拶到山穷水尽处,忽然一念顿歇,彻了自心。如十字街头,见亲爷一般,更无可疑。如人饮水,冷暖自知,亦不能吐露向人,此乃真参实悟。……此证悟也。"冈波巴《宝鬘集》:"由闻思所得之万千智慧,不及由修证所生之一刹那智慧来得殊胜。"又《槐聚诗存·赠郑海夫》亦有"说食腹未果"之句。

渐

《大过》:"鹰鹯猎食,雉兔困急,逃头见尾,为害所贼。"《管锥编》引苏辙《栾城集》卷一《次韵子瞻闻不赴商幕》："闭门已学龟头缩，避谤仍兼雉尾藏。"自注："雉藏不能尽尾，乡人以为谚。"按此即宋时党争激烈之象，苏氏兄弟皆牵连之。虽欲避谤，然欲加之罪，其无辞乎！故《易·坤》四有"括囊，无咎无誉"之象，《荀子》以为"讥词"者非也。参观《苏轼诗集》卷二十《安国寺浴》："默归毋多谈，（王注：汉杨恽《书》："方今盛汉之隆，愿勉旃，毋多谈。"）此理观要熟。"

未济

《师》："狡兔趯趯，良犬逐咋；雌雄爱爰，为鹰所获。"《管锥编》谓十六字几如缩本郊猎图矣。按参观杜甫《哀江头》："翻身向天仰射云，一箭正坠双飞翼。"又韩愈《雉带箭》："将军仰笑军吏贺，五色离披马前堕。"

楚辞洪兴祖补注

离骚

"惟庚寅吾以降。"《注》："寅为阳正，故男始生而立于寅，庚为阴正，故女始生而立于庚"；《补注》："《说文》曰：'元气起于子，男左行三十，女右行二十，俱立于巳，为夫妇。裹妊于巳，巳为子，十月而生。男起巳至寅，女起巳至申，故男年始寅，女年始申也。'"按此涉及屈原生年月日，首句"摄提贞于孟陬兮"谓年月，"惟庚寅吾以降"谓生日。《注》"寅为阳正"用地支数，春也，"庚为阴正"用天干数，秋也；此犹阴阳之义，故以男女当之。《补注》称"男年始寅，女年始申"，地支"申"位当天干"庚"位，故与《注》同。

《管锥编》谓汉碑每有"三命"之词，王楙《野客丛书》卷二六谓"即阴阳家五星三命之说"；此涉及推命之原。"阴阳家"乃《史记·太史公自序》所论"六家"之一，由易学衍出，亦有同有异。《礼记·经解》："洁静精微，《易》教也",而阴阳家固有"序四时之大顺"之长,然偏于术数则"使人拘而多畏",犹《经解》谓"《易》之失贼"是也。"五星"者五大行星,谓东方岁星(木)、南方荧惑(火)、中央镇星(土)、西方太白(金)、北方辰星(水),此根于五行,明阴阳之变。一九七三年马王堆三号汉墓出土有《五星占》。"三命"有二说,汉碑"三命"似指《白虎通义》卷八《寿命》所谓"寿命"、"遭命"、"随命"(《论衡·命义》略同),较通行者谓年、月、日,今推命家著作尚存《珞琭子三命》(即《三命消息赋》)及《三命通会》等。或加以时、胎,谓之"五命"。以四柱八字而论,则为"四命"。纪昀《阅微草堂笔记》卷一二《槐西杂志》(二)谓李虚中《命书》:"所说实兼论八字,非不用时。"余嘉锡《四库提要辨证》卷一三子部四李虚中《命书》条考之颇详,曰:"然则三命、四命、五命,其揆一也。""五星"、"三命"说由"阴阳家"出,则"推命"法先于唐李虚中《命书》云。

"皇览揆余初度兮,肇锡余以佳名。"《注》:"观我始生年时,度其日月,皆合天地之正中,故锡我以美善之名也。"此由天人感应思想而来。《管锥编》谓似以星命为释,则后世"姓名学"亦由此出也。《后汉书·郎𫖮传》注引《春秋演孔图》曰:"正气为帝,间气为臣,宫商为姓,秀气为人。"《管锥编》引《诗·小雅·小弁》:"天之生我,我辰安在?"郑玄《笺》:"言我所值之辰安在乎?谓'六物'之吉凶。"孔颖达《正义》引《左传》昭公七年谓"六物"乃

"岁、时、日、月、星、辰"。此即古代认识时空周期之坐标,"六物"涉及银河系、太阳系与地球之关系。"六物"中"辰"之解无定而有定,甚为神妙。盖"辰"者,如以坐标论,乃"日、月、星"以上之抽象时空数量级,是犹无限、有限及周期之变,故其解亦变化多端云。

"惟草木之零落兮,恐美人之迟暮。"《管锥编》引《诗·卫风·氓·小序》"华落色衰"笺其表,引王逸《注》"年老而功不成"笺其里。表喻姿媚,里喻苍劲,绾合而平衡之,有其根也。观上文云:"汩落余将不及兮,恐年岁之不吾与。……日月忽其不淹兮,春与秋其代序。"《管锥编》引下文云:"老冉冉其将至兮,恐修名之不立";"恐鹈鴂之先鸣兮,使百草为之不芳"。此含客观时空与主观时空之对比,犹无限与近于零之对比,乃历代志士之重要刺激,故《论语·卫灵公》谓"君子疾没世而名不称焉"。此事古今同慨,少年子弟江湖老,能不感怆?鲁迅早年蛰居北京"老虎尾巴"时,请乔大壮书写集《骚》句一联挂于寓所:"望崦嵫而勿迫,恐鹈鴂之先鸣"[1],盖有感于此;晚年居上海临终前曰:"要赶快做"[2],仍与此相应。《管锥编》亦为作者大病一场后之产物,作者自称:"跟死亡赛跑"[3],《管》书自序称"学焉未能,老之已至",亦此意也。

---

[1] 许寿裳《亡友鲁迅印象记》二《屈原与鲁迅》,峨嵋出版社1947年10月版,9页。
[2] 《且介亭杂文末编·死》,《鲁迅全集》第六卷,611页。
[3] 马蓉《初读〈管锥编〉》,《读书》1980年第3期。

"朝饮木兰之坠露兮,夕餐秋菊之落英";《补注》:"秋花无自落者,当读如'我落其实而取其华'之'落'。"《管锥编》引李壁《王荆文公诗笺注》卷四八《残菊》:"残菊飘零满地金。"按荆公诗"残菊"云云,《高斋诗话》等同,而《管锥编》引楼钥《攻媿集》卷七五作"篱落黄花满地金";《高斋诗话》记"残菊"上句为"黄昏风雨暝园林",《警世通言》卷三则记为"西风昨夜过园林"。然则此谈艺公案不仅有欧、苏之变,即诗句辗转征引,亦有变化。《管锥编》谓王安石此掌故足为造艺者"意识腐蚀"(the corruption of consciousness)之例。按此为作者重要观点之一,《宋诗选注》屡言之,《谈艺录》补订83页引西人谓以"心中所忆搀糅入眼前所睹"(letting remembering mix itself with looking),亦可笺此。

"謇吾法夫前修兮,非世俗之所服";《注》:"言我忠信謇謇者,乃上法前世远贤,固非今时俗人之所服行也;一云'謇',难也,言己服饰虽为难法,我仿前贤以自修洁,非本今世俗人之所服佩。"《管锥编》谓两意须合,"修"字指"远贤"而并指"修洁","服"字谓"服饰"而兼谓"服行",所谓"句法以两解为更入三昧","诗以虚涵两意见妙"(李光地《榕村语录》正编卷三〇、王应奎《柳南随笔》卷五)是也。按引句由上文"纷吾既有此内美兮,又重之以修能"而来,故含内外兼修义。如以易象为喻,坤五曰:"黄裳元吉",本以服饰取象;《象》曰:"黄裳元吉,文在中也",已兼言内美;《文言》曰:"君子黄中通理,正位居体,美在其中,而畅于四支,发于事业,美之至也",则兼服行而言。故"服"者,服饰也,而兼服行也;外美也,而兼内美也;诸义错综贯穿,相互映照云。《管锥编》谓西方美学之"混含"(con-fusio),可参观诗学之"含混"(ambiguity),此词或译"复义",或译"多义",英国当代文论家燕卜荪(W. Empson)著《含混七型》(Seven Types of Ambiguity)分析此说。燕氏抗战时曾执教西南联大,与作者一度同事[1],未闻有交往云。

"怨灵修之浩荡兮,终不察夫民心";《注》:"'浩'犹'浩浩','荡'犹'荡荡',无思虑貌也";《补注》:"五臣云:'浩荡,法度坏貌。'"按"浩荡"或有正面义,即《管锥编》引《书·洪范》"无偏无党,王道荡荡;无党无偏,王道平平;无反无侧,王道正直"是也,此"五皇极"之象。《离骚》、《注》用其反面义,指高拱无为,漠不关心国事,则下民已不堪命矣。前者谓无为,后者谓不知有为,亦阴阳之义也。且"浩荡"云云,如以《老子》为喻,犹五章"天地不仁,以万物为刍狗",《管锥编》引俗语"天高皇帝远"似可笺之。然七三章又云:"天网恢恢,疏而不失",则

---

[1] 燕卜荪(W. Empson 1904—1984)于 1937—1939,1946—1951 年两次来华执教,造就了一批英国文学研究者与诗人。见王佐良《燕卜荪、奥登、司班德》,《读书》1987 年第 4 期。许国璋回忆西南联大说:"三年级时听燕卜荪课,四年级时问学于钱锺书先生,执弟子礼至今。"

《管锥编》引《吕氏春秋·制乐》"天之处高而听卑"亦未为非也。《书·大禹谟》："惠迪吉，从逆凶，惟影响。"《左传》襄公二十三年："祸福无门，唯人所召。"《抱朴子》内篇《微旨》："夫天高而听卑，物无不鉴。行善不怠，必有吉报。"《管锥编》引陶潜名句"心远地自偏"，乃所谓正报转，依报亦转也。又《北齐书·后主纪》"无愁天子"之典，作者他处亦用之，引王次回诗云："学得无愁天子法，战书虽急不开封。"此盖尊己之生物钟，不为外物所移也。

"众女嫉余之蛾眉兮，谣诼谓余以善淫。"《注》："'众女'谓众臣；女，阴也，无专擅之义，……故以喻臣。'蛾眉'，美好之人（按原作"好貌"，"美好之人"由下文提上）。"按"众女谣诼"，殆未可免乎？《全三国文》卷四三引李康《运命论》："故木秀于林，风必摧之；堆出于岸，流必湍之；行高于人，众必非之"，即谓此也。《补注》引《反离骚》："知众嫭之疾妒兮，何必扬累之蛾眉"，此班孟坚、颜之推以为露才扬己之意，《老子》"和光同尘"者，或可解之乎？犹《渔父》中屈子"举世皆浊我独清，众人皆醉我独醒"之高蹈，渔父以"水清濯缨，水浊濯足"解之也。

《管锥编》引王逸《序》："《离骚》之文，依《诗》取兴，（引类譬喻。故善鸟香草，以配忠贞；恶禽臭物，以比谗佞；）灵修美人，以媲于君；（宓妃佚女，以譬贤臣；虬龙鸾凤，以托君子；飘风云霓，以为小人。）"此即所谓有组织之象征，与《诗》之取喻有所不同，犹下文论物色与景色、拟物与寓物之别也。引本篇"为余驾飞龙兮，杂瑶象以为车"云云，涉及龙与马之别。《周礼·夏官·廋人》："马八尺以上为龙，……六尺以上为马。"于《易》龙与马皆属乾象，龙游天而马行地也，于诗象亦可通乎？陆游《剑南诗稿》卷三三《悲歌行》："士如天马龙为友，云梦胸中吞八九"，天马与龙，固属同类也。

《管锥编》引《西游记》第二二回行者谓："遣泰山轻如芥子，携凡夫难脱红尘"，以明唐僧取经必"就地而行"，不可"空中而去"。按此极是，必踏实修行方能凌空而飞，故西游经八十一难满其数乃得真经也。此犹顿、渐变化，非渐无顿，渐到何处，即顿到何处，或有顿门乎？由渐修而入可也。袁小修《游居柿录》卷八论"顿悟必须渐修"，引王阳明曰："吾人虽顿悟自心，若不随时用渐修工夫，浊骨凡脂，无由脱化。"评曰："是真实语。"《谈艺录》二八《妙悟与参禅》引《禅源诸诠集都序》卷下曰："若远推宿世，则惟渐无顿。今顿见者，已是多生渐熏而发现也。"又《西游记》"若将容易得，便作等闲看"，如以儒家说当之，犹《论语·雍也》"仁者先难而后获"（no pains, no gains）是也。参观《槐聚诗存》一九五三年《苏渊雷和叔子诗韵相简》："只为分明得却迟。"自注引《五灯会元》卷二〇大慧曰："只为分明极，翻令所得迟。"

《管锥编》引《礼记·礼运》："故政者，君之所以藏身也。"郑玄注："谓辉光于外而形体不见，如日、月、星、辰之神。"按此即中国传统政治之神秘性，或有其利，然其弊亦深。由其利观之，犹天文学"白洞"之象；由其弊观之，则纯成帝王术矣。古代社会愚民政策当与此相关。杨荫杭《老圃遗文辑》一九二〇年《今小学》（二）列举训诂，曰："《说文》'民'训'众萌'，'萌'训'草芽'。……《贾子·大政》谓：'民之为言萌也，萌之为言盲也。'《春秋繁露》谓：'民者，瞑也'，又曰：'民之号，取之瞑也。'郑注《尚书·吕刑》及《论语·泰伯》：'民，瞑也。'"虽《易》有"包蒙"、"童蒙"之文，盖启发民智或有其阶段性，宜渐行之，若愚民以取利者，则如《易林》卷《渐》引《吕氏春秋》等之"掩耳盗钟"喻，乃自欺欺人象也。《管锥编》引《神曲》以光自匿，如蛹藏茧内之喻，作者于一次谈话中亦用之，谓毫无疑问来自中国文化影响①，与《管锥编》本篇注谓马可波罗东游归后意大利养蚕大盛云云同。

"思九州之博大兮，岂唯是有其（当作"其有"）女？……何所独无芳草兮，尔独（当作"何"）怀乎故宇！"《管锥编》谓表喻则《左传》成公二年"天下多美妇人，何必是"；里喻则《史记·季布栾布列传》"此不南走胡，即北走越"。按灵氛之意，乃当时之国际主义，此楚材晋用，春秋战国间实数见不鲜。屈原之意，乃当时之爱国主义，故下文曰："欲从灵氛之吉占兮，心犹豫而狐疑。"《管锥编》谓盖

---

① 张隆溪《钱锺书谈比较文学与"文学比较"》，《读书》1981年第10期。

屈子心中,"故都"之外,虽有世界,非其世界,背国不如舍生。按曾见英国一文家云:"地球上不同地点放射着各不相同的生命力,不同的生命振幅。"屈子盖与楚地振幅相合极深者,故眷恋宗邦,生死以之(My country, right or wrong, my country)也。屈原楚材,固不能用于晋;廉颇晋将,然入楚亦无功。《史记·廉颇蔺相如列传》记廉颇晚年曰:"吾思用魏",感慨深矣。

九歌(一)

《东皇太一》:"灵偃蹇兮姣服,芳菲菲兮满堂。"《管锥编》引《旧约》先知诸《书》,谓读之尚堪揣摩天人贯注、神我流通之情状。按中华译籍《安般守意经》亦有类似情形。此经由安世高译成后,其高弟陈慧等人先后斟酌注之,而于流传过程中因抄者连书,经注渐混而不分,然诵读之亦有得。此经今本乃杂经文与注释而成,此浑涵一气之象,实已自成新经,故有可分者,亦可不分也。

九歌(二)

《云中君》:"与日月兮齐光。"《九章·涉江》亦云:"与日月兮齐光(一作"同光")。"《管锥编》引《史记·屈原贾生列传》:"推此志也,虽与日月争光可也。"按此即古代之"光明崇拜",与"不朽"思想有关,世界各地皆有之,斯宾格勒谓"所有宗教都趋向于光"是也①。此属人类自觉改善生命之尝试,有积极意义。《九章·涉江》本句洪兴祖《补注》引《庄子》(按《在宥》)广成子曰:"吾与日月参光,吾与天地为常";《管锥编》引《史记·屈贾列传》"推此志"之"志",即《毛诗序》引《虞书》"诗言志"之"志",《论语》"志于道"、《孟子》"以志帅气"皆相关此,《说文》释曰:"心之所之也。""推此志"而其"志"高远,故有"齐光"、"参光"、"争光"之说矣。

九歌(三)

《湘君》:"采薜荔兮水中,搴芙蓉兮木末。"《管锥编》引《卜居》:"世溷浊而不清,蝉翼为重,千钧为轻;(黄钟毁弃,瓦釜雷鸣,谗人高张,贤士无名。)"按皆乱世颠倒之象,《庄子·缮性》:"时命大谬也。"当其时无可如何,故《缮性》谓:"不当时命而大穷乎天下,则深根宁极而待,此存身之道也。"《卜居》"黄钟毁弃,瓦釜雷鸣",亦历代感应。鲁迅《中国小说史略·序》末云:"此种要略,早成陈言,惟缘别无新书,遂使尚有读者。……大器晚成,瓦釜以久,虽延年命,亦悲荒凉。"此用"瓦釜"陈辞,亦感慨不

---

① 《西方的没落——世界历史的透视》,齐世荣等译,商务印书馆1991年北京版,437页。

遇时矣。

《管锥编》引《敦煌曲子词》"枕前发尽千般愿，要休且待山枯烂，水面上秤锤浮，直待黄河彻底枯，白日参辰现，北斗回南面"，与《毛诗》卷《行露》引汉《铙歌·上邪》（《关雎》四亦及之）一致，然末句云："休即未能休，且待三更见日头"，则已下转语矣。此即《太平广记》卷四六四《乌贼鱼》引张令仪《读〈霍小玉传〉》："密誓俄成乌鲗墨，新欢又占凤凰楼"，见及人情甚深。

《管锥编》引及《五灯会元》卷二双林善慧章次傅大士《颂》。按此章除《心王铭》外，尚有二《颂》：一、"有物先天地，无形本寂寥，能为万象主，不逐四时凋"；二、即《管锥编》引"空手把锄头，步行骑水牛，（人从桥上过，桥流水不流）"。前者采《老子》之义，犹禅家之显也；后者盖多维空间之象，犹禅家之密也。《管锥编》引《庄子·天下》篇斥惠施"其道舛驳，其言也不中"，罗列其诡辩诸例，如"天与地卑"、"山与泽平"，又"卵有毛"、"鸡三足"、"犬为羊"、"丁子有尾"，又"今日适越而昔来"、"狗非犬"、"白狗黑"等，皆有意味，是即庄、惠之分合处。诸语本身无是非，庄解其意而趋实，惟"天下沈浊，不可与庄语"，故以"卮言"、"重言"、"寓言"出之；惠辨其名而执虚，惟"能胜人之口，不能服人之心"，故"逐万物而不反"也。庄盖以惠为质，故其书录两人辩论独多，而《徐无鬼》记庄过惠墓有"郢人"之叹，盖失可与言者也。《管锥编》引《朱子语类》卷一二四、一二六谓"其上更无意义，只是一个呆守法，麻了心，恰似打一个失落一般"。此述参禅破情识法，甘苦难言，然或能"绽些光景"？犹禅家有"无缝塔"（参见《五灯会元》卷二南阳慧忠章次），此塔无门可入，然得其时亦可开启也。

九歌（四）

《大司命》："纷总总兮九州，何寿夭兮在予"；《注》："'予'谓司命，言普天之下，九州之民诚甚众多，其寿考夭折，皆自施行所致，天诛加之，不在于我也"；《补注》："此言九州之大，生民之众，或寿或夭，何以皆在于我，以我为司命故也。"按《注》与《补注》异：《注》义当由先秦"天道观"而来，犹释氏自业所造，其终系于自力；《补注》归属于司命，其终系于他力。两者相形，《注》义较胜。下文"壹阴兮壹阳，众莫知兮余所为"，句意当由《易·系辞》"一阴一阳之谓道"、"阴阳不测之谓神"化出。"余"者人格化，指司命，"众莫知"者，众或以为司命所为，而司命知非己所为，乃众所自为也。若以《系辞》"百姓日用而不知"解之，其意极明。

《管锥编》谓盖"阴阳"之变，"寿夭"之数，其权皆大司命总持之。按此"总持"仍属无为，观上云："纷总总兮九州，何寿夭兮在予"，犹言"不在予"也；下云："固人命兮有当，孰离合兮可为"，犹言"不可为"也；皆属自然之象。故"大司命"虽"总持"而似高高在上，其根仍在下矣。《管锥编》引苏轼《泗州僧伽塔》："耕田欲雨刈欲晴，去得顺风来者怨，若使人人祷辄遂，造物应须日千变。"此甚是，因人之愿望终难尽废，"造物"千变实由"人心"千变而来，欲识"造物"仍需从识"人心"入手，识"人心"即识"造物"矣。

九歌（五）

《国殇》："凌余阵兮躐余行，左骖殪兮右刃伤。"《注》："言敌家来侵凌我屯阵，践躐我行伍也。"《管锥编》引《三国志·魏书·文帝纪》裴注引《典论》云："以单攻复，每为若神，对家不知所出。"按此以阳击阴，以兵法言，乃善出奇之象，《孙子·势篇》谓"以正合，以奇胜"也；以文法言，则如曾国藩谓行文宜复，而尤贵"单行之气"。凡此皆上出之象，故"若神"也。

《管锥编》引《五灯会元》卷二六祖示洪达（按当作"洪州法达"或"法达"，《七缀集·中国诗与中国画》即作"法达"）偈云："心迷法华转，心悟转法华；诵久不明已，于义作仇家。"按此即"经诵三千部，曹溪一句亡"公案，以"法华转"、"转法华"当迷悟之别，"诵久不明"为量之积聚，"悟"当质变。《管锥编》谓"仇家"即"怨家"，如引申仍含参禅义,"如无翼鸟奋空,勿令落地,奋奋不过,自有消息"(《三峰汉月禅师语录》卷七)是也。近人鲁迅亦谓:"无论爱什么——饭,异性,国,民族,人类等等——只有纠缠如毒蛇,执著如怨鬼,二六时中没有已时者有望。①"亦"仇家"之义也。

天问

王逸解题:"呵而问之,以渫愤懑,舒泻愁思";《补注》:"天地事物之忧,不可胜穷。……天固不可问,聊以寄吾之意耳。……'知我者其天乎!'此《天问》所为作也。"按《楚辞》含楚文化与屈原个人情感两端,两端互含;而楚文化厚积之魅力,尚非屈原个人之天才所可尽。《天问》盖以楚文化为主者,屈子稍稍淡出,故不能仅由个人角度解读,史而非玄,似无碍云。而《楚辞》之《离骚》、《天问》、《招魂》、《哀郢》诸篇,连同一气而未宜分割者也。《管锥编》引《天问》起语:"遂古之初,谁传道之",又引《庄子·天运》:"天其运乎?地其处乎?"按此即《庄》、《骚》并列之象。《天问》诸疑,《天运》"九洛之事,治成德备",或可相应乎。

《管锥编》引魏庆之《诗人玉屑》卷一九:"唐皇甫冉
----
① 《华盖集·杂感》,《鲁迅全集》第三卷,49页。

《问李二司直诗》：'门前水流何处？天边树绕谁家？山绝东西多少？朝朝几度云遮？'此盖用屈原《天问》体。……此体甚新。"按此体仅具"问"形，实与《天问》无关；然诗为六言，又可认为由《楚辞》来。观中国诗史，四言、五言、七言各有其占主导地位之时代，而六言则从未流行，何以故？今人或由音韵入手，以"半逗律"解释之，此成一说矣①。又《槐聚诗存》亦有以六言成诗者，此见作者于艺术顽童般之兴趣，盖无体不试云。

"上下未形，何由考之？……冯翼惟像，何以识之？"按前句《补注》引《列子·天瑞》"太易、太初、太始、太素"之说；后句《补注》引《淮南子·天文训》（按当作《精神训》）："古未有天地之时，惟像无形，窈窈冥冥，……莫知其门。"此皆《易》老也，可与《管锥编》引《易·系辞》（《管锥编》作《乐记》，然《乐记》此处用《易》之文，故仍作《易》）"在天成像，在地成形"、又引《老子》四一章"大象无形"等参证。《天问》首数问盖其宇宙生成论，故"形"、"像"分言，且"像"先于"形"。"形"、"像"二字今语固可合，而古亦有之，如"冯翼惟像，何以识之"句王《注》云（用增字解经法）："何以识其形象乎？"然亦可分

---

① 林庚《关于新诗形式的问题和建议》（原载《新建设》1957 年第 5 期），见《问路集》，北京大学出版社 1986 年 6 月版，245—246 页。又《再论新诗的形式》，同上 208 页。参观叶真《爱日斋丛钞》"六言诗难工"条谓"诗之六言，古今独少"；且引洪氏云："编唐人绝句，七言七千五百首，五言二千五百首。而六言不满四十，信乎其难也。"

言,大致"象"属时间当天,"形"属空间当地,此犹先、后天,虽未宜互离,而用意区以别矣。此"形"、"象"先后之争,犹后世"唯物"、"唯心"之争,如执之而成蛋、鸡先后之连环,则永不可解云。

《管锥编》引圣·奥古斯丁阐释《创世记》所言未有天地时之混沌,亦谓有质无形,乃物质之可成形而未具形者(informitas materiae; etc.)。此状态即《创世记》"空虚混沌"(without form and void)、《约翰福音》"道"或"词"(word),乃基督教文化之创世观点,如与《易》、《老》乃至《天问》"惟像无形"参证,似含中西之异焉。《管锥编》引《文子·道原》:"已雕已琢,还复于朴"(《淮南子·原道训》"复"作"反"),易下句为"亦复为朴"。按此甚佳,前者引入时间,尚含整治之意;后者取消时间,已不复整治矣。盖虽雕琢伤朴,而朴终未可伤也。

九章(一)

《涉江》:"入溆浦余儃佪兮,迷不知吾所如。"按以物色、景色区分《诗经》、《楚辞》,涉及两者体式之别。《诗经》要在"风",《诗序》:"风,风也,风以动之。"此风流宕不停,而循环往复于不同地域、不同阶层乃至不同人物间,因感而动,由志而发,有信息交流之象,故无意于流连景色。《楚辞》重在抒发某一特定阶层特定人物之特定情感,情思悠长,"得江山之助",故易于刻划景色。参观况周颐《蕙风词话》卷一:"吾听风雨,吾览江山,常觉风雨江山外有万不得已者,此词心也。"

《管锥编》引倪瓒、达文奇(按通译达·芬奇)云云;按风致、风姿与风威、风力之对比,涉及东西方艺术思想之异。参观《七缀集·中国诗和中国画》论中国旧诗与西洋诗之对比:"同样,束缚在中国旧诗传统里的读者看来,西洋诗里的空灵终嫌着痕迹、费气力,淡远的终嫌有烟火气、荤腥味,简洁的终嫌不够惜墨如金。"

九章(二)

《哀郢》:"心絓结而不解兮,思蹇产而不释";《注》:"心肝悬结、思念诘屈而不可解(释)也。"按以释氏而言,"心结"亦可当"结使",凡有八十八结使,无不系于心也。《管锥编》引杜甫《江亭》:"水流心不竞",谓溶心于水,二而一之(empathy);又引《子华子·执中》篇:"观流水者,与水俱流,其目运而心逝者欤!"参观《谈艺录》一一【附说九】"心与境":"……'水流心不竞,意在云俱迟',此诚情景相发,顾情微景渺,几乎超越景象,……少陵以流水与不竞之心相融贯";又六九《随园论诗中理语》:"或则目击道存,惟我有心,物如能印,内外胥融,心物两契;举物即写心,非罕譬而喻,而妙合而凝(Embodiment)也。吾心不竞，故随云水以流迟，而云水流迟，亦得吾心之不竞。此所谓凝合也。"《管锥编》所引《子华子》语，《谈艺录》【附说九】亦引之，新本误作《执篇中》，旧本未误。

《管锥编》引《大乘本生心地观经·观心品》："心如流水，念念生灭，于前后世，不暂住故。"参观《解深密经》卷一："阿陀那识甚深细，一切种子如瀑流。"《唯识三十颂》："恒转如暴流，阿罗汉位舍。"徐梵澄译《安慧〈三十唯识〉疏释》解曰："此中暴流，谓因果动转不断。水聚之前后分不断相续流，谓之暴流，……阿赖耶识亦为福、非福不消逝之业熏习所随，遂挟持触、作意等贯生死相续不断流转。"

九章（三）

《怀沙》："伯乐既没，骥焉程兮！"《注》："言骐骥不遇伯乐，则无所程量其材力也。"《管锥编》引韩愈《杂说》："世有伯乐，然后有千里马。"按韩氏伯乐喻，亦见《为人求荐书》："某闻木在山、马在肆，遇之而不顾，虽日累千万人，未为不材与下乘也。及至匠石过之而不睨，伯乐遇之而不顾，然后知其非栋梁之材，超逸之足也。"又："昔人有鬻马不售于市者，知伯乐之善相也，从而求之。伯乐一顾，价增三倍。"

远游

"惟天地之无穷兮，哀人生之长勤；往者余弗及兮，来者吾不闻。"按《注》释此四句云："乾坤体固，居常宁也"；"伤己禄命，多忧患也"；"三皇五帝，不可逮也"；"后虽有圣，我身不及见也"。《注》语辞气沉痛，《补注》"忧世"之词，亦兼"忧生"而言。后世养生著作，常借此类意象发兴，非偶然也。《管锥编》引宋人诗话、笔记等记杜诗"身轻一鸟过"，一本缺"过"字，"白鸥波浩荡"，一本蚀"波"字，人各以意补之，及睹完本足文，皆爽然自失。按杜诗"身轻一鸟过"（《送蔡都尉诗》）云云，最早似出欧阳修《六一诗话》（《总龟》前十一），吴开《优古堂诗话》引之，《童蒙诗训》三四、《诗学规范》三四亦引及之。补字或云"疾"、或云"落"、或云"起"、或云"下"，莫能定，然终以"过"胜，故诸君不能到也。

又《围城》三章记董斜川作近体诗云："秋气身轻（一作"苏身"）一雁过，鬓丝摇影万鸦窥。"前句即戏用杜诗，后句似相关冒孝鲁诗。冒氏《叔子诗稿·忆槐聚》："摇天鬓影嗒焉孤"，自注："'两人鬓影自摇天'，散原赠范伯子诗，昔与君喜诵之。"又《暑中怀客岁渡红海时情景追纪以诗》："凭栏钱子睨我笑，……丛丛乱发攒鸦巢。"《围城》句当由此出。杜诗"白鸥波浩荡"（《奉赠韦左丞丈二十二韵》）云云,《诗学规范》三九引《东坡题跋》二《书诸集改字》:"杜子美云:'白鸥没浩荡',盖灭没于烟波间耳,而宋敏求云'鸥不解没',改作'波'字。……觉一篇神气索然。"郑孝胥《壬午南旅日记》(光绪八年)二月廿九日:"海天一碧,白鸥大如鹤,时灭没于烟岛中",亦此景也。于古代"炼篇"、"炼句"乃至"炼字"说中,"炼字"之说极吸引人,故《潜溪诗眼》亦引《送蔡都尉》此句曰:"句法以一字为工,自然颖异不凡,如灵丹一粒,点铁成金也。"此即所谓"句眼",于篇外对应时空之交叠处,于篇内对应篇、句、字之交叠处,乃精神所聚,一旦成形,再难突过,故代大匠斫者,鲜不伤手也。

"惟天地"云云两语,第二句以"长勤"紧承上句"无穷",仍阐天地人之象。"勤"者,勤苦也,犹释氏"苦、集、灭、道"之"苦谛",《列子》卷《杨朱》引杜牧《九日齐安登高》"人世几回开口笑",或可笺此乎。参观白居易《对酒》之二:"蜗牛角上争何事?石火光中寄此身。随富随贫且欢乐,不开口笑是痴人。""往者余弗及兮,来者吾不闻"。《管锥编》引西方浪漫诗人每悲一世界或世纪已死而另一世界或世纪未生,不间不架,著己渺躬而罹此幽忧(wandering between two worlds, one dead, the other powerless to be born)。此确属时空之悲,然《孟子·尽心》上有曰:"豪杰之士,虽无文王犹兴",人当有所树立,未可尽为时代所限也。

又"不间不架"一词,香港版《宋诗选注》前言《模糊的铜镜》亦用之，作"半间不架"，宋代常语也。又此词亦作"半间不界"，《朱子语类》卷三四："圣人之为人，自有不可及处，直要做到底，不做一个半间不界底人。……圣人若甚慢，只是你赶他不上。"

"闻赤松之清尘兮，愿承风乎遗则。……美往世之登仙，……羡韩众之得一。"《管锥编》引《天问》云云，且引《远游》下文"吾将从王乔而娱戏"。按《天问》、《远游》可合，于读解《楚辞》另成一路。《远游》结云："与泰初以为邻"，《注》："与道并也"，可相应《天问》首数问，赤松、王乔，古仙人也。本篇王逸《序》："遂叙妙思，托配仙人，与俱游戏，周历天地，无所不到"，又："乃深惟元一，修执恬漠。"此解全篇，然亦可合本节之义，前段解"闻赤松"等三句，后段解"羡韩众"一句。

《管锥编》引蒋骥《楚辞余论》卷上："《天问》有塞语，有漫语，有隐语，有浅语；塞语则不能对，漫语则不必对，隐语则无可对，浅语则无俟对。"按参观沈德潜《说诗晬语》卷上："《天问》一篇，杂举古今来不可解事问之。若己之忠而见疑，亦天实为之，思之不得，转而为怨，怨而不得，转而为问，问君问他人不得，不容不问之天也。"故《天问》者，虽曰"问天"，乃独语也。

"漠虚静以恬愉兮，澹无为而自得。"《注》："（恬然自守，内乐佚也，）涤除嗜欲，获道实也。"《管锥编》谓此老庄道家语也。下文："餐六气而饮沆瀣兮，漱正阳而含朝霞。"《注》:"远弃五谷,吸道滋也;餐吞日精,食元符也。"则又燕齐方士语也。按《管锥编》本则引文有所倒换,似未可以错简视之。依《远游》原文,"漠虚静"节应居"闻赤松"节前,今移后,当有其理义。本则首以"惟天地之无穷兮,哀人生之长勤"为总冒,继以"王乔"、"韩众"之"登仙"、"得一"承之,复以"漠虚静以恬愉兮,澹无为而自得"阐其义,而末以"道之传受"作结,且终以"虚以待之"云云充实之。至于"下峥嵘而无地兮"云云相关他义,入《史记》卷。全篇如此安排,理路已清。

本节以"澹无为"云云与"餐六气"云云比较,乃所以分辨老庄道家(道)与燕齐方士(术)之异同。此间分辨,正属道家文化之精要所在,其间移花接木,有种种分合,似未可执一也。《管锥编》引《庄子·刻意》不屑于"彭祖寿考"者之"道引"、"养形"、"为寿而已"。按此即老庄道家之高妙处,所谓"淡然无极而众美从之",决不仅限于个体生命也。然《刻意》又曰:"不道引而寿",则所谓"道"亦兼容"术"。道、术之合一,犹后世性、命之合一,或有作用? 宜神而明之。

"曰:'道可受兮不可传'";《注》:"言易者也;一曰:云无言也,诚难论也";《补注》:"谓可受以心,不可传以言语也。《庄子》曰:'道可传而不可受',谓可传以心,不可受以量数也。"按《补注》解庄、屈意同。"受"、"传"互文同义,屈之"受"犹庄之"传",庄之"受"即屈之"传",

"受"、"传"皆以心也。"言语"、"量数"似亦互文足义，非谓屈以"言语"、庄以"量数"也。或谓庄、屈并列，庄以否定"量数"（数）、屈以否定"言语"（象）而上出，其解亦通。《管锥编》谓《补注》引《庄子》语见《大宗师》；按即"夫道有情有信，无为无形，可传而不可受，可得而不可见；自本自根，未有天地，自古以固存"云云。此段乃《庄子》全书论道最完整之文字，且从正面而言，几乎非卮言、重言、寓言矣。

《补注》谓庄、屈貌异而心同，《管锥编》复谓貌同而心异：屈之"不可传"谓非语言文字所能传示，庄之"不可受"谓无可交付承受，得道还同未得。按二义均佳而庄义较深，知庄义必知屈义，知屈义未必能知庄义，然二义仍可合，似不必歧异也。《管锥编》引《维摩诘所说经·菩萨品》第四："菩提者，不可以身得，不可以心得"；此舍分别见而一超直入，乃所谓"顿门"乎。

"虚以待之兮，无为之先。"《补注》："庄子曰：'气者，虚而待物者也'；此所谓'感而后应，迫而后动，不得已而后起'。"按"气者"云云出《庄子·人间世》，"感而后应"云云出《刻意》。"虚以待之"云云，参观《老子》六七章"不敢为天下先"，乃"三宝"之一，河上公注："执谦退，不为倡始也。"《管锥编》引《清波杂志》卷九胡安国教曰："莫安排"，极是，乃理学精采处之一。《谈艺录》三五、补订130页亦引及此。

又按杨绛晚年小说《洗澡》分三部，题旨采《诗经》、

《楚辞》之义：第一部"采封采菲"，用《邶风·谷风》；第二部"如匪浣衣"，用《邶风·柏舟》；第三部"沧浪之水清兮"，用《渔父》及《孟子·离娄》。《尾声》无题，然篇中姚太太曰："哪儿都是一样，'莫安排'。"此极要，乃画龙点睛之笔，卒章显志矣。

卜居

《卜居》者，"卜己居世何所宜行"，即求问处世之道，"居"者安身处，所谓"家"也。全篇皆以两难之道问之，而屈子实已自择其一。《左传》桓公十一年有曰："卜以决疑，不疑何卜？"今读其辞，可注意郑詹尹与屈子之周旋。屈子之辞一气呵成，可见原文；郑詹尹之辞隐于言外，当观其象。其时朝中是非颠倒，郑詹尹似为清醒者，故屈子往卜之。屈子"吾宁悃悃款款朴以忠乎，将送往劳来斯无穷乎"之问极佳，而郑詹尹"用君之心，行君之意，龟策诚不能知事"之答亦妙，两人之互知互应即在其间，此犹儒、道之辨，各行其所愿也。《卜居》于《楚辞》上接《天问》、《远游》，下启《渔父》，郑詹尹当隐于朝者，犹《渔父》当隐于野者云。

九辩（一）

"悲哉秋之为气也！萧瑟兮草木摇落而变衰，憭栗兮若在远行，登山临水兮送将归。"按明冯与可《雨航杂录》卷下评"秋之为气"云云曰："是数语杳渺凄清，味之无穷。"百世悲秋之文，实以此为宗。王勃《王子安集》卷九《秋日饯别序》："黯然别之销魂，悲哉秋之为气！人之情也，伤如之何？"然亦有不取"悲秋"为义者，如《管锥编》引刘禹锡《秋词》："自古逢秋悲寂寥，我言秋日胜春朝。（晴空一鹤排云上，便引诗情到碧霄。）"此诗意态较昂扬，末句更有上出之象，然仍与《九辩》"天高而气清"一语相关。

《管锥编》谓风景因心境而改观云云，别见《谈艺录》一一【附说九】"心与境"引瑞士哲人亚弥爱儿（Amiel）雨后玩秋园风物，而悟"风景即心境"之说（《谈艺录》作1851，《管锥编》作1852）。参观《龚自珍全集》八辑《语录》记龚曰："西山有时渺然隔云汉外，有时苍然堕几榻前，不关风雨晴晦也"（《习苦斋画絮》）。引屈原"目极千里伤春心"与宋玉"悲哉秋之为气"对举，此即"伤春"、"悲秋"意象，历代文人所流连不已者也。然春、秋漏刻，多少正等，宜达其变，而凝滞者非是。谭元春《秋寻草自序》："予尝言宋玉有悲，是以悲秋。后人未尝有悲而悲之，不信胸中而信纸上，予悲夫悲秋者也。"《管锥编》引近世西方说诗之"事物当对"（objective correlative）；此词或译"客观对应物"，乃大诗家艾略特重要观点之一。然艾氏分析"事物当对"之达成受阻，其意颇深，与《管锥编》引例尚有区别，宜深入识之。"伤春"、"悲秋"达成路径过熟，乃渐成滥调云。

"薄寒之中人。"按《黄帝内经·上古天真论》:"夫上古圣人之教下也,皆谓之虚邪贼风,避之有时,恬淡虚无,真气从之,精神内守,病安从来。""薄寒中人"乃"虚邪贼风"之一,故宜避之也。蜮射之说,参观《抱朴子》内篇《登涉》:"吴楚之野,暑湿郁蒸,……有短狐,一名蜮,一名射工,一名射影,其实水虫也。……口中有横物角弩,如闻人声,缘口中物如角弩,以气为矢,则因水而射人。中人身者发疮,中影者亦病而不即发疮,不晓治之者杀人。"柳宗元《与李翰林书》:"近水则畏射工沙虱,含怒窃发,中人形影,动成疮痏。"或与不同地域之微生物状况相关。

九辩(二)

"皇天淫溢而秋霖兮,后土何时而得漧!块独守此无泽兮,仰浮云而永叹";《注》:"久雨连日,泽深厚也;山阜濡泽,草木茂也;不蒙恩施,独枯槁也。"按下文:"何泛滥之浮云兮,猋壅蔽此明月!忠昭昭而愿见兮,然霠曀而莫达。愿皓日之显行兮,云蒙蒙而蔽之。"李白《登金陵凤凰台》全篇摹拟崔颢《黄鹤楼》,而末句超胜:"总为浮云能蔽日,长安不见使人愁。"《注》引陆贾《新语·慎微》:"邪臣之蔽贤,犹浮云之障日月也。"然追其源可至《九辩》云。李诗后世亦有反其义而用之者,王安石《登飞来峰》:"不畏浮云遮望眼，自缘身在最高层。"

招魂

　　《注》："宋玉之所作也。……宋玉怜哀屈原忠而斥弃，愁懑山泽，魂魄放佚，厥命将落，故作《招魂》，欲以复其精神，延其年寿。"《招魂》作者或归诸宋玉，或归诸屈原；所招之魂亦有屈原、楚怀王二说。按以楚文化观之，诸说并存可也。"魂兮归来，反故居些！……像设君室，静闲安些！"此即"招魂"之核心，所谓"回家"也。"二八侍宿，射递代些！"此即古代"宫中之乐"，君王淫佚，离魂所不能舍者此欤？谓"余少时尚及见招魂旧俗，每以其人嗜习之物为引致之具"，或有其理。因人皆有所执，从其所执乃能见其人焉。参观《老子》卷七二章引毕熙纳及费尔巴哈谓"人嗜何，即是何"（Der Mensch ist, was er isst）。
　　引洪亮吉《卷施阁文》乙集卷二《七招》摹状离魂闻所爱之事则徘徊欲即，闻所憎之事则飘脱而没，按犹释氏"中阴身"之象。谓招生魂于迷失之地，旧日不死于家者，其魂必出外招之。此就地以招且就路还家，亦有其理；盖从何处来，宜往何处去，而从何处失，亦宜于何处复也。《管锥编》谓《招魂》谋篇有往复开合，异于《大招》之一味排比，仅著招徕之词。按此文体之异，《招魂》犹多，《大招》犹一。《招魂》之"魂兮归来"即《大招》之"魂乎归徕"，皆安魂之象，后世京氏《易》"游魂"、"归魂"之义当由此出。

"巫阳对曰：'掌梦'。"《管锥编》引治宗教神话之学者谓初民区别固结于体之魂与游离于体之魂。固结之魂即身魂，心肾是也；游离之魂有二：气魂、吐息是也，影魂、则梦幻是矣。按此或可当粒子与波两象？固结之魂有一，游离之魂有二，亦可当阳一阴二之旨。掌梦者可以招魂，则整治魂魄亦可由治梦始。《列子》卷《周穆王》引杨时《游执中墓志》"夜考之梦寐以卜其志之定与否也"，《谈艺录》补订127页引周亮工《书影》卷一载其父坦然《观宅四十吉祥相》"凡梦皆可告人"，皆属其说。能自治其梦，亦见儒者之自信也。"若必筮予之，恐后之谢，不能复用巫阳焉。"《管锥编》谓方术神通勿可滥施轻用，不然临急失验，雅记野语皆尝道之。按《易·蒙》卦辞："初筮告，再三渎，渎则不告"；《象》："再三渎，渎则不告，渎蒙也。"又《后汉书·陈蕃传》蕃曰："且祭不欲数，以其易黩故也。"

"蛾眉曼睩，目腾光些。靡颜腻理，遗视矊些。"下又云："嫮光眇视，目曾波些。"《管锥编》引《西厢记》第一本第一折之"秋波那一转"。按《青囊海角经》四《道法双谭摘句》云："昔有僧看《西厢》，官人见而呵之曰：'你若晓得一部《西厢》重在那一句，我便饶你。'僧对曰：'只重在"临去秋波那一转"一句。'"又《古今谭概·佻达部》第十一《僧壁画西厢》记某僧由此句悟禅。《西厢记》此句颇要，所谓"点穴"，即在此也。

"被文服绣（当作"纤"），丽而不奇些"；《注》："不奇、奇也，犹《诗》云：'不显文王'，不显，显也。言美女被服绮绣，曳罗縠，其容靡丽，诚足奇怪也。"按引《诗》见《大雅·文王》："文王在上，於昭于天。周虽旧邦，其命维新。有周不显，帝命不时。文王陟降，在帝左右。"又《周颂·维天之命》："维天之命，於穆不已。於乎不显，文王之德之纯。"不显，显也。不，此读作"丕"，大也；一作反诘句，亦通。以字形而言，"不"者鸟飞上翔貌，此一飞冲天之象，故成扬弃也。"丕"者"不"声，亦相关"不"。"不"者其志在天，"丕"者兼顾于地，故成其大也。《管锥编》引《文子·符言》："圣人无屈奇之服，诡异之形"，亦中庸之义，犹后世禅家"平常心是道"也。

大招

"青色直眉，美目婳只。"《管锥编》谓"青"即黑色，如后世诗文小说常言"青鬓"、"青丝"，又阮籍作"青白眼"，皆谓黑。按杜甫《短歌行赠王郎司直》："青眼高歌望吾子，眼中之人吾老矣。"谓"睛"字从目从"青"，吴语称"眼黑"，又称"眼乌珠"，"乌"即"黑"。按如以"右文说"释义，解"睛"之"青"当黑，固宜；然以"精"、"睛"、"清"诸字合观之，其核心语义似更可抽象。如以传统五行说观其变化，黑属北水，青属东木，水生木，故黑、青相通云。又魏晋南北朝已传入佛有"三十二相"之说,其二十九为"真青眼相",或谓生生世世以慈眼视人所感得云。《管锥编》引《世说新语·容止》二六王羲之见杜乂,叹曰:"眼如点漆",又曰:"此神仙中人。"此见其时对仙佛相好之认识,毕竟与凡夫之臭皮囊有所不同。参观《容止》三七:"谢公云:'见林公双眼黯黯明黑。'孙兴公见林公:'棱棱露其爽。'"皆谓眼宜有秋水之明也。别见《全晋文》卷一三八论张湛《嘲范宁》。

太平广记

卷二

按《广记》卷一至卷三为全书之始，基本题旨在黄老，所述亦神话与事实参半。卷一《老子》、《木公》、《广成子》三篇各有其义①，颇可见《广记》编成时所理解之道教形象。三篇以《老子》为首，乃重视老子当时已渐确立之道祖地位。本篇核心材料采取《史记·老子韩非列传》、《庄子》等，尚有其据，然篇中存近十条"或云"，却属后出之陆续增益，为逐步神化老子之痕迹。其中主要一段"或云"，由"上三皇"、"下三皇"、"伏羲"、"神农"、"祝融"、"黄帝"、"颛顼"、"帝喾"、"尧"、"舜"、"夏禹"、"殷汤"、"文王"述至春秋战国范蠡、鸱夷子、陶朱公，可见所推本之道教史

---

① 《老子》、《广成子》皆出《神仙传》，而今本《神仙传》无《老子》(《列仙传》有，但不同)。余嘉锡《四库提要辨证》卷一九《神仙传》条引《文苑英华》卷七三九梁肃《神仙传论》云："予尝览葛洪所记《神仙传》，凡一百九十人，予所尚者，惟柱史、广成二人而已。"则今本《神仙传》缺有间矣。

迹，而破"老子"形象以散及一切，亦属神化方法之一。观《道德经》二十五章"有物混成，先天地生"之义，决非以神话方式树立某人形象，而《广记》引葛洪评论："老子若是天之精神，当无世不出。……夫有天地则有道术，道术之士，何时暂乏。是以伏羲以来，至于三代，显名道术，世世有之，何必常是一老子也。……老子盖得道之尤精者，非异类也。"（《太平御览》卷六五九引《神仙传》略同）即属对神话老子之反拨。故于老子形象，应见其随时代变化而变化之事实，而于神话与非神话，宜并观之而探其根源。

其次《木公》即东王公，宜与卷五六《西王母》合观。东王公为东为春，故称木公，"盖青阳之元气，万物之先也"；西王母为西为秋，故称"金母"，"乃西华之至妙，洞阴之极尊"。本篇引汉初童谣："著青裙，入天门，揖金母，拜木公"，乃见东西合成之象。此《木公》由神化自然现象而来，与《老子》之神化历史人物，有异有同，共同构成道教之神仙班首。

其三《广成子》载黄帝、广成子问答，采《庄子·在宥》之义，乃见黄老与老庄可合处；"至道之精，杳杳冥冥，无视无听，抱神以静，形将自正"，确属千古名言，当见其实。此篇黄帝与广成子对立之象，黄帝如衔接《东王公》，则下连卷二《周穆王》、《燕昭王》乃至卷三《汉武帝》，可见道教史上统治者一条线；广成子如衔接《老子》，则下连卷二《彭祖》、《魏伯阳》，可见道教史上体道者一条线。后世道教发展虽丛杂万千，而两线之消长乃见其枢机焉。

《彭祖》："故有上士别床，中士异被，服药百裹，不如独卧。"按本篇记彭祖、采女论道，大体有二义。其一："欲举形登天，上补仙官，当用金丹。此九召太一，所以白日升天也。此道至大，非君王之所能为。"此即"金丹之道"，乃道教之核心内容。其二："当爱养精神，服药草，可以长生，但不能役使鬼神，乘虚飞行。身不知交接之道，纵服药无益也。"此涉及"交接之道"，与前者关联。然后者又可分二义，《管锥编》引"苟能节宣其宜适、抑扬其通塞者，不以减年，得其益也。凡此之类，譬犹水火，用之过当，反为害也。……男女相成，犹天地相生也。……天地得交接之道，故无终竟之限"为一义，引"故有上士别床"为另一义。前者篇中以"养阴阳之意"解之；后者篇中之解"古之至人恐下才之子不识事宜，流遄不还，故绝其源"，《管锥编》亦引之。然篇中又曰："养寿之道，但莫伤之而已"，则二义仍宜相成。房中养生著作，汉时颇多，除《汉书·艺文志》所载八家之外，今又得马王堆竹简《十问》、《合阴阳》、《天下至道谈》三种，虽此类著作之是非尚须研究，然其原则似未出"莫伤"之义。

《管锥编》引《易·系辞》下："天地氤氲，万物化醇。男女构精，万物化生。"《诗·关雎·序》："不淫其色"，《正义》："'淫'者过也，过其度量谓之'淫'。"此当先秦。如衔接以董仲舒《春秋繁露》卷一六《循天之道》:"天地之气不致盛满,不交阴阳,是以君子甚爱气而游于房,以体天也。气不伤于甚通,而伤于不时、天并。不与阴阳俱往来,谓之不时;恣其欲而不顾天数,谓之天并。"《汉书·艺文志》:"乐而有节,则和平寿考,及迷者弗顾,则生疾而陨性命。"此当两汉。乃可见魏晋《抱朴子》内篇《释滞》"得其节宣之和"之原;实皆由《易》、《诗》之义而来,天人之道也。

卷三

《汉武帝》:"帝下席叩头曰:'彻下土浊民,不识清真。'"按《老子》二五章:"道大、天大、地大、王亦大。域中有四大,而王居其一焉。"如以历史观之,宗教神权与统治者王权实相辅相成。虽神权每有超越王权之处,王权亦每每利用神权(《周易》卷《观》论"神道设教"引奥古士德大帝"有神则资利用,故既欲利用,即可假设其为有",乃见王权利用神权之象;《老子》卷一七章引慧皎《高僧传》记道安语"不依国主,则法事难举",则见神权之借助王权)。其间分合消息,变化多端。汉武帝独尊儒术,亦崇信方士,本篇述西王母与汉武帝之关系,即由后者演绎。汉武自称"下土浊民,不识清真",参观卷十《河上公》汉文自称"直以暗昧,多所不了",亦道教文献自高之象。道尊德贵,君王亦何足多也。本篇西王母引《太仙真经》所告"常思灵宝"，行"益易之道"九节，即"一年易气，二年易血、三年易精"云云，此变易节次后世常引之，有其理义。

卷四

《月支使者》。汉武帝时月支国献"猛兽"一头，付之上林苑，"令虎食之，虎见兽，皆相聚屈迹如也"。《管锥编》引古罗马人《博物志》等，云此兽"当令御狮象，不宜以小兽试之也"。按极是。有惊人艺业者，确有待对手之激发，所谓"敌强愈强"是也，不宜以小兽试之。

卷七

《王远》："麻姑云：'接侍以来，已见东海三为桑田。向到蓬莱，又水浅于往日会时略半耳，岂将复为陵陆乎？'远叹曰：'圣人皆言海中行复扬尘也。'"按此沧海桑田之喻，属极长时空数量级，参观《周易》卷论《系辞》（九）引《旧约全书》"谷升为陵，山夷为壤"。以道家理论而言，于不同时空结构此数量级尚可变化，南宗四祖陈泥丸《翠虚吟》"任从沧海变桑田，我道壶中未一年"是也。又按依原书次序，本篇应居《白石先生》后，此误植于前。

《白石先生》："中黄丈人弟子也。至彭祖时，已二千余岁矣。不肯修升天之道，但取不死而已，不失人间之乐。……

常煮白石为粮，因就白石山居，时人故号曰'白石先生'。……彭祖问之曰：'何不服升天之药？'答曰：'天上复能乐比人间乎？但莫使老死耳！天上多至尊，相奉事更苦于人间。'故时人呼白石先生为隐遁仙人，以其不汲汲于升天为仙官，亦犹不求闻达者也。"《管锥编》引其中"彭祖问之曰……更苦于人间"一段，此谓"不乐升天"；复引《抱朴子·对俗》："若且欲留在世间者，但服半剂而录其半。……不死之事已定，无复奄忽之虑，正复且游地上，或入名山。……若幸可止家而不死者，亦何必求于速登天乎？"此兼言"但服半剂"。

按《韩非子·解老》："道譬诸若水，溺者多饮之即死，渴者适饮之即生"，此"少则得，多则惑"之理，是否可与"但服半剂"思想印证？犹否泰之变也。"但服半剂"《管锥编》以"不乐升天"解之，腰缠而兼跨鹤（葛立方《韵语阳秋》卷一三），人之大欲存焉。然仍可有别解，《抱朴子·对俗》略云："为道者当先立功德。……立功为上，除过次之。……若德行不修，而但务方术，皆不得长生也。……人欲地仙，当立三百善，欲天仙，立千二百善。若有千一百九十九善而复中行一恶，则尽失前善，乃当复更起善数耳。……积善事未满，虽服仙药，亦无益也。……吾更疑彭祖之辈善功未足，故不能升天耳。"以此说观之，"方术"、"仙药"云云实仅属"半剂"，而"功德"、"善功"云云亦属"半剂"，似未宜偏废者。如此除"不乐升天"之解外，尚有不宜或不能升天之解，可并存之。《抱朴子》本篇引《玉钤经》此说，影响后世颇深，如《太上感应篇》、《阴骘文》、"功过格"等，皆由此衍出。

又按本篇以中黄丈人白石先生师徒立论。"中黄"之象，当与道教名著《黄庭内景经》、《外景经》相关，《云笈七签》卷十三《中黄真经》（题九仙君撰，中黄真人注）亦言此象。以五行而论，"中黄"而生"白石"，犹"土生金"焉。又本篇"白石先生"传说，唐韦应物《寄全椒山中道士》用之，诗有"归来煮白石"之句，且云："落叶满空山，何处寻行迹？"

卷八

《刘安》。按秦丞相吕不韦召门客撰《吕氏春秋》，汉淮南王刘安召门客撰《淮南子》，为保存秦汉间思想之两大著作。汉武帝独尊儒术后，此类兼容并包式著作不复出现，文化发展乃渐趋狭窄。淮南王刘安学派，基本属战国秦汉以来之楚文化系统，有相当力量，"养士数千人"，然为汉武帝所灭，遂星流云散。继西汉淮南王安后，东汉复有楚王英，亦聚集相当力量，然又为汉明帝所灭。刘安、刘英相继被灭，除皇室内部矛盾外，尚有南北文化对峙之象。淮南王安及楚王英之力量分散于民间，为汉末魏晋道教兴起基础之一。

《管锥编》引"余药器置于中庭，鸡犬舐啄之，尽得升天"，即刘安拔宅飞升事，当根据黄帝鼎湖飞升之传说所撰。

此为道教当时之最高理想，而后来藏传佛教大迁转身之理想，亦有近似处。引"八公与安所踏山上石，皆陷成迹，至今人马迹犹存"，则人造古迹也，犹今旅游胜地所为。

《刘安》："仙伯主者奏安不敬，谪守都厕三年。"按谪守之"都厕"或作"天厨"，参观《抱朴子·袪惑》项曼都曰："昔淮南王刘安，升天见上帝，而箕坐大言，自称寡人。遂见谪，守天厨三年。"又《管锥编》谓《抱朴子》内、外篇宗旨每如水火；此因内篇道、外篇儒，故不同。然内篇保存若干思想资料，今尚可读，外篇已无重要价值云。

《张道陵》。按属楚文化系统。所学"黄帝九鼎丹法"，亦当从黄帝、刘安出，传说黄帝南游炼丹飞升，今安徽黄山即得名于此①。陵入蜀创"五斗米道"，为第一个有组织形式之道教。若忽视先秦两汉文化之发展，必谓道教始于此则非也。《管锥编》谓仙师重道尊经，不轻许滥传。按《抱朴子·勤求》："先师不敢以轻行授人，须人求之至勤者，犹当拣选其至精者乃教之。"又《悟真篇·后序》："三传匪人，三遭祸患"，亦其事也。

卷一〇

《刘根》。韩众谓刘根曰："汝今髓不满、血不暖，气少

---

① 秦称黟山，唐天宝六载改今名。传说黄帝在此山炼丹，故名黄山。

脑减，筋息肉沮，故服药行气，不得其力。必欲长生，且先治病。十二年乃可服仙药耳。"按此"髓满血暖"云云，似后世练功家所谓"筑基"。

卷一二

《壶公》。按壶公悬壶，注焉不满，酌焉不竭，有"克莱因瓶"之象。《管锥编》引本篇："长房下座顿首曰：'肉人无知。'"卷一五《阮基》："凡夫肉人，不识大道。"按如以维数解之，"大道"者，高维乃至无穷维也，"肉人"者，仅知四维或三维也，其间有变化，故宜"识"之。

引卷七《王远》"气少肉多"云云，谓宜质而能，"肉"者质也，"气"者能也。引《文子·微明》论"天地之间有二十五人"，其"下五"为"众人、奴人、愚人、肉人、小人"。此"二十五人"取五行数之变化，其分类标准在社会学；参观《灵枢经·阴阳二十五人》所列之"二十五人"，亦取五行数之变化，其分类标准在生物学或医学。《文子》于"二十五人"有褒贬取舍，除"上五"外，莫非"肉人"也；《灵枢》于"二十五人"仅谓各有偏胜，宜平衡之，无褒贬取舍也。此即社会学与生物学、医学之不同观点，宜各取所长。《管锥编》引李贺《马诗》"厩中皆肉马，不解上青天"，此极是，如解上青天则非肉马矣。

卷一三

《成仙公》解鸟兽语,"尝与众共坐,闻群雀鸣,知而笑之。众问其故,答曰:'市东车翻,覆米,群雀相呼往食。'"按佛道理解生物宜达卵湿胎化四生,通四生乃知鸟兽语,本篇谓"明照万物,兽声鸟鸣,悉能解之"是也。且俗语有云:"人为财死,鸟为食亡",人鸟虽不同,其信息岂有异乎。

《郭璞》:"得兵解之道,今为水仙伯。"按璞学范围甚宽而稍偏术数,本篇称其"天文地理,龟书龙图,爻象谶纬,安墓卜宅,莫不穷微,善测人鬼之情状"近是,"兵解"者时代为之,"水仙伯"云云神话也。璞"注《山海经》、《夏小正》、《尔雅》、《方言》,著《游仙诗》、《江赋》、《卜繇》、《客傲》、《洞林》",诸书大体犹存,尚见其学之象。流传之《葬经》当属托名之作,然"葬者乘生气也"确为地理警言,亦总纲也。

卷一六

《杜子春》:"噫!吾子之心,喜怒哀惧恶欲皆忘矣,所未臻者爱而已。"按《钟吕传道集》"论魔难"十七:"如亲戚患难,眷属灾伤,儿女疾病,父母丧亡,兄弟离散,妻妾分张，如见，不得认，是恩爱魔也。"《管锥编》引《宗镜录》论"三世十世等皆从能变心生"，此破执者极是，如以理学解之，则《河南程氏遗书》卷六"万变俱在人，其实无一事"是也。

引《华严经疏抄悬谈》论"梦中所见广大，未移枕上，历时久远，未经斯须"，则如岑参《春梦》："枕上片时春梦中，行尽江湖数千里。"历种种境界试道念坚否，参观本卷论《张道陵》；西方中世纪苦行僧侣试其徒，则或与《旧约·约伯记》相关。又按以拟话本而论，《张道陵》为《古今小说·张道陵七试赵升》所本，《杜子春》为《醒世恒言·杜子春三入长安》所本。

卷一八

《柳归舜》。凤花台曰："近代非不靡丽，殊少骨气。"《管锥编》谓齐谐志怪，臧否作者，掎摭利病，时复谈言微中。夫文评诗品，本无定体，赋、诗、词乃至小说皆未尝不可，只求之诗话、文话之属，隘矣。按此见解颇要，破传统文论、诗话之体以及一切，亦作者重要批评实践之一。《七缀集·读〈拉奥孔〉》："倒是诗、词、随笔里，小说、戏曲里，乃至谣谚和训诂里，往往无意中三言两语，说出了精辟的见解，益人神智。"亦点明此意。凤花台谓"非不靡丽，殊少骨气"，于中国传统艺术论属文、质消息。"靡丽"者文胜，"骨气"者质胜，文质宜相宣，然首宜重其质也。相传作者早年经陈衍指点，其诗路由文胜渐趋质胜，亦属此意。《管锥编》作者诗、文往往后胜于前，亦骨气渐充之象也。

卷三〇

《张果》。按唐玄宗时佛教兴盛之象，有善无畏、金刚智、不空、一行（卷九二）等人；道教兴盛之象，有张果（本卷）、叶法善（卷二六）、罗公远（卷二二）等人。儒教亦据此而兴，唐代宗时李鼎祚上《周易集解》，其序谓："权舆三教，钤键九流，实开国承家修身之正术也。"

《管锥编》引张果笑曰："娶妇得公主，甚可畏也！"按新、旧《唐书·张果传》记此谚稍异。《旧》传："谚云'娶妇得公主，真可畏也'"，略同本篇；《新》传："谚谓'娶妇得公主，平地生公府'，可畏也"，则略同于《资治通鉴》卷二〇二唐高宗开耀元年薛克构谓："谚曰：'娶妇得公主，无事取官府'，故不得不为之惧也。"《管锥编》引云云，乃见"可畏"之象，故宜"打金枝"以平衡之。

卷三七

《卖药翁》："多于城市笑骂人曰：'有钱不买药吃，尽作土馒头去！'"按"药"指"大还丹"，乃道教之根本，以"极大光明"合之，乃打破"土馒头"者也。

卷三八

《李泌》。《管锥编》谓此以李泌属《神仙》门，卷二八九以李泌属《妖妄》门，"神仙"、"妖妄"，实为一事，乃誉毁天渊。按即阴阳，阳为"神仙"，阴即"妖妄"也。本篇记张九龄诫泌曰："早得美名，必有所折，宜自韬晦，斯尽善矣。藏器于身，古人所重，况童子耶？……勿自扬己为妙。"此自厚自重之象，极是，宜为天下神童诫。《世说新语·言语》所谓"小时了了，大未必佳"现象，或与早年发泄太过有关，应收敛之。

又按《管锥编》引"每导引，骨节皆珊然有声，时谓之'锁子骨'"；又引《商居士》"每运支体，珑然若戛玉之音。……果锁骨连络如蔓，故动摇支体，则有清越之声。……佛身有舍利骨，菩萨之身有锁骨"。此"节节支解"之象，参观《大智度论》卷八九《释四摄品》论"八十随形好"之六曰："骨际如钩锁。"旧题张三丰著《玄谭全集》："顷刻浑身如炒豆子一般相似，百窍一齐爆开。"亦可与"导引说"相参。《纪晓岚文集》卷十二《与陈编修书》："李邺侯披一品衣，抱九仙骨，其意境不在形骸间也。"

卷三九

《韦老师》常养一犬，每以自随。或独坐山林，或宿雨雪中，或三日五日至岳寺，求斋余而食，人不能知也。"其犬长数丈，成一大龙"。有五色云遍满溪谷，后冉冉升天而去。按物化以龙为首，故《周易》首乾六龙。《说卦》："乾为马、坤为牛、震为龙、巽为鸡、坎为豕、离为雉、艮为狗、兑为羊"，八卦震龙综艮狗，故犬化为龙，今俗语尚以"龙门"、"狗洞"对举是也。《管锥编》引《隐居通议》卷一六载刘辰翁《药王赞》："左畔龙树王望龙，右畔孙真人骑虎，惟有药王屹立于其中，不龙不虎，独与犬为伍，不知何故。"按左震龙当东，右兑虎当西，而药王与犬居中当艮止为人，即"厚土"之象，故可为"药王"。

《麻阳村人》。青衣童子曰："我王辅嗣也。受《易》以来，向五百岁，而未能通精义，故被罚守门。"卷一八《文广通》略同，但非未通《易经》，而为"问《老子》滞义"，得预门人，犹未深受要诀，只令守门。两则皆云王弼受役于河上公。按此以小说评论哲学，犹《柳归舜》以小说评论文学，或谈言微中，当重视其义。汉代理解《易》、《老》，有其高度成就，王弼一切扫之而开新风，有所得亦有所失。以汉学观之，谓王弼于《易》、《老》尚未完全入门，亦非无据之言。

《管锥编》引《王弼》注《易》时嗤笑郑玄"老奴无

意",夜为玄鬼所祟;则魏晋时代演汉学之祟实为玄学之清虚,所扫不仅有西汉之黄老,尚有东汉之儒家。《管锥编》引孔颖达于《易》用王弼注而尽废诸家注,刘知幾于《道德经》斥河上公注为伪而请行王弼注,乃见王弼之长;而《广记》短书小说所谓处士横议,乃见王弼之短。凡仙谴鬼责种种之象,严于王辅嗣,正严于玄学清言之失耳。

又《广记》卷三一七《王弼》原注"无出处",当有出处。王利器《郑康成年谱·逸闻》谓出《稽神录》,又《艺文类聚》卷七九、《太平御览》卷八八三引《幽明录》意同,语句稍异。

卷五〇

《嵩岳嫁女》。穆天子歌"八马回乘汗漫风"云云,《管锥编》谓七律也,王母、汉武帝、丁令威等酬答之作皆七言律绝。按此即艺术作品"时代倒错"(anachronism)之例,历来有可谅和不可谅二说,似不必过于计较,并存之可也。引屠绅《六合内外琐言》记项羽鬼赋七绝感怀诗,曰:"音有升降,圣者因乎时,今日而续《垓下歌》,亦陈陈无谓矣!"此因时代大势变化,消息盈虚,鬼神亦何能异之?诗体亦何能异之?故不得不"随时"矣!引毛宗岗评点《三国演义》石广元、孟公威吟七言歌行,皆为孔明出场诗"大梦谁先觉,平生我自知"五绝之铺垫,此后亮出茅庐,三国形势即发生变化。

卷五二

　　《殷天祥》每日醉歌曰:"解酝顷刻酒,能开非时花。"《管锥编》引《云笈七签》:"解酝逡巡酒,能开顷刻花。"按如以《易》解之,则"非时"者春秋互变,犹"否泰反类";"顷刻"者"当下"也,犹"出入无疾"之旨。殷天祥自称"七七",则涉及其中变化,《易·系辞》上曰:"大衍之数五十,其用四十有九",七七四十九,体用无间矣。王船山《前愚鼓乐(调寄鹧鸪天)》曰:"方丈桃花日日新,花开只是不逢春。从来只有活人死,已死谁为受死身?冬已至,闭关津。冻鱼水底自芳辰。东风打破寒冰面,始识通身未损鳞。"此言及体验时间,或即养生功深之象?

　　《管锥编》论神通幻术在于打通"非时"、"非地",要贵乎迅速,如响斯应。按"神通","神"或如《易·系辞》上"唯神也,故不疾而速,不行而至";"通"或如《庄子·大宗师》"离形去智,同于大通"。"神通"故"迅速"矣。以《易》言,争取速度者,乾象当之。如《孙子·九地》:"始如处女,敌人开户,后如脱兔,敌不及拒",又《兵争》:"动如雷霆",又《旧唐书·李靖传》靖曰:"兵贵神速……所谓疾雷不及掩耳",均证此意。盖兵闻拙速,未闻巧之久也。已故毛泽东主席《满江红》词有云:"一万年太久,只争朝夕"①，一九七二年美国总统尼克松首次访华时于祝酒辞称引之。东西方文化于此似有共同语言。

卷五三

《麒麟客》。主人曰："经六七劫，乃证此身；回视委骸，积如山岳；四大海水，半是吾宿世父母妻子别泣之泪。"《管锥编》谓本于释典轮回习语。按亦可与道书相关，所谓阳神冲举，回视旧骸，如一堆粪土是也。又本篇仆曰："适与厄会，须佣作以禳之"，参观《全隋文》卷论《老氏碑》引《老子》（《太平广记》卷一）："人生各有厄会，到其时若易名字以随元气之变，则可以延年度厄。"佣作者，隐身度世，乃消业之一法。

卷五九

《西河少女》。按"女仙"诸卷，以卷五六《西王母》、卷五八《魏夫人》为要。《西王母》又称金母，当与卷一《木公》亦即东王公合观，二者"共理二气"而"育养天地"，乃道教逐步神化之对象。《洞冥经》卷二："昔西王母乘灵光辇，以适东王公之舍。"汉画像石亦有东王公往访西

---

① 《毛泽东诗词》外文出版社 1976 年英译本译作："Ten thousand years are too long, Seize the day, Seize the hour!"

王母图案。以后道教神祇"玉皇"、"王母"之像，或由此出？《魏夫人》为具神话色彩之晋代人物，篇中涉及《大洞真经》、《黄庭内景经》等典籍，至今尚存。道教发展，亦两类人物之相辅相成也。

《女几》。数岁，质酒仙人复来，笑曰："盗道无师，有翅不飞。"按此即道教重视师授之象，《全晋文》卷论何劭文、《全梁文》卷论陶弘景文胥引《悟真篇》中卷《七言绝句》所谓"饶君聪慧过颜闵，不遇真师莫强猜"是也。藏传佛教亦极重师，如《大乘要道密集》卷三《大金刚乘修师观门》引《三菩提》云："所有内分别，假师言诠悟。若或轻侮师，不获咒成就。"又《道果》云："深道即师。"或谓如未点破诀心，毫厘之差，即有千里之远也。又按《管锥编》引《太平御览》卷六八当为卷六六八，《全梁文》卷四七亦引此，无误。

卷六八

《郭翰》。织女曰："人中五日，彼一夕也"，"彼"指天上。按或可用相对论通其理？《谈艺录》论王静安诗道及客观时间即牛顿所谓"绝对真实数学时间"（absolute, true, and mathematical time）和"主观时间"（Duration）之异，可参观之。《管锥编》引古希腊诗人"幸运者一生忽忽，厄运者一夜漫漫"，亦回应《谈艺录》引《淮南子》"拘囹圄者，以日为修；当死市者，以日为短"。《管锥编》引哲学家"欢乐感即无时间感"及常语"快活"云云，《写在人生边上·论快乐》反复论之。别见杨荫杭《老圃遗文辑·长生说》："以生而可乐，故爱其长。是常人之五十年，长于囚人之一百年也。又常人处欢乐之境每觉其短而易尽，囚人在狱中则度一日如一年，是囚人一百年之长，又什百千倍于常人之一百年也。……长也短也，皆以意为之也。"

卷八〇

《周隐克》："段公与宾客博戏饮茶（"博茶"误），周生连吃数碗，段起旋溺不已。……盖饮茶懒起，遣段公代之。"按此极妙，卷三〇《张果》谓遣一人代饮酒，量可一斗，满则溢出。《管锥编》引《五灯会元》卷二〇："宗元曰：'你但将诸方参得底，悟得底，圆悟妙喜为你说得底，都不要理会。途中可替底事，我尽替你。只有五件事替你不得，你须自家支当，……着衣、吃饭、屙屎、放尿、驮个死尸路上行。'"按此实禅家之减担法，极是，故道谦于言下领旨，不觉手舞足蹈也。

卷八一

《赵逸》。"逸曰：'生时中庸之人耳，及其死也，碑文墓志，莫不穷天地之大德，尽生民之能事。……所谓生为盗跖，死为夷齐，妄言伤正，华词损实。'"按传统文化之"隐恶扬善"，或有其理？然亦启后代疑矣。

《管锥编》引《困学纪闻》举蔡邕惟《郭有道碑》为"无愧"，韩愈不免"谀墓"。按《李义山文集》卷四记刘叉"闻韩愈善接天下士，步行归之。……后以争语不能下诸公，因持愈数斤金去，曰：'此谀墓中人得耳，不若与刘君为寿！'愈不能止。"本篇又记逸言："自永嘉已来二百余年，建国称王者十有六君，吾皆游其都鄙，目见其事。国灭以后，观其史书，皆非实录，莫不推过于人，引善自向。"此亦道出历代史书实情，胜者王侯败者贼，福柯所谓"以权力解读历史"是也。

卷八八

《佛图澄》。按"异僧"类诸则，以佛图澄和鸠摩罗什最要。东晋十六国时期佛教之传布，由西域入华此两高僧起极大作用。佛图澄有弟子道安，鸠摩罗什有弟子僧肇，印度佛教转为中国佛教，四人可视为关键。汉末三国西晋佛教传入，初基本以民间为主，至佛图澄和鸠摩罗什乃确实争取到最高统治者支持。汉晋之间，由释摩腾始，经安世高、支谶、竺法护、竺叔兰至佛图澄、鸠摩罗什，西域高僧不断来华，正见当时中华逐步兴旺之大乘景象。佛图澄以神通、鸠摩罗什以传经，后世佛教有所彰显者，似未出此两条基本途径。

《管锥编》谓佛图澄神通和道家相似，如《栾巴》、《成仙公》等皆是。此以神通幻术显者，于当时盖不得不然，然仍宜究其理焉。引《艺文类聚》、《初学记》等记樊英漱水灭异地大火事，亦见《搜神记》卷二《樊英灭火》条。《太平御览》卷七三六《术》门记噀酒或水灭异地火事甚多，如樊英、栾巴皆与焉。又按《艺文类聚》郭宪讹作郭虑，宪事见《后汉书》卷八二。

卷八九

《鸠摩罗什》。"安舍有法而爱空乎？"云云。按印度佛教空、有二系，空宗似更契中土根基。罗什空宗大译师，然空、有亦互含焉，宜识其变。《高僧传》所记大师盘头达多（《管锥编》作"大阿"，误）与什师弟之争，乃小、大乘之争，然终以大乘胜出，盖青出于蓝也。盘头达多留难之语，参观《大智度论》卷六七《释闻持品》之下："或说般若波罗蜜空无所有，灭一切法，无可行处。譬如裸人，自言我著天衣。"

《管锥编》谓明季天主教入中国，诗文遂道"二西"，即释迦之"西"（西域）与耶稣之"西"（西洋）。按极是，据此标准可划分中国文化史之三阶段：一、先秦至汉末；二、汉末至明末；三、明末至今；三阶段各有不同形象。《管锥编》、《谈艺录》以中国典籍为主而兼及"二西"著作，"颇采二西之书，以供三隅之反"，此其特色，乃跨此三期也。"二西"中释迦之"西"，自汉末起陆续传入中华，已渐识其整体；于耶稣之"西"，自明末起亦陆续传入中华，然其整体何在？宜深入以观，中华学术上出之机存焉。

《管锥编》引魏源记龚自珍"好西方之书，自谓造微"，谓指释迦之"西"而非耶稣之"西"，亦见魏、龚二人相合处。魏源归心净土，咸丰年间辑《净土四经》，流传至今。龚自珍崇尚天台，《己亥杂诗》第七八、一五一、一六一、一八八、二二六等首皆言之，第三一五首曰："忽然搁笔无言说，重礼天台七卷经"，盖卒章显志也。又引安徒生童话《皇帝新衣》儿童脱口而出："他一点也没穿呀！"（"何一丝不挂！"But he has nothing on!）此童言无忌之象，真一语破的，"直心是道场"是也。

卷九六

《释道钦》答刘晏有云："三尺童子皆知之，百岁老人行不得。"《管锥编》引《五灯会元》卷二鸟窠道林禅师答白居易："三岁孩儿虽道得，八十老人行不得。"按"知之"、"道得"之语为"诸恶莫作，众善奉行"。此即"七佛通戒偈"，《增壹阿含经》卷一谓此偈"能出生三十七（道）品及诸法"，《大智度论》卷一八、《瑜伽师地论》卷一九又卷八一等皆用之，天台《童蒙止观》开篇亦引之。答语涉及言行关系，儒家亦用之，《朱子语类》卷一六曰："三岁孩儿也道得，八十翁翁行不得。"鸟窠道林与白居易问答颇流行，是否后人托撰？未可知也。白居易好禅道，观其《客路感秋寄明准上人》云："借问空门子，何法易修行？使我忘得心，不教烦恼生。"确有参学之象云。又鸟窠道林由四祖道信牛头山法融一系旁出，与五祖弘忍后禅家分南北宗有所不同。

卷九九

《僧惠祥》夜睡呼救云云。按慈悲戒杀为一境，慧眼观空亦为一境，然慈悲、智慧亦可合也。《管锥编》引安世高《佛说处处经》："佛行，足去地四寸，有三因缘：一者见地有虫蚁故，二者地有生草故，三者现神足故"，此慈心之象。《史记》卷《鲁仲连列传》亦引《杂宝藏经》："我出家人，怜悯一切，畏伤虫蚁，是以尔耳。"《安士全书·阴骘文广义》卷下有"举步常看虫蚁"条，注引沙弥律，有行步不伤虫蚁咒，甚为简易。

卷一〇〇

《道严》。善神曰："天命我护佛寺之地；以世人好唾佛寺地，我即以背接之，受其唾，由是背有疮。"按此忍辱波罗蜜也。《管锥编》引《增益阿含经》（"益"当作"壹"）：

"舍利弗白佛言：'亦如此地，亦受净，亦受不净，屎尿秽恶皆悉受之，脓血涕唾终不逆之。然此地亦不言恶，亦不言善。亦如此水，能使好物净，能使不好物净，无有异想。我今此心如是。'"按此般若波罗蜜也。佛法"六度"宜互摄互融，则究竟义谛与非究竟义谛亦不二不一，可互成也。

《五灯会元》卷二："文殊菩萨一日令善财采药，曰：'是药者采将来。'善财遍观大地，无不是药。却来白曰：'无有不是药者。'殊曰：'是药者采将来。'善财遂于地上拈一茎草，度与文殊。文殊接得，呈起示众曰：'此药亦能杀人，亦能活人。'"即《管锥编》引卷五行者曰"将无佛处来与某甲唾"之旨，而曰"能杀人"、"亦能活人"，乃明其变也。

卷一〇一

《延州妇人》。一"淫纵女子"早死，瘗于道左，忽有胡僧敬礼墓前曰："斯乃大圣，慈悲喜舍，世俗之欲，无不徇焉。此即锁骨菩萨。"《管锥编》引黄庭坚《观世音赞》："设欲真见观世音，金沙滩头马郎妇。"按《释氏稽古录》卷三引《观音感应传》亦载其事，且谓事出唐宪宗元和十二年，所诵佛经有《法华》、《金刚》云。引黄诗《戏答陈季常》："不妨随俗暂参禅"，"参禅"当作"婵娟"。参观《五灯会元》卷一八灵岩徽章次："问：'文殊是七佛之师，未审谁是文殊之师？'师曰：'金沙滩头马郎妇。'"

《管锥编》引《维摩诘经》"或现作淫女，引诸好色者，先以欲钩牵，后令入佛智"及《宗镜录》"染爱法门"，别见《老子》卷论一三章。以生物学观点论，生物进化分歧出雌雄两性距今约九亿年，而生物本身之历史距今约三十亿年，故"圆人"以欲止欲或以楔出楔之"染爱法门"，犹出入于三十亿与九亿年之间也，何况菩萨所理解之时间数量级尚不宜仅限于三十亿年乎？又观音或男身或女身，如以三十二应身之象观之，可无碍互转。

卷一〇二

《赵文信》。按佛教传入，与中国原有文化渐合而大盛，于其经籍亦反复神化。"报应"类于《金刚经》多至七卷，《法华经》一卷，《观音经》二卷，可见影响之一斑。本篇以"唯诵《金刚经》"为主，所谓"持经功德"，故与遂州人好庾信文集对举，引出"庾信是大罪人，见此受苦"之说。龚自珍《己亥杂诗》二二一首："烈士暮年宜学道，江关词赋笑兰成"，亦微讽之。

《管锥编》引《五灯会元》卷一七圆通法秀禅师戒黄庭坚作词曰："汝以艳语动天下人淫心，正恐生泥犁耳。"（参观《阅微草堂笔记》卷四《滦阳消夏录》四："大凡风流佳话，多是地狱根苗。"）此与哲学家对文学家深刻之不信任有关,故柏拉图《理想国》标举"驱逐诗人",《宋诗选注》引理学家程颐评杜诗写景名句:"闲言语,道他做甚!"然冲突终宜化解,《管锥编》引汤显祖"学佛人作绮语业,当入无间狱"与"慧业文人应生天上"二义,或化解之一法乎?谓"慧业文人生天"盖沿旧读破句,宜"业"字绝句,"文人"当作"丈人"而属下句,读作"得道应须慧业,丈人生天当在灵运先,成佛必在灵运后"。此成其说。然明末亦有以"慧业文人"为成辞者,如袁中道《珂雪斋集》卷二五《寄汪大司马静峰》又《答谢青莲》皆以"本色道人"与"慧业文人"对举,《游居柿录》卷一一引袁宏道曰:"慧业文人学道,岂可尽废文字?"张岱《陶庵梦忆》自序:"余今大梦将寤,犹事雕虫,又是一番梦呓。因叹慧业文人,名心难化,正如邯郸梦断,漏尽钟鸣,卢生遗表,犹思摹拓二王,以流传后世。则其名根一点,坚固如佛家舍利,劫火猛烈,犹烧之不失也。"

《管锥编》引例涉及汤显祖(1550—1616)与莎士比亚(1564—1616)之对比;如以世界文化观之,两家属同时代人,然所处东西方社会发展阶段不同,彼升此降,犹日渐没而月方升也。汤氏"玉茗堂四梦"分别对应"儒、佛、道、侠",其思想有极精粹处云。又按《管锥编》引西方古小说男角曰:"宁与所欢同入地狱,不乐随老僧辈升天;地狱中皆才子、英雄及美妇之多外遇者,得为伴侣";名言传诵,以为中世纪末"自由精神"之宣示。按此绝去依傍,乃极可贵之自力精神，亦近似《五灯会元》卷五青原行思章次石头希迁曰："宁可永劫受沉沦，不从诸圣求解脱"，乃成乾元上出之象焉。

卷一一二

《孟知俭》曰："一生诵《多心经》及《高王经》，虽不记数，亦三四万遍。"按《大般若经》——《金刚经》——《心经》一系，佛教之"心经"也。《高王经》当指《高王观世音经》（或谓伪经）。如指《高上玉皇心印妙经》，则可当道家之"心经"。《管锥编》谓真德秀亦辑性理语成《心经》以辅佐《近思录》，则儒家亦有"心经"。如此虽哲思层次与流行程度有所不同，三教皆有其《心经》矣。又卷九二《玄奘》曰："僧口授《多心经》一卷，令奘诵之。遂得山川平易，道路开辟，虎豹藏形，魔鬼潜迹，遂至佛国，取经六百余部而归。"此即小说《西游记》之张本。

卷一三五

《吴大帝》孙权猎获豹，见一老母曰："何不竖其尾？"《管锥编》引《晋书·沈充传》："谓其妻子曰：'男儿不竖豹尾，终不还也！'"按元乔梦府论作乐府之法曰："凤头、猪肚、豹尾"（元陶宗仪《南村辍耕录》引）；"豹尾"高翘作结,指收束有力。

卷一三六

《万里桥》。按卷九二《一行》叙其生平行事稍详。大要有二,一通《太玄经》,造"大衍历",有《大衍玄图》及《义诀》等,落下闳后八百年方有此人。一从善无畏、金刚智学密法,助译《大日经》,并作《大日经疏》。此二学皆难得,故有"万里桥"种种传说衍出。

卷一四六

《魏徵》寝时闻二典事相语,一谓官职由征,一谓"由天上"。《管锥编》引《大庄严论经》论业力和王力。按业力为大,王力或即业力之体现。

卷一六三

《天后》。按李淳风有其学,《推背图》无其理。二十四史《天文志》,当以《史记·天官书》与《晋书·天文志》为要,后书之成,非尽由时代之积累,亦缘乎李淳风个人之学问。究李氏之学宜推本于此,其他神话传说,或有或无耳。

《管锥编》引当代法国一文家曰:"有史以来,世人心胸中即为梦想三端所蟠据：飞行也，预知未来也，长生不死也。"按此梦想三端恰为人类文明进步动力之一："飞行"属空间之变化。由古代神话之代达罗斯始，至十九世纪飞机出现，二十世纪阿波罗飞船登月，人类已进入三维，并逐步放眼于太阳系、银河系之外。"预知未来"属时间之变化。由古代之卜筮传统至今天之科学预测，人类始终有极大兴趣于了解未来，其中虽真伪丛杂成败互见，然努力终未放弃，宜逐步形成未来学，能见及时代发展大势可贵。"长生不死"属生物之变化。此根极人类生命自我保存之本能，亦为医学之最终目的。从古代养生学至现代预防医学等，虽手段有异，尚能见其一贯之处。宜由此加深对人类生理、心理之认识，逐步认识遗传，乃至逐步认识生命起源。今分子生物学理解生命已有突飞猛进之处，宜进一步深入之。

此梦想三端，反映人类打破时空局限之向往与努力，实各有其理，亦为人类文明进步史之纲要。故梦想三端，属生物上出之力，而《推背图》云云助长幸心，且为野心家利用，已不足观。杨荫杭《老圃遗文辑·〈推背图〉跋》亦有所考证，云："《推背图》书在明朝已有之，或疑为洪、杨时所造者，非也。"

卷一六六

《杨素》。徐德言与乐昌公主"破镜重圆"。《管锥编》引柏拉图《饮宴篇》:"男女本为同气并体,诞生则析而为二,彼此欲返其初,是以相求相爱;如破一骰子,各执其半,庶若左右符契之能合。"按《易·系辞》云:"乾道成男,坤道成女。"如以整体观之,夫妇与男女必不能或缺,然亦永不能圆成,其间"幸福"、"不幸"消息无穷,故有"围城"之象焉。《中庸》曰:"君子之道,造端乎夫妇,及其至也,察乎天地。"故理解整体者,或可以由夫妇始,然未必可以于夫妇终,其间残缺之象,正属上出之动力焉。

卷一六九

《李勋》赠少决之人以刀,"戒令果断",赠不拘之人以带,"戒令检束(当作"约")"。按识不同之性情以调节之,所以"知人"也。《管锥编》引《韩非子·观行》:"西门豹性急,常佩韦以自缓,董安于性缓,常佩弦以自急。"即《周易》卷论《革》之"反象以征",此太极图之象,得中道也。

《选将》。李勋临阵,"必相有福禄者"遣之,曰:"薄命之人,不足与成功名。"按此即民间所谓"福将"之说。魏泰《东轩笔录》卷一:"宋真宗次澶渊,一日语莱公(寇准)曰:'何人可为朕守?'莱公曰:'古人有言:智将不如福将。臣观参知政事王钦若,福禄未艾,宜可为守。'王公驰骑入天雄,但屯塞四门,终日危坐,越七日,虏骑退。"通俗小说亦渲染之,如《说唐》之于程咬金,《说岳》之于牛皋;

《管锥编增订》引《说岳全传》三〇回("回"误作"四"):"王贵向汤怀道:'大哥不叫你我做先锋,反点牛兄弟去,难道我二人的本事不如了他么?'汤怀道:'不是这等说,大哥常说他大难不死,是员福将,故每每教他充头阵。'"按又见三二回:"金节说起,这牛皋十分无礼,不想他倒是一员福将,吃得大醉,反打败十万番兵,得了大功。"

"福将"之反例,即《管锥编》引《史记·李将军列传》之"数奇"。"数奇"有其因,李广奇于空而未必奇于时,"桃李不言,下自成蹊"是也,其象尚延续于后。而李勣所相之"福禄者",今则无闻矣。

卷一七〇

《姚元崇》。张说悔恨曰:"死姚崇犹能算生张说!"《管锥编》引《三国志》裴注:"百姓为之谚曰:'死诸葛走生仲达。'或以告宣王,宣王曰:'吾能料生,不能料死也!'"按此临终向上一着,犹余力余势也。

卷一七一

《严遵》闻女子哭夫而声不哀,考问,以淫杀其夫。按"精察"为相,相学所谓"下品相形,中品相神,上品相声";声不可以为伪,故可察知也。又严遵即严君平,有

《道德指归论》。本卷论《郭璞》引《史通·因习》引《汉》云:"严君平既卒,蜀人至今称之。"《汉》当指《汉书·王贡两龚鲍传》,该传载严君平卜筮于成都云云,曰:"蜀人爱敬,至今称焉。"

卷一七五

《元嘉》五官并用,"六事齐举",能"左手画圆,右手画方,……足书五言绝"。《管锥编》引《韩非子·功名》:"右手画圆,左手画方,不能两成",又《外储说》左下:"子绰曰:'人莫能左画方而右画圆也。'"《谈艺录》二论黄山谷诗《宫亭湖》云:"左手作圆右作方,世人机敏便可尔。"青神注引《韩非子》等书,亦及此。按左右方圆当阴阳,阴阳不可得兼,故难两成。又左手圆而右手方,亦可右手圆而左手方,即阴阳互变,此四象变化已可难测,故为高深武学之一端。今人武侠小说亦有以"左手画方,右手画圆"为"左右互搏之术"第一课者(金庸《射雕英雄传》第一七回、《神雕侠侣》第二五回)。

卷一七六

《娄师德》教弟曰:"人唾汝面,拭之是违(《管锥编》似用《新唐书》本传,《广记》作'逆')其怒,正(《广记》作"将")使自干耳。"《管锥编》引《罗氏识遗》卷二:"小说著太公劝忍之言曰:'吞钩之鱼,悔不忍饥;罹网之鸟,悔不忍飞;人生误计,悔不忍为。故唾面将襟拭,嗔来把笑迎,则知辱之当忍矣。'"按新、旧《唐书》本传皆称许师德容忍之量,后世有著《忍箴》(元许名奎著)、《忍经》(元吴亮编集)者,亦颇及师德事。此属中国之世俗智慧,或有其理?然亦有其弊矣。

《尚书·君陈》曰:"必有忍其乃有济,有容德乃大。"又《说文》:"忍,能也。"若沉静以成其事,尚是,今谓延迟满足是也,若充其极成乡愿则非矣。清石成金《传家宝》初集卷五《知世事》谓:"前人云:'饱谙世事休开口,会尽人情暗点头。'可见头若明点,尚恐惹祸,况其余乎?"此一系当中国之"不抵抗主义",后世"阿Q主义"似可属之,与西方基督教传统乃至甘地之"不抵抗主义"有别,似有柔克、刚克之异,当明其变也。

又王梵志诗:"唾面不须拭,从风自荫干。"陆游《剑南诗稿》卷六二《世事》:"世事如今尽伏输,面能干唾况其余。"张岱《自为墓志铭》:"弱则唾面而肯自干。"徐乾学《纳兰君墓志铭》引纳兰性德曰:"娄师德唾面自干,大无廉耻。"《管锥编》引《水浒》"自古嗔拳输笑面",又《五灯会元》"嗔拳不打笑面"。前者属人情之变,犹《世说新语·文学》刘注引《竹林七贤论》记刘伶所谓"鸡肋岂足以当尊拳";后者以嗔拳、笑面当阴阳,犹云门以"截断众流"、

"随波逐浪"当阴阳,亦犹临济以棒、喝当阴阳。

卷一八〇

《宋济》。德宗曰:"茶请一碗。"济曰:"鼎水中煎,此有茶味,请自泼之。"《管锥编》引《云笈七签》聂师道寻蔡真人,"主人以汤泼茶",谓唐人已有瀹茗者。按宋济在僧院,聂师道在道舍,则饮茶或与修真有关。仪节饮茶之风,宋时由禅僧传入日本,渐成茶道,以后有千利休(1522—1591)倡导之。芭蕉俳句谓:"世人醉繁花/我独安贫/酒白米黑","柴门蓬户/庭隅疾风扫落叶/供我烹茶",亦其象矣。《管锥编》引苏轼《试院煎茶》诗自注:"古语云:煎水不煎茶。"按此就水言,或就火言。参观苏轼《汲江煎茶》:"活水还须活火烹,自临钓石取深清。"自注:"唐人云:'茶须缓火炙,活火煎。'"施注引《因话录》:"活火谓炭之焰也。"(《唐语林》卷六"李泌公镇宣武"略同)又陆游《剑南诗稿》卷六八《秋怀》:"活火闲煎茗,残枰静拾棋。"卷四九《夜坐》:"活火生新焰,残灯委碎红。"

《李固言》于头巾上帖文字云:"此处有屋僦赁。"《管锥编》引英一文人自负好头脑,狂言曰:"吾将大书额上曰:'召租'"("To be let"),父闻之曰:"儿乎,莫忘加'空屋'两字也"("Unfurnished")。按《世说新语·排调》记郝隆七月七日出日中仰卧,人问其故,答曰:"我晒书!"此甚自负，与英文人语相似。而《排调》记王导言："此碗腹殊空，谓之宝器，何耶？"又周伯仁语："此中空洞无物。"亦可断章与父言连类矣。参观杜甫《寄题杜二锦江野亭》："腹中书籍幽时晒。"韩愈《符读书城南》："诗书勤乃有，不勤腹空虚"；《山谷外集》卷一四《次韵元翁从王夔玉借书》："小儿扪腹正空虚"，注引退之诗。福尔摩斯探案《血字研究》首章亦谓人脑如空阁楼，应择具以斥之。

卷一九三

《虬髯客》。按唐人武侠小说，以《虬髯客》、《聂隐娘》、《昆仑奴》、《红线女》最为神品，后世虽有竭力摹拟者，终未能似，故叹为观止。而尤以《虬髯客》、《聂隐娘》最厚且奇，文云："虎啸风生，龙腾云萃，固当然也。"《管锥编》引红拂语："妾亦姓张，合是妹"，谓以"兄妹"相称正名定分，防其萌非分之想，亦"善设"之例。引王猷定《戏论红拂奔李靖》："嗟乎！兴衰去就之际，苟失大势，虽以英雄处此，不能保婢妾之心，况其他乎！"极是，兴衰去就之际，即消息之际，可不慎乎。又消息同时，凡于杨素等当消者，于虬髯客乃至李靖等当息也。

《嘉兴绳技》。抛绳虚空，望空而去。按此由地入空，由二维入三维，高一维者胜也，犹当时之科幻小说欤？

卷一九七

《傅奕》。婆罗门僧有佛齿，所触无坚不碎，奕谓其子曰："吾闻金刚石至坚，物莫能敌，唯羚羊角破之"，果然。按《旧唐书》本传记奕辟佛，《广记》所言似属花絮。《管锥编》所引事，亦见《唐语林》卷三《识鉴》，同卷《方正》尚记奕破胡僧咒术。婆罗门僧佛而傅奕道，亦佛道争胜之一例矣。"金刚石唯羚羊角破之"之说，未知是否有据。然《管锥编》引惠能《金刚经·序》："金刚喻佛性，羚羊角喻烦恼。金刚虽坚，羚羊角能碎；佛性虽坚，烦恼能乱"，则以理释之。或以《五灯会元》卷七雪峰义存章"羚羊挂角"之说解之，谓无迹可求，亦通。

《管锥编》引《佛祖统纪》："佛舍利齿骨，一切物不能坏，彼婆罗门所携之齿，恐非佛真"，亦即《广记》所谓"非佛齿"，则《统纪》驳奕，适以成之。《管锥编》引《大般涅槃经·菩萨品》："譬如金刚，无能坏者，悉能破坏一切诸物，唯除龟甲及白羊角。"知此"无能坏者"和"唯除"之相辅相成，乃知生克之理矣。《广弘明集》卷六《辨惑篇》言傅奕引古来王臣讪谤佛法者二十五人，名《高识传》，奕盖诋佛之健者。《管锥编》引《旧唐书·傅奕传》萧瑀语"地狱所设正为是人"，恰见释徒深恨之情。又此语作者不悦时曾用之，友人记其事（吴忠匡《记钱锺书先生》）。

《郝处俊》。"无脂肥羊"云云。《管锥编》引《大智度论·论忍义》第二五（按当作卷一五）及《摩诃止观》卷六、七、十"诸结使脂消，诸功德肉肥"、"烦恼脂消，功德转肥"等云云，修"无常空狼"所致也。按曾见一美国故事，谓森林中仍宜有狼，俾鹿群有所惧以促进茁壮生长①。此虽如"音乐合奏时来一响手枪声"（《宋诗选注》范成大条引《红与黑》），然亦有其理矣。结使，谓八十八结使。

卷二〇〇

《杜荀鹤》。"旧衣灰絮絮"云云。《管锥编》谓以文为戏，偶弄狡狯，然充类至尽，必如成书《古诗存·凡例》论苏蕙《璇玑图》所言："谓之绝技则可，谓之诗则不可。"按《镜花缘》第四一回载《璇玑图》诗及武后序，并载其读法之变。《序》云："织锦为回文，五采相宣，莹心耀目。纵横八寸，题诗二百余首，计八百余言。纵横反复，皆为文章。其文点画无阙，才情之妙，超古迈今。"此赞其"绝技"矣。《四库提要》卷四三〇别集类《璇玑图诗读法》曰："唐初实有是图"；胡玉缙《补正》亦引成书语，且谓："试依其法读之，未有不牵强佶屈者。"故谓其非诗，甚是。成书，乾隆庚子进士。

---

① 读报乃知美国西部确已逐步实施"放狼归山"（落矶山）计划以保持生态平衡（《新民晚报》1995年1月19日新华社电讯）。

卷二〇一

《独孤及》嗜鼓琴,"得眼病不理,意欲专听"。《管锥编》引卷二〇三《师旷》:"乃熏目为瞽,以绝塞众虑,专心于星算音律。"按《史记》卷论《老子、韩非列传》引《阴符经》下篇云:"瞽者善听,聋者善视,绝利一源,用师十倍,三反昼夜,用师万倍",即其象也。《管锥编》引《师旷》属乐类,如将中国音乐理论合于个人,师旷应为代表之一。《庄子·齐物论》:"昭文之鼓琴也,师旷之枝策也,惠子之据梧也,三子之知,几乎皆其盛者也。"

《广记》谓:"师旷者,或云出于晋灵之世,以主乐官。妙辨音律,撰兵书万篇,时人莫知其原裔,出没难详也。晋平公时,以阴阳之学,显于当时。乃熏目为瞽,以塞绝众虑,专心于星算音律。考钟吕以定四时,无毫厘之异。《春秋》不记师旷出于何帝之时。旷知命欲终,乃述宝符百卷。至战国纷争,其书灭绝矣。"按"妙辨音律,撰兵书万篇"涉及音乐与用兵关系,即《易·师》"师出以律,否臧凶";此属世间治乱,属社会。"阴阳之学"谓《易》,"考钟吕以定四时"谓律历,此属星算音律,属自然。《永乐琴书集成》卷一《序琴》引崔遵度《琴笺》云:"作《易》者考天地之象也,作琴者考天地之声也。""宝符百卷"与后来道教发展相关;"其书灭绝",于将绝未绝之际,发展之机显出矣。

《房琯》。颜真卿刻姓名于石,或置之高山,或沉之大洲,曰:"安知不有陵谷之变耶?"《管锥编》引《晋书·杜预传》"预好为后世名"云云。按颜真卿之言,当与安史之乱相关;杜预注《左传》,知春秋三世之变,又身居魏晋动乱之世,故有此沧桑之感。虽好名似不必,然颜、杜皆有其过人之长,或足以自负云。袁中道《珂雪斋集》卷九《四牡歌序》曰:"杜武库之事业,颜真卿之忠义,终不能忘情于迁化之际,而沉碑刻石,不得已寄之于名。予皆悲其志,而哀其不知解脱之路。"

卷二〇四

《秦青、韩娥》。秦青"声振林木,响遏行云",韩娥"余音绕梁,三日不绝",见古代声乐之象。《淮南子·泛论训》:"及至韩娥、秦青、薛谈之讴,愤于志,积于内,盈而发音,则莫不比于律而和于人心。何则?中有本主以定清浊,不受于外而自为仪表也。"《世说新语·识鉴》注引《嘉别传》:"丝不如竹,竹不如肉",此列出弦乐——管乐——声乐次序,以声乐为高。杜甫《听杨氏歌》:"吾闻昔秦青,倾侧天下耳。"《管锥编》引卷二〇五《赵辟》:"方吾浩然,眼如耳,目如鼻,不知五弦为辟,辟为五弦也。"此"坐忘"于音乐,故神遇而天随。嵇康《四言赠兄秀才入军诗》:"目送归鸿,手挥五弦。俯仰自得,游心太玄。"

卷二〇七

《僧智永》。按卷二〇六诸篇含中国书法之象。《古文》："古文者，黄帝史苍颉所造也。……仰观奎星圜曲之势，俯察龟文鸟迹之象。博采众美，合而为字，是曰古文。"《大篆》："大篆者，周宣王太史史籀所作也。……篆者传也，传其物理，施之无穷。"《李斯》："古文可为上古，大篆为中古，小篆为下古。三古为实，草隶为华，妙极于华者羲、献，精穷其实者籀、斯。"僧智永取笔头瘗之，号为"退笔冢"；智永即羲之七世孙。

《管锥编》引卷二〇八《僧怀素》弃笔堆积，埋于山下，号曰"笔冢"。按《全晋文》卷论卫恒《四体书势》曾言"墨池"，而此云"笔冢"，凡为学者必功夫至此，乃渐入神。《苏轼文集》卷六九《题二王书》："笔成冢，墨成池，不及羲之即献之。笔秃千管，墨磨万铤，不作张芝作索靖。"《苏轼诗集》卷一一《柳氏二外甥求笔迹》："退笔如山未足珍，读书万卷始通神。"《山谷题跋》卷二《题虞永兴道场碑》："草书妙处，须学者自得，然学久乃当知之。墨池笔冢，非传者妄也。"

杨绛《丙午丁未纪事》记作者历年所积累读书笔记有五麻袋之多，即《管》书之素材，用功精勤可见一斑，其"稿冢"乎。又杨书称"丙午丁未"者，意中当有宋柴望所辑之

《丙丁龟鉴》在。柴氏必系之"丙午丁未"固未是，然胸罗万卷者亦不妨借以为象。何薳《春渚纪闻》卷一"定陵兆应"条亦言及此，称"灾在丙午年内，祸当丁未年终"。此二年金人犯阙，即"靖康耻"也。

卷二〇八

《购兰亭序》。按历代宝物，亦自有命运，此即变迁之理，私之则非。世传之《萧翼赚兰亭图》，《管锥编》谓其名未可定。然古画人物，浑穆静美，加以标识而传，或无妨耳。绘画所示，如自高维观之，仅为投影，宜观其形，又观其神。《管锥编》引英国一画师（John Opie）深厌俗人见画人物辄问"阿谁？肖否？"（Who is it? and is it like?）参观本卷论卷二一〇《徐邈》引苏轼《书鄢陵王主簿所画折枝》第一首："论画以形似，见与儿童邻。"

卷二一〇

《张衡》。有兽名"骇神"，状貌丑恶，衡往写其象，兽"畏写"不出。按"写"谓得其形神，即《全齐文》卷论谢赫《古画品》"六法"之六："传移，模写是也"，故"畏写"犹本卷《黄花寺壁》谓原始民族尚有畏摄影者。且非仅兽或人也，龚自珍《己亥杂诗》三一五首："吟罢江山气不灵"，则"江山"亦"畏写"乎？一笑。《管锥编》引德谚谓"壁上莫画魔鬼"（Man soll den Teufel nicht an die Wand malen），盖图鬼足以召鬼。此即原始民族之感应思想，列维·布留尔《原始思维》所谓"互渗律"（participation）。

《顾恺之》画人物，数年不点目睛，曰："传神写貌，正在阿堵之中。"《管锥编》引《太平御览》云："顾虎头为人画扇，作嵇、阮，而都不点眼睛，曰：'点眼睛便欲语。'"按此极是，眼睛者精神所聚，所谓"神光灿"是也，故点之便"欲语"。《广记》、《世说》谓"四体妍媸，本无关于妙处"云云，则又后世相学如《柳庄相法》卷中"目为五形之领"之说。

《管锥编》引卷二一一《张僧繇》画四龙，不点眼睛，云："点之即飞去"，人请点之，二龙乘云腾上天。此亦极是，即《顾恺之》所云："妙画通神，变化飞去，犹人之登仙也。"引《孟子·离娄》："存乎人者，莫良于眸子"；赵岐注："言目为神候，精之所在。"此世传名言，参观《大戴礼·曾子立事》："目者，心之浮（通"孚"，《韩诗外传》引作"符"）也"；《写在人生边上·窗》引达·芬奇《笔记簿》："眼睛是灵魂的窗户。"引刘邵《人物志·九征》："征神见貌，则情发于目"，刘昞注："目为心候。"参观同篇论"中庸之质"："五常既备，包以淡味，五质内充，五精外章，是以目彩五晖之兴也。"中国言相学，《人物志》或宜必读之，因其终以人格修养为主，胜于仅知术数者多矣。

《管锥编》引李伐洛曰："目为心与物缔合之所，可谓灵魂与肉体在此交代。"此绾合物与心或身与心于目，《阴符经》下篇"心生于物，死于物，机在目"，或可笺之？"机在目"者，能量转移之关节也。引黑格尔谓盼睐为灵魂充盈之极、内心集注之尤。此谓目之所之，即心之所之，即今所谓"注意"；故目视亦属供养，犹注目礼也。鲁迅曾解圣·蒲孚（《管锥编》译圣佩韦，见 221，326，756，942，1054，1064 页，etc.）《我的毒》（mes Poisons）"惟沉默是最高的轻蔑"曰："最高的轻蔑是无言，而且连眼珠也不转过去。①"亦其意也。

《管锥编》引列奥巴迪谓目为人面上最能表达情性之官，相貌由斯定格。杨荫杭《老圃遗文辑》之《说相》、《相目》亦及此意，《相目》引《北史》贾子儒善相人，谓"人有七尺之形，不如一尺之面，一尺之面，不如一寸之眼"。杨绛《洗澡》第七章："姚宓的眼睛亮了一亮，好像雷雨之夕，雷声未响，电光先照透了乌云。"又："我说那姚小姐够厉害啊，两眼一亮，满面威光。"参观《谈艺录》补订本《黄山谷诗补注》新补十三引《维摩诘经·佛国品》肇注："五情百骸，目最为长。"

《黄花寺壁》。元兆诘画妖曰："尔本虚空，而画之所作

---

① 《鲁迅全集》第六卷，116—117 页。参观《我怎么做起小说来》："忘记谁说的了，要极省俭的画出一个人的特点，最好是画他的眼睛。"同上，第四卷，513 页。

耳，奈何有此妖形?"对曰："形本是画，画以象真，真之所示，即乃有神；况所画之上，精灵有凭可通。"《管锥编》谓手笔精能，可使所作虚幻人物通灵而活，亦可使所像真实人物失神而死，两说相反相成，并行不悖。前者谓"毫生"，引董其昌《容台集·别集》卷四："众生有胎生、卵生、湿生、化生，余以菩萨为'毫生'，盖从画师指头放光拈笔之时，菩萨下生矣"；后者谓"画杀"，引王令《广陵先生文集》卷五《赋黄任道韩幹马》："传闻三马同日死，死魄到纸气方就"；此就艺术夸张而言，或有理，皆场能或气之变化也。

《管锥编》引邓公寿《画继》卷六引"俗云"："未满三十岁，不可令朱待诏写真，恐其夺精神"，即前论《张衡》所谓"畏写"也。此谓艺术品与素材之间，其精神或有难以平衡之处，是否有理?《七缀集·诗可以怨》引及"诗以穷而后工"、"诗能穷人"之说，则谓艺术品与艺术家之间亦有难以平衡之处，鲜能双美也。引方以智《药地炮庄》卷一《齐物论》："章大力曰：'影以翳光，则如形之余，非离也。神工灸影以起病，短狐射影以中人；是则去身之物，尚亦关身者耶?'参!"此谓人之精神气魄，其象或出于体外，宜注意收敛之。

卷二一一

《陶弘景》画二牛，一以金笼头牵之，一就水草。《管锥编》谓其意即《庄子·秋水》论龟宁曳尾泥涂抑巾笥而藏之庙堂；是，富贵诚可贵，自由价更高也。陶弘景事迹，详见《管锥编》引《广记》卷一五《贞白先生》，略见卷二〇二《陶弘景》。按前篇记梁武帝笑曰："此人无所不作，欲效曳尾龟，岂可致邪？""无所不作"当指其学所涉之境，贞白先生者谥也。后篇记陶："有志于养生，每言仰视青云白日，不以为远。……谢职隐茅山，……自称华阳隐居。……赋诗曰：'山中何所有，岭上多白云。只可自怡悦，不堪持寄君。'"凡南北朝道教，北朝有寇谦之，南朝则有陆修静及陶弘景云。

《管锥编》引隋释湛然《法华玄义释签》卷三上论神通曰："亦如此土古人，张楷能作雾，栾巴善吐云，葛洪、陶渊明等皆薄能有术数，盖小小耳。"《管锥编》疑陶渊明作陶弘景；按极是，弘景字通明，与渊明只一字之差。后世亦有将渊明列入玄宗而论者，如西派徐颂尧《天乐集》卷一六解读渊明诸诗文，谓《与子俨等书》"北窗下卧，自谓是羲皇上人"为得虚静恬澹之意；谓《归去来辞》"富贵非我愿，帝乡不可期"为好仙道而未遇真师；谓《形影神》诗"乘化归尽"为未究竟；皆反复言其修养。《诗话总龟》前集卷二引《百斛明珠》云："陶渊明《饮酒诗》云：'善养千金躯，临化消其宝。'宝不过躯，躯化则宝亡矣。人言靖节不知道，吾不信也。"施德操《北窗炙輠录》卷上："人见渊明自放于田园诗酒中，谓是一疏懒人耳。不知其平生学道至苦。"卷下评陶诗"此中有真意，欲辨已忘言"曰："时达摩未西来，渊明早会禅。"此如《谈艺录·补遗》三引《古诗归》卷九《渊明饮酒诗》第三首"悠然见南山"，谭评曰："禅偈"，于解陶集另成一路矣。

卷二一三

《张萱》。《管锥编》引赵执信《谈龙录》载王士禛"云中之龙时露一鳞一爪"之喻，解本篇"意余于象"。按成整体者成其象，此"损"而有余，则遮之或有以显之也。凡龙之变化屈伸于天，更不能逐鳞逐爪观之。

卷二一六

《张憬藏》。按命者时也，相者空也，"卜筮"者"当下"也。或有其理？而执者非是。参观《左传》卷论昭公十二年"卜筮因人而吉凶"，又桓公十一年"卜以决疑，不疑何卜"。宜理解时代发展之大势，仅执泥于个人祸福非也。憬藏事见《新唐书·袁天纲传》，"时有长社人张憬藏，技与天纲埒"是也。而《新唐书·刘义节传》亦记憬藏所言未中事，宜兼读以见其弊。庄绰《鸡肋编》卷上评曰："然其术不无中否，采其中者称之耳。"

卷二一八

《华佗》。有郡守病甚,佗言"当怒极呕血"始瘳,因疏其罪而责骂之,守大怒,"呕黑血升余,其疾乃平"。《管锥编》引《太平御览》卷七三八杨泉《物理论》曰:"知大怒则气通血脉畅达也。"按发郁结为医疾医心之法,喜怒哀乐皆可发之。《管锥编》引杨万里《诚斋集》卷七八《送侯世昭序》谓亦可以惊发之。斯人也、斯疾也而斯治也,此无书可征,故曰:"吾以意也。""惊"、"怒"手法,今于民间医疗犹见之,如按摩有"惊法",为"奇术九法"之首。

《许裔宗》。人请其著书,答曰:"医乃意也。……意之所解,口莫能宣。"《管锥编》引《后汉书·方术传》下郭玉曰:"医之为言意也。……可得解而不可得言也。"按《说文》解"意":"从心音,察言而知音也。"凡综合而得其信息,故"医乃意也"。信息者,振动数也。又"医"、"意"为声训,朱骏声《说文通训定声》颐部第五"医"字条下亦引郭玉云云。本篇引许氏语"古之名手,唯是别脉。脉既精别,然后识病"云云,与《全梁文》卷四七论陶弘景《药草总序》引《旧唐书·方技传》略同,"裔宗"作"胤宗"。

卷二一九

《田令孜》。《管锥编》谓"福医"者,有"医运"也。

按参观前论"福将",彼言命,此言运。明徐春甫《古今医统》引俗云:"明医不如时医",亦指此。《管锥编》引《西洋记》等谓"趁我十年运,有病早来医"。此谓庸医有运,当其时亦能医人;然庸病亦有运,当其时亦能杀人。知否?呈生克之象。

卷二二七

《督君谟》。王灵智学射于君谟,"以为曲尽其妙,欲射杀君谟,独擅其美",君谟张口承矢,笑曰:"未教汝啮镞法。"按由射艺角度观之,"啮镞法"亦可认为本无此法,"啮镞"仅为射艺之变。《孟子·尽心》下曰:"大匠能为人规矩,不能使人巧。"王灵智仅学得其规矩,所未能知者,其巧也。其巧永无穷,故射艺之变亦无止境焉。

《管锥编》论师弟子间俗语所谓"留一手"。引段玉裁《经韵楼集》卷十二:"若乃未知□驾,而自谓已能御,未知衔箭,而自谓已能射",卷七:"世有剽窃师门一二,遽勇于树帜欲为逢蒙者之可耻";此谓弟子未尽有德,故择弟子不可不慎也。引《学记》:"教人不尽其材",郑注:"谓师有所隐也",孔疏:"恒恐人胜之,故不尽其道也";此谓师未尽有道,故《学记》云:"择师亦不可不慎焉。"桓谭《新论·启寤》引谚:"三岁学,不如一岁择师",亦谓慎象。《太平御览》卷四〇四作"三岁学,不如三岁择师",则尤慎。藏传佛教或谓授受审慎者,师弟子宜相互观测十二年云(宗喀巴《事师五十颂释》)。

《管锥编》引《剑南诗稿·嘲畜猫》自注云:"俗言猫为虎舅,教虎百为,唯不教上树。"猫虎之喻,确为"留一手"之佳笺。引《罗湖野录》卷二、《五灯会元》卷一一等记风穴延沼诗:"五白猫儿爪狰狞,养来堂上绝虫行;分明上树安身法,切忌遗言许外甥。"虽是,然《五灯会元》卷三南泉普愿章次记南泉斩猫儿,似更为彻底:"师因东西两堂争猫儿,师遇之,白众曰:'道得即救取猫儿,道不得即斩却也。'众无对,师便斩之。"

《管锥编》引波斯古诗人:"以我为弓矢之鹄招者,曾从我学射者也;以我为嘲讽之题目者,曾从我学文者也。"此谓弟子青出者背其师,尚可有正面之义,因弟子墨守者亦累其师矣。参观《谈艺录》补订172页引尼采谓"宗师只有一大弟子,而此子将背其师,盖渠亦必自成大宗师也",盖墨守师教,反足为弟子致远造极之障碍也。此如禅家师弟子之间,最后一着必不教,虽教亦不能会,必待自悟,如必有"末后句"待参,永不说出是也。

卷二三〇

《王度》得古镜,列四方八卦十二辰次二十四字,"持此则百邪远人",镜之阴阳光景,与日之明蚀相合,又其宝气与卦兆相应。篇末记此镜"天下神物终不久居人间",匣中龙咆虎吼,良久声定而失镜。按镜与剑连类,镜见此篇,剑见卷二二九《王子乔》。该篇记墓有"剑作龙虎之声,……俄而径飞上天";又记《神仙经》云:"真人去世,多以剑代,五百年后,剑亦能灵化。"而卷二三一《陶贞白》记陶著《太清经》,一名《剑经》,"凡学道术者,皆须有好镜剑随身",则合论也。《本草纲目》卷八"古镜"条谓:"文字弥古者佳,辟一切妖魅。"李时珍注:"镜乃金水之精,内明外暗。古镜如古剑,若有神明,故能避邪忤恶。凡人家宜悬大镜,可避邪魅。"

《管锥编》引《抱朴子》内篇《登涉》:"不知入山法者,多遭祸害。……万物之老者,其精悉能假托人形,惟不能镜中易其真形耳。是以古之入山道士皆以明镜径九寸已上悬于背后,则老魅不敢近人";又引《摩诃止观》卷八:"隐士头陀人多蓄方镜,挂之座后,媚〔魅〕不能变镜中色像,览镜识之,可以自遣。"此述佛道两家之镜,皆从其形而下而言。形而上则应以佛教之"大圆镜智"当之,此"大圆镜智"由八识而转,康僧会《大安般守意经序》"偃以照天,覆以临土"云云似之。

《管锥编》引《墨庄漫录》卷一○载崔伯易《金华神记》,女子曰:"剑阳物,鬼阴物,故鬼畏剑;镜阴物,精阳物,故精畏镜。昔抱朴子尝言其略。"此以剑、镜分阴阳,犹以精、鬼分阴阳,此四象相辅相成,亦可互克。篇中记王度与剑侠遇，镜吐光而剑无复光彩，"天下神物，亦有相伏之理"是也。《抱朴子》谓"万物之老者"为精，此谓"阳物"，犹《悟真篇·禅宗歌颂诗曲杂言》称不修正觉三昧，炼心坚固之象，故畏镜也。

《管锥编》谓道家古说仙人或无影，如《列仙传》及左思《魏都赋》所称"玄俗无影"；佛典如隋译《起世经》列举"诸天有十别法"，其六曰："诸天之身，有形无影"；贯修《赠信安郑道人》曰："点化金常有，闲行影渐无。"此其影渐化，乃由"善行无辙迹"衍出。《太平御览》卷三八八《影》门颇引神仙无影之说，《广记》卷五九《昌容》亦谓"常行日中，不见其影"，此盖得其"是"，"是"者，日正也。

卷二三七

《同昌公主》死，李可及进《叹百年曲》，声词哀怨，听者莫不泪下。按《悟真篇》上卷《七言四韵十六首》第二："人生虽有百年期，寿夭穷通莫预知。昨日街头犹走马，今朝棺内已眠尸！"或谓此矣。王梵志诗："我见那汉死，肚里热如火。不是惜那汉，恐畏轮到我。"又："张口哭他尸，不知身去急。"亦体验无常。百年之内，生老病死之际，不足为奇，亦确可惊叹。

卷二三八

《张祜》。"非常人"以豕首贮囊中,言是仇人头,向祜假十万缗。按张祜自许豪侠,即自立其"体","非常人"乃欺之以方也。凡立"体"者必为其"体"所限,古今无二。哲学研究今渐有破"本体论"而成"认识论"趋向,亦同此理。

《大安寺》。"小仆掷眼向僧"。《管锥编》引《史记·货殖列传》:"今夫赵女郑姬,设形容……目挑心招",又引《汉书·李广传》颜师古注:"以目相视而感动之,今所谓'眼语'者也。"按此光音天之象,所谓"眼睛与笑容"是也,犹得其气。杨绛《洗澡》第一卷第六章:"忽然她眼睛一亮,好像和谁打了个无线电",亦此类也。

卷二四三

《张延赏》:"钱至十万贯,通神矣!无不可回之事。"按明李世熊《钱神志》卷二《贪冒》五:"宋太祖常与赵普言桑维翰,普曰:'维翰爱钱。'上曰:'苟用其长,当护其短。措大眼孔小,赐与十万贯,则塞破屋子矣。'"《钱神志》七卷为有感于《钱神论》而作,"十万贯"即"塞破屋子",故《广记》谓"通神"矣!

卷二四七

《石动筩》问国学博士，孔子弟子"达者七十二人，几人已着冠？几人未着冠？"博士不能答。动筩曰："《论语》云：'冠者五六人'，'五六'三十人也；'童子六七人'，'六七'四十二人也。"《管锥编》谓皇侃《论语·先进》此章疏"孔门升堂者七十二人也"意近于此。按此说颇巧，今所谓"脑筋急转弯"是也。余嘉锡《四库提要辨证》卷六《圣贤图赞》考孔子弟子数，如《史记·仲尼弟子列传》、《唐六典》卷四等皆七十七人，《通典》卷五三增至八十三人，其说不一。"七十二人"者，虚数也。《宋史·真宗纪》："大中祥符二年五月乙卯，追封孔子弟子七十二人。"曲阜庙弟子数准此。

《管锥编》引汉光武云台二十八将称"四七之将"，参观唐太宗凌烟阁二十四功臣及秦府十八学士，此君臣遇合之象，如时至确有其巧，李康《运命论》"不求而自得，不徼而自遇，不介而自亲"是也。引《皇朝类苑》卷四三引杨亿《谈苑》，解"破瓜年"为十六岁，以"瓜"字破之为二"八"字，此盖正解。或谓尚有二解[①]，一指少女月事初来，

[①] 林以亮（宋淇）《更上一层楼·再思录·破瓜》，九歌出版社1976年6月版，140—141页。参观荷兰高罗佩《中国古代房内考》，李零等译，上海人民出版社1990年11月版，367页。

如瓜破则见红潮；一指女子破身。

卷二五一

《杨虞卿》。《管锥编》引文艺复兴时名著《美女论》谓肤色尚白，第不可"死白"，犹张岱《陶庵梦忆》言物色之"呆白"。按或移笺"白话文"，则文章之"白"应如内含七色之"白"，而非一穷二白之"白"，通篇无绮词丽句而自多灿烂，《管锥编》所谓"白有几般白"是也。

卷二五二

《吴尧卿》。《管锥编》引沈作喆《寓简》卷一〇："司马温公薨时，程颐以臆说，敛如封角状，东坡疾其怪妄，因怒诋曰：'此岂信物一角，附上阎罗大王者耶？'"按程颐与东坡于温公丧事时发生冲突，确有其事，见《河南程氏外书》卷十一"温公薨，朝廷命伊川先生主其丧事。是日也，祀明堂礼成，而二苏往哭温公"条，又"伊川主温公丧事，子瞻周视无阙礼"条。参观《史纲评要》卷三一宋哲宗元祐二年"程颐罢"条。此含洛学与蜀学之不同？或仅为世俗之矛盾？哲学家对事物之不同见地，颇可玩味。

邵伯温《闻见录》卷二〇记其父邵雍临终前程颐、司马光、张载等皆环绕左右，其间问答见诸家之异，耐人寻味。

如程颐曰："先生至此，他人无以为力，愿自主张。"邵曰："平生学道岂不知此，然亦无可主张。"（《河南程氏遗书》卷一八记载略异）又张载欲为推命，邵曰："若天命则知之，世俗所谓命则不知也。"张曰："先生知天命矣，某尚何言？"张载推命为所拒事尚见同书卷一五。陈继儒辑《邵康节先生外纪》卷二、刘斯组《皇极经世绪言》卷首亦引其事。

卷二五五

《宋务先》。一监察御史"不工文而好作"，人诮之，辄折俸助厨，号曰"光台"。其妻诫之曰："公经生，素非文笔，此必台中玩公！"遂不复出钱，诸御史知之，相谓曰："彼有人焉，未可玩也。"《管锥编》引卷二五八《并州士族》记一人"为可笑诗赋"，人嘲弄而"虚相称赞，必击牛酾酒延之"，其妻泣谏，此人叹曰："才华不为妻子所容！"至死不觉。按锺嵘《诗品序》："独观谓为警策，众睹终沦平钝。"无才者或宜藏拙乎？然自知甚难。《颜氏家训·文章》谓："但成学士，自足为人；必乏天才，勿强操笔。"宜为鉴也。前节"折俸助厨"，后节"击牛酾酒延之"，参观《写在人生边上·吃饭》引《老饕年鉴》（Almanach des Gourmands），大意说，我们吃了人家的饭该有多少天不在背后说主人的坏话，时间的长短依饭菜的质量而定云云。

《王维》。唐宰相王玙好与人作碑志。有送润笔者，误扣王维门。维曰："大作家在那边！"《管锥编》引刘克庄《后村大全集·答杨浩》诗注"王缙多为人作表铭"云云。按《唐语林》卷五《补遗》（采自《永乐大典》）亦记此事，"王玙"作"王缙"，后村之注，或亦有据。又按三十年代作者为辩解温源宁之《不够知己》（Imperfect Understanding，1935年）非己所作，曾作诗解嘲："褚先生莫误司迁，大作家原在那边；文苑儒林公分有，淋漓难得笔如椽。"本篇即第二句之出典。《管》书涵容作者一生所学，其中亦含若干早年信息，此一例也。"褚先生"指褚少孙，增补《史记》者。又《管锥编》本卷论《张裕》引及"楮先生"与"毛颖"，乃分指纸与笔，"褚先生"与"楮先生"或可发生联想，《毛颖传》之"毛颖"即作者早年笔名"中书君"之所出。又《列子·周穆王》："王问所从来。左右曰：'王默存耳。'"作者字"默存"，或相关此乎。

卷二五六

《平曾》献白马诗云："雪中放出空寻迹，月下牵来只见鞍。"《管锥编》引卷四○三《延清室》董偃以玉精为盘贮冰，二物"同洁澈"，侍者以为"冰无盘，必融湿席，乃和玉盘拂之"，落阶下俱碎；王昌龄《采莲词》："荷叶罗裙一色裁，芙蓉花脸两边开，棹入横塘寻不见，闻歌始觉有人来。"按前者参观《世说新语·容止》："王夷甫容貌整丽，妙于谈玄，恒捉白玉麈尾，与手都无分别。"后者在辨与不辨之间，"棹入横塘"不辨，"闻歌"始辨，歌者，信号也。

《管锥编》引《酉阳杂俎》论禽兽"必藏匿形影"，是以"蛇色随地，茅兔必赤，鹰色随树"，此于动物界盖不得不然。引吴夫人《梨花》诗"月明无色但空枝"云云，则属植物，乃见景色之美。张岱《西湖梦寻·湖心亭看雪》："天与云与山与水，上下一白。"曾国藩道光二十三年十月十一日日记："夜月如画。独立台上，看南山积雪与渭水寒流、雪月沙水，并皆皓白，真清绝也。琼楼玉宇，何异过此？但恨不得李太白、苏长公来此一吐奇句耳。"引《五灯会元》卷一三洞山良价嘱付曹山本寂："银碗盛雪，明月藏鹭"，此所谓"类之弗齐，混则知处"，推原其本，犹《老子》"和光同尘"与《庄子》"隐故不自隐"之象。

引十八世纪德国文家列许登堡语谓模仿不特有正仿，亦且有反仿，别见《七缀集·中国诗和中国画》与《谈艺录》补订247页。《谈艺录》谓翻案亦即反仿之属，则正反因变亦无穷云。

卷二五八

《高敖曹》作诗："冢子地握槊，星宿天围棋，开坛瓮张口，卷席床剥皮。"按曾睹某联云："星出天麻面，云开月脱衣"，亦此类也。《管锥编》引黑格尔《自然哲学》谓繁星丽天有若人肤患癣或群蝇嘬聚，何堪叹美。可参观康德《实践理性批判》卷末对"头上的星空和内心的道德法则"（"法则"一译"律令"）之赞叹与敬畏。此天人相应之说，即康德一生证境所在，故以为墓志铭焉。

《权龙襄》。《管锥编》引《绿野仙踪》第六回《评诗赋大失腐儒心》邹继苏《花》诗："媳钗俏矣儿书废，哥罐闻焉嫂棒伤"，句意稍曲折。按鲁迅亦曾释其义，大意谓：儿妇折花为钗，虽然俏丽，但恐儿子因此废读；哥哥折了花来，没有花瓶，就插在瓦罐里以嗅花香，嫂嫂为了防微杜渐起见，就用棒子连花与罐一起打坏了。这算是对冬烘先生之嘲笑[①]。

卷二六〇

《殷安》谓人曰："自古圣贤，不过五人"，因屈指数得伏羲、神农、周公、孔子，"自此以后，无屈得指者，良久乃曰：'并我五也！'遂屈五指"。按此解颐之作，然究其理，则儒家意也。

中国传统文化主脉至春秋战国时代成其象，其主要代表为伏羲、神农、黄帝、尧、舜、禹、汤、文王、周公、老子、孔子，分别相应由畜牧时代至春秋战国文化发展之各方面，

[①] 《鲁迅全集》第六卷，512页。

其间有异有同，乃形成贯通三古之灿烂文化。而其后时代发展中，重视黄帝、老子一系并上通伏羲者主要为道家文化，重视尧舜周孔一系并上通伏羲者主要为儒家文化。两种文化互为阴阳，两汉尊黄老与崇儒术之别，即属消息之几。此后以唐宋观之，唐陆德明撰《经典释文》，于五经、《孝经》、《论语》外，列《老子》、《庄子》，尚存道家文化之象。宋定十三经，去《老》、《庄》而列《孟子》，则仅注目于儒矣。

本篇赞曰："伏羲八卦，穷天地之旨，一也。""神农植百谷，济万人之命，二也。""周公制礼作乐，百代常行，三也。""孔子前知无穷，却知无极。拔乎其萃，出乎其类，四也。"可见流行之观点。

卷二六二

《长须僧》曰："落发除烦恼，留须表丈夫。"按"落发""留须"乃第二性征之变化。参观《聊斋志异》卷七《仙人岛》记"中原才子"王勉慨然颂近体一首，曰："一生剩有须眉在，小饮能令块垒消"，顾盼自雄。芳云低告曰："上句是孙行者离火云洞，下句是猪八戒过子母河"，一座抚掌。

《昭应书生》奔驰入京，曰："将应'不求闻达科'。"《管锥编》引《老学庵笔记》卷九记天圣中置"高蹈邱园科"。按《古今谭概·颜甲部》一八又《老圃遗文辑·山人》亦引此两例。《广记》卷二五五《司马承祯》曰："唐卢藏用始隐于终南山。……藏用指终南山谓之曰：'此中大有佳景处，何必在远。'承祯徐答曰：'以仆所观，乃仕宦捷径矣。'藏用有惭色。"卢藏用与昭应书生有巧拙之别，然皆奔驰于终南捷径者矣。

《不识镜》。《管锥编》引《杂譬喻经》等谓误认人为己，误认己为人，其苦不自知一也。按此执于我相人相，或即释典谓"颠倒妄想"乎。镜花水月喻真幻云云，参观《周易》卷论《归妹》、《谈艺录》补订306页。真乎幻乎，我乎人乎，形乎影乎，痴人前莫说梦，白昼下莫掌灯是也。引张华《博物志》、刘敬叔《异苑》云云，亦见《太平御览》卷九一八，《异苑》末句"遂乏死"，"乏"当作"至"。

《管锥编》谓所见汉、唐镜皆铜铸，《广记》卷一六六《杨素》记破镜为两半，非有削金铁如泥之利器不办；旧藏古镜十数枚，尝戏一一掷诸地，了无损裂，疑冰莫涣。按《杨素》之破镜两半，要能重圆，犹如虎符。古镜难破事，有论者辩之，谓作者所敲之古镜均属殉葬品，故厚实而难"破"。然古人日常所用之镜大而且薄，很容易"破"，磨镜后尤然①。

又按《管锥编》引小青焚余诗："瘦影自临秋水照，卿须怜我我怜卿"，亦见《红楼梦》八九回"蛇影杯弓颦卿绝粒"，黛玉以此自伤。又小青诗："夜雨敲窗不忍听，挑灯闲

---

① 沈欣《"破镜"与"重圆"》，《读书》1987年7期。

读《牡丹亭》，世间也有痴如我，岂独伤心是小青。"参观《红楼梦》二三回"《牡丹亭》艳曲警芳心"，黛玉听及"原来是姹紫嫣红开遍，似这般都付与断井残垣。……只为你如花美眷，似水流年……你在幽闺自怜……"时之感受，即"水仙花症"是也。周亮工《书影》卷四谓："曰'小青'者，离'情'字。正书'心'旁，似'小'字也。或言姓钟，合言'锺情'也。"《后红楼梦》卷末记曹雪芹读宝钗、黛玉评点之《红楼梦》，首页上写"人间亦有痴于我，岂独伤心是小青"，可见其间连系。又《红楼梦》二三回记《西厢记》、《牡丹亭》等，世间法也；一一八回记《庄子》、《参同契》、《元命苞》、《五灯会元》等，出世间法也。

卷二七三

《徐月英》有诗云："枕前泪与阶前雨，隔个窗儿滴到明。"按即李清照《声声慢》"守着窗儿，独自怎生得黑。梧桐更兼细雨，到黄昏点点滴滴"词境。引浪漫主义"外景"与"内景"贯通之说，参观《谈艺录》【附说九】论"心与境"，又《楚辞》卷论《九辩》。"内景"、"外景"二词出《大戴礼记·曾子天圆》又《淮南子·天文训》，因《黄庭经》采用而流行，于流传过程产生内外分别亦不得不然，其间变化极妙。如能观"琴心文"，乃知贯通之象矣。

卷二七五

《捧砚》。裴至德家僮也。《管锥编》谓乃《红楼梦》之"焙茗"、"司棋"、"侍书"等所祖。按《红楼梦》元、迎、探、惜四"春"丫环分别以琴、棋、书、画为名,即"抱琴"、"司棋"、"侍书"、"入画"。

卷二七六

《周宣》谓占梦,《陈桃》、《吕蒙》则谓《易》也。《周宣》记宣善占梦,所采当出《三国志·魏书·方技传》。魏文帝与"或"皆不梦而问,而宣答皆验,何也?《三国志》宣答魏文曰:"夫梦者意耳,苟以形言,便占吉凶。"答"或"曰:"此神灵动君使言,故与真梦无异。"皆可阐"意形于言,便占吉凶"之义。按此颇要,含占筮乃至占梦之原理,因由材料触机而得信息,材料本身,无须执也。本篇记"其人"三以"吾梦刍狗"(实未梦)为问,宣答以"君当得美食"、"当堕车折脚"、"当有火灾",三占不同而皆如所言,即一例也。又《易·无妄》曰:"无妄之药,不可试也。""其人"不梦而占,未必为是,然则其梦其占,皆宜化解也。

《陈桃》记虞翻注《易》,桃梦翻与道士相遇,付《易》六爻,烧(《三国志·吴书·虞翻传》裴注引《翻别传》作

"挠")其三以饮翻,且云:"易道在天,三爻足矣。"《吕蒙》记吕蒙读《易》,梦伏羲、文王、周公"言论世祚兴亡之事,日月广明之道,莫不究极精妙",蒙未该玄言,乃于眠中呓诵文也。别见《三国志·吴书·吕蒙传》裴注引《江表传》。此见二人向学之精诚,虞翻有此精诚,乃为汉易之殿军;吕蒙有此精诚,故"非复吴下阿蒙",所谓"士别三日,当刮目相看"是也。又虞翻之学,颇与《参同契》相关,"烧《易》三爻"者,或"纳甲"之象乎。

卷二八三

《杨林》入玉枕圻中,见朱楼琼室,娶赵太尉女,生六子,历数十年,"忽如梦觉,犹在枕旁"。《管锥编》引《吕翁》、《淳于棼》等解之,辗转经沈既济《枕中记》而推本于《列子·周穆王》,颇见线索。《吕翁》"邯郸梦"之要在道,《淳于棼》"南柯梦"之要在佛,此理解乃至变化时间数量级,成觉悟之本,皆有其根,仍从唐代思想文化而来。则梦与解梦,均未凭虚也。

《管锥编》引《全唐文》房千里《骰子选格序》:"彼真为贵者,乃数年之荣耳;吾今贵者,亦数刻之乐耳。虽久促稍异,其归于偶也同",谓以作梦、掷采相提并论,感讽亦深。此极是,参观本卷论《魏徵》引《大庄严论经》"是我业力""我因王力"之争辩。《管锥编》引王士禛《池北偶谈》深讥刘克庄、王义山作诗"用本朝故事,毕竟欠雅","用本朝人事,尤可厌";此大体是,然偶一点染,或无妨乎。如《管》书不引近人,偶尔亦稍稍破例也。

《管锥编》据前引房又引薛季宣《浪语集》卷五《读邸报》之二:"世味刀头蜜,人情屋上乌;荣华叶子格,升黜选官图";赵必瑑《覆瓿集》卷二《沁园春·归田作》:"看做官来,只似儿时,掷选官图。……都一掷间,许多般样,输了还赢赢了输。……叹塞翁失马,祸也福也;蕉间得鹿,真欤梦欤!"犹《红楼梦·好了歌》及注解("陋室空堂,当年笏满床")之象,乃见官场世味人情,此"读邸报"可知,"归田"可知,"一小时读毕八千年国史提纲"亦可知。世事变幻,得失真伪,皆难辨也。

《管锥编》引王弘撰《砥斋集》卷二《题烂柯图》:"呜呼!修短有命,同归于尽。衍短为修,其实仍短,卢生黄粱是也;缩修为短,其修安在?王质烂柯其然乎?"按今知围棋之变化数为十之一七二次方,此涉及极长之时间数量级,远超地球、太阳系所可能之存在年限,地球、太阳系尚可毁坏,岂止烂柯?故于时间数量级之修短变化与王质烂柯之象,仍宜理解之也。张靖《棋经十三篇·棋局》:"自古及今,弈者不同局。《传》曰:'日日新。'"俞正燮《癸巳存稿》卷一一《围棋》:"《云仙杂记》引《止戈集》云:'人能尽数天星,乃遍知棋势。'盖以纵横三百六十一子附之天道。……《梦溪笔谈》云:'棋必能算始精,人能算至连书万字五十二者，始能尽棋局之变。'此与天星之谈无异。"《管锥编》论"仙亦不久"云云，别见《老圃遗文辑·长生说》："仙人有极长之时，而未尝不短，俗人有极短之时，而未尝不长"。又周作人《死之默想》："又听人说，仙家的时间是与凡人不同的，诗云：'山中方七日，世上已千年'，所以烂柯山下的六十年在棋边只是半个时辰耳，那里会有日子太长之感呢？但由我看来，仙人活了二百万岁也只抵得人间的四十春秋，这样浪费时间无裨实际的生活，殊不值得费尽了心机去求得他；倘若二百万年后劫波到来，就此溘然，将被五十岁的凡夫所笑。"

《管锥编》引黄庭坚诗："从师学道鱼千里，盖世成功黍一炊。"此联前句《谈艺录》二《黄山谷诗补注》引《关尹子·一宇》"以盆为沼，以石为岛，鱼环游之，不知其几千万里而不穷也"笺之，后句《管锥编》本篇引《关尹子·五鉴》"夜之所梦，或长于夜……心无方"笺之，两篇所笺，或可对应。

《阿来》。《管锥编》谓："盖唐女巫皆能弹琵琶，亦如后世江南道士皆能吹笙笛，余少时常见之。"按本卷论《石动筩》："余儿时见僧道斋醮张榜，尚依此样也。"《毛诗》卷论《关雎》："余童时尚熟聆之。"《楚辞》卷论《招魂》："余儿时在锡、苏、澄，习见此俗，且尝身受招呼；二十许寓沪西，尚闻邻人夜半为此。"古书中所记风俗，民初尚有存者，故连类及之。《管》书总结一生所学，包罗极广，而所涉及经历以少年时居多,盖重生气始发之时。

卷二八四

《阳羡书生》:"书生便入笼,笼亦不更广,书生亦不更小。"《管锥编》引《维摩诘经·不思议品》第六舍利弗与维摩诘谈论"维摩诘室":"舍利弗言:'居士,未曾有也!如是小室乃容受此高广之座,于毗耶离城无(所)妨碍,又于阎浮提聚落地邑及四天下诸天龙王鬼神宫殿亦不迫迮。'维摩诘言:'唯!舍利弗。诸佛菩萨有解脱,名不可思议。……以须弥之高广内芥子中,无所增减,须弥山王本相如故;……又以四大海水入一毛孔,……而彼大海本相如故。'"按此释典大义,《华严》"十门"所谓"同时具足相应门"、"广狭自在无碍门"、"一多相容不同门"、"诸法相即自在门"是也。《庄子·齐物论》亦云:"注焉而不满,酌焉而不竭,而不知其所由来,此之谓'葆光'。"

《管锥编》引《大般涅槃经·一切大众所问品》:"又见诸佛,其姝大,所坐之处,如一针锋,多众围绕,不相障碍。"又《寿命品》:"尔时四方无边身菩萨及其眷属所坐之处,或如锥头、针锋、微尘。"参观《增订》等引中世纪经院哲学之辩论:"一个针尖上能坐多少天使?"《管锥编》引朱骏声《刻参同契序》引魏君自序"安䣢长生",谓"䣢"古多借"隐",今俗作"稳"也。按《参同契·三相类》:

"吉人相乘负,安稳(隐)可长生。""安"者安处,"稳"、"隐"实一字,然如分歧以解之,"稳"稍重形而下,犹身,"隐"稍重形而上,犹心,此似道、佛二家之别,然二解可合一乎。《通鉴》卷二一七唐玄宗天宝十四载:"禄山踞床微起,亦不拜,曰:圣人安隐。"胡注:"圣人谓上也。隐,读曰稳。唐帖多有写'稳'字为'隐'字者。"又《槐聚诗存·赠乔大壮先生》:"着处行窝且安隐。"

《管锥编》引唐译《华严经》(即"八十华严")卷七二"(建大光明摩尼宝幢)其光触身悉使安隐"。此象释典常言,如《千手千眼观世音菩萨大悲心陀罗尼经》:"若诵持者,行于道路,大风时来,吹此人身毛发衣服,余风下过,诸类众生,得其人飘身风吹著衣者,一切重障恶业,并皆灭尽。"道殿《显密圆通成佛心要集》卷上:"此戴持人,身手所触,眼目所睹,一切有情,速得菩萨之位,永不复受生老病死等苦。"

《管锥编》论一少年悦一女郎,女则爱他男,此男又别有所娶之类,近人或谓之"连锁单相思"(chaînes d'amours en cascades)。按《围城》上半部赵恋苏,苏恋方,方则恋唐,亦此情节,四章赵与方辨明彼此"同病"而非"同情",即理清此一线索。此"鹅笼境地"所求不得遂,然则遂之如何?《谈艺录》补订24页谓:"木石因缘,徼幸成就,喜将变忧,佳耦始者或以怨耦终",亦《围城》之别解矣。

卷二九一

《李冰》。按《广记》神凡二十五卷，鬼四十卷，当阳一阴二之义。且神伸而鬼屈，或当明其变。李冰治水，有功蜀郡，即古传"三不朽"中"立功"之事，民尊之为神，有其因也。上古神话大禹治水，冰化牛与江神斗，与禹化熊事同，皆精神凝聚所为，故有种种民间传说衍出。《广记》本卷《龙门山》记禹得八卦之图、十二时之数，以度量天地，平定水土，则治水仍需依据当时所认识之科学原理，今《易》亦多"利涉大川"之文，或存上古之象。

卷二九二

《阳雍》。按《孝经》："昔者周公郊祀后稷以配天，宗祀文王于明堂以配上帝，是以四海之内各以其职来祭"；此以祖配天思想，当由原始宗教而来。《太平御览》卷一、卷四一一引《孝经左契》云："元气混沌，孝在其中"，此重感应之诚，有其是，然凝结而为王朝统治者宣扬之"以孝治天下"，有其非。凡礼法皆宜自然，必以形式束缚之，乃滋其伪也。

卷三〇三

《郑仁钧》阴阳面，"其左冷如冰而色白，其右热如火而色赤",不知何疾,实乃"天曹判官"居人世者。《管锥编》谓旧日城隍、东岳庙中"阴阳面判官",殆以此为朔矣。按或谓西方心理学有"两面神思维"(Janus)者,其象可通此。

引《广记》卷二九八《柳智感》所谓"夜判冥事,昼临县职",此人事鬼事,人身二任者,与《西游记》十回"魏徵梦斩泾河龙"同理;引西方古画"时间老人"(Father Time),身有两翼,一翼白昼,一翼黑夜,飞逝无间日夕者,《易·系辞》上"通乎昼夜之道而知"者也。引《广记》卷三六七《寿安男子》"半面啼,半面笑",犹今童谣所谓"一半脸儿哭,一半脸儿笑",济颠之象。引释氏"十一面观音"一首而同具"慈悲"、"嗔怒"、"暴恶大笑"诸相,乃相应而化解种种不同情感。此"十一面观音"密乘用之,与显教之杨柳观音等,亦异亦同。以佛藏《十一面观世音神咒经》耶舍崛多、玄奘、不空等译本观之(《管锥编》引"慈悲"云云当用玄奘译本),黄庭坚《题神移仁寿塔》"十二观音无正面"尚未是,因皆有正面。然不立"正面"仍有其理,乃化其体也,所谓"方便为究竟"矣。《临济录》曰:"问十二面观音阿那面正?"又"十二"者,地支之数。《管锥编》引《大乘金刚髻珠菩萨修行分经》言"或于一身生无量头面,或马面、象面、猪面、鼠狼面、鳝鱼面"乃至"百足虫面"等,此人身猪、马面而为佛相,或有其理,因穷究性海以探生物之源者或能见其象,然仍宜化度之矣。

《王常》。即卷七三《王常》,彼云"黄金可成,水银可死",此则"死"字作"化"。按所云当为外丹术,属古代化学之发展;或兼言内丹术,属古代之生物化学,乃另成一路。此两路可分可合,如以《参同契》著成时代观之,似以不分为是,然其间变化亦难言也。《管锥编》引《参同契》上篇"金入于猛火"云:"水胜火消灭,俱死归厚土。……炁索命将绝,休死亡魂魄,色转更为紫,赫然成还丹。"此篇"黄金可成,水银可死(化)"句义,似以"死"字为是,"化"字非也。然如以《易》"贞下起元"之理观之,则"死"与"化"仍有联系,前者犹"贞",后者犹"起元"。《谈艺录·序》云:"麓藏阁置,以待贞元。时日曷丧,清河可俟。""时日曷丧"者犹"死",当"贞"之象,"清河可俟"当"化",乃"起元"矣。雪莱《西风颂》名句:"冬天到了,春天还会远吗"(If Winter come, can Spring far behind)?生者死之根,死者生之根,当观其互化也。

《管锥编》引白居易《浔阳岁晚寄元八郎中、庾三十二员外》"阅岁年将暮"云云,"岁"当作"水",承题误也。此诗姚宽《西溪丛语》卷下亦引,注云:"浔阳滨江,江水冬季水枯,故阅水而知季候也。"又"白发自须生"之"自",《管锥编》从姚引作"自",未从白《集》卷一七作"事"。

卷三一〇

《张生》。舜之神曰:"孟是何人?得与孔同科而语!"因力斥《孟子·万章》记舜"怨慕"乃"不知而作"。《管锥编》谓此亦宋司马光、李觏辈非孟之先驱。按以孔、孟合观，两人思想有可连者，亦有未可连者。因孔之思想、语言皆有弹性，且活泼多变，孟似稍稍坚执矣。理学以孔孟连类建立道统，有所得亦有所失。司马光等"疑孟"，似未可尽非。《管锥编》引晁说之《嵩山文集》卷十三《儒言》："孔孟之称，谁倡之者？汉儒犹未之有也。"按汉学言周孔，宋学言孔孟，此其大别。本卷论《殷安》引及唐陆德明《经典释文》未列孟与宋《十三经》列孟，尚属此汉代思想之变化。

《管锥编》引赵与时《宾退录》卷一〇（按当作卷二）引《疑孟诗》二首，稍鄙俚。于今人武侠小说《射雕英雄传》第三〇回读及"疑孟诗"一首："乞丐何曾有二妻？邻家焉得许多鸡？当时尚有周天子，何事纷纷说魏齐？"（出冯梦龙《古今谭概·文戏部》）虽似强辞挑剔，然亦解颐，可作攻孟之一助焉。

卷三一五

《鲲父庙》。按神可由人造，亦可由人绝，《管锥编》引诸例以破除淫祠迷信，引谭峭《化书·德化》："画者不敢易于图像，苟易之，必有咎；刻者不敢侮于木偶，苟侮之，必贻祸。始制作于我，又要敬于我，又置祸于我。是故张机者用于机。"即此神像设教之理焉。杜甫《同诸公登慈恩寺塔》

云："方知象教力,足可追冥搜。"且此理不仅如《管锥编》通于世法人事,且可由宗教通于艺术。莱蒙托夫《诗人》云:"当拉斐尔充满了灵感,/用生动的画笔即将画毕/圣母马利亚神圣的容颜,/醉心于自己精湛的技艺,/他猝然倒在圣像的面前![1]"或即艺术之眩晕力焉。

卷三一七

《秦巨伯》。《管锥编》谓本《吕氏春秋·疑似》黎丘丈人事。按《疑似》所云"疑似之迹,不可不察"甚是,如石之似玉,剑之似吴干,人之博言善辩而似通,皆使人迷惑者也。然仍宜就其可察之迹察之。《吕》书察之之纲,在"十二纪"、"八览"、"六论"云,乃辨其阴阳变化焉。

卷三一八

《陆机》。按陆机所遇少年为王弼之鬼。本篇赞其"神姿端远,置易投壶,与机言论,妙得玄微",而"机心服其能,无以酬抗"。按王弼之学,有"天纵其圣"与"罪浮桀纣"两端,本卷《麻阳村人》已论"罪浮桀纣"矣,此则论"天纵其圣"焉。《管锥编》本卷论《柳归舜》谓:齐谐志怪,

---

[1] 《莱蒙托夫诗选》,余振译,上海译文出版社1990年5月版,4页。

亦含文评诗品，时复谈言微中。然齐谐志怪亦可含哲学评论，细察之或可得其象，《麻阳村人》与本篇即为其例，《悟真篇》绝句五首之五"俗语常言合至道，宜向其中细寻讨。若于日用颠倒求，大地尘沙尽成宝"是也。又哲学领导时代思潮，王弼程度自然在陆机之上，故"机心服其能，无以酬抗"也。

卷三二〇

《蔡谟》（当作"谟"）闻邻左复魄声，见新死老妪欲升天，"闻一唤声，辄回顾，三唤三顾，徘徊良久"。《管锥编》引《广记》卷三三〇《王光本》谓"生人过悲，使幽壤不安"。按宜肃穆祥和，悲喜确不宜过分，《论语·学而》记曾子曰："慎终追远，民德归厚矣。"

《刘道锡》不信鬼，从兄兴伯能见鬼，夜道锡以戟刺鬼所在。翌日，兴伯惊曰："此鬼昨夜那得人刺之，殆死，都不能复动，死亦当不久。"此鬼亦有死之说，《管锥编》引《聊斋志异》卷五《章阿端》："人死为鬼，鬼死谓聻。鬼之畏聻，犹人之畏鬼也。"按凡克者亦有其克，此之谓生克。引安世高译《十八泥犁经》云云，参观但丁《神曲》所云炼狱乃至地狱景象，凡"炼狱"七大罪恶，如"傲慢、忌妒、忿怒、怠惰、贪财、贪食、贪色"，宜化解之。引西方典籍谓天神失志憔悴，长生徒供长病，不克一死了事，参观释典如《俱舍论》卷十言天人临死现"五衰相"。以释家言,天道非究竟,故未可执也。

卷三二一

《贾雍》出界讨贼,为贼所杀,失头。上马回营,胸中语云:"诸君视有头佳乎,无头佳乎?"吏涕泣曰:"有头佳。"雍曰:"不然,无头亦佳。"言毕遂死。按《列子》卷《汤问》,《管锥编》引意大利古谐诗写奥兰多(Orlando)宝剑之利,神锋一挥,斩敌两段,敌虽被杀死而不自知,依然跨马苦战。

《宋定伯》不畏鬼,担鬼肩上执而卖之,得钱千五;按当重其胆气。《管锥编》引"定伯复言:'我新鬼,不知有何所恶忌?'鬼答言:'不喜人唾。'"且引家乡旧谚:"噀唾不是药,到处用得着",谓唾乃兼巫与医之用矣。按此或与道教重视唾沫之养生作用有关,《黄庭内景经》三章:"口为玉池太和官,漱咽灵液灾不干。体生光华气香兰,却灭百邪玉炼颜,审能修之登广寒。"鬼畏唾沫之说,或从此衍出?

《郭翻》。按本篇于原书居《贾雍》、《宋定伯》前。儿书"皆横行,似胡书",曰:"此是鬼书,人莫能识。"按中华古书皆直行,故横行曰"似胡书",谓西语也。《管锥编》引《广记》卷一五九《定婚店》老人检书,韦固不识其字,因问曰:"固少小苦学,字书无不识者,西国梵字亦能读之,唯此书目所未觌,如何?"老人曰:"此非世间书。……幽冥之言。"按婚姻之事,极复杂难言,或能得若干线索,已属有智,故谓其字无人能识,非过言也。

卷三二八

《阎庚》。地曹主婚姻,"绊男女脚",袋中有细绳。《管锥编》引《定婚店》老人主天下婚牍,巾囊中有赤绳子以系夫妇之足。按《定婚店》属"定数"之"婚姻"类,"老人"即月下老人主天下婚姻,故结论为"知阴骘之定不可变也"。篇中老人叙"赤绳"之用云:"赤绳子耳,以系夫妇之足。及其坐则潜用相系,虽仇敌之家,贵贱悬隔,天涯从宦,吴楚异乡,此绳一系,终不可逭。君之脚已系于彼矣,他求何益。"按此虽神话,却有其理,因男女之可否成夫妇及其成夫妇以后状况,与双方生物钟之变化状况相关。同声相应,同气相求,其间变化多端,冥冥中却似若有主之者。然则居"定婚店"以观"围城"之冲进冲出,犹作壁上观焉。此"定婚店"、"月下老"、"赤绳"意象民间流传极广,杨绛《将饮茶·回忆我的父亲》记母亲取笑她道:"阿季脚上拴着月下老人的红丝呢,所以心心念念只想考清华。"即用此典。故于生物钟之变化宜自明之,自修之。

《陆余庆》寒甚,群鬼环火而坐,陆以为人,"讶火焰炽而不暖"。按即磷火。王逸《九思》:"神光兮颎颎,鬼火兮荧荧。"注："神光，山川之精能为光者也。荧荧，小火也。"又《淮南子》注："兵死之血为鬼火。"《湘山野录》曰："一名燐，或作磷。"《本草纲目》卷六《火》："野外之鬼磷，……此皆似火而不能焚物者也。"李注："其火色青，其状如炬，或聚或散，俗称鬼火。或曰诸血之磷光也。"或谓以分子生物学观之，DNA 与 RNA 之化学结构由氢氧氮碳磷五种元素组成，其化学键为氢一价氧二价氮三价碳四价磷五价。化学键连接五种元素，则属量子生物学。人死后其链断裂，诸元素游离，磷之积则成磷火，即民间所称常出现于墓地旁之"鬼火"也。《管锥编》引密尔顿诗言地狱中火无光辉，仅吐黑焰等，大体亦引于《七缀集·读〈拉奥孔〉》，然彼言诗画区别，此则言鬼火冷、鬼灯黑、鬼墨淡，用意区以别矣。

《管锥编》引英国文家谓"煤乃英国最佳之太阳"，犹见十八世纪英国重视能源之象，"煤"正当其时，然必以帝国"日不落"（The sun never sets on the British Empire）当之则非，盖未知消息之理也。或谓世界发展之领先地位，十至十六世纪在中国，十七至十九世纪在欧洲，二十世纪在美国，呈逐步西移之象。是否有理？艰难困苦，玉汝于成，如是或将复归中华矣。

卷三三〇

《崔尚》著《无鬼论》，有道士诣门曰："我则鬼也，岂可谓无？"按不信鬼乃至明无鬼颇是，著论或不必。《论语》曰："祭如在，祭神如神在"，"敬鬼神而远之"，"子不语怪、力、乱、神"，"未能事人，焉能事鬼"，"未知生，焉知死"，均佳义也，可明之。《庄子·齐物论》曰："六合之外，圣人存而不论。"

卷三三二

《萧颖士》。舟中遇二少年，熟视颖士曰："此人甚似鄱阳忠烈王也。"按篇中云鄱阳王与颖士"姿状相类，无少差异"，此涉及遗传问题。然人之遗传果尽在父母乎？不尽在父母乎？此问题宜参究之。邵康节有云："乾坤大父母，复姤小父母"（邵伯温《易学辨惑》引），凡六十四卦卦爻间如何贯通，正有待深入认识。邵氏有诗云："冬至子之半，天心无改移。一阳初动处，万物未生时。玄酒味方淡，大音声正希。此言如不信，更请问庖牺。"此所谓"复其见天地之心乎"。

卷三三六

《常夷》。梁元帝眇一目，深忌讳之。《管锥编》引古希腊修辞学书言与暴君语，慎毋触讳。按由时代而论，"讳"范围颇广，非仅指眇目等，宜注意及之。每一时代皆有其不同前代之"讳"，代代有之，故善避讳乃知时者也。

卷三四九

《韦鲍生妓》。鲍爱姬易韦良马，谢庄、江淹之鬼遂以《妾换马》为题，各赋四韵。按重马者为阳，重妾者为阴，"妾换马"者，阴阳互变之象。或引阿拉伯古诗人云："地上的天堂在圣贤的经书里，在马背上，在女人的胸脯上。①"以易象解之，马背阳而女人阴，亦"妾换马"也；而"圣贤的经书"分析万物间关系，犹无极之象乎。

《梁景》。四人联句，诸葛长史沉吟久之，众皆笑其迟而拙。按不论《广记》所引诗，则迟而拙相对于顺（smooth）而滑而言，仍有其长。曾读《冒叔子诗稿》载项周达《冒叔子诗识》，记海藏曾先后以"弃"（"浮油太多，宜用弃字诀"）、"拙"（"终嫌太俊，能以拙胜，尤佳"）两诀为教，诗果大进。项谓："弃字诀吾幸能谨守，拙字诀则终身钻仰未能到。"则"拙"尤胜云。参观《郑孝胥日记》民国二年五月廿九日："太隽伤巧。此由中气不足，故于文字句法上求工。宜于未下笔之前酝酿停蓄，则中气有余而自觉过巧之为累矣。"

---

① 瞿秋白《关于女人》引，鲁迅改定，转引自朱正《鲁迅手稿管窥》，湖南人民出版社1981年6月版，139页。

卷三五三

《青州客》。贾客泛海遇风，漂入鬼国。《管锥编》引《广记》卷二五三《卢思道》："陈主以《观世音经》语弄思道曰：'是何商人赍持重宝？'思道应声，还以《观世音经》报曰：'忽遇恶风漂堕罗刹鬼国。'"按二语皆出《妙法莲华经》卷七《观世音菩萨普门品》。中国民间信仰，佛教以观世音、道教以吕洞宾最受神化，因皆有普度大愿，于激发民间信心确有作用。观世音信仰唐时已极流行，《广记》卷一一〇、一一一两卷专记《观音经》感应事例。吕洞宾信仰之流行似于宋以后，与南北宗兴起有密切关联。

《管锥编》引本篇写鬼不能见人，为人阳气所"祟"，延巫向人"祀祝"；此以其道还治其身，参观《法华经·普门品》："若三千大千国土，满中夜叉、罗刹，欲来恼人，闻其称观世音菩萨名者，是诸恶鬼尚不能以恶眼视之，况复加害。"《管锥编》引《五灯会元》卷三、卷五及范成大诗"念动即时漂鬼国"。《五灯会元》卷三紫玉道通章次师指曰："这个便是漂堕罗刹鬼国。"即范诗"念动"之象。卷五药山惟俨、刺史李翱章次未见所引典。然道通章次"青山不碍白云飞"、李翱章次"云在青天水在瓶"皆可参印，乃化解"念动"之象也。

卷三五八

《齐推女》。鬼吏曰:"生人三魂七魄,死则散离,……今收合为一体,以续弦缪涂之。"《管锥编》谓亦名"集弦胶"。按《槐聚诗存·沪西村居闻晓角》:"乍惊梦断胶难续",亦用此典。杜甫《病后过王倚饮赠歌》:"麟角凤嘴世莫识,煎胶续弦奇自见。"杨伦注引《十洲记》:"仙家煮凤喙及麟角合煎作胶,名曰集弦胶。此胶能属连弓弩,断弦折剑,亦能合之。"何薳《春渚纪闻》卷七辩证杜牧《读韩诗集》"天上凤凰难得髓,何人解合续弦胶",亦引《十洲记》。《广记》云胶合"三魂七魄",则其象又引申,犹今之化学键也。或谓遗传密码长链与生物进化相关,宜发展之保存之,并注意其内含信息云。

卷三六二

《房集》。小儿持布囊,倾之,"中有数升眼睛,在地四散,或缘墙上屋"。《管锥编》引《阴符经》下篇"心生于物,死于物,机在目"。按"心生于物,死于物",即《孟子》所谓"物交物,引之而已矣"。谭嗣同于《仁学》后,又有《遗墨三篇》,其二云:"曾重伯言:舟中闻桨击水,心之知识即逐声而往。桨自桨,水自水,声自声,心自心,何以遽相凑泊，因有悟于中阴入胎之理。余谓中阴凑泊之机信如此。"（梁启超发表于《清议报》三二册，光绪二十五年十一月十一日）可参观之。而"机在目"即谓此心物生死之机，宜变化之也。《悟真篇》七言绝句六十四首第六三云："若能转此生杀机，反掌之间灾变福。"

卷三六三

《李哲》。"谚所谓：'一鸡死，一鸡鸣。'"《管锥编》引西谚："先王千古！新王万寿！"按此即新陈代谢消息之象，无可如何也。故君子宜豹变，小人亦皆革面矣。《左传》庄公二十二年周史曰："物莫能两大，陈衰，此其昌乎！"亦谓消息之机。

《黄崇嘏》。按封建时代压抑妇女，女子而男服，尚含若干阳刚之气，飒爽英姿，社会或接受之，《管锥编》谓后世以黄崇嘏与花木兰并为美谈是也。男子而女服，则社会仍难接受，《管锥编》引《荀子·非相》斥男子"美丽姚冶，奇衣妇饰，血气态度，拟于女子"，即为其例。又《广记》所谓"人妖"，乃女子变服为男，今异国亦有"人妖"者，则男子而女服也。

卷三六八

《韦训》忽见绯裙妇人"遥捉其家先生，……先生被曳"

云云。按俞正燮《癸巳存稿》卷四有《先生释义》，引《释名》言古者称师曰"先生"，又引《韩诗外传》："古称知道者曰先生，何也，犹言先醒也"；《管子·弟子职》之九例亦举之。然"先生"亦可指有齿爵者，且可指亲。《论语·为政》："子夏问孝。子曰：色难。有事弟子服其劳，有酒食先生馔，曾是以为孝乎。"何晏《集解》引包注："'色难'者，谓承顺父母颜色乃为难。"又引马注："'先生'谓父兄，'馔'饮食也。"

卷三六九

《岑顺》。金象军与天那军对阵，军师进曰："天马斜飞度三止，上将横行系四方，辎车直入无回翔，六甲次第不乖行"；盖"象戏行马之势"也。按《广记》卷二二五"博戏"有"奕棋"一类，言围棋也。凡《王积薪》得妇姑对敌之局，"止此亦无敌于人间矣"；《日本王子》以"三十三镇神头"解两征势；皆见唐时奕势之盛。围棋之源，如不论"尧教丹朱"传说，至少可推至春秋战国时代，《左传》襄公二十五年、《孟子·告子》上所记皆属史实，而弈秋师生之专心致志，即其象焉。

《管锥编》推象棋源出北周武帝，至《玄怪录》作者牛僧孺而变其制；而围棋与象棋比较，历史远为悠久。杨荫杭《老圃遗文辑·象棋出于印度》亦引《玄怪录》而考证颇详，且据欧人传记将象棋起源逐步上推至印度："此法始于西班牙，西班牙传自亚剌伯，亚剌伯传自波斯，波斯传自印度。"如此象棋自异域传入，则其源亦极古。今以围棋与中国象棋比较而论，两者似有重数（围棋）与重象（象棋）之别，前者似模仿自然科学，后者似模仿社会科学，而棋局后者约当前者四分之一。于国际象棋与中国象棋同源不同源二说，仍以并存为长。然两者发展于东西方不同之社会环境，凝聚且体现不同之深层文化心理，而各有巧妙变化（别详拙稿《中西象棋异同论》）。

《管锥编》谓本篇"列马"、"行马"之"马"犹"码"，犹《庄子·齐物论》："以马喻马之非马"，成玄英疏："马，戏筹也。"此解似今所谓符号，然仍可以实物解之。《齐物论》："天地一指也，万物一马也"，郭庆藩《释文》："崔云：指者，百体之一体，马者，万物之一物"，则"马"犹前论"妄换马"之"马"。如以《庄子》本文观之，两解可并存而不相违碍。如以先秦时代观之，则仍以由实而虚为是，《公孙龙子》不云乎："白马非马？"

《元无有》。《管锥编》谓无佛称尊，群儿自贵，不知有旁观窃听，绝倒于地者。按今人小说《神雕侠侣》末章亦记数江湖妄人三次"华山论剑"，诸武学宗师皆愕然："难道当真自己这一干人都作了井底之蛙，竟不知天外有天，人上有人？"

卷三七七

　　《赵泰》。"受变形城"中鬼吏对校文书曰:"杀生者当作蜉蝣,朝生暮死;劫盗者当作猪羊,受人屠割;淫逸者作鹤鹜鹰鹯;两舌作鸱枭鸺鹠;捍债者为骡驴牛马。"按此因果报应之说,故下云:"善恶随人,其犹影响,可不慎乎。"而《管锥编》引《大般涅槃经·光明遍照高贵德王菩萨品》所谓"烦恼余报"、"余业"、"余有",亦宜"修集大涅槃"以灭除之也。

　　《管锥编》引古希腊大哲学家作小诗,自言前生为男子、为女人、为鸟、为鱼。所引不知何人?毕达哥拉斯曾持此说。相传毕氏某次见一只遭痛打狗穿过时,喊道:住手!不要打它,它是我一个朋友的灵魂,我听到它吠声时就认出了它①。《管锥编》引鲁辛《鸡谈》谓毕达哥拉斯转世为妓、为国君、为马、为乌鹊、为蛙等,亦可关联。于毕氏理论宜注意其数理学派(Mathematicians)与信条派(Acousmatics)之贯通,犹中华学术宜注意象数与义理间之贯通,不宜执一也。

　　《管锥编》引诗人勃来克记蚤虱自言皆杀人流血者魂魄所寓,化作虫豸么麽,则已欲易遂而为人害又不大。按鲁迅极厌恶此类,《华盖集·夏三虫》以蚤、蚊、蝇当之,且谓

---

① 汪子嵩等著《希腊哲学史》第一册,人民出版社 1988 年版,257—258 页。

吮血可恶而可恕，然以嗡嗡营营发议论为不可忍云。

卷三八三

《曲阿人》令至辽东行雨，乘露车，中有水，东西灌洒。《管锥编》引《茵梦湖》作者有《司雨娘娘》一篇，云以瓶水汲引井水，俾云腾致雨。按颇似杨柳观音之象，且《五灯会元》卷五刺史李翱章次不云乎："云在青天水在瓶？"前已引之矣。

《古元之》。《管锥编》引《弥勒下生经》云云。按释典于《弥勒下生经》外，尚有《弥勒上生经》等。此犹"弥勒净土"，于阿弥陀佛信仰外，另成一路。晋时道安、唐时玄奘等皆愿归之。文人如白居易晚年亦结弥勒上生业，其《答客说》谓"海山不是吾归处，归即应归兜率天"是也。

卷三八九

《潘章》。《管锥编》引《类说》："潘章夫妇死，葬，冢木交枝，号'并枕树'。"彼言潘与其妇，则异性恋，此谓与其友，两人"一见相爱，情若夫妇"，则同性恋？凡连接之象一成，若局部受阻碍，则余力必及之，此所谓"格式塔"也。然既未见于实事，亦必见于虚构，"共枕"、"相思"之树或由此出也。

卷三九三

《华亭堰典》。或疑雷击之失公道，曰："人则有过，天杀可也；牛及树木、鱼等，岂有罪恶而杀之耶？又有弑君弑父非理者，天何不诛？"按《老子》卷论"天地不仁，以万物为刍狗"，《楚辞》卷论《离骚》"怨灵修之浩荡兮，终不察夫民心"，即《管锥编》本篇天公愦愦之说。《广记》引《论语》"迅雷烈风必变"、《易·震·大象》"洊雷震，君子以恐惧修省"，则古代文化借震动之象以修整身心，其说亦可存。《管锥编》引《论衡·龙虚》"雷电发时，龙随而起，……雷龙同类，感气而至"，于易象当乾龙而震龙，《说卦》五章云："震为雷、为龙"，即其象也。

卷三九九

《陆鸿渐》。"陆君善茶，盖天下闻。扬子江南零水，又殊绝。今者二妙，千载一遇"；"楚水第一，晋水最下"。按《红楼梦》第四一回："黛玉因问：'这也是旧年的雨水？'妙玉冷笑道：'你这么个人，竟是大俗人，连水也尝不出来！这是五年前我在玄墓蟠香寺住着，收的梅花上的雪，统共得了一鬼脸青的花瓮一瓮，总舍不得吃，埋在地下，今年夏天才开了。……你怎么尝不出来？隔年蠲的雨水，那有这样清淳？如何吃得！'"

卷四〇九

《染牡丹花》。八仙传说之一韩湘子事。按以象数论，八卦各有一仙，凡汉钟离乾、吕洞宾坤、铁拐李震、张果老巽、韩湘子坎、曹国舅离、蓝采和艮、何仙姑兑，八卦游戏人间，谓之八仙。《浦江清文录·八仙考》（一九三六）考述颇详，盖唐末宋初始出种种传说，乃应时代思潮而起者。杨荫杭《老圃遗文辑·八洞神仙》亦考及此，云："皆捃摭《列仙传》而强合之。"本篇所述为韩愈与道之关系，韩愈与佛之关系，参看《谈艺录》一七《昌黎与大颠》。又篇中引韩愈《左迁至蓝关示侄孙湘》"云横秦岭家何在，雪拥蓝关马不前"，亦佳句，"马后桃花马前雪，教人怎得不回头"。韩愈《原道》排佛老，然其本人与佛老之关系仍较复杂，宜历代聚讼纷纭。

卷四一八

《李靖》。以悦者、怒者二奴为将相，按即阴阳。于悦、怒之偏胜如调节之，乃将相和也。

卷四一九

《柳毅》。按唐人小说佳篇，《广记》亦占一卷。《管锥编》引洞庭君"与太阳道士讲《大经》",此重水火之交,即玄珠之象。谓《大经》当为《火经》之讹,此意或是或非,因《大经》或谓其整体,《火经》或尽其纤微,两者如合言亦是,如分言则侧重有异也。《老子》六〇章"治大国若烹小鲜",河上公注:"治国烦则下乱,治身烦则精散",此由治国而治身,似涉及"火候"之意。而后修炼家用"火候"以治身,乃成专门之学,且渐神秘化。

汉《参同契》上篇:"《火记》六百篇,所趣等不殊,文字郑重说,世人不熟思。……陶冶有法度,安能悉陈敷,略述其纲纪,枝条见扶疏。"此谓尚可著于文字。宋《悟真篇》中卷七言绝句六十四首第二七:"纵识朱砂与黑铅,不知火候也如闲,大都全藉修持力,毫发差殊不作丹。"第二八:"契论经歌讲至真,不将火候著于文。要知口诀通玄处,须共神仙仔细论。"此已全重口传。洞庭君与"太阳道士"于唐时讲《大经》(《火经》?),则文字与口传并重也,或居汉宋之间乎?刘鹗《十一弦馆琴谱》序:"琴之为物也同乎道。《参同契》、《悟真篇》,传道之书也,不遇明师指授,犹废书也。琴学赖谱以传,专恃谱而不经师授,亦废书也,又不足尽其妙。故琴重谱尤重师传。"乃兼言两者矣。参观元阳子《还丹金液歌》:"《火记》三百篇,知之万不灾。"

《管锥编》引《聊斋》会校本卷一一《织成》后附记旧传洞庭君逊位柳毅,且曰:"又以毅貌文,不能慑服水怪,付以鬼面,昼戴夜除。久之渐习忘除,遂与面合一,毅览镜自惭。"谓面具称"代面"亦称"假面",既久假不归,则渐夺本相,即习惯成自然,弄假变为真,按即《孟子·尽心》上:"久假而不归,恶知其非有也。"引《荀子·性恶》"积伪"、"化性起伪"等,此"积伪"云云重后天影响,极有理,然仍属有相法,如不与先天合,终有蔽;或从先天入以化其假面者,此所谓"顿门"乎。《荀子·解蔽》批评庄子"蔽于天而不知人",盖未知庄,因蔽于人而不知天,亦同为一非也。

柳毅传说以假面"慑服"异类事,可参观刘𫗧《隋唐佳话》卷下:"高齐兰陵王长恭,白类美妇人,乃着假面以对敌。"亦见《旧唐书·音乐志》二,谓其"才武而面美"故着假面;犹戏剧之脸谱也。《宋史·狄青传》记青"临敌披发,戴铜铁面具,出入贼阵,皆披靡莫敢当"。又或记作者初入西南联大上课时,尚极年轻,"所以上课时戴一副黑边大眼镜,穿一身藏青色西服,脚上着一双黑皮鞋,可以使年龄显得大一点[①]"。此亦以"假面""慑服异类"以解"貌文"乎?一笑。

卷四二〇

《陶岘》赋诗有云:"鹤翻枫叶夕阳动,鹭立芦花秋水

[①] 许渊冲《钱锺书先生及译诗》,《钱锺书研究》第二辑,文化艺术出版社1990年11月版,278页。

明。"按似可参观林逋《山园小梅》名联:"疏影横斜水清浅,暗香浮动月黄昏。"一日而一月,一唐而一宋?引李商隐《子初全溪作》"皱月觉鱼来",似有知机之象;而引《西溪》"色染妖韶柳,光含窈窕梦",则光影朦胧,犹德彪西钢琴音诗《意象集》(Images)之《水中倒影》(Reflets dans l'eau)也。

《管锥编》引《妙法莲华经·方便品》第二论增上慢,即法华会五千比丘退席事,亦大、小乘之区别;引《圆觉经》第九章论嫉妒,即净除业障菩萨问本性清净如何染污事。前者云:"唯此一事实,余二则非真",后者云:"为自修行,终不成就",盖四相不除,终未能相应也。参观《维摩诘经》卷七《观众生品》:"若有得有证者,则于佛法为增上慢。"《思益梵天所问经》卷二《论寂品》:"无所得故乃名为得,若有所得,当知是为增上慢人。"徐梵澄译《安慧〈三十唯识〉疏释》:"增上慢者,谓未得至上正证,而自谓为得,此心高举,是增上慢。"

卷四二九

《申屠澄》。《管锥编》引周亮工《书影》卷一载其父作《观它四十吉祥相》,按"它"当作"宅"。《谈艺录》补订127页及《管锥编》第五册275页亦引此篇,"宅"字无误。此盖当时文化背景下重人甚于重地之说,犹郎瑛《七修类稿》卷五"未看山头土，先观屋中人"是也。李诩《戒庵老人漫笔》卷六《论堪舆》引空青先生《风水论》有"阳宅三十六祥"，可参观之。郑板桥《家书·焦山双峰阁寄舍弟墨》："夫堪舆家言，亦何足信？吾辈存心须刻刻去浇存厚，虽有恶风水，必变为善地，此理断可信也。"又《外集·范县署中寄郝表弟》："与其登山涉水，踏破铁鞋，觅不到牛眠善地，不如清夜扪心，自省方寸间之心地。"

卷四三三

《姨虎》。有妇人自称"十八姨"，虎所化也。卷四一六《崔玄微》云："封十八姨乃风神也。"《管锥编》引《说卦》"巽为木，为风，为长女"解"封十八姨"，又引《易·乾·文言》"风从虎"。按八卦巽风兑虎，巽又综兑。

卷四四二

《黄审》。《管锥编》引《宗镜录》卷一五论"五种通"，即"道通"、"神通"、"依通"、"报通"与"妖通"。"五种通"以"道通"与"妖通"为首尾，而究以"道通"为上。所谓"无心应物，缘化万有，水月空华，影像无主"，亦即观实相变化，如镜花水月也。"妖通"如"狐狸老变，木石精化"，亦通力之一。

卷四四七

《汉广川王》。按首篇《说狐》云："狐五十岁，能变化为妇人。百岁为美女，为神巫。或为丈夫与女人交接，能知千里外事。善蛊魅，使人迷惑失智。千岁即与天通，为天狐。"此民间神话传说，即为《广记》"狐"门诸卷之象，亦为《聊斋志异》类小说之前提。

《陈羡》。《管锥编》引《广记》诸则论妖狐幻作弥勒、文殊、老君等形以侮弄愚夫妇。又引《西游记》第四一回红孩儿"变作一个假观世音模样"，猪八戒下拜叩头；第六五回黄眉怪"假设小雷音"，三藏下拜。按《左传》成公二年"唯器与名不可以假人"，弥勒、文殊、观音、老君乃至"雷音"等，皆器与名也，既不能不设，而设必有假之者，此即阴阳也。《妙法莲华经》卷三《化城喻品》尚有"化城"之象："疲极之众，心大欢喜，叹未曾有。我等今者，免斯恶道，快得安隐。……生已度想，生安隐想"，然则"宝处在近，此城非实，我化作耳"。故不仅"假雷音"，即"真雷音"，亦未必不为"化城"，《西游记》记唐僧四众于雷音取得"白字经"，且置第八十一难于出雷音后，亦未必无此意也。此"化城"之象，《管锥编》本卷引《大智度论》卷九"四依法"或可解之，其核心似在"了义"。"了义"者，或曰无法可说，无法可学，无法可修，亦无法可证是也。

《大安和尚》。《管锥编》引晁迥《法藏碎金录》卷一："以无住心，退藏于密，令人不可窥测。如季咸善相，不能相壶邱子末后之相；又如大耳三藏得他心通，不能观慧忠国师末后之心，无迹可寻故也。"按季咸事见《庄子·应帝王》，大耳三藏事见《五灯会元》卷二南阳慧忠章次。"他心通"或可能，《金刚经》"所有众生若干种心，如来悉知"是也。杨荫杭《老圃遗文辑·他心通》亦谓"固不尽诬"。然"末后之相"、"末后之心"更深，犹禅家"末后句"是也。

卷四六九

《钟道》。《管锥编》谓：盖事过乃克豁悟，局外则能洞观，当时身处其境者固迷昧也。按极是。今人小说《飞狐外传》卷末用《四十二章经》义作佛偈云："一切恩爱会，无常难得久，生世多畏惧，命危于晨露。由爱故生忧，由爱故生怖，若离于爱者，无忧亦无怖。"《神雕侠侣》三〇回引偈略同，云出《佛说鹿母经》。然《鹿母经》仅存此偈前四句，后四句仍用《四十二章经》。

卷四八二

《顿逊》。其俗"人死后鸟葬"，有鸟如鹅而色红，飞来万万，啄肉尽，家人即烧骨而沉海中。按其俗今西藏犹存，名"天葬"云。《管锥编》引《梁书·诸夷传》记扶南国"死者有四葬：水葬则归之江流，火葬则焚为灰烬，土葬则瘗埋之，鸟葬则弃之中野"。按鸟为生物，其象为风为木，则"四葬"仍归于地水火风"四大"。《旧约·传道书》三章："出于尘土，也都归于尘土"（All are of the dust, and all turn to dust again），从何处来，亦归何处去是也。

卷四八六

《长恨传》。《管锥编》引"清澜三尺中洗明玉"等句，又引《赵飞燕别传》："昭仪坐其中，若三尺寒泉浸明玉。"按此汉唐之异，古云燕瘦环肥是也。《管锥编》引《楞严经》卷八："纯想即飞，必生天上。……情少想多，轻举非远。……情想均等，不飞不堕，生于人间。……情多想少，流入横生。……纯情即沉，入阿鼻狱。"按此以"情"与"想"对举，犹本卷前论《壶公》以"肉"与"气"对举，皆以两者当阴阳。凡佛家从心理入，故曰"情"、"想"也，道家从生理入，故曰"肉"、"气"也。"情"、"肉"与"想"、"气"云云，于基督教文化亦可回应，如希腊某小说托耶稣之口称"我想寻找一条肉体以外的路线，我想取道云彩、伟大的思想和死亡"是也[1]。

---

[1] ［希腊］N·卡赞扎基斯《基督的最后诱惑》，董乐山、傅惟慈译，作家出版社1991年12月版，501页。

又作者早年赠吴宓七言绝句有云："中年哀乐托《无题》，想少情多近玉溪（《楞严经》云："想多情少，轻举匪远"）。一笑升天鸡犬事，甘随黄九堕泥犁。"首句"《无题》"、"玉溪"参观《谈艺录》论《锦瑟》诗，次句自注参观本篇引《楞严》，"一笑升天"参观本卷论《刘安》，末句参观本卷论《赵文信》，"甘随黄九"之"甘"，参观该则引西方古小说男角曰："宁与所欢同入地狱，不乐随老僧辈升天；地狱中皆才子、英雄及美妇之多外遇者，得为伴侣。"如此，则作者早年诗作皆可于晚年论著找到相应处，或可循环阐释乎。

《管锥编》谓道家以"慈"为宝，佛家以"悲"为本，而均以与人无情为究竟义；参观《七缀集·读〈拉奥孔〉》引谚"先学无情后学戏"。然则儒家以"仁"为体，太上或亦贵乎忘情？《世说新语·伤逝》王戎曰："圣人忘情，最下不及情，情之所钟，正在我辈。""圣人忘情"，虽属受庄老影响之玄学境界，然其宗旨仍在儒家也。

卷四九〇

《东阳夜怪录》。智高曰："一夕之聚，空门所谓'多生有缘，宿鸟同树'者也。"《管锥编》引释典及常谚"夫妻本是同林鸟，大限来时各自飞"解"宿鸟同树"，按似可引常谚"百世修来同渡船，千世修来共枕眠"或"前生结缘，今生结亲"解"多生有缘"。"夫妻"之谚亦见《醒世恒言》卷二九。

《管锥编》引《红楼梦》第五回《仙曲十二支·飞鸟各投林》："好一似食尽鸟投林，落了片白茫茫大地真干净"，谓偶聚合而终分散。按《红楼梦》此曲取释家悲观厌世一面，以寓全书结局，过于净尽，基调终嫌消沉。未知释家尚有向上之境，且聚无常，散亦无常也，"围城"既设，终有无穷进出，宝玉出家岂出路乎。

卷四九六

《赵存》。陆象先信佛，其弟窃非曰："家兄溺此教，何利乎？"象先曰："若果无冥道津梁，百岁之后，吾固当与汝等。万一有罪福，吾则分数胜汝。"《管锥编》谓宗教诱人，常持此论。按故《周易》卷论《观》引吉朋谓哲人（the philosopher）于各教皆不信也。然各类宗教流传至今，教化广大，此论或即吸引徒众之一法乎？若尽废此论而言义，堂前草深三尺矣。

《管锥编》引西方诵说巴斯楷尔（1533—1572）劝人虔奉上帝语，谓宁可信有神道，如赌博下注然，胜则有大利，负则无毫发损失；参观《列子》卷论《力命》引巴氏谓人而欲陟降在天，当麻木其心，断思绝虑；皆属其宗教思想。当从巴氏一五六四年十一月三十二岁时"激情之夜"（nuit de feu/night of fire）若有所悟而来，《追思》（memorial）谓

"这世界人人不知道你,但我已知道你"是也。巴斯楷尔一生有宗教与科学两方面成就,宜注意及之。

卷四九八

《李宗闵》。李德裕复书曰:"怨则不怨,见则无端。"按此党争之相轧也,怨怨相报,何时了乎。《管锥编》引《五灯会元》卷一五净戒守密章次"似则恰似,是即未是",此句法如推其祖,参观卷一弘忍章次慧能曰:"美则美矣,了则未了。""美"相当于"似","了"相当于"是","美"、"似"与"了"、"是"之间,毫厘之差,即有千里之远也。《管锥编》引《五灯会元》卷五仙天禅师章次:"师曰:'还将南溪消息来么?'(洛瓶)曰:'消即消已,息则未息。'"参观同卷船子德诚章次:"船子才见,便问:'大德住甚么寺?'(夹)山曰:'寺即不住,住即不似。'"然则消息乎?住似(寺)乎?船子执桡曰:"一句合头语,万劫系驴橛",仙天呵呵大笑曰:"远之远矣。"《管锥编》引及《妙法莲华经·常不轻菩萨品》,按此为《法华经》修行之一法,"常不轻"者,观众生皆佛也。"岂异人乎?则我身是",即释迦牟尼自谓前生也。《七缀集·一节历史掌故,一个宗教寓言,一篇小说》引《生经·舅甥经》:"欲知尔时甥者,则吾身是";《野鸡经》:"尔时鸡者,我身是也";《鳖猕猴经》:"猕猴王者,则我身是";同此句式。

全上古三代秦汉三国六朝文

全上古三代文卷二

　　武王《机铭》："皇皇惟敬，口生垢，口戕口。"按本卷总题为《全上古三代文》，实际引述始于周，乃三代之最后一代。《管锥编》此一选择，态度审慎。严可均于道光末辑成此书时，金石文为当时之最古文字，而甲骨文出现约于八十年后之光绪末，且卜辞成文者较少。选择武王《机铭》为本卷之始，无可厚非。然《全上古三代秦汉三国六朝文》为一部"挚五宄之散亡，扬万古之天声"之大总集，单列武王《机铭》稍嫌薄弱。故于卷一增选数则与武王《机铭》、《盥盘铭》合读，以为相应全书之基础。因《全上古三代秦汉三国六朝文》基本在传统范围内，于时代坐标仍选择伏羲、神农、黄帝。

　　太昊（伏羲）《十言之教》："乾、坤、震、巽、坎、离、艮、兑、消、息"（《左传》定四年《正义》引《易》）。按全书列伏羲者仅此一条，亦传统范围内象数文化之根本也。

炎帝《神农之教》："有石城十仞,有汤池百步,带甲十万,而亡粟,弗能守也"(《汉书·食货志》晁错引)。《有炎氏颂》："听之不闻其声,视之不见其形,充满天地,苞裹六极"(《庄子·天运》引)。按此两条,前者形而下,中心在食,与古代政治、经济密切关联;后者形而上,中心在气,与古代文化密切关联。

黄帝《道言》："一者阶于道,几于神"(《六韬·文韬·兵道十二》);"茫茫昧昧,因天之威,与天同气"(《文子·符言》、《上仁》、《吕氏春秋·应同》等);又《诲颛顼》："爰有大圜在上,大矩在下。汝能法之,为民父母"(《吕氏春秋·序意》)。按此承伏羲、神农而来,与"天圆地方"象数理论相关,皆所谓道论。知此而下通,乃可读黄帝《金人铭》、尧《尧戒》、武王《机铭》、《盥盘铭》。《金人铭》："我古之慎言人也。戒之哉,戒之哉。无多言,多言多败;无多事,多事多患"(《说苑·敬慎》、太公《阴谋》、太公《金匮》)。《尧戒》："战战栗栗,日慎一日。人莫不蹟于山,而蹟于垤"(《淮南子·人间训》)。

《管锥编》引武王《机铭》："皇皇惟敬,口生诟,口戕口。"又引《盥盘铭》："与其溺于人也,宁溺于渊。溺于渊,犹可援也,溺于人,不可救也"(《大戴礼·武王践阼》)。诸铭皆警戒处世之艰难,然"皇皇惟敬"之,或可化解乎。

全上古三代文卷三

乐毅《献书报燕王》："齐王逃遁走莒，仅以身免。珠玉财宝，车甲珍器，尽收入燕；大吕陈于元英，故鼎反于历室，齐器设于宁台，蓟丘之植，植于汶篁。"按陈寅恪《蓟丘之植植于汶篁之最简易解释》引俞樾、杨树达云云，与《管锥编》解释略同。然又谓："战胜者收取战败者之珠玉财宝车甲珍器，送于战胜者之本土。……战胜者本土之蔬果，则以其为出征远戍之兵卒夙所习用嗜好之故，辄相随而移植于战败者之土地。然则'蓟丘之植植于汶篁'，既非倒句之妙语，亦不必释'于'与'以'同义。①"以战争亦涉及物质文化交流而论，则陈说较胜。《管锥编》引《文心雕龙·指瑕》："《武帝诔》云：'尊灵永蛰'，《明帝诔》云：'圣体浮轻'；'浮轻'有似于胡蝶，'永蛰'颇疑于昆虫。"按《颜氏家训·文章》："陈思王《武帝诔》，遂深永蛰之思，是方父于虫也。"此"指瑕"之是非，姑且不论，仅就句式而言，乃譬喻之某种新体。参观王国维《人间词话》论周邦彦词："'桂华流瓦'，境界极妙，惜以'桂华'代月耳。"（别详拙稿《论潜喻》）

---

① 《金明馆丛稿二编》，261—262 页。

全上古三代文卷五

孙武《兵法》："山峻谷险，难以逾越，谓之穷寇。击之之法，伏卒隐庐，开其去道，示其去路；求生透出，必无斗志，因而击之，虽众必破。"按本节所论乃"围敌"之义，"被围"则反之，亦即《左传》卷宣公十二年引《孙子·九变》篇"死地则战"是也。参观本卷所辑《兵法》："杀牛燔车，以飨吾士。烧尽粮食，填夷井灶，割发摘冠，绝去生虑，将无余谋，士有死志。于是砥甲砺刃，并气一力。……震鼓疾噪，敌人亦惧，莫知所当。……此是失道而求生。故曰：……穷而不战者亡。"《资治通鉴》卷六二汉献帝建安三年曹操大破张绣、刘表追军，荀彧问之，操曰："虏遏吾归师，而与吾死地，吾是以知胜矣。"故操实知兵法之形。然贾诩谓绣曰"更追之"而胜尤妙，盖能得兵法之神云。

《管锥编》引宋时释子野语，谓仁宗朝"高丽遣使问魏武注《孙子》，三处要义无注"，僧居讷教答曰："机密之事不可以示人。"按"居讷"即云门宗之圆通居讷，《续灯录》载此事而《五灯会元》卷一六未取者，或因其不根乎？然亦有其理焉。盖禅机犹兵机，皆不可先设，"鸳鸯绣出从君看，不把金针度与人"是也。且"机"、"密"二字亦可互笺，禅家之"密"，即密在机也。

全上古三代文卷八

苏秦《上书说秦惠王》："夫徒处而致利，安坐而广地，虽古五帝、三王、五伯、明主贤君常欲坐而致之，其势不能，故以战续之。"《管锥编》引近代德国军事家克劳塞维茨《战争论》名言："战争乃政治之继续而别出手法者。"按克氏语已故毛泽东主席亦引用之，且反复阐发："政治是不流血的战争，战争是流血之政治。①"

全上古三代文卷九

荀卿《云赋》："精微乎毫毛，而大盈乎大寓。……充塞大宇而不窕，入郄穴而不逼。"《管锥编》引《河南二程遗书》卷一一"伊川语"："放之而弥六合，卷之而退藏于密。"按此理学基本思想之一，其原似出《中庸》："君子之道费而隐"，"故君子语大，天下莫能载焉；语小，天下莫能破焉"。朱熹《中庸章句》亦以"放之"、"弥之"二语居首。伊川《易传序》亦此二语之演绎："至微者理也，至著者象也。体用一源，显微无间。"《二程遗书》卷一一记尹焞问："莫太泄露天机乎？"

---

① 《论持久战》，"战争与政治"节，《毛泽东选集》第2卷，人民出版社1966年7月横排本，446—447页。

全上古三代文卷一〇

宋玉《风赋》:"……宁体便人,此所谓大王之雄风也。……死生不卒,此所谓庶人之雌风也。"按《风赋》"风生于地,起于青蘋萍之末"至"离散转移"乃消息之象,而"雄风"、"雌风"之对立,当阴阳也。《管锥编》引《抱朴子》内篇《登涉》:"取牡铜以为雄剑,取牝铜以为雌剑",此古代炼金术,乃外丹之法。剑分雌雄而不可离,故有"延津剑合"之传说。《晋书》卷三六《张华传》记雷焕于丰城得双剑,一曰龙泉,一曰太阿。遣使送一剑与华,留一自佩。华曰:"详观剑文,乃干将也,莫邪何复不至?虽然,天生神物,终当合也。"焕、华身后,两剑果堕延平津相合,即此雌雄之义。引《悟真篇》卷中《五言四韵》:"女子着青衣,郎君披素练",此木青金素,言肝、肺二气,乃内丹之义。故"金丹之宝"从"辨得雌雄"而来,乃格物之学也。

宋玉《小言赋》:"无内之中,微物潜生。……视之则眇眇,望之则冥冥,离朱为之叹闷(当作"闷")。"按此用老庄之义,观"比之无象,言之无名。蒙蒙灭景,昧昧遗形。……神明不能察其情",其意更明。《管锥编》引《远游》"其小无内"与此赋"无内之中"比较,两者亦有关联。"其小无内"犹顶点,"无内之中"犹由顶点转出于外,岂非"克莱因瓶"之象乎,《庄子·齐物论》"注焉而不满,酌焉而不竭"是也。

《管锥编》引释道宣《高僧传》二集卷一五《玄续传》"尝见人述《庄子》鹏鷃之喻"云云，此扬释抑庄，或是？然以中华佛学而论，亦宜知释家与庄学互成之象也。理学排佛老，然亦扬释抑庄，《河南程氏外书》卷一二："周安得比他佛，佛说直有高妙处。庄周气象大，故浅近。"又"大鹏"及"金翅鸟"云云，即小说《说岳全传》第一回述缘起所谓"大鹏金翅明王"是也。

《管锥编》引《醒世恒言》卷二六论"好生"引谚："若依佛法，冷水莫呷。"此以悲心论，或是，然充其极则寸步难行也。《坛经·行由》第一记六祖"避难猎人队中"，"每见生命尽放之"，此即"好生"，然又曰："常吃肉边菜"，则亦不得不随顺世俗而有所变通也。

宋玉《登徒子好色赋》："天下之佳人，莫若楚国，楚国之丽者，莫若臣里，臣里之美者，莫若臣东家之子。"《管锥编》引李商隐《楚吟》："山上离宫宫上楼"，唐彦谦《寄同人》："高高山顶寺，更有最高人。"按如以哲理解之，乃上出之象。王之涣《登鹳雀楼》诗意即此，禅家所谓"一片月生海，几家人上楼"是也。参观《五灯会元》卷四五台智通章次记其临终作偈云："举手攀南斗，回身倚北辰，出头天外看，谁似我般人？"此"山外有山，天外有天，人外有人"，实无止境，故"最高"语稍滞，当以"更高"为是，犹《五灯会元》卷一二天圣皓泰章次所谓"五更侵早起，更有夜行人"是也。毛泽东《清平乐·会昌》亦云:"东方欲晓,莫道君行早"(Soon dawn will break in the east/Do not say "You start too early")。

《管锥编》引司马迁《报任少卿书》:"太上不辱先,其次不辱身,其次不辱理色,其次不辱辞令,其次诎体受辱,其次易服受辱,……最下腐形极矣!"此"每下愈况"、循次至底之例,与上引"每上愈况"亦可通,至底则上出矣。司马迁完成《史记》,即成《左传》襄公二十四年"太上有立德,其次有立功,再次有立言"之象,迁本人《与挚伯陵书》亦曰:"迁闻君子所贵乎道者三:太上立德,其次立功,其次立言"(《全汉文》卷二六引《高士传》)。又以"三不朽"之关系而论,《晋书》卷三四《杜预传》曰:"德不可以企及,立功、立言可庶几也。"此悬标准至高,故以中国文化言,其终归于立德,立功、立言乃途径云。

《好色赋》:"于是处子恍若有望而不来,忽若有来而不见,意密体疏,俯仰异观,含喜微笑,窃视流眄。"按杨绛《艺术与克服困难》论《西厢记》亦言及此境:"她(按:莺莺)回身进内,又欲去不行,'眼角留情','脚踪儿把心事传';还回头相看,留下'临去秋波那一转'。当晚月下,两人隔墙唱和,张生撞出来相见,虽然红娘拉了小姐进去,两人却'眉眼传情,口不言,心自省',换句话说,已经目成心许。""目成"出《九歌·少司命》:"满堂兮美人,独与余兮目成",又元稹《长庆集》卷一一《答姨兄胡灵之见寄五十韵》："横波掷目成。""目成"者，传意也。《长阿含经》卷三〇《世纪经·忉利天品》："他自在天，熟视成阴阳，他化自在天，暂视成阴阳"，亦可喻此。《起世经》卷七《三十三天品》作："化乐诸天，熟视成欲。"又《管锥编》所谓"逐字蛮狠对译之病"（violentius transferantur），亦译学之一派，若就其正面而言，可能非病乃药，即"硬译"是也。

《宋玉集序》："女因媒而嫁，不因媒而亲也。"按参观《五灯会元》卷一六善胜真悟章次："扬声止声，不知声是响根；弄影逃形，不知形为影本。以法问法，不知法本非法；以心传心，不知心本无心。心本无心，知心如幻；了法非法，知法如梦。心法不实，莫谩追求；梦幻空花，何劳把捉？到这里，三世诸佛、一大藏教、祖师语句、天下老和尚路布葛藤尽使不著。何故？太平本是将军致，不许将军见太平。"

全上古三代文卷一四

《谷城石人腹铭》："摩兜鞬，摩兜鞬，慎莫言。"《管锥编》谓袁文《甕牖闲评》卷八引苏颂《谈训》记此铭故事。按《谈训》当指《丞相魏公谭训》，故事见卷三。清初人数用此典入诗，当与康、雍、乾三朝文字狱有关。陈瑚诗《摩兜坚，哀潘、吴也》，涉及清初最大之文字狱——庄氏《明史》案,潘、吴即潘柽章、吴炎,皆因此案牵连致死者。《顾炎武集》有《书潘吴二子事》,又有《祭潘吴二节士诗》。此易代时文网之密,尚延续于后,故道光朝龚自珍《己亥杂诗》有"避席畏闻文字狱"之说。

全秦文卷一

李斯《上书谏逐客》。《管锥编》引及日本斋藤谦《拙堂文话》"王锡爵论南人不可为相"。按此涉及南北文化之消长,似可推原至《宋史·王旦传》:"帝欲相王钦若,旦曰:'……臣见祖宗朝未尝有南人当国者。……'真宗遂止。旦没后,钦若始大用,语人曰:'为王公迟我十年作宰相。'"引李元度《〈古文话〉序》:"日本国人所撰《拙堂文话》、《渔村文话》,反流行于中国";按以比较文学而论,乃"反哺"之象。

全汉文卷六

宣帝《复赐书报赵充国》。按卷二文帝《除秘祝诏》:"盖闻天道祸自怨起,而福由德兴,百官之非,宜由朕躬。今秘祝移过于下,以彰吾之不德,朕甚不取,其除之。"《管锥编》第一册《增订》20页、第五册《增订》20页皆论及,引《吕氏春秋·制乐》、《左传》哀公六年云云,观历代政治得失，详察其例，触目惊心。《史记·封禅书》言秦世天子："祝官有秘祝，即有灾祥，辄祝祠，移过于下。"汉文有不忍之心，除其官。然秘祝之官虽除，君王移过于下仍代代有之，且必有助其事者，即秘祝所司也。《三国志·魏书·文帝纪》记黄初二年六月日蚀，有司奏免太尉。诏曰："灾异之作，以谴元首，而归过股肱，岂禹汤罪己之义乎！其令百官各虔厥职，后有天地眚，勿复劾三公。"

全汉文卷一五

贾谊《鵩鸟赋》："发书占之兮，谶言其度，曰：'野鸟入室兮，主人将去。'"按此引子，"借"鸟兽"以造端"，所谓"兴"也。"谶"，《说文解字》言部："谶，验也。"又竹部："籤，验也。"《史记·赵世家》"赵简子疾，五日不知人"节，记秦穆公梦游帝所事，有云："公孙支书而藏之，秦谶于是出矣。"《扁鹊列传》此节重出，"谶"作"策"。又《赋》于《史记·贾生列传》作"策"，《汉书》作"谶"。此《赵世家》、《扁鹊传》之异及《史》、《汉》之异，或可借《说文》二解通之乎。而《鵩鸟赋》铺陈自然、社会种种状况以"自广"，则早已打破占卜以升华。又《说文》段玉裁注据《文选》李善注《鵩鸟》、《魏都》二赋注补："有征验之书，河洛所出书曰谶。"又《幽通赋》李注："谶书，谓梦书也。"《思玄赋》注引《苍颉篇》："谶书，河洛书也。"诸说似谶纬学兴起后状况，已为"谶"之转义云。

《鵩鸟赋》："忧喜聚门兮，吉凶同域。"按《淮南子·人间训》："祸与福同门，利与害为邻。非神圣人，莫之能分。"《文选》王仲宣诔引《春秋保乾图》亦曰："利害同门，吉凶同域。"《吴越春秋》卷七："吉者凶之门，福者祸之根。"《管锥编》谓：乐极生悲，自属寻常，悲极生乐，斯境罕证。按或可当热力学第二定律之象，以《易》言之，亦阳一阴二之旨也。

"祸兮"二句，出《老子》第五八章；"其生兮若浮，其死兮若休"，出《庄子·刻意》篇。按可见《赋》相应《老》、《庄》之思想根基，《苕溪渔隐丛话》后集卷一引《三山老人语录》"性命死生之说，老庄论之备矣。自秦灭学之后，贾谊首窥其奥"是也。《史记》本传尚记："孝文帝方受釐，坐宣室。上因感鬼神事，而问鬼神之本，贾生因具道其所以然之状。至夜半，文帝前席。既罢，曰：'吾久不见贾生，自以为过之，今不及也。'"文帝问"鬼神之本"，乃心存疑惑，而贾生具道所以然之状，其根基就在《鵩鸟赋》。《赋》"万物变化兮固无休息，斡流而迁兮或推而还，形气转续兮变化而嬗，沕穆无穷兮胡可胜言"，"且夫天地为炉兮造化为工，阴阳为炭兮万物为铜。合散消息兮安有常则，千变万化兮未始有极"，皆极言万物消息之理，"鬼神"又何能外之乎。文帝本人亦喜好道家理论，然贾生读书更有所进，故文帝有"不及"之叹也。

全汉文卷一六

贾谊《过秦论》。《管锥编》引张融《问律自序》："夫文岂有常体，但以有体为常，政当使常有其体"；谓名家名篇，往往破体，而文体亦因以恢宏焉。按此极是，且不仅文体，任何学科皆有"常体"与"破体"两端，由"破体"而导致学科进步。前者"常规"，后者"革命"，两端间之矛盾，犹今人"科学革命之结构"是也。以《易》而论，《系辞》既曰"神无方而易无体"，又曰"刚柔有体"，两者相辅而以前者为上，乃首乾之旨也。

《过秦论》："秦孝公据崤函之固，拥雍州之地，君臣固守，而窥周室，有席卷天下、包举宇内、囊括四海之意，并吞八荒之心。"按全篇开首处句法重叠反复，乃所以积累气势，且与篇末"一夫作难而七庙堕，身死人手，为天下笑者，何也？仁义不施，攻守之势异也"之顿挫收束相应。"席卷"云云四句，如除去二句且整齐对偶，则全文气势尽失。金圣叹《才子古文》此句下批："天下、宇内、四海、八荒只是一样子，所以必叠叠写之者，乃为席卷、包举、囊括、并吞却是四样子，盖极写秦先虎狼之心，非一辞而足也。"而秦之堆垒气势以统一六国，贾文之堆垒气势以统一全篇，亦有所相应。

《过秦论》："及至始皇，……吞二周而亡诸侯。""一夫作难而七庙堕，身死人手，为天下笑者，何也？仁义不施，攻守之势异也。"按"攻守之势异"犹上升阶段与下降阶段之转换，今所谓真老虎与纸老虎之异也。"夫兼并者高诈力，安定者贵顺权，此言取与守不同术也。"按此即"逆取"、"顺守"之辨，参观《毛诗》卷论《淇奥》引《资治通鉴》唐太宗贞观元年记上与群臣论周、秦修短，太宗所言，即贾谊之旨。"取之或可以逆得"，此用"或"字盖不得不然，因达成目的之手段之择与不择，历来有二说。太宗所言，是否含自辩成分？《管锥编》引卢梭谓"政令兵刑乃铁链，而文学艺术则如花圈，足以盖饰银铛"。按马克思《黑格尔法哲学批判导言》亦曾以锁链、花朵为喻，且云："宗教批判摘去了装饰在锁链上的那些虚幻的花朵，但并不是要人依旧戴上这些没有任何乐趣任何慰藉的锁链，而是要扔掉它们，伸手摘取真实的花朵。①"

全汉文卷一八

晁错《上书言兵事》。按贾谊、晁错齐名，贾谊文颇具理想色彩，晁错文则务为平实。其时治国所重，不外兵、农二事。《管锥编》所引三疏，首言兵，中兼言兵、农，末言农，重心亦归于此。"兵不完利，与空手同；甲不坚密，与

---

① 《马克思恩格斯全集》第1卷，人民出版社1956年12月版，453页。

袒裼同；弩不可以及远，与短兵同；射不能中，与亡矢同；中不能入，与亡镞同。"此见务实者强调效率而不容忍敷衍也，"杀人须见血，救人须救彻"，如此一追到底，锐利。

《说文帝令民入粟受爵》："民贫则奸邪生。……饥寒至身，不顾廉耻。"《管锥编》引《论语·子路》："曰：'既庶矣，又何加焉？'曰：'富之。'曰：'既富矣，又何加焉？'曰：'教之。'"此见儒家所认识人类需要之进化层次，诸层次由低而高，以全为贵，如不全，则以上为贵。《论语·颜渊》："子贡问政。子曰：'足食、足兵，民信之矣。'子贡曰：'必不得已而去之，于斯三者何先？'曰：'去兵。'子贡曰：'必不得已而去之，于斯二者何先？'曰：'去食。自古皆有死，民无信不立。'"朱熹注"足食"句："言仓廪实而武备修，然后教化行，而民信于我，不离叛也。"又注"去食"句："愚以为以人情而言，则兵食足而后吾之信可以孚于民。以民德而言，则信本人之所固有，非兵食所得而先也。"

《管锥编》引柏拉图《理想国》中一人（Phocylides）曰："先谋生而后修身"（Get a livelihood, and then practise virtue）。参观《史记》卷论《货殖列传》引许衡曰："儒者以治生为先。"谓人之作恶犯罪，固常出困乏所逼迫，复每由泰甚而恣肆。按此即低层次需要满足后未能进入高层次所致，故或以自毁焉。凡权力乃至知识增进至一定阶段均须化解而入高一层次以免其反噬，财富亦然。

"今法律贱商人，商人已富贵矣；尊农夫，农夫已贫贱矣。"按此即汉初崇本息末、重农抑商思想，参观《史记·货殖列传》："以贫求富，农不如工，工不如商，刺绣文不如倚市门。"又按古代分析社会组织，有"士农工商，谓之四民"（《穀梁传》成元年、《汉书·食货志》上）之说。此四种社会成分，农、工即今经济学两大生产部类，而商从事物质之交流，士从事信息之交流，由此组成整体。由重农、重工、重商乃至重士，似可代表社会发展之不同阶段，至今乃渐有"知识经济"之象；而随时代变化调节不同成分之比例，即国家之作用焉。

全汉文卷一九

邹阳《上书狱中自明》。《管锥编》引《淮南子·说山训》："谓学不暇者，虽暇亦不能学矣！"按即《明日歌》"明日复明日，明日何其多"所斥。盖"明日遥无期"（Tomorrow come never），故宜打破以得"当下"也。

"故女无美恶，入宫见妒；士无贤不肖，入朝见嫉。"按凡嫉妒对象必为原先状况近似或尚不如者。因甲方地位变化引起乙方失落感，乃有嫉妒生成；若地位或距离相差甚远，则无从嫉妒。黄石公《素书·安礼》曰："同美相妒，同智相谋，同贵相害，同利相忌"；曾国藩《家书》同治九年六月初四日《谕纪泽纪鸿》："忮不常见，每发露于名业相侔、势位相垺之人"。

徐梵澄译《安慧〈三十唯识〉疏释》:"嫉者,心不耐它荣,贪求利养恭敬,见彼之族姓、戒行、知闻等功德差别而得利养恭敬,嗔分不忍,心之不满为嫉。"《成唯识论》:"谓嫉妒者,闻见他荣,深怀忧戚,不安隐故。"分析其相状甚深。《管锥编》引意大利古小说谓宫与朝为嫉妒滋生之地,骄、贪诸病皆有对治之法,唯嫉妒无药可医。按嫉妒之发生总由心量狭窄,人心未经修养确较难自足,故嫉妒亦较难消失。且以唯识学而论,"嫉"虽仅为"随烦恼"之一,然"贪、嗔、痴、慢、疑"五烦恼皆含其中,甚难根除,故曰"无药可医"也。

全汉文卷二〇

枚乘《上书谏吴王》:"夫铢铢而称之,至石必差;寸寸而度之,至丈必过。石称丈量,径而寡失。"按本篇曰:"人性有畏其景而恶其迹者,却背而走,迹愈多,景愈疾,不如就阴而止,景灭迹绝",谓解消危难宜从根本下手也。且曰:"欲人勿闻,莫若勿言。欲人勿知,莫若勿为。……祸生有基,福生有胎。纳其基,绝其胎,祸从何来。"盖注意复初妢初。《书·旅獒》:"夙夜罔或不勤。不矜细行,终累大德。为山九仞,功亏一篑。"可深思之。

《管锥编》引《三国志·蜀书·先主传》裴注引《遗诏》:

"勉之，勉之，勿以恶小而为之，勿以善小而不为。"参观贾谊《新书·审微》："善不可谓小而无益，不善不可谓小而无伤。"《淮南子·缪称训》："君子不谓小善不足为而舍之，小善积而为大善。不谓小不善无伤也而为之，小不善积而为大不善。是故积羽沉舟，群轻折轴，故君子禁于微。"又《法句经·恶行品》第十七："莫轻小恶，以为无殃；水滴虽微，渐盈大器。莫轻小善，以为无福；水滴虽微，渐盈大器。"

引《五灯会元》卷二〇教忠弥光又开善道谦章次："只为分明极，翻令所得迟"，此关涉禅家大戒，盖必待自悟而不能说破，《五灯会元》卷一一首山省念章次又卷一二道吾悟真章次所谓"任从沧海变，终不为君通"是也，亦即《五灯会元》卷九香严智闲章次"我若说似汝，汝已后骂我去。我说底是我底，终不干汝事"。又《槐聚诗存》一九五三年《苏渊雷和叔子诗韵相简……渊雷好谈禅》亦有"只为分明得却迟"句，自注引《五灯会元》卷二〇大慧云云，即《管锥编》所引典。

引魏际端《魏伯子文集》卷二《示子》："凡事不得大意，如随灯行路，只步尺寸之光，所过阡陌道路，瞢然不识，随身历之，如未到也。"此似涉及见树不见林之失，然见林不见树亦非。盖主谨慎小心尚是，所谓真正英雄从战战兢兢中来是也（参见罗大经《鹤林玉露》丙编卷一）。以哲理而言，有所畏惧亦可成德。《易·系辞》下八章："其出入以度，外内使知惧，又明于忧患与故"；十一章："惧以终始，其要无咎。"《论语·季氏》："君子有三畏：畏天命，畏大人，畏圣人之言。"《太平经合校》卷一五四至一七〇《贤不肖自知法》："上士高贤，事无大小，悉尽畏之；中士半畏之；下士全无可畏。"参观《三国志·魏书·诸夏侯曹传》："太祖常戒曰：'为将当有怯弱时，不可但恃勇也。'"《旧唐书·魏元忠传》上封事引北齐段孝玄曰："持大兵者，如擎盘水，倾在俯仰间，一致蹉跌，求止岂得哉。"

《七发》。《管锥编》引章学诚《文史通义》内篇一《诗教》下有曰："《七林》之文皆设问也；今以枚生发问有七，而遂标为《七》，则《九歌》、《九章》、《九辩》亦可标为《九》乎？"按以中外古文化而论，七、九皆所谓神秘数字。九者由三而来，故有多义（参观《毛诗》卷《河广》引汪中《释三九》）；与十相成，故有圆成义。七者重视循环周期之变，《旧约·创世记》言上帝创造天地万物而于第七日安息，且赐福于第七日，定为圣日（And God blessed the seventh day, and sanctified it），即用此数。英语 week 如推其词源，亦有 turn、change 等义。以《易》而论，凡六为阴消之极，而至七则一阳来复，天地间生气即在此，《易》谓"复其见天地之心乎"。又此"七日来复"景象，历代有体验者甚多，枚乘创体《七发》或可当其一，凡"六发"皆未成，至"七"乃发之矣。

《七发》："今太子之病，可无药石针刺灸疗而已，可以要言妙道说而去也。"按以中华性命之学而论，性、命互为其根，"药石针刺灸疗"属命，"要言妙道"属性，而命宜合于性，故"可以要言妙道说而去也"。又藏传佛教有四级灌顶，其四曰"名词灌顶"，此解最微细所知障，亦由命归性之象乎。

《七发》："且夫出舆入辇，命曰蹷痿之机；洞房清宫，命曰寒热之媒；蛾眉皓齿，命曰伐性之斧；甘脆肥浓，命曰腐肠之药。"按此四者分别当住、行与食、色，四者关合人生，皆未可缺，逐之即无穷，犹下引《孟子·告子》："耳目之官不思，物交物，则引之而已矣。"赵岐注："利欲之事来交引其精神。"而用之当乃成"养"，用之不当乃成"患"，如《吕氏春秋·本生》"物者所以养性，而惑者以性养物"，所谓"修兵而反以自攻"焉。又此犹《阴符经》中篇"万物，人之盗"与"人，万物之盗"之别，然则"君子得之固躬，小人得之轻命"乎。

《管锥编》引巴尔扎克小说《珠皮记》（一译《驴皮记》），谓其发明"愿欲耗生"之旨。按此以释家理论解之，逞欲遂愿，乃"折福"或"消福报"之象，亦传统之说也。消福报有多途，李贽《焚书》卷二附《梅衡湘答书》："急索《焚书》读之，笑语人曰：'如此老者，若与之有隙，只宜捧之莲花座上，朝夕率大众礼拜以消折其福；不宜妄意挫折，反增其声价也。'"或其中之一乎。《谈艺录》补订172页记古籍每载庙中鬼神功行浅薄，不足当大福德人顶礼膜拜，旧日俗语"无福生受"、"折煞"，亦属此例。

《七发》："杂裾垂髾，目挑心与。"《管锥编》引《大学》："致知在格物，物格而后知至。"郑玄注："格，来也，物犹事也。"按此当物我关系之交接处，亦即《大学》三纲八目之基。就《大学》本文而论，"格物"由我而物，似尚有所隔，"物格"由物而我，则已深知云。"格物"与"物格"转换之间，已化消为息。郑玄古注质朴，"格"训遇、训接、训至乃至训往、训来，宜注意诸解之衔接也。郑注："其知于善深则来善物，其知于恶深则来恶物，言事缘人所好来也。"以理学而言，郑注犹言感应。程子曰："天地之间，只是一个感应。有感必有应，所应复为感，其感又有应，如是则无穷。"《四库提要》卷一二一子部杂家类宋车若水《脚气集》："谓《大学》格物难以训至，当从《玉篇》旧训，作比方思量之义"，亦成一说。曾国藩《杂著·格、枝、柴、梗》曰："凡木之两枝相交而午错者谓之格。……《大学》'致知在格物'，谓吾心之知必与事物相丽、相交，不可离物以求知也。"且郑注"物犹事也"亦属佳义，物犹物理，事犹人事，两者当由分而合也。朱子为此章作补传，阐明理学境界，然路途迂远，似宜简化之。王阳明格竹子而病，或即其失乎。且原经传浑成，不言犹言，如能知其意，不补亦是。

淮南小山《招隐士》。按淮南小山为淮南王宾客，八公与淮南王相合，形成隐然与武帝抗衡之南方势力集团，而此篇《招隐士》或即集团扩大力量之举。全篇主脑在末句：

"王孙兮归来,山中兮不可久留",当时或有其严峻性。后世此意渐失,如王维《山居秋暝》"随意春芳歇,王孙自可留",已成平常典实。

《管锥编》谓"终南仕宦捷径"云云,参观《古谣谚》卷三三引《集古录》云:"相逢尽道休官好(《五灯会元》卷一六蒋山法泉章次作"去"),林下何曾见一人"(释灵澈诗),盖权力若财富,皆世间法所执,何忍放弃也。引薛能诗:"当时诸葛成何事,只合终身作卧龙",似尚非,参观《文中子·王道》:"使诸葛亮而无死,礼乐其有兴乎!"引王康琚《反招隐》"小隐隐陵薮,大隐隐朝市",乃出世间法,虽御人口给及为人利用,然其理终未可废。且隐故不自隐,亦何必入山?引张伯端《悟真篇》卷下《西江月》之二"志士若能修炼,何妨在市居朝",属道家南宗思想。参观卷上《七言四韵》第五:"须知大隐居廛市,何必深山守静孤?"卷中《七言绝句》第七:"未炼还丹莫入山,山中内外尽非铅",又第六十四:"修行混俗且和光,圆即圆兮方即方";卷下《西江月》第十又斥:"修丹火候未曾闻,早便称呼居隐。"

《管锥编》引王闿运《湘绮楼笺启》卷三《致赵直牧》谓:"大隐在官厅,其实为混饭耳。"按以文学人物为例,则今人小说《鹿鼎记》中韦小宝似之。此或不得不然,然亦宜知其中极严肃之一面。参观《白居易集》卷二二《中隐》:"大隐住朝市,小隐入丘樊。丘樊太冷落,朝市太嚣喧。不如作中隐,隐在留司官。似出复似处,非忙亦非闲。不劳心与力，又免饥与寒。终岁无公事，随月有俸钱。"《苏轼诗集》卷七《望湖楼醉书》之五："未成小隐聊中隐，可得长闲胜暂闲。"又袁宗道《白苏斋类集》卷五《初春和陆放翁韵》二："冷淡何须厌一官，乌纱丛里好偷安。"亦谓此也。

全汉文卷二二

司马相如《美人赋》："王曰：'子不好色，何若孔墨乎？'相如曰：'古之避色，孔墨之徒；闻齐馈女而遐逝，望朝歌而回车。譬犹防火水中，避溺山隅，此乃未见其可欲，何以明不好色乎？'"按参观《水经·淇水》注引《论语比考谶》："邑名朝歌，颜渊不舍，七十弟子掩目，宰予独顾，由蹶下车。"《颜氏家训·文章》："昔者，邑号朝歌，颜渊不舍；里名胜母，曾子敛襟；盖忌夫恶名而伤实也。"《管锥编》引《聊斋志异》三会本卷六《小谢》但明伦评"于摇摇若不自持之时而即肃然端念，方可谓之真操守、真理学"及此赋"臣乃脉定于内，心正于怀"。按此借振动以修整身心，或亦一法？《五灯会元》卷五大颠宝通章次记韩愈问道大颠，三平击床悟入事，曰："先以定动，后以智拔"（亦见《祖堂集》卷五，《谈艺录》一七引及），似可属此。

《管锥编》谓相传中世纪有数修士闻莺啼圆润清和，听而乐之，徘徊不忍去，一士最敏，忽悟曰："此莺莫非魔鬼幻形乎？"按南传佛典《长老偈·一偈集》五《罗摩那耶长老偈》谓长老在林中修禅，魔罗以怪声恐吓，长老毫不畏惧且轻蔑之，说偈云："鹧声和鸟声，以及松鼠声；我心专守一，决不为所动。"①参观《五灯会元》卷一〇永明道潜章次法眼问："律中道，隔壁闻钗钏声，即名破戒。见睹金银合杂，朱紫骈阗，是破戒不是破戒？"

《管锥编》引常谚"为善最乐"（语始见《后汉书·东平王苍传》），尚非人人所能体验。《新唐书》卷九八《王珪传》记其为魏王诵"为善最乐"之语，太宗闻而喜，曰："儿可以无过矣。"然宫廷教育以失败居多，太宗虽有此喜，于魏王有何用乎。

全汉文卷二三

董仲舒《士不遇赋》："孰若返身于素业兮，莫随世而轮转。"按董氏"天人三策"云："臣谨按《春秋》之中，视前世已行之事，以观天人相与之际，甚可畏也。"此"天人感应"思想，影响汉代乃至中国文化极深。《士不遇赋》当为早期作品，引语云云属方圆之变。如推其原，则《易·系辞》上"蓍之德圆而神，卦之德方以智"二义，足以当之。以儒、道两家而论，儒家似偏于方，道家似偏于圆，《楚辞·卜居》之"将突梯滑稽，如脂如韦，以洁楹乎"，此属

---

① 《长老偈、长老尼偈》，邓殿臣译，中国社会科学出版社1997年8月版，23页。

郑詹尹，当道家圆义；而否定云云，则属屈子，可当儒家方义。《管锥编》引《盐铁论·论儒》"孔子能方不能圆"虽未必是，然终属儒家之描画。衡之以《论语·为政》"七十而从心所欲不逾矩"，曰"不逾矩"而不云"规"者，即儒家"能方"也；然曰"从心所欲"者，则"方"所不能限矣。《庄子·齐物论》："五者圆而几向方矣"，曰"五者圆"者，即道家重圆也；然曰"几向方"者，则"圆"亦不能限矣。故儒、道两家皆有辩证方圆之象，然后世人情似已偏于圆，则当主方以救之。《礼记·儒行》："砥厉廉隅。"注："廉，棱也；隅，角也；喻方正也。"又注："言求切磋琢磨之益，不刓方以为圆也。"

《管锥编》引《关尹子·一宇》："以盆为沼，以石为岛，鱼环游之，不知几千万里不穷乎！"按别见《谈艺录》二《黄山谷诗补注》。余嘉锡《四库提要辨证》卷一九《关尹子》条亦考及此，云："此书（《关尹子》）必出于孝宗之世，出而仍不甚显，……黄庭坚卒于崇宁四年，安得先见之。"引《西厢记》第一本第一折张生自叹"书剑飘零"，曰："脚跟无线如蓬转。"如以武侠小说参证，则"人在江湖，身不由己"（《笑傲江湖·后记》）是也。

《管锥编》引古罗马人于轮边三处分别标示未来、现在、过去，曰："我将得势"、"我正得势"、"我曾得势"（Regnabo, Regno, Regnavi），周转往还，以见升沉俄顷。按此极是，参观《周易尚氏学》卷一："出冥入冥，新故代更，将来者进，成功者退，已用则贱，当时则贵。"引《大智度论·我闻一时释论》引《时经》云云，"时去"当作"时至"。参观《指月录》卷二天台丰干："师凡有人问佛理，止答'随时'二字。"引十四世纪意大利掌故名编记一权贵置酒高会，有客执长钉欲钉止命运之轮，俾不复转动，庶几长居高而不下降。此欲使"正得势"能成"永得势"，虽永为"正得势"者之向往，然终未知消息之理矣。莎士比亚《亨利五世》三幕六场亦云："命运如轮，变动不居"（Fortune is painted also with a wheel. ... that she is turning and inconstant, and mutablity, and variation）。今人小说《倚天屠龙记》二〇回有一小曲颇佳："富贵哪能长富贵？日盈昃，月满亏蚀。地下东南，天高西北，天地尚无完体。"或可笑此。

全汉文卷二四

董仲舒《山川颂》。《管锥编》谓《颂》前半赞山，结引《诗》云："节彼南山，惟石岩岩，赫赫师尹，民具尔瞻"；后半赞水，起曰："水则源泉混混沄沄，昼夜不竭"，终引《论语》子在川上曰："逝者如斯夫，不舍昼夜！"按两象前后映发，当由《论语·雍也》"知者乐水，仁者乐山"而来。《槐聚诗存》一九三九年《游雪窦山》亦言及此："我尝观乎山，起伏有水致。蜿蜒若没骨，皱具波涛意。乃知水与山，思各出其位。譬如豪杰人，异量美能备。固哉鲁中叟，只解别仁智。"《管锥编》引《青琐高议》卷七引"古人"诗："长江后浪催前浪，浮世新人换旧人。"此实新陈代谢规律，无可抗拒者也。《增广贤文》此句作："江中后浪催前浪，世上新人赶旧人。"

全汉文卷二六

司马迁《报任少卿书》："（盖文王拘而演《周易》，仲尼厄而作《春秋》，屈原放逐，乃赋《离骚》，左丘失明，厥有《国语》。孙子膑脚，兵法修列，不韦迁蜀，世传《吕览》。韩非囚秦，《说难》、《孤愤》。《诗》三百篇，大抵圣贤发愤之所为作也。此人皆意有郁积，不得通其道，故述往事，思来者。）乃如左丘无目，孙子断足，终不可用，退而论书策以舒其愤思，垂空文以自见。仆窃不逊"云云。按"盖文王拘"至"思来者"一大段，大体重见于《史记·太史公自序》，乃见两篇之联系。下衔接"乃如"云云，《自序》无，《管锥编》谓不复道屈原、韩非而重言左氏、孙子者，气类相感更深也。以下"仆窃不逊"至"百三十篇"云云，则又对应《自序》"于是卒述陶唐以来至于麟止"。而终点出《自序》未言之"亦欲以究天人之际，通古今之变，成一家之言"，此《书》之重心，读《史记》宜推本于此，亦所以点题也。

《管锥编》引《孟子·尽心》："人之有德慧术知，恒存乎疢疾；独孤臣孽子，其操心也危，其虑患也深，故达"；

《告子》:"动心忍性,曾益其所不能。……困于心,衡于虑,而后作;……然后知生于忧患,(而死于安乐也。)"按此以个人言,然亦可兼国家,故《左传》卷襄公二十三年引《告子》此节删略语,"无敌国外患者,国恒亡"是也。参观唐寅《与文徵明书》:"窃窥古人,墨翟拘囚,乃有薄丧;孙子失足,爰有兵法;马迁腐戮,《史记》百篇;贾生流放,文词卓落。不自揆测,愿丽其后。"

《管锥编》引梁元帝《金楼子·立言篇》上:"予之术业,岂宾客之能窥?斯盖以筳撞钟,以蠡测海也!予尝切齿淮南、不韦之书,谓为宾游所制;每至著述之间,不令宾客窥之也。"按梁元以君王之尊,而欲与宾客争胜,适见其局之小。君王或宜知文学,然终不宜仅知文学,故梁元为弱主也。《资治通鉴》梁元帝承圣三年(554)记梁元之灭也,兵至,尚戎服讲《老子》;巡城,犹口占为诗;攻城急,乃焚所藏古今图书十四万卷。或问,曰:"读书万卷,犹有今日,故焚之。"亦见其未能自知云。引圣佩韦尝言:"人读帝王所作诗,偶遭佳处,辄不禁心语口曰:'倘有入幕之宾代操觚耶?'"按或谓捉刀诗人历代颇有,如康熙朝有高士奇、查慎行,乾隆朝有沈德潜云。

全汉文卷三一

杜钦《说王凤》:"男子好色,五十未衰;女子四十,容貌改前。以改前之容，侍于未衰之年，而不以礼为制，则其原不可救。"《管锥编》因论男女婚配年龄之变。按或与男女间生物钟之不同相关，《内经·上古天真论》论"天数"，谓女数起于七，尽于七七；男数起于八，尽于八八。故同一年龄段之男女或处于不同之生物钟阶段，不同年龄段之男女或处于同一生物钟阶段，凡婚配涉及生物钟之相应，故一般男宜略长于女也。然男女年龄乃至生物钟仍处于不断变化中，始虽合者或终未能合，故有种种矛盾生焉。此仅及年龄及生理因素，故不可执，因尚有社会乃至心理因素。凡达成婚姻者，乃各种因素之平衡也。《管锥编》引司汤达《爱情论》记一贵妇曰："在平民眼中，公爵夫人年貌无逾三十者"，复记一小家碧玉自言苟男乃大公或亲王，则己必觉其风貌可人意；按此即权力之作用。凡权力、财富乃至知识皆能影响人之心理年龄，所谓势者，亦信息也。

全汉文卷三七

刘向《杖铭》："（历危乘险，匪杖不行。年耆力竭，匪杖不强。有杖不任，颠跌谁怨。有士不用，害何足言。）都蔗虽甘，殆不可杖；佞人悦己，亦不可相。"按《论语》有二段颇妙，可转其意而用作《杖铭》。一出《述而》："用之则行，舍之则藏，唯我与尔有是夫！"此含道家意，乃儒家之柔也，曾见某小说用之。一出《季氏》："危而不持，颠而不扶，则将焉用彼相矣！"此儒家之刚也，可与刘向《杖铭》参证。

全汉文卷四二

　　王褒《洞箫赋》："故知音者乐而悲之，不知者怪而伟之。"按盖聆乐时常忽忽若有所失，如《世说·任诞》记桓子野"每闻清歌，辄患奈何"！此触动深层情感，阿赖耶识含藏种子，何所不具乎，悲亦其中之一也。《管锥编》引心理学谓人感受美物，辄觉胸隐然痛，心怦然跃，背如冷水浇，眶有热泪滋等种种反应。此涉及身心之相互影响，犹《谈艺录》六九引艾略特"以官感领会义理"（A direct sensuous apprehension of thought）是也，或有亚理士多德之"净化"（catharsis）作用？英美意象派诗论于好诗标准亦有"冷水浇背"之说，或可笺此。

　　引徐渭《青藤书屋文集》卷一七《答徐北口》："能如冷水浇背，陡然一惊，便是兴观群怨之品；如其不然，便不是矣。"此属儒家，佛家亦如此，所谓小乘一闻无常言教而毛骨耸然当下证果，须菩提闻空离想而悲泣抆泪是也。月称《入中论》："若异生位闻空性，内心数数发欢喜，由喜引生泪流注，周身毛孔自动竖。"钱基博《十年来之国学商兑》，介绍裘匡庐《思辨广录》，引《大本阿弥陀经》云："世间人民前世曾学佛法，或亲近善知识，今世一闻佛名，慈心喜悦，志意清净，毛发耸然，泪即流出。"

全汉文卷五一

扬雄《蜀都赋》。按《汉书·扬雄传·赞》:"以为经莫大于《易》,故作《太玄》;传莫大于《论语》,作《法言》;史篇莫善于《仓颉》,作《训纂》;箴莫善于《虞箴》,作《州箴》;赋莫深于《离骚》,反而广之;辞莫丽于相如,作四赋。皆斟酌其本,相与放依而驰骋云。"已大致概括其一生成就。《全汉文》卷五二载其《答桓谭书》:"长卿赋不似从人间来,其神化所至耶。大谛能读千赋则能为之。谚云:'伏习众神,巧者不过习者之门。'"此述扬雄于作赋之认识,亦能见其长。"大谛能读千赋则能为之",谓量之积累能引起质变,就创作而言。《文心雕龙·知音》:"凡操千曲而后晓声,观千剑而后识器。故圆照之象,务先博览",就欣赏而言。《苏轼诗集》卷一六《张寺丞益斋》:"又如学医人,识病由饱更。……苟能阅千人,望见知死生。"《管锥编》引《北齐书·司马子如传》记或曾注此《赋》,"每云:'我欲与扬子云周旋。'"按此极是,亦见注者之心。凡注者读解原作,即与作者周旋也。

全汉文卷五二

扬雄《太玄赋》。《管锥编》谓全文皆明潜身远祸之意,未尝赋其"太玄"也。按《太玄摘》模仿《系辞》，铺张包容；而扬雄《覈灵赋》残篇，如："自今推古，至于元气始化。古不览今，名号迭毁，请以《诗》、《春秋》言之"，"太易之始，太初之先。冯冯沈沈，奋搏无端"，"河出龙马，洛贡龟书"，"世有黄公者，起于苍州。精神养性，与道浮游"，"二子规游矩步"等，颇可笺之，《太玄赋》明其一义耳。

《管锥编》引卷五三《解嘲》："客徒欲朱丹吾毂，不知一跌将赤吾之族也。……炎炎者灭，隆隆者绝，……高明之家，鬼瞰其室。"此解丰卦义甚佳，宜警之云。《后汉书》卷八二《折像传》记其感多藏厚亡之义，乃散金帛资产，周施亲疏。或谏之，像曰："昔斗子文有言：'我乃逃祸，非避富也。'吾门户殖财日久，盈满之咎，道家所忌。今世将衰，子又不才，不仁而富，谓之不幸，墙隙而高，其崩必矣。"《资治通鉴》卷一七八隋文帝开皇十九年记高颖初为仆射，其母戒之曰："汝富贵已极，但有一斫头耳，尔其慎之。"曾国藩咸丰十一年十二月初六日日记："日内思家运太隆，虚名太大，物极必衰，理有固然，为之悚皇无已。"

引《五灯会元》卷四招贤章次："夏天赤骨力，冬寒须得被"，此立二极以见变化，乃禅家要法之一，"随缘消旧业，任运著衣裳"是也。引《左传》哀公二十五年公曰："是食言多矣，能无肥乎？"于修辞而论，"食言"乃"潜喻"。于政治而论，此涉及言必信、行必果与言不必信、行不必果之矛盾，甚难平衡。《管锥编》引丘吉尔尝自言："吾食言多矣，未尝有不消化之病。"此似属自嘲，盖于政治家而言，时迁势移，亦未有不食言者也。

扬雄《解嘲》："故为可为于可为之时，则从；为不可为于不可为之时，则凶。"《管锥编》引王若虚语谓当芟削为"为于可为之时，则从；为于不可为之时，则凶"。按王氏似误。非仅原句与改句力量有异，且就义理而言，扬雄事与时合，可为之事即可为之时，不可为之事即不可为之时，故无有脱离事之时与脱离时之事也。《太玄·玄文》："君子修德以俟时。不先时而起，不后时而缩，动止微章，不失其法者，其唯君子乎？"爱因斯坦谓时与空不可分，扬雄谓时与事不可分，前者就物理言，后者就生物言，其间或有辨，犹《易·象》反复申言之"时义"乎。

扬雄《逐贫赋》。《管锥编》引《增壹阿含经》卷二三之四载四梵志皆得五通，自知将死，即各隐匿，"使伺命不知来处"，一飞空中，一潜海底，一藏须弥山腹内，一"入地至金刚际"，而均不"得免死"。按此即神通不敌业力之象，因避无可避焉。《大宝积经》卷五七《入胎藏会》："假使经百劫，所作业不亡，因缘会遇时，果报还自受。"释氏有修"死无常"者，盖明死决定至也。

全汉文卷五六

贾让《奏治河三策》："夫土之于川，犹人之有口，治土而防其川，犹止儿啼而塞其口。"按防川与防口，有堵塞与疏导二法，或宜兼用堵塞，然终以疏导为上，贾《策》谓"善为川者，决之使道。善为民者，宣之使言"是也。《管锥编》引《圆觉经》（清净慧章）："照与照者，同时寂灭。譬如有人，自断其首，首已断故，无能断者。则以碍心，自灭诸碍，碍以断灭，无灭碍者。"按此与前引《圆觉经》（弥勒章）所戒"事理"二障同，皆所以消解能所，亦"实际理地，不着一尘"是也。

伶玄《飞燕外传》。《管锥编》引《华严经》"先以欲钩牵，后令成佛智"。按当出《维摩诘经·佛道品》，《太平广记》卷一〇一亦引此，"成"作"入"。此即《华严经》卷六八《入法界品》第三九之九婆须蜜多女所谓："我得菩萨解脱名离贪欲际，随其欲乐而为现身。……若有众生抱持于我则离贪欲，得菩萨摄一切众生恒不舍离三昧。若有众生唼我唇吻则离贪欲，得菩萨增长一切众生福德藏三昧。凡有众生亲近于我，一切皆得住离贪际，入菩萨一切智地现前无碍解脱。"参观《金刚顶经》卷上："奇哉自性净，随染欲自然，离欲清净故，以染而调伏。"《大智度论》卷二一《释初品中八念》："是人淫欲多，为增淫欲得解脱；是人嗔恚多，为增嗔恚而得解脱；如难陀、优楼频骡龙是。"

全后汉文卷一三

桓谭《桓子新论·言体》第四："王翁之残死人，观人五脏，无损于生人。生人恶之者，以残酷示之也。"按中国关于解剖学最早记载之一。此类解剖方法，虽可得经籍印证，如《灵枢·经水篇》明言："八尺之士，皮肉在此，循切而得之，其死可解剖而视之。"然于中国终无发展，因中医理论另有独特成就。《太玄经·玄数》云："三八木为东方，藏脾；四九金为西方，藏肝；二七火为南方，藏肺；一六水为北方，藏肾；五五土为中央，藏心。"此以五行配五方五脏，与《内经》东肝木、西肺金、南心火、北肾水、中央脾土不同。此或用《礼记·月令》之义，然亦可能受王莽刳尸之影响。

杨荫杭《老圃遗文辑》一九二一年《琐谈》（三）亦引《汉书·王莽传》等考证古代解剖学，谓："全体学之失传，皆由重视死体，而以解剖为残酷。……此学之所以失传，因格于禁令，不易得试验品也。"盖持西医观点。近代医家唐宗海《中西医汇通精义》云："西医剖割视验，止知其形，不知其气。以所剖割，只能验死尸之形，安能见生人之气化哉！"则中医另有说。引《易·系辞》："引而申之，触类而长之，天下之能事毕矣。"或无误。不有椎轮，安有大辂，不有萌蘖，安有森林，此之谓发展。

全后汉文卷一四

《桓子新论·祛蔽》卷（当作"第"）八："精神居形

体，犹火之然烛矣"云云。按《庄子·养生主》谓"指穷于为薪，火传也，不知其尽也"，此明能量之消息相继，或含生死，然终不言生死，故后世有种种托譬也。《管锥编》谓桓氏识超行辈者有二：一、不信谶纬，二、不信神仙。按"二不信"皆是，然前者观《后汉书·桓冯列传》及《启寤》第七："谶出《河图》、《洛书》，但有兆朕而不可知，后人妄复加增依托，称是孔丘，误之甚也。"否定谶纬而不否定《河》、《洛》，则此否定可兼两边言。后者观本节及《辨惑》第一三等，如："刘子骏信方士虚言，谓神仙可学，尝问言：'人诚能抑嗜欲，阖耳目，可不衰竭乎？'余见其庭下有大榆树，久老剥折，指谓曰：'彼树无情欲可忍，无耳目可阖，然犹枯槁朽蠹。人虽欲爱养，何能使不衰。'""圣人何不学仙而令死邪？圣人皆形解仙去，言死者，示民有终也。""天下神人五，一曰神仙，二曰隐沦，三曰使鬼物，四曰先知，五曰铸凝。""无仙道，好奇者为之。"亦可兼两边言。桓氏之长，尚有识《太玄》"必传"（《汉书·扬雄传·赞》、《闵友》第一五），且能解"通人之蔽"也。

全后汉文卷一五

《桓子新论·辨惑》第一三："道人作金银云：'鈆字，金与公，鈆则金之公。而银者金之昆弟也。'"《管锥编》言谢石"相字"薪火承传七八百年，与龟策、星命、风水分庭并峙，几若妖妄术数之四岳焉。按《四库提要·子部术数类·叙》："术数之兴，多在秦汉以后，要其旨不外乎阴阳五行生克制化，实皆《易》之支派，傅以杂说耳。……中惟数学一家，为《易》外别传，不切事而犹近理。其余皆百伪一真，递相煽动。必谓古无是说，亦无是理，固儒者之迂谈。必谓今之术士，能得其传，亦世俗之惑志。徒以冀福畏祸，今古同情，趋避之念一萌，方技者流各乘其隙以中之。故悠谬之谈，弥变而弥伙耳。"此斥术数颇要，然所存书有龟策、星命、风水而未及拆字，盖此类别稍弱。

《管锥编》引周亮工《字触》弁首方文《序》云："六书之学莫妙于会意，……已开后人离合相字之门矣。……'触'者随意所触，引而申之，不必其字本义也。"此言拆字之理，触者，触机也。又弁首徐芳《序》引亮工曰："其妙在触，触者几也。触圆而神，几易以贡。"清福申辑《俚俗集》卷二二《拆字（即测字）》条："《二老堂杂志》：'谢石，善拆字，宋徽宗时特补承信郎。'按《通志堂艺文略》：'有相字书，即拆字也。其术不始于谢，而谢最著耳。'"《管锥编》引沈括《梦溪笔谈》卷一四记："王圣美治字义，以为凡字其类在左，其义在右，如'戋'，小也，水之小者曰'浅'，金之小者曰'钱'，贝之小者曰'贱'。"按此"类左义右"，即"右文说"。而形声字声中有义，今人杨树达论之颇详（见《积微居小学金石论丛》、《积微居小学述林》）。

全后汉文卷一八

马融《长笛赋》。按东汉郑玄集经学大成，马融殆其前驱乎，宜注意马、郑之若干印证。以《论语》而言，马融遍注群经，有"志于道"之象，而《管锥编》所列三赋，乃"游于艺"焉：《长笛赋》与《围棋赋》相连，是犹"琴棋"；《樗蒲赋》与《围棋赋》相连，是犹"博弈"。"志道"与"游艺"相通，当马融绛帐之活泼气象，《长笛赋·序》谓"融既博览典雅，精核数术，又性好音律，鼓琴吹笛"是也。"故聆曲引者，观法于节奏，察度于句投，以知礼制之不可逾越焉。"按此礼乐相合之象，亦内含音乐之纪律，故言"音律"也，宜注意内在呼吸之自然。《管锥编》引古希腊诗人名剧中角色自言："吾拘束于韵节之中"，此实佳喻。而今人论韵，亦有"戴着铁镣跳舞"之说。

《围棋赋》："略观围棋兮，法于用兵。"按桓谭《新论·言体》第四："世有围棋之戏，或言是兵法之类也。"又兵法、棋理相合，东汉黄宪《机论》："善弈者能出其机而不散，能藏其机而不贪，先机而后战，是以势完而难制。"亦能得其要。"棋多无策兮，如聚群羊。……当食不食兮，反受其殃。"按如与兵法相笺，参观《古诗归》卷一黄帝《兵法》："日中不彗，是谓失时。操刀不割，失利之期。""深入贪地，杀亡士卒"，按"围棋十诀"谓"不得贪胜"又"入界宜缓"可以解之。

《樗蒲赋》："精诚一叫，十卢九雉。"按杜甫《今夕行》："凭陵大叫呼五白，袒跣不肯成枭卢。"杨伦注引程大昌《演繁露》："古惟斫木为之。一具凡五子，故亦名五。其法上黑下白，一子悉为两面，一面涂黑画犊，一面涂白画雉。凡投子者五皆现黑，其名卢，在樗蒲为最高之采。其四黑一白，其采名雉，比卢降一等。"又引《晋书·刘毅传》："毅次掷得雉大喜，绕床叫谓同座曰：'非不能卢，不事此耳。'裕恶之，因按五木久之，曰：'老兄试为卿答。'既而四子俱墨，一子转跃未定，裕厉声喝之，即成卢。"韩愈《送灵师》："六博在一掷，枭卢叱回旋。"李审言《韩诗证选》引宋玉《招魂》："菎蔽象棋有六博，成枭而牟呼五白"，景象仿佛似之。参观陆游《剑南诗稿》卷八《楼上醉书》："酒酣博簺为欢娱，信手枭卢喝成采。"卷一四《忆荆州旧游》："有时凭陵呼五白，笑人辛苦作《太玄》。"卷六九《醉歌》："草书大叫写成图，博簺随声喝作卢。"《管锥编》谓"十"、"九"两数乃"不可执"之虚数。"十"有全义，《说文》："十，数之具也"；"九"有尽义，《易纬乾凿度》、《列子·天瑞》："九者，气变之究也。"按以中华象数学而论，"十"当河图，"九"当洛书，十、九之变，亦河、洛之变也。

《管锥编》引岳珂《桯史》卷二载李公麟《贤已图》云云，《七缀集·读〈拉奥孔〉》四引之较详，不挑选顶点或最后景象是也。"贤已"语出《论语·阳货》："不有博弈者乎！为之犹贤已。"故"精诚"极是，"博弈"所以犹贤，就在使人专心。引《参同契》上篇："千举必万败，欲黠反成痴。"按即中篇"世人好小术，不识道浅深"，朱熹《考异》注"药非同类，不能成宝"是也。

全后汉文卷一九

第五伦《上疏论窦宪》："三辅论议者至云：'以贵戚废锢，当复以贵戚浣濯之，犹解酲当以酒也。'"《管锥编》引《五灯会元》卷一梵王为波旬说偈："若因地倒，还因地起，离地求起，终无是理。"此即"解铃还须系铃人"，就路还家，亦禅家之方便法也。引朱载玮《诸真玄奥集成》卷三薛式《还丹复命篇·西江月》之六："竹破还须竹补，人衰须假铅全"，即道家之"同类"思想。薛式即薛道光，南宗三祖。读张伯端《悟真篇》中卷《七言绝句》第八："竹破须将竹补宜，抱鸡当用卵为之。万般非类徒劳力，争似真铅合圣机"，乃知薛氏《西江月》之由来矣。又昔昙鸾由道而僧，此道光又由僧而道，两人何所见而行，亦宜思之也。

《管锥编》引古希腊一诗人言木能产生火，火还断送木，如子出于母，却复杀母。参观《阴符经》上篇："火生于木，祸发必克。"李筌注："火生于木，火发而木焚。"康僧会译《六度集经·布施度无极章》："夫有必空，犹若两木，相钻生火，火烧还木，火木俱尽，二事俱空。"王梵志诗亦云："但看木里火，出则自烧伊。"引近人威尔士"以战止战"

(The war that will end war)，则又"止戈为武"之义；《司马法·仁本》："杀人安人，杀之可也；攻其国，爱其民，攻之可也；以战止战，虽战可也。……故国虽大，好战必亡；天下虽安，忘战必危。"

全后汉文卷二四

班固《西都赋》。按班固大赋，主要为《两京》，其次为《幽通》。《两京》谓"西都"、"东都"，亦即长安、洛阳。班固身居东汉，自然强调洛阳，其实西汉、东汉国势有异。且以中国地理大势分析，由西周至宋，大抵国势强盛时居西都，国势稍弱时居东都，前者如西周、秦、西汉、隋、唐，后者如东周、东汉、魏、西晋、北宋，恰成对照。而明清由河南转入河北建都，此一情势方有所改变。以西汉司马相如《子虚赋》、贾谊《鹏鸟赋》与班固《两京》、《幽通》对照，皆能相应，然气象已自不同矣。"若升春台"见《老子》二〇章："众人熙熙，如享太牢，如春登台。"左思《魏都赋》注谓王公大人雍容升高，弥望得意之态，即《老子》所谓"众人"也。《老子》所贵在"食母"，然必谓与"众人"异，则又未知老子者也。

全后汉文卷二五

班固《与弟超书》："实亦艺由己立，名自人成。"按《中庸》一七章:"故大德必得其位,必得其禄,必得其名,必得其寿。"班《书》明两边,然主旨从《中庸》,在"艺由己立"。袁枚《小仓山房诗文集》卷一《释名》:"名非圣人意也。圣人者,得其时之得为,行其心之所安,殁齿而已矣。伏羲画卦,使民知阴阳;仓颉造字,使民备遗忘;非为名也。"《管锥编》引章学诚《文史通义》内篇三《箴名》:"实至而名归,自然之理也,非必然之事也。"则明另一边:"己立"者未必"人成"。辩证两边,当以前者为是,盖学而自得者或不求理解,《论语·学而》"人不知而不愠,不亦君子乎"?如仅知后者而必欲得名,则无所不至矣。《颜氏家训·名实》:"名之于实,犹形之于影也。德艺周厚,则名必善焉;容色姝丽,则影必美焉。今不修身而求令名于世者,犹貌甚恶而责妍影于镜也。上士忘名,中士立名,下士窃名。"《管锥编》引《阴符经》、《鬼谷子》、《计然策》云云。按《计然策》语出《史记·货殖列传》,范蠡喟然而叹曰:"计然之策七,越用其五而得意。既已施于国,吾欲用之家。"

全后汉文卷二八

朱穆《与刘伯宗绝交书》。《管锥编》引周密《浩然斋雅谈》记韩维基语:"凡亲戚故旧之为时官者,皆当以时官待之,不当以亲戚故旧待之。"按此洞明世故,犹《后汉书》卷二六光武引谚曰:"贵易交",又鲁迅《赠邬其山》谓"一阔脸就变"是也。参观《史记》卷论《陈涉世家》。

全后汉文卷二九

马第伯《封禅仪记》。"有青气上与天属，遥望不见山岭，山岭人在气中，不知也。"按封禅大典，或感通此气。而山有其气，亦即历代建寺立庙之根由，"天下名山寺占多"是也。

全后汉文卷三五

应劭《汉官仪》："世祖中兴，……边陲萧条。……或空置太守令长，招还人民。上笑曰：'今边无人而设长吏治之，难如《春秋》素王矣！'"《管锥编》谓"圣而不王"曰"素王"，谓空有其德，而无其位；今适相反，空有其位，而无其事。按"素王"之义，所以化空间为时间，亦桓谭《新论·启寤》第七"龙无尺水，无以升天。圣人无尺土，无以王天下"；又"圣人天然之姿，所以绝人远者也"。《史记·秦楚之际月表序》："故奋发其所为天下雄，安在无土不王。"《集解》："《白虎通》曰：'圣人无土不王，使舜不遇尧，当如夫子老于阙里也。'"

全后汉文卷三六

应劭《风俗通义》。按《全后汉文》卷三八记《风俗通义·论数》两条甚要，可录于此："十十谓之百，十百谓之千，十千谓之万，十万谓之亿，十亿谓之兆，十兆谓之经，十经谓之垓，十垓谓之秭，十秭谓之选，十选谓之载，十载谓之极，有物有事者，纪于此矣。过此往者，其数可纪，其名未之或闻也。"（《御览》七百五十）"千生万，万生亿，亿生兆，兆生京，京生秭，秭生垓，垓生壤，壤生沟，沟生涧，涧生正，正生载，载，地不能载也。"（《广韵》五旨）按此对大数之认识，用现代纪数法可列于下：

百	10^2		
千	10^3	千	10^3
万	10^4	万	10^4
亿	10^5	亿	10^5
兆	10^6	兆	10^6
经	10^7	京	10^7
垓	10^8	秭	10^8
秭	10^9	垓	10^9
选	10^{10}	壤	10^{10}
载	10^{11}	沟	10^{11}
极	10^{12}	涧	10^{12}
		正	10^{13}
		载	10^{14}

两数列大体同，经即京，秭、垓对换。垓以下左列进位四次，右列进位五次，乃达 10^{12} 或 10^{14}，过此以往，未之或知也。此与现代以宏观、微观界限在 10^{15} 与 10^{-15} 间之思想一致。以"沟"、"涧"等为数名，亦与印度"恒河沙数"之思想相合。"过此往者，其数可纪，其名未之或闻也"，知此大数，或可理解当时之认识水平乎。

"杀君马者，路旁儿也。"按蔡元培一九一九年五月《辞北大校长职出京启事》开首即曰："我倦矣，'杀君马者道旁儿'。'民亦劳止，汔可小休'，我欲小休矣。"蔡氏当时悲愤交集，乃用此典及《诗·大雅·民劳》句表达心情①。"路旁儿"者，看客也。

全后汉文卷四一

应劭《风俗通义》："熹平二年六月"云云。按世间事物变化万状，观屋漏壁痕永不相同之曲线，或能打破固定思维以触发灵悟也。《管锥编》引沈括《梦溪笔谈》卷一七宋迪谓陈用之曰："汝画信工，但少天趣。汝先当求一败墙，张绢素讫，倚之败墙之上，朝夕观之。观之既久，隔素见败墙之上，高下曲折，皆成山水之象，心存目想。"参观或引陆羽《怀素别传》："（怀）素曰：'吾观夏云多奇峰，辄常师

---

① 高平叔编《蔡元培全集》第 3 卷，中华书局 1989 年版，294 页。

之,其痛快处如飞鸟出林,惊蛇入草。又遇坼壁之路,一一自然。'真卿曰:'何如屋漏痕?'素起,握公手曰:'得之矣。'"别见《全晋文》论卷三〇。又郭熙《林泉高致》:"取一株竹,因月夜照其影壁上,则竹之真形出矣。"《浮生六记》二《闺情记趣》:"是月色颇佳,兰影上粉墙,别有幽致。……星澜取素纸铺于墙,即就兰影,用墨浓淡图之。日间取视,虽不成画,而花叶萧疏,自有月下之趣。"

全后汉文卷四三

傅毅《七激》:"骥骡之乘,……前不可先,后不可追,逾埃绝影,倏忽若飞。"按《易·说卦》:"乾为马",故乾象重视争取速度,若推其极致,其乃光速乎。庾信《谢滕王赉马启》:"柳谷未开,翻逢紫燕。陵源犹远,忽见桃花。流电争光,浮云连影。"亦此象也。

全后汉文卷四四

崔骃《七依》。《管锥编》引《四十二章经》天神献玉女试佛,佛言:"革囊众秽,尔来何为?……去,吾不用尔!"按此即不净观,与数息观共为释家二甘露门之一,乃对治贪欲烦恼也。参观《增壹阿含经》卷五《不逮品》:"比丘观此身,随其性行,从头至足,从足至头,观此身中,悉皆不净,无有可贪。"《大庄严论经》卷四:"时彼法师,即以神通,变此淫女,肤肉堕落,唯有白骨,五内诸肠,悉皆露现。……时诸会者,睹斯事已,咸生厌患。"《后汉书·襄楷传》载楷上书于汉桓帝延熹九年(166年),其"浮屠不三宿桑下"、"天神遗以好女"二事,与《四十二章经》二章、二十四章相似,论者指其出于《增壹阿含》秦译卷六、卷四十一①。所涉及"浮屠"、"桑门"(沙门)二词(《管锥编》引《文选》李善注:"桑门,沙门也。"),参观袁宏《汉纪》:"浮屠,佛也。……佛者,汉言觉也,将以觉悟众生也。……其精者为沙门。沙门,汉言息也,盖息意去欲以归于无为。"《管锥编》引班固《两都赋·序》李善注:"诸释义或引后以明前。"按此涉及注书体例。《谈艺录》一九曾斥"好引后人诗作注,尤不合义法"。然补订又云:"仅注字句来历,固宜征之作者以前著述,然倘前载无得而征,则同时或后人评语自可引为参印。"两段相形,语已圆融。

全后汉文卷四六

崔寔《政论》。言治国不可拘守儒家"王道",而必用霸术。按此涉及前汉宣、元之变,即《论》所谓:"近于孝宣皇帝明于君人之道,审于为政之理,故严刑峻法,破奸轨之

---

① 吕澂《四十二章经抄出的年代》,《吕澂集》,中国社会科学出版社1995年版,176页。

道。……元帝即位，行宽政，足以堕损，威权始夺，遂为汉室基祸之主。"参观《资治通鉴》卷二七汉宣帝甘露元年帝戒皇太子（即后来元帝）柔仁好儒曰："汉家自有制度，本以霸王道杂之，奈何纯任德教，用周政乎！且俗儒不达时宜，好是古非今，使人眩于名实，不知所守，何足委任！"《管锥编》引寔比"为国之道"于卫生，"刑罚"乃攻疾之"药石"，而"德教"则养身之"粱肉"，粱肉不可治病，犹药石不可供食。按参观《史记·太史公自序》"夫礼禁未然之前，法施已然之后；法之所用为者易见，而礼之所为禁者难知"，亦相辅相成也。

"谚曰：'一岁再赦，奴儿喑哑。'"按《资治通鉴》卷一九二唐太宗贞观二年记上谓臣曰："古语有之：'赦者小人之幸，君子之不幸。''一岁再赦，善人喑哑。'夫养稂莠者害嘉谷，赦有罪者贼良民，故朕即位以来，不欲数赦，恐小人恃之轻犯宪章故也。"又《华阳国志》卷七《刘后主志》："丞相亮时，有言公'惜赦'者。亮答曰：'治世以大德，不以小惠，故匡衡、吴汉不愿为赦。先帝亦言：吾周旋陈元芳、郑康成间，每见启告治乱之道备矣，曾不语赦也。'"《三国志·蜀书·孟光传》记光责费祎："夫赦者偏枯之物，非明世所宜有也。"参观《贞观政要》卷八："贞观七年，太宗谓侍臣曰：'蜀先主尝谓诸葛亮曰：吾周旋陈元芳、郑康成之间，每见启告理（治）乱之道备矣，曾不语赦。故诸葛亮理（治）十年，不赦而蜀大化。'"

全后汉文卷五三

张衡《南都赋》。《管锥编》引《宋书·隐逸传》陶潜"便语客：'我醉欲眠卿可去！'"按此典唐诗李白曾用之，如《山中独酌》："我醉欲眠卿且去，明朝有意抱琴来。"引《汉书·王贡两龚鲍传》龚胜之"以手推夏侯常曰：'去！'"此典宋词辛弃疾曾用之，如《西江月·遣兴》："只疑松动要来扶，以手推松曰：'去！'"

全后汉文卷五四

张衡《髑髅赋》。按庄子借髑髅以说法及张衡使庄子自现髑髅身以说法，以释氏而言，犹白骨观也。《楞严经》卷五："观不净相，生大厌离，悟诸色性，以从不净白骨微尘归于虚空，空色二无，从无学道。"唐寅《怅怅词》："前程两袖黄金泪，公案三生白骨禅。"

《管锥编》引张载《正蒙·太和》第一："气之聚散于太虚，犹冰之凝释于水。"参观同篇："太和所谓道，中涵浮沉升降动静相感之性，是生氤氲相荡胜负屈伸之始"；"太虚不能无气，气不能不聚而为万物，万物不能不散而为太虚"；"聚亦吾体，散亦吾体，知死而不亡者，可与言性矣。"理学之成，实受释、道两家影响，必欲辨之，亦难矣。

全后汉文卷五八

王延寿《鲁灵光殿赋》。按《管锥编》相古度今极是，盖解古者，亦往往有感于今也。于《大悲咒》之"千手千眼观世音"，如引《礼记·大学》"十目所视，十手所指"为解，似亦可通。盖以数论，千由十而来；以理言，菩萨亦由凡夫起修是也。引后世据"禹"名而断为"爬虫"，此"古史辨"派顾颉刚之说，鲁迅《故事新编·理水》尝深讥之。

王延寿《梦赋》。《赋》言梦遇鬼神之变怪，"于是梦中惊怒"云云。按惊怒皆气机失衡，乃梦之因缘也。"含天地之纯和"以平衡气机，则梦可渐臻澄清云。《管锥编》据《古文苑》卷六辑此《赋》："于是鸡天曙而奋羽，忽嘈然以自鸣，鬼闻之而迸失，心慑怖而皆惊。"按《诗·郑风·风雨》有云："风雨如晦，鸡鸣不已"，盖阴霾重重而阳气不息，鸡鸣当复象，故鬼闻而退避也。

全后汉文卷六九

蔡邕《琴赋》。按《后汉书》卷六〇本传："吴人有烧桐以炊者，邕闻火烈之声，知其良木，因请而裁为琴，果有美音，而其尾犹焦，故时人名为'焦尾琴'焉。初，邕之在陈留也，其邻人有以酒食而招邕者，比往而酒以酣焉。客有弹琴于屏，邕至门而试潜听之，曰：'嘻！以乐招我而有杀心，何也？'遂反。……弹琴者曰：'我向鼓弦，见螳螂方向鸣蝉，蝉将去而未飞，螳螂为之一前一却，吾心耸然，唯恐螳螂之失也。此岂为杀心而形于声者乎？'邕宛然而笑曰：'此足以当之矣。'"按此极是，凡乐之动，感于物而从心生者也。识焦尾与辨琴音，为知琴之例，然捕蝉与捕人，已有杀心与随物而耸究有区别，则邕之知琴，尚未化之也。邕于灵帝熹平四年（175年）正定"六经"文字，而此石经于黄巾起义中被毁，乃汉魏间学术之转折点。

又"焦尾"者名器，傅玄《琴赋》序："齐桓公有鸣琴曰'号钟'，楚庄有鸣琴曰'绕梁'，司马相如'绿绮'、蔡邕'焦尾'，皆名琴也。"《管锥编》引《四十二章经》言"学道"应如琴弦之"急缓得中"，又引《礼记·杂记》以弓弦之"一张一弛"喻"文武之道"。按此前言治身心，后言治国，然亦可相通矣。

全后汉文卷八二

张升《友论》。《管锥编》谓语言文字鬼黠如蛇；按故当镇之以无名之朴以相应无穷耳。

全后汉文卷八三

孔融《荐祢衡疏》："昔贾谊求试属国，诡系单于；终军欲以长缨，牵致劲越。"按蔡邕、孔融相差数十岁，乃同时代人，然思想有异。蔡尚属初步之东汉经学，孔已属初步之魏晋玄学。又融好持非常可怪之论，亦时代风气之反映，然因缺乏深厚理论支持，故虽微词谲谏，亦致远恐泥也。《疏》言贾谊、终军，皆少年英发之象，"弱冠慷慨，前世美之"。王勃《滕王阁诗序》亦云："等终军之弱冠。""弱冠"，《曲礼》云二十岁。

孔融《与诸卿书》："郑康成多臆说。……若子所执，以为郊天鼓必当麒麟之皮也。"按于孔融两《教》与此《书》间之矛盾，当以两《教》为主。观《资治通鉴》卷六二汉献帝建安元年等，知融尊事郑玄，执子孙礼，易其乡名"郑公乡"且恳请返郡，当出至诚。《书》者，孙志祖《读书脞录续编》卷四、钱大昕《十驾斋养新录》卷一六、王鸣盛《蛾术编·说人》等皆疑其伪，沈可培《郑康成年谱》且谓："麟鼓郊天之说，《三礼注》及他处皆无之"，故《书》之是非尚可讨论。

《管锥编》谓若只存两《教》，则世必谓融于郑玄悦服无间；脱此《书》仅存，则世必以为融于玄鄙夷不屑。今三篇俱在，官《教》重玄之时望，私《书》薄玄之经学，立言各有所为。公廷私室，誉毁异宜，亦平常情事。按此分析公誉、私毁之两面性极佳，且见"知言"之难。公誉或可参考而不足凭，因往往为"米汤大全"中物，应酬八股是也。私毁之价值则宜分析之，或有称心而言中者，或有执偏而不见全者，故应知其整体，不应仅执片断而论是非也。且杜甫《莫相疑行》"当面输心背面笑"者，亦人情本有之局，《增广贤文》引俗谚："谁人背后无人说，那个人前不说人？"故私毁实未可尽信。然或有私誉者，则宜重视之，盖誉人者能识异量之美，或为有德者；而被誉者，或果有过人之长云。

全后汉文卷八四

郑玄《戒子益恩书》。按郑玄乃汉代经学之集大成者，此《书》七十岁所写，可当其自传。于玄一生之学，宜见各经注，而《全后汉文》所辑各佚文，亦能得其要。

如论"六艺"："六艺者，图所生也"；"河图洛书，皆天神言语，所以教告王者也。"论《易》："《易》者阴阳之象，天地之所变化，政教之所自生。自人皇初起"；"遂皇之后，历六纪九十一代，至伏羲始作十二言（应作"十言"）之教"；"夏曰《连山》，殷曰《归藏》，周曰《周易》。《连山》者，象山之出云，连连不绝；《归藏》者，万物莫不归藏于其中；《周易》者，言周道周普，无所不备"；"《易》之为名也，一言而函三义。易简一也，变易二也，不易三也。"论《书》："《尚书纬》云：孔子求书，得黄帝玄孙帝魁之书，迄于秦穆公，凡三千二百四十篇，断远取近，定可以为世法者百二十篇，以百二篇为《尚书》，十八篇为《中侯》。"论《诗》："《诗》者，弦歌讽谕之声也"；"《春秋纬演孔图》云：

'《诗》含五际六情'";"唐虞始造其初,至周分为六诗";"注《诗》以宗毛为主,毛义若隐略,则更表明。如有不同,即下己意,使可识别也。"论《礼》:"《礼》者,序尊卑之别,崇让合敬也";"《礼》其初起,盖与《诗》同时";"唐虞有三《礼》,至周分为五《礼》。"论《春秋》:"《春秋》者,右史所记之制,动作之事也。右史记事,左史记言";"孔子记西狩获麟,自号素王,为后世受命之君,制明王之法。"论《孝经》:"孔子以六艺题目不同,指意殊别,恐道离散,后世莫知根源,故作《孝经》以总会之。"观此诸则,颇见郑玄遍注群经之要,将象数变化贯通于行动与思想,盖其学之归乎。

《管锥编》谓《后汉书》本传载此书,所言与《全唐文》卷三三〇史承节《郑康成祠碑》多不合;《书》云:"吾家旧贫,不为父母群弟所容,去厮役之吏,游学周、秦之邦",《碑》无"不"字。按今知宋本《后汉书》、宋本《太平御览》卷四五九引《后汉书》、《通志》卷一〇八《郑玄传》俱无"不"字,与《碑》合,则无"不"者是。然诸本有"不"者,由本传"不乐为吏,父数怒之"而来,其误亦有其据。故"容"字为是,且可委婉含"不容"之意,而"不容"语尽意露,或非儒者所宜言也。且以释家理论而言,郑学之成,如为父母群弟所"容",则得顺增上缘,如"不容",则得逆增上缘,而其间生克互转之机,仍在本人也。

边让《章华台赋》："归乎生风之广厦兮，修黄轩之要道，携西子之弱腕兮，援毛嫱之素肘。"《管锥编》引张衡《同声歌》："衣解巾粉御，列图陈枕张。素女为我师，仪态盈万方，众夫所希见，天老教轩皇。"按此皆《汉书·艺文志》"房中"八家之遗意。"黄轩"或"轩皇"者，黄帝也，《汉志》有"黄帝三王养阳方"者，亦即《管锥编》引《论衡·命义》"素女对黄帝陈五女之法"。"天老"，一本作"天姥"，亦即《汉志》"天老（姥）杂子阴道"。《同声歌》、《论衡》以"黄帝"、"素女"对举，亦即《抱朴子》"黄帝论导养而质元素二女"。《素女经》未见《汉志》，《抱朴子·遐览》载《玄女经》、《素女经》，《隋书·经籍志》子部"医方"类载《素女秘道经》并《玄女经》，又载《素女方》，盖其遗也。又《同声歌》者，《易》"同声相应，同气相求"也；玄素者，黑、白之象，亦阴阳也。此皆象喻，《抱朴子·微旨》"玄、素谕之水火，水火杀人而又生人，在于能用与不能用耳"。又玄素二女外别有所谓"采女"者，以象而论，盖玄、素之交也。《管锥编》引《古诗归》卷四选《同声歌》钟惺评，后世亦有从此路解者。吴骞《拜经楼诗话》卷三引《虫获轩笔记》谓古本"盈"当作"刑"，"老"当作"姥"，亦引《抱朴子》"黄帝论导养而质玄素二女"，谓："言素女仪容，人世罕有，昔者曾为黄帝之师，而我今日亦师其态也。词易质直，不当搀入他解。世所谓素女秘戏之词，乃起于唐宋以后道士家言，汉魏以前之书，无此论也。"

全后汉文卷八八

仲长统《昌言》。《管锥编》谓统不信天道、神怪而信神仙长生之术，又桓谭所谓"通蔽"也。按三者分言极是，因尊天、事鬼基本以迷信为主，而修仙或含中国特有之养生境界，其是非尚宜研究之。而"漱舌"、"行气"乃当时之养生方法，"漱舌"即《老子》卷四七章引《黄庭内景经·口为章》"漱咽灵液灾不干"，又《外景经·上部》"玉池清水上生肥"是也。《口为章》且云："却灭百邪玉炼气，审能修之登广寒"，则"漱舌"亦与"行气"、"飞升"关联。然此等养生法皆偏于生理，而生理终宜影响心理，观统所谓："道德仁义，天性也。织之以成其物，炼之以致其情，莹之以发其光"，又："疏瀹胸臆，澡雪腹心，使之芬香皓洁白不可污也"，则统亦体验有得者。

全后汉文卷八九

《昌言》下："今嫁娶之会，搥杖以督之戏谑，酒醴以趣之情欲；宣淫佚于广众之中，显阴私于族亲之间。污风诡俗，生淫长奸，莫此之甚！"按杨荫杭《老圃遗文辑》一九二〇年《俗话》（二）亦谓："闹新房始见《抱朴子》，谓之'戏妇'，……晋时戏妇之恶俗，与今日宁波之俗相仿佛也。"

《管锥编》引俞正燮《癸巳存稿》卷一四当作卷一一，见该卷《弄新妇》、《闹房听房》条。

"董贤之于哀帝，无骨肉丝发之亲，又不能传其气类，定其继嗣。"《管锥编》谓即《太玄经》卷二《事》之《次四》："男、女事，不代之字。"按哀帝、董贤、王莽、扬雄乃同时代人，哀帝宠幸董贤，而董贤于哀帝崩后未起作用，故时事之象或化入《太玄》也。《昌言》之"传其气类"指"继嗣"，参观黄宗羲《破邪论·魂魄》："曰凡愚之魂散矣，而有子孙者，便是他未尽之气。"

"昔有明师知不死之道者，燕君使人学之，不捷而师死"云云。按三家说解略同，皆以不死之道为是，《列子·说符》"死者奚为不能言生术哉"。此略似《庄子·大宗师》"卜梁倚有圣人之才而无圣人之道，我有圣人之道而无圣人之才"之辩证。"道"、"才"如相合，尚须经"外天下"、"外物"、"外生"乃至"朝彻"、"见独"、"无古今"而能入于"不死不生"，终至"杀生者不死，生生者不生。其为物无不将也，无不迎也，无不毁也，无不成也。其名为'撄宁'，'撄宁'者，撄而后成也"。诸家认识不死之道皆有异，"撄宁"者，盖庄子所认识之不死之道也。

"使居有良田广宅，背山临流"一节，即《乐志论》。《管锥编》谓人与山水如"好美色"，山水与人如"惊知己"。按其间或有应答，辛弃疾《贺新郎·序》："一日独坐停云，水声山色竞来相娱"，词云："我见青山多妩媚，料青山见我应如是。……知我者，二三子。"参观张耒《出山诗》："青山如君子，悦我非姿媚"（《宛丘集》）。又人于山水"惊知己"、"好美色"，后世亦有分言者，如王思任《王季重十种·高故下诗集序》以"山水"与"朋友"对举："两大之中，韵莫韵于山水；五伦之内，韵莫韵于朋友。"参观董其昌《画禅室随笔》卷三《评诗》："大都诗以山川为境，山川亦以诗为境。名山遇赋客，何异士遇知己。一入品题，情貌都尽。"袁宏道《解脱集》三《西湖》一："山色如娥，花光如颊，温风如酒，波纹如绫，才一举头，已不觉目酣神醉。此时欲下一语描写不得，大约如东阿王梦中初遇洛神时也。"《解脱集》四《吴敦之》："东南山川，秀媚不可言，如少女时花，婉弱可爱。"又袁中道《珂雪斋集》卷一五《游青溪记》："少年见妖姬，高士见山色，虽浓淡不同，其怡志销魂一也。"卷二〇《答钱受之》："山水可以代粉黛。"

全后汉文卷九三

阮瑀《止欲赋》。《管锥编》引陆游《蝶恋花》："堪叹梦不由人做。"按梦亦由业力而成，难以自主，故曰"不由人做"。然于梦亦能见修养之力，能变化梦则能变化心理也，《列子》卷《周穆王》又《谈艺录》补订127页引陆游《孤学》不云乎，"夜梦验工夫"？引王嘉《拾遗记》卷九曰："生爱死离，不如无爱。"参观《四十二章经》："人从爱欲生忧，从忧生怖。若离于爱，何忧何怖？"《法句经》卷下《好喜品》："爱喜生忧，爱喜生畏。无所爱喜，何忧何畏？"

繁钦《与魏太子书》："潜气内转，哀音外激。（大不抗越，细不幽散。……曲折沈浮，寻变入节。）"此写声音之变极是，亦一气之运转也。《管锥编》引《朱子语类》卷六七论《麻衣易》云："李寿翁甚喜之，看杜撰《易》，渠亦自得杜撰受用。"又引《五灯会元》卷一〇瑞鹿遇安章次记其读《楞严经》破句，"于此有省"，人语之云："破句了也！"答曰："此是我悟处！"遂"终身不易"。按瑞鹿遇安所读《楞严经》原句为："知见立知，即无明本。知见无见，斯即涅槃。"此尚属客观。而破句读成"知见立，知即无明本。知见无，见斯即涅槃。"则客观相合于主观，此一得永得，故"终身不易"也。

全三国文卷三

魏武帝《下州郡》："昔仲尼之于颜子，每言不能不叹，既情爱发中，又宜率马以骥。今吾亦冀众人仰高山、慕景行也。"按魏晋乃变化时代，操处"设使国家无有孤，不知几人称帝，几人称王"（《让县自明本志令》）位置，亦其间之转关人物也。

《管锥编》引《全后汉文》卷一四桓谭《新论·祛蔽》第八："颜渊所以命短，慕孔子所以殇其年也。……时人虽不别圣，亦复欣慕。如庸马与良马，相追衔尾；至暮，共列宿所，良马鸣食如故，庸马垂头不复食，何异颜渊与孔子优劣？"按《新论》同篇有例："余少时见扬子云之丽文高论，不自量年少新进，而猥欲逮及，尝激一事而作小赋，用精思太剧，而立感动发病，弥日瘳。"《求辅》第三："夫圣人乃千载一出，贤人君子所想思而不可得见者也。"《谴非》第六："圣人天然之姿，所以绝人远者也。"颜渊去圣人一间，《法言·学行》谓"颜苦孔之卓"，故不及孔也。然弟子终有上出之象，此象于《庄子》当《人间世》"端而虚、勉而一"、"内直外曲、成而上比"以及"心斋"、"坐驰"而至《大宗师》"堕肢体，黜聪明，离形去智，同于大通"以及"坐忘"之变，故曰："而果其贤乎，丘也请从而后也。"

全三国文卷八

魏文帝《典论·论文》："夫人善于自见，而文非一体，鲜能备善，是以各以所长，相轻所短。里语曰：'家有敝帚，享之千金'，斯不自见之患也。……又患暗于自见，谓己为贤。"《管锥编》谓"善于自见"适即"暗于自见"或"不自见之患"；按亦即《周易》卷论"易之三名"引《淮南子·齐俗训》"是与非各异，皆自是而非人"。凡人皆各执所见而不能相通，斯乃大患矣。引《荀子·天论》言"老子有见于诎，无见于信；墨子有见于齐，无见于畸"等；《解蔽》论"墨子蔽于用而不知文，庄子蔽于天而不知人"。按其理是而具体判断或非，盖老能见诎、信相感，而以诎为信；庄则知天，所以知人。

引《圆觉经》答弥勒菩萨问："云何二障？一者理障，碍诸正见；二者事障，续诸生死。……若诸众生永舍贪欲，先除事障，未断理障，但能悟入声闻缘觉，未能显诸（"住"误）菩萨境界。"按此极是，凡初入者，或以除事障为难，而深入者，则以除理障为不易也。旧题达磨著《略辨大乘入道四行观》有"理入"与"行入"者，当即除此二障也，终以事理为一乎。引《中论·观行品》："大圣说'空'（脱"法"字），为离诸见故，若复见有'空'，诸佛所不化。"按即论者所谓："经云：宁起有见如须弥山，不起空见如芥子许。（出澄观《华严经疏抄玄谈》卷五、宗密《圆觉经大疏》卷一等）因起有见者著有而修善业，犹报在人天；若著空见者拨无因果，则直趣泥犁。故断不可著空见也。"（弘一法师"《心经》讲录"）然终宜知真空、妙有之变云。引歌德称谈艺者之"见"曰："能入、能遍、能透"（die Einsicht, Umsicht und Durchsicht）；按此实修行乃至艺术之高境，以杜诗为喻，则《春夜喜雨》"随风潜入夜，润物细无声"，仇注谓"于造化发生之机最为密切"是也。

《管锥编》引《全三国文》卷一六陈王植《与杨德祖书》："世人之著述，不能无病。……盖有南威之容，乃可以论于淑媛，有龙渊之利，乃可以议于割断。刘季绪才不逮于作者，而好诋诃文章，掎摭利病。"意谓能作文者方许评文也。按善作者与善评者能兼于一身乎？此事古难全。然亦可存相应之理，故古今贵伯牙子期，植《书》谓"夫钟期不失听，千古称之"是也。作文与评文双峰对峙，其高点皆不易臻，然臻则底下实潜通也，"本是同根生，相煎何太急"？作与评自以互相增上为佳，故宜"圆照"、"周道"、"圆觉"而无障无偏也。

全三国文卷一〇

魏明帝《报倭女王诏》。《管锥编》引黄之隽《唐堂集》卷九《晚唐三杰诗苕颖集序》："四唐之为唐，犹四时之成岁。帝神递嬗，温、暑、凉、寒之旋斡无迹，而气机蒸变于自然，及其至也，而划然剖矣。"按此以四唐相应四时，作者昔年同事吴经熊著《唐诗之四季》（Four Seasons of T'ang Poetry），即持此论。引十八世纪一政论家云："明于人事治道者，必不限断井然。虽然，日与夜之间诚难一截以判彼此，而光明与昏黑固可区辨不淆。"按知"人事治道""必不限断井然"者，犹船山谓"韵意不能双转"耳（《楚辞通释·序例》）；"日与夜"之分判，于《易》当"参天两地"之象，盖于光明、昏黑相间之黎明与黄昏，皆注目光明也。此与"昼夜平分"之象有不同理致，乃"扶阳抑阴"乎。引莱布尼兹谓动植二界间有争论或共管地带，物有暧昧可两属者。按此暧昧地带亟宜注意，物化之转机或在此乎。

全三国文卷一四

陈王植《蝙蝠赋》:"吁何奸气,生此蝙蝠!形殊性诡,每变常式。行不由足,飞不假翼。……不容毛群,斥逐羽族。"按此写两难处境,如与《鹞雀赋》写雀避鹞合观,或不无微意。参观植《野田黄雀行》对自由之向往:"飞飞摩苍天,来下谢少年。"《管锥编》谓"蝙蝠派"云云,参观《写在人生边上·读〈伊索寓言〉》:"蝙蝠碰见鸟就充作鸟,碰见兽就充作兽。人就比蝙蝠聪明多了。他会把蝙蝠的方法反过来使施用:在鸟类里偏要充兽,表示脚踏实地;在兽类中偏要充鸟,表示高超出世。"

全三国文卷一五

陈王植《上责躬应诏诗表》:"伏惟陛下德象天地,恩隆父母。"按此涉及丕、植间之矛盾。用此过情之词,既以安丕,亦以自安也,故非失词。

陈王植《上责躬应诏诗表》:"形影相吊,五情愧赧。"《管锥编》引《庄子·寓言》景与罔两问答,按亦见《齐物论》。《寓言》景曰:"彼,吾所以有待邪,而况乎以无有待者乎!"《齐物论》景曰:"吾有待而然者邪?吾所待又有待而然者邪?"两段比较,《寓言》推原至密,《齐物论》更为明晰，盖一语道破乎。世间万物，若就关系理解，亦莫非景与罔两也。

引赞宁《高僧传》三集卷三《子邻传》："师但先行，某乃影随"，又卷二七《含光传》："不空却回西域，光亦影随。"按以《易》而论，"先行"、"却回"者，健行之象，当乾；"影随"，跟从之象，当随。乾、随皆元亨利贞，圣佩韦赞叹"忠贞如影"（la fidélité des ombres）者，乾、随相合也。

全三国文卷一六

陈王植《与杨德祖书》："世人之著述，不能无病；仆常好人讥弹其文，有不善者，应时改定。昔丁敬礼尝作小文，使仆润饰之，仆自以才不能过若人，辞不为也。敬礼云：'卿何所疑难乎？文之佳丽，吾自得之，后世谁相知定吾文者耶？'"按此云文章"不能无病"，宜得"润饰之益"，极是，且推其本，即《论语·宪问》"为命：裨谌草创之，世叔讨论之，行人子羽修饰之，东里子产润色之"是也，朱注："详审精密，各尽所长。"

参观《苕溪渔隐丛话》前集卷八引《吕氏童蒙训》："老杜云：'新诗改罢自长吟。'文字频改，工夫自出。近世欧公作文，先贴于壁，时加窜定，有终篇不留一字者。"何薳《春渚纪闻》卷七"作文不惮屡改"条："白乐天诗词，疑皆冲口而出，及见今人所藏遗稿，涂窜甚多。欧阳文忠公作文既毕，贴之墙壁，坐卧观之，改正尽善，方出以示人。"郑燮《词钞序》："为文须千斟万酌以求一是，再三更改无伤也。然改而善者十之七，改而谬者亦十之三，乖隔晦拙，反走入荆棘丛中去。要不可以废改，是学人一片苦心也。"袁枚《随园诗话》卷三："唐子西云：'诗初成时未见可訾处，故置之。明日取读，则瑕疵百出，乃反复改正之。如此数四，乃敢示人。'此数言可谓知其难而深造之者也。"又曰："诗不可不改，不可多改。不改，则心浮；多改，则机室。要像初揭《黄庭》，刚到恰好处。"《续诗品・勇改》："千找不来，仓猝忽至。十年矜宠，一朝捐弃。人贵知足，惟学不然。人工不竭，天巧不传。知一重非，进一重境。亦有生金，一铸而定。"《管锥编》引杜甫《偶题》："文章千古事，得失寸心知。"以"念劫圆融"而论，"寸心知"者，知千古也。

陈王植《与吴季重书》："夫君子而［不］知音乐，古之达论，谓之'通而蔽'。"按此重乐极是，植于乐曾追其本，《报陈孔璋书》云："葛天氏之乐，千人唱，万人和，听者因以蔑韶夏矣。"礼乐宜相辅而行，后世儒者多知礼而未知乐，或略显拘谨乎。桓谭《新论・通蔽》屡言"通蔽"与"通人之蔽"，因通者亦有其蔽，而知其蔽者乃能通也。又中国古代乐器首推琴，琴者修身之器，《永乐琴书集成》卷一《序琴》引《白虎通》曰："琴者禁也，禁止于邪，以乐人心也。"《琴操》："伏羲作琴，修身理性，返其天真也。"《管锥编》谓古人选本之精审者，亦每削改篇什。按《管》书引文每有改削之举，精妙有过原文者，亦有部分误字。

全三国文卷一八

陈王植《汉二祖优劣论》："故曰光武其优也。"按《资治通鉴》卷四一汉光武帝建武四年记隗嚣使马援往观公孙述与光武，援谓述"井底蛙"，而光武"开心见诚，无所隐伏，阔达多大节，略与高帝同；经学博览，政事文辩，前世无比"。嚣问："何如高帝？"援曰："不如也。高帝无可无不可；今上好吏事，动如节度，又不好饮酒。"参观《史纲评要》卷十同年评："光武与高祖不同，高祖阳明，光武阴柔。"

又《通鉴》卷九五晋成帝咸和七年记赵主石勒大飨群臣，谓徐光曰："朕可方自古何等主？"对曰："陛下神武谋略过于汉高，后世无可比者。"勒笑曰："人岂不自知！卿言太过。朕若遇汉高，当北面事之，与韩、彭比肩；若遇光武，当并驱中原，未知鹿死谁手。大丈夫行事，当磊磊落落，如日月皎然，终不效曹孟德、司马仲达欺人孤儿寡妇，狐媚以取天下也。"按援、勒武夫，皆重汉高，陈思作论，乃许光武，此见文、武之不同观点，或宜兼资耳。

《相论》："白起为人，小头而锐，瞳子白黑分明；故可与持久，难于争锋。"按《世说·文学》嵇康语赵至："卿瞳子白黑分明，有白起之风。"《论》又云："语云：无忧而戚，忧必及之。无庆而欢，乐必还之。此心有先动，而神有先知，则色有先见也。"按《史记·淮阴侯列传》论相曰："贵贱在于骨法，忧喜在于容色，成败在于决断。""白起为人"一段即"贵贱在于骨法"，"无忧而戚"一段即"忧喜在于容色"。此似有相应之理而未可执，《全三国文》卷二二王朗《相论》云："然仲尼之门，童冠之群不言相形之事，抑者亦难据故也。古之人固有怀不副其貌，行不称其声者。是故夫子以言信行，失之于宰予，以貌度性，失之于子羽。圣人之于听察精矣，然犹或有所不得。以此推之，则彼度表扪骨，指色摘理，不常中必矣。若夫周之叔服、汉之许负，各以善相称于前世，而书专记其效验之尤著者，不过公孙氏之二子，与夫周氏之条侯而已。"

全三国文卷二五

王广《子贡画赞》："□□端木，英辩才清，吐口敷华，发音扬馨。"按孔门弟子，颜回、子贡可当两端。颜回春仁与子贡秋利，亦"不违如愚"与"英辩才清"之象。孔子晚年心得，告子贡者极多。孔子去世，弟子皆服三年心丧而去，子贡独居墓六年，所得必有过人者。

《管锥编》论"馨香"、"声香"云云，此"通感"之说，别见《列子》卷论《黄帝》。《庄子·天下》有云："天下多得一察焉以自好。譬如耳目鼻口，皆有所明，不能相通。……虽然，不该不遍，一曲之士也。""通感"说可本《楞严》，然亦可由《列》上推《庄》，《庄》参与启发解执焉。又按竟陵以"声香"误文为妙词，后世亦有驳之者。李重华《贞一斋诗说·诗谈杂录》九一："钟、谭矫七子之蔽，《诗归》一选，专取寒瘦生涩，遂主零星不成章法，甚者以误字为奇妙。如张曲江《咏梅》诗：'声香今尚尔，飘荡复谁知？''馨香'误作'声香'，乃云'生得妙'，岂不可笑？"《管锥编》谓误解或具有创见而能引人入胜，即《七缀集·通感》谓"好运气之错误"（a happy mistake）是也。

全三国文卷三三

蒋济《万机论》："庄周妇死而歌。夫通性命者，以卑及尊。死生不悼，周不可论也。夫象见死皮，无远近必泣，周何忍哉！"按《万机论》八卷已佚，《隋志》入杂家，若干段落有识见，"万机"之标目可思。此段云云，乃魏晋玄学之变化庄子。《庄子》本属寓言，宜会其意而未宜执其迹。然蒋论亦是，犹郭象之注《庄》，应见意于言外。如破斥仿庄之徒则甚是，如《世说新语·德行》记或以任放为达，乐广笑曰："名教中自有乐地，何为乃尔也。"

《万机论》："谚曰：'学者如牛毛，成者如麟角。'言其少也。"按此极是,以《易》而论,筮法于八卦筮得纯乾之概率为十六分之一,六十四卦筮得纯乾之概率为一六七七二一六分之一[①]。此决不平均,故任何领域乃至学科成就达到巅峰之人数量极少,亦即麟角难得也。《管锥编》引张伯端《悟真篇·后序》:"岂非学者纷如牛毛,而达者乃如麟角也。"此以道家修炼而言,而吕洞宾以"纯阳"为号,亦纯乾难得之象。佛家或以庵罗果为喻,如北本《涅槃经》卷一四:"如庵罗树,花多果少。众生发心,乃有无量,及其成就,少不足言。"禅家如《五灯会元》卷五青原行思章次:"众角虽多,一麟足矣。"《黄檗传心法要》亦言:"所以求知见者如毛,悟道者如角。"参观袁中道《珂雪斋集》卷一二《自柞林至西陵记》:"望我以世情者如毛,望我以道情者如角。"又"牛毛"者群经万论,"麟角"者"诀"也。徐衍《风骚诗格》论诗之要道不可妄授,引白乐天"鸳鸯绣了从教看,莫把金针度与人",又禅月"千人万人中,一人二人知",亦谓此也。

《管锥编》引钱谦益《有学集》卷一一《古诗赠新城王贻上》:"勿以独角麟,媲彼万牛毛。"则涉及文学思潮之变。此事渔洋颇感激,《渔洋诗话》二六:"虞山钱宗伯赠余古诗云:'骐骥奋蹴踏,万马喑不骄。勿以独角麟,俪彼万牛毛。'又为作集序,有'与君代兴'之语。时余年甫弱冠耳,

---

[①] 潘雨廷《衍变通论》四。

为其所赏如此。余后有绝句云：'少年薄技悔雕虫，拂拭当年荷巨公。红豆庄前人去久，花开花落几春风。'"

《管锥编》引僧文莹《湘山野录》卷下载宋真宗问"官家"之名，李仲容对曰："尝记蒋济《万机论》言'三皇官天下，五帝家天下'，兼三五之德，故曰'官家'。"按此出《易纬》。《四库全书总目提要》"易类"六附录《易纬》案语："纬者经之支流，衍及旁义。《史记·自序》引《易》'失之毫厘，差以千里'，《汉书·盖宽饶传》引《易》'五帝官天下，三王家天下'，注者均以为《易纬》之文是也。"宋施德操《北窗炙輠录》卷上："周正夫曰：仁宗皇帝百事不会，只会做官家。"

全三国文卷三八

糜元《讥许由》。按诫遗老顽民不可眷恋旧朝，或与当时之禅代事实有关。《吊夷齐文》之"天秩靡常"，当出《诗·大雅·文王》："天命靡常。"《左传》成公十六年又襄公二十三年引《书》曰："惟命不于常"；成十六年释之曰："有德之谓"，又襄二十三年释之曰："不义，不可肆也"，已言两边。又《礼记·大学》亦引《书》此句释之曰："道善者得之，不善者失之也。"

"首阳谁山，而子匿之！彼薇谁菜，而子食之！"鲁迅《故事新编·采薇》亦戏用此意，小说借"首阳村第一等高人小丙君"之口曰:"'普天之下,莫非王土',难道他们在吃的薇,不是我们圣上的吗!"引《太平广记》卷一七三记东方朔论夷齐,曰:"古之愚夫,不能与世推移,而自苦于首阳。"按与《古诗归》卷一朔《诫子诗》"优哉游哉,与道相从。首阳为拙,柳惠为工。……随时之宜,无有常家"意同,且与《先秦汉魏南北朝诗》卷一朔之《歌》("陆沈于俗"云云)合,而与《嗟伯夷》("穷隐处兮窟穴自藏,与其随佞而得志兮,不若从孤竹于首阳")有所未合。

全三国文卷三九

何晏《无名论》:"道常无名"云云。按此极是,然宜知其有所实指,仅空言其名,亦玄学之失也。《管锥编》辑《道论》,《全三国文》辑《无为论》、《无名论》。按以道而言,无为而无名,其致一也。

全三国文卷四二

杜恕《笃论》。《管锥编》引《韩非子·备内》:"今夫水之胜火亦明矣。然而釜鬵间之,水煎沸,竭尽其上,而火得炽盛,焚其下,水失其所以胜者矣。"按《易》水在火上当既济之象,即水火之生克经制化而转变,乃成其功也。引彼法号释迦"文佛",此似当显教和平之象。且以汉文化"格义"而言，则"文"者，经天纬地之象。《国语·周语下》："经之于天，纬之于地，经纬不爽，文之象也。"《左传》昭公二十五年："礼，上下之纪，天地之经纬。"疏："言礼之于天地犹织之有经纬，得经纬相错乃成文。"《说文解字》："文，错画也，象交文。""经天纬地"者，盖其极乎。王禹偁《省试四科取士何先论》："非经天纬地、通古达变者，其文不贵。"

又以《易》而论，"错画为文"者，爻变之象；《说文》："爻，交也。"《易》"爻效天下之动"态度积极，释氏"无常"之说，得"爻变"示之乃益明。以《左传》疏而论，"织"与"文"相关，犹英语 texture 与 text 相关，故"文"者实含多义，《管锥编》引株（当作"袜"）宏以"能文"解"文佛"，或仅当其一义也。又徐梵澄谓"释迦文佛"，"文"是音翻。自注略云："文"古音读如"门"，发音为 m，故以此翻"牟尼"之 mu。(《韦陀教神坛与大乘菩萨道概观》)

全三国文卷四三

李康《运命论》。按李文纲领在"夫治乱运也，穷达命也，富贵时也"，事势之成，或非人事所能转移，"成败吉凶，各以数至，咸皆不求而自合，不介而自亲矣"。于是自订标准："然则圣人所以为圣人，盖在乎乐天知命矣"，"圣人处穷达如一"。《管锥编》谓莱布尼兹所谓"斯多葛之定命论"

(Fatum Stoicum) 异乎"摩诃末之定命论"(Fatum Mahumetanum);按此涉及希腊文化(乃至基督教文化?)与伊斯兰文化之异,"摩诃末"者,回教领袖穆罕默德(Mahummad,约570—638年)是也。

又王国维《静庵文集·原命》谓西洋哲学:"其言祸福寿夭之有命者谓之定命论Fatalism,其言善恶贤不肖之有命而一切动作皆由前定者谓之定业论Determinism,而定业论与意志自由论之争尤为西洋哲学上重大之事实,延至今日而尚未得最终之解决。"比较而言,《管锥编》"斯多葛之定命论"无怨尤之平心安"命",接近王氏之"定命论",今译"宿命论";《管锥编》"摩诃末之定命论"无作为之委心任运,接近王氏之"定业论",今译"决定论"。王国维谓:"我国之哲学家除墨子外皆定命论者也",而"通观我国哲学上实无一人持定业论者"。故以中西哲学印证,当以"斯多葛之定命论"稍是,"菩萨畏因,众生畏果",或可平亭定业论与自由意志论之争乎。

《运命论》:"故木秀于林,风必摧之;堆出于岸,流必湍之;行高于人,众必非之。"按此或涉及平衡规律,于《易》可用谦卦义解之。《周易集解》引崔觐曰:"'日中则昃,月满则亏'。损有余而补不足,天之道也";"'满招损,谦受益',人之道也。"凡《易》六十四卦三百八十四爻,唯谦卦有吉、利而无凶咎,《汉书·艺文志》论道家"《易》之谦谦,一谦而四益"是也。

全三国文卷四六

阮籍《大人先生传》。《管锥编》谓可通屈之《远游》与庄之《逍遥》；按先秦屈、庄丰厚而具原创性，阮则神气不及也。又阮、嵇齐名，阮稍长于诗。《文心雕龙·才略》："嵇康师心以遣论，阮籍使气以命诗。殊声而合响，异翮而同飞。"亦以嵇文阮诗为言。

"或遗大人先生书曰云云"。《管锥编》引《庄子·齐物论》"两行"与释氏"二谛"云云。按"两行"与"二谛"虽可印证，然亦同而异。因"二谛"或有辩证之意，"两行"者本来如是，或无须辩证也。引释氏"行于非道，是为通道"、"不断不俱"等，皆《维摩诘经》之说，可通《圆觉经》六章（清净慧）"如来随顺觉性"，所谓"一切障碍即究竟觉；得念失念，无非解脱；成法破法，皆名涅槃；智慧愚痴，通为般若；菩萨外道所成就法，同是菩提"是也。《中论·观四谛品》二四："若不依俗谛，不得第一义。"又《维摩诘经》经西晋竺法护、竺叔兰至六朝姚秦罗什先后四译，始与中华思想结合而大行。此经始译者支谦与阮籍约同时，故《管锥编》谓"阮氏尚未习闻"是也。

"局大人微而勿复兮，扬云气而上陈。召大幽之玉女兮，接上王之美人。……合欢情而微授兮，先艳溢其若神。"《管锥编》谓"大人先生"乃未免俗情耶？参观《人·兽·鬼》

之《灵感》中作家忖度："难道天堂真出于迷信，并没有那回事么？为了安置自己，也得加工赶造一所呀！不过，老住在天堂里也是怪乏味的。除非像摩罕默德安排下的天堂，那里可以占有七十二位随时随意恢复处女状态的美人，空中成群飞着脆皮的烤鹅和烤鸭，扑到嘴边来挨吃，那还有点意思。""先"，《管锥编》谓当是"光"之讹；"光艳溢其若神"者，当即青春性光，亦即塞吉尔（sadger）所谓"许许多多青年女子所辉耀的像佛光似的贞操之光"（蔼理士《性心理学》第二章第六节引，潘光旦译）是也。《全上古三代文》卷一〇论宋玉《登徒子好色赋》引拜伦诗 She Walks in Beauty，或译为"她走在美丽的光彩中"，亦涉及此意。

全三国文卷四七

嵇康《琴赋》："历世才士，……赋其声音，则以悲哀为主，美其感化，则以垂涕为贵。丽则丽矣，然未尽其理也。推其所由，似元不解音乐（当作"声"）。……非夫至精者，不能与之析理也。……识音者希。"按《世说新语·文学》："旧云王丞相过江东，止道声无哀乐、养生、言尽意三理而已，然宛转关生，无所不入。"嵇康有《声无哀乐论》、《养生论》，已关涉三理之二。

《管锥编》谓聆乐有二种人：聚精会神以领略乐之本体，是为"听者"（the listeners）；不甚解乐而善怀多感，是为

"闻者"（hearers）。按此论"声无哀乐"，亦相关"养生"。《庄子·人间世》："若一志，无听之于耳而听之以心，无听之以心而听之以气。……气也者，虚而待物者也。唯道集虚。虚者，心斋也。""闻者"层次较低，约相当于"听之于耳"、"听之以心"；"听者"层次较高，约相当于"听之以气"。又"虚而待物"之"物"，可相应于"乐之本体"（the music itself），"若一志"者，即"聚精会神"乎？《文子·道德》："学问不精，听道不深。……故上学以神听，中学以心听，下学以耳听。以耳听者，学在皮肤；以心听者，学在肌肉；以神听者，学在骨髓。"

《与山巨源绝交书》："又每非汤武而薄周孔。"《管锥编》谓嵇、阮皆号狂士，然阮乃避世之狂，所以免祸；嵇则忤世之狂，所以招祸。按观嵇"越名教而任自然"（《释私论》）与阮"礼岂为我辈设也"（《世说·任诞》），两人之狂实有所同，其间有辨者，即嵇《书》谓"阮嗣宗口不议人过，吾每师之而未能也"。《世说新语·栖逸》："阮步兵啸闻数百步。苏门山中忽有真人，樵伐者咸共传说。阮籍往观，见其人拥膝岩侧，阮登岭就之，箕踞相对。籍商略古今，上陈黄、农玄寂之道，下考三代盛德之美以问之，仡然不应。复叙有为之教，栖神导气之术以观之，彼犹如前，凝瞩不转。籍因对之长啸。良久，乃笑曰：'可更作。'籍复啸。意尽，退还半岭许，闻上𡁷然有声，乃向人啸也。"《栖逸》又云："嵇康游于汲郡山中，遇道士孙登，遂与之游。康临去，登曰：'君才则高矣，保身之道不足。'"阮籍所见当即孙登（王隐《晋书》曰是，余嘉锡《世说笺疏》曰非），乃其时之世外高士也。

《晋书·孙登传》："孙登字共和，汲郡人也。……文帝闻之，使阮籍往观，既见，与语，亦不应。嵇康又从之游三年，问其所图，终不答。康每叹息。"又曰："孙登居汲郡北山，好读《易》，抚一弦琴，时时游人间。"以阮、嵇所见为同一人而论，阮之啸声与嵇之叹息，亦成对比也。苏轼《阮籍啸台》："阮生古狂达，遁世默无言。犹余胸中气，长啸独轩轩。"阮以啸声上出甚是，且见阮虽"至慎"（《世说·德行》）而杜口缄言，其象仍出，惜终未能成"数部鼓吹"云。参观嵇康《幽愤诗》："昔惭柳下，今愧孙登。"《颜氏家训·勉学》："嵇叔夜排俗取祸，岂和光同尘之流也。"

又《管锥编》本篇注引及"history never repeats itself"与history is "always repeating itself"之比较。按前者犹希腊哲学赫拉克利特谓"太阳每天都是新的"，后者犹基督教哲学谓"太阳底下无新事"（there is no new thing under the sun. 《旧约·传道书》3，9）；两者皆有理，宜明其变也。

全三国文卷四八

嵇康《养生论》。按《论》云："精神之于形骸，犹国之有君也。神躁于中，而形丧于外，犹国之君昏于上，国乱于下也。夫为稼于汤之世，偏有一溉之功者，虽终归燋烂，必一溉者后枯。然则一溉之益，固不可诬也。""至于揩身失理，亡之于微，积微成损，积损成衰，从衰得白，从白得老，从老得终。……咸叹恨于所遇之初，而不知慎众险于未兆。"所言皆平实有益，可代表玄学中比较重视实质之一派。参观嵇氏《答向子期〈难养生论〉》："养生有五难。名利不灭，此一难也。喜怒不除，此二难也。声色不去，此三难也。滋味不绝，此四难也。神虑转发，此五难也。五者必存，虽心希难老，口诵至言，咀嚼英华，呼吸太阳，不能不回其操，不夭其年也。五者无于胸中，而信顺日济，玄德日全，不祈喜而有福，不求寿而自延，此养生大理之所效也。"

《管锥编》引高彦休《唐阙史》卷上记丁豹曰："道中有尸解，有剑解、水解、火解；惟剑解实繁有徒，嵇康、郭璞非受戕害者，以此委蜕耳。"按养生因素积累至一定程度，或能对生死产生不同认识。观嵇康临刑坦然，死生若一，对此或有所体味欤？后世以"兵解"寄之者，有其因也。引《庄子·达生》"鲁有单豹者"云云，可为仅知"养形足以存生"者戒，亦即《刻意》所斥"吹呴呼吸，吐故纳新，熊经鸟申，为寿而已矣"。此"道引之士，养形之人"有其蔽，盖未知"天地之道，圣人之德"而身执未化也。

全三国文卷四九

嵇康《声无哀乐论》："和声无象而哀心有主，夫以有主之哀心，因乎无象之和声，其所觉悟，唯哀而已。"按哀乐根极于心而非根极于声，颇似释氏"种子"之说，闻声而触机，乃发为"现行"矣。桓谭《新论·琴道》云："琴之为言禁也，君子守以自禁也。大声不震哗而流漫，细声不湮灭而不闻。……古者圣贤玩琴以养心。"此以琴声调节身心，以释氏而言，乃调节"种子"与"现行"之关系乎？"大声"、"细声"平衡，亦中道之象也。嵇康《琴赋·乱》曰："愔愔琴德，不可测兮。体清心远，邈难极兮。良质美手，遇今世兮。纷纶翕响，冠众艺兮。识音者希，孰能珍兮。能尽雅琴，唯至人兮。"

《管锥编》谓亚理士多德尝品目人伦，贬为"急躁"者亦可褒为"直率"，仇言曰"傲慢"者即友所曰"高简"，故诚与誉异词而共指一事。按此或是，然终宜知两端。得其阳端者，盖能知其蔽；滞其阴端者，未加淘洗之功也。"吾闻败者不羞走，所以全也。"按此亦兵法之要，乃保存实力之举，所谓"不要与趋势相抗衡"是也。《晋书·宣帝纪》记司马懿曰："军事大要有五：能战则战，不能战当守，不能守当走，余二事惟有降与死耳。""走"者，盖未能"战"与"守"，而欲免"降"与"死"也，故有"走为上计"之说。然此尚言其终，若其始者，犹《左传》僖公二十八年引"军志"所谓"知难而退"乎。《管锥编》引杜牧《题乌江亭》"包羞忍耻是男儿"，此虽似"败不羞走"之意，然果能"卷土重来"乎？未可知也。《历代诗话》亦载《乌江亭》此诗，已故毛泽东主席批曰："此说亦迂。"

全三国文卷五〇

嵇康《难张辽叔〈宅无吉凶摄生论〉》："谓无阴阳吉凶之理，得无似噎而怨粒稼、溺而责舟楫者耶？……吾怯于专断，进不敢定祸福于卜相，退不敢谓宅无吉凶也。"按此涉及传统术数相命与风水之争执，盖主相命者重人，主风水者重地，人、地有其消息，未可执一也。且相命原理，后世或推本于子夏，《论语·颜渊》子夏曰："死生有命，富贵在天。"而风水原理，后世亦推本于子夏，《黄帝宅经》托子夏曰："人因宅而立，宅因人而存，人宅相扶，感通天地，故不可独信命也。"然以古代文化而言，相命乃至"风水"或有作用而非究竟。《论语·述而》："富而可求也，虽执鞭之士吾亦为之。如不可求，从吾所好。"朱注："设言富若可求，则虽身为贱役以求之，亦所不辞。然有命焉，非求之可得也，则安于义理而已矣，何必徒取辱哉。"如此"从所好"而"安于义理"乃胜于"有命"焉。《诗话总龟》后集卷二五引沈攸之曰："早知穷达有命，恨不十年读书。"又《左传》昭公三年晏子引谚曰："非宅是卜，唯邻是卜。"如此则邻亦重于宅也。故相命乃至风水可否成一种学术尚可探讨，然执之以助长幸心则非也。

《管锥编》引李昱《草阁集》卷二《赠地理远碧山》：

"涧东瀍西曾卜洛，定之方中楚客作，当时宅相论阴阳，犹未经营到冥漠。"按此诗首句"卜洛"出《书·洛诰》："我乃卜涧水东瀍水西，惟洛食。我又卜瀍水东，亦惟洛食。"次句"楚客"之"客"应作"宫"，参观《诗·定之方中》："定之方中，作于楚宫。揆之于日，作于楚室。……卜云其吉，终然允臧。"末句"经营"之辞亦由《书》、《诗》而来。《书·召诰》："卜宅，厥即得卜，则经营。"《诗·大雅·灵台》："经始灵台，经之营之。"

又"相宅"一词，亦出《召诰》、《洛诰》两篇。故阴宅、阳宅云云，乃涉及人与环境之关系。阳宅或有理，如《汉书·艺文志》形法家有《宫宅地形》二十卷，然其理未宜夸大；阴宅是否有理未可知，或牵涉微观层次信息，然其理夸大亦非也。《河南程氏文集》卷十《葬说》云："卜其宅兆，卜其地之美恶也，非阴阳家所谓祸福者也。地之美者，则其神灵安，其子孙盛。若培壅其根则枝叶茂，理固然矣。地之恶者则反是。然则曷谓地之美者？土色之光润，草木之茂盛，乃其验也。父祖子孙同气，彼安则此安，彼危则此危，亦其理也。而拘忌者惑以择地之方位，决日之吉凶，不亦泥乎？甚者不以奉先为计，而专以利后为虑，尤非孝子安厝之用心也。"

全三国文卷五八

诸葛亮《出师表》。按诸葛亮与先主关系可观其《隆中对》，与后主关系即此《出师表》。前者开创蜀汉，后者维持蜀汉，诸葛亮一生事业，大体已见。又《后出师表》之"鞠躬尽瘁，死而后已"，《诫子》之"非淡泊无以明志，非宁静无以致远"，均极是，《朱子语类》卷一三六称"其气象刚大严毅"，后生不敢轻议前贤，良有以也。

全三国文卷六二

《蒲元（别）传》："君性多奇思，于斜谷为诸葛亮铸刀三千口。刀成，自言汉水钝弱不任淬用，蜀江爽烈，是谓大金之元精，天分其野。乃命人于成都取江水，君以淬刀。"按诸葛亮与姜维相合，当在其"远志"；与蒲元之奇思相合，乃见蜀汉不屈之兵气，故足以自立也。《管锥编》论辨水事，按《蒲元传》言淬刀，《煎茶水记》言煮茶，此文、武有异也。

全三国文卷七一

韦昭《博弈论》："徙棋易行，廉耻之意弛，而忿戾之色发。"按"徙棋"者，悔棋也，今棋界戏言"滑冰"，盖未能见及时间之不可逆云。参观《苏轼诗集》卷二三《和李太白》："世道如弈棋，变化不容复。"又袁枚《小仓山房诗集》卷二二《观弈》："悟得机关早，都缘冷眼清。代人危急处，更比局中惊。"

全三国文卷七五

阙名《曹瞒传》："故人旧怨，亦皆无余，其所刑杀，辄对之垂涕嗟痛之，终无所活。"按作者吴人，故下笔无所顾忌。且英雄与奸雄，亦有互通之象，读史知从政者之人情确有此两面云。参观《朱子语类》卷一三一论秦桧："此老千鬼百怪。如不乐此人，贬窜将去，却与他通殷勤不绝。一日忽招和仲饭，意极拳拳。比其还家，台章已下，又送白金为赆。"

全三国文卷七五

支谦《法句经序》。按东汉末年佛教经籍系统之传入，当以安世高（安息人）、支娄迦谶（月支人）两系为代表。安世高译《安般守意经》、《阴持入经》等，属小乘禅数学，其要为三十七道品；支娄迦谶译《般若道行经》（即《小品般若》，相当于玄奘译《大般若经》第四会）、《首楞严经》、《般舟三昧经》等，属大乘般若学，其要为六度。而两系皆通戒定慧三学，仍可互化。安世高再传而至康僧会（康居人），支谶再传而至支谦（月支人），两人均入吴见孙权，为其时有影响之僧侣。邵博《闻见后录》卷一七引唐僧灵澈诗："经来白马寺，僧到赤乌年，"即谓此也。支谦所译之《维摩诘经》，经晋竺法护、竺叔兰、姚秦鸠摩罗什四译而成定本，影响中国禅宗之形成；所译之《大阿弥陀经》（魏康僧铠《无量寿经》为同本异译），合其后姚秦鸠摩罗什译《阿弥陀经》、刘宋畺良耶舍译《观无量寿经》为"净土三大部"，影响中国净土宗之形成。又按支谦《序》与前阙名《曹瞒传》同卷，今未依例而列为一则者，方内、方外有异也。《序》所标示"信言不美，美言不信"之主"信"原则，极是，而所谓"因顺本旨"，"达"亦含焉。

康僧会《法镜经序》。按安世高再传至康僧会，《安般守意经》演变成《安般守意经注》，注文混入本经（Interpolatus），意义有所不同。《序》承《经》而重视大乘，首云"夫安般者，诸佛之大乘，以济众生之漂流也"，末云"乃陈演正真之六度，译安般之秘奥"，已标示大乘之纲领。观康氏编译之《六度集经》，其义更明。《序》云："心之溢荡，无微不洽，恍惚仿佛，出入无间，视之无形，听之无声，逆之无前，寻之无后，深微细好，形无丝发"，此描写心、气之状态极佳，作《序》者盖深有体验。《列子》卷论《天瑞》引《序》："弹指之顷，心九百六十转，一日一夜，十三亿意"，亦为深刻之心理分析。此与"安般守意"之"数、随、止、观、还、净"六事，辗转影响天台宗之基本概念如"一念三千"、"六妙法门"等，亦相即相入也。又《序》云："得安般行者，厥心即明，举明所观，无幽不睹。往无数劫，方来之士，人物所更，现在诸刹，其中所有，世尊法化，弟子诵习，无遐不见，无声不闻。恍惚仿佛，存亡自由，大弥八极，细贯毛厘。……入不思议，非梵所测"，亦可与"法镜"之说相参。然六祖偈云："明镜亦非台"，则"法镜"亦未可执乎？

《管锥编》引《序》："或有隐处山林，漱石枕流。"按此涉及"靖处庙堂"与"隐处山林"两端之变，亦魏晋思潮核心内容之一也。当时佛学思辨亦为回小向大，乃渐否定仅知"漱石枕流"云。寒山诗："出世三十年，尝游千万里。今日归寒山，枕流兼洗耳。"又："炼药空求仙，读书兼咏史。今日归寒山，枕流兼洗耳。"亦用此典。又《槐聚诗存》一九五六年《置水仙种于瓦盆中，复以泥，花放赋此赏之》有"枕泉漱石都无分"之句，亦戏用此典也。

全晋文卷七

愍帝《寒食散论》。按俞正燮《癸巳存稿》卷七《寒食散》："《通鉴》注言寒食散盖始于何晏。又云：炼钟乳、朱砂等药为之。言可避火食，故曰寒食。按寒食，言服者食宜凉，衣宜薄，惟酒微温饮，非不火食。其方，汉张机制，在《金匮要略》中。发解制度，备见隋巢元方《诸病源候》卷六所载皇甫谧语。《隋书·经籍志》载散方论甚多。……本避伤寒卒病法也，士大夫不问疾否，服之为风流，则始于何晏。魏晋人服寒至死不悟。"又《余嘉锡论学杂著》有《寒食散考》。

全晋文卷一八

何劭《荀粲传》："粲诸兄并以儒术论议，而粲独好言道；常以为子贡称'夫子之言性与天道，不可得闻'，然则六籍虽存，固圣人之糠秕。"按"性与天道不可得闻"（《论语·公冶长》），此所以破体而及一切，上出之象也。孔子晚年与子贡谈话，常有极深意致，如"天何言哉"（《阳货》）云云，"礼云礼云"（《阳货》）云云，"工欲善其事"（《卫灵公》）云云，皆要，"性与天道"亦其中之一，故能打破经籍文本而为各类思想所取资也。

《管锥编》引《庄子·天运》、《天道》及何劭《荀粲传》等，《谈艺录》八六【附说二十二】（按当依目录作"二十"）亦引，彼言"六经"乃存迹之书，此言宜得其心也。引《悟真篇》卷中《七言绝句》之一三、一四（按通行本作二八、五九）："契论经歌讲至真，不将火候著于文。要知口诀通玄处，须共神仙仔细论"；"饶君聪慧过颜闵，不遇师传（通行本作"真师"）共（当作"莫"）强猜，只为丹经无口诀，教君何处结灵胎。"乃道家重诀之说。谓《七言绝句》之一二（通行本作五八）"今古上仙"胥从《五千文》得悟"真诠"云云，似非"阳称"，因《阴符经》与《老子》相合，当唐宋时代之"黄老"，且于性命合一积累理解，正为得诀之准备，诀者抉也，犹一得永得云。又《悟真篇》此句原文为"达"真诠，《管锥编》解为"悟"真诠，如深究稍有异，"达"者略偏于"命"，"悟"者略偏于性，然终宜性命合一云。

引《五灯会元》卷五夹山善会章次："一大藏教是老僧坐具，祖师玄旨是破草鞋，宁可赤脚不着最好。"此极是，"赤脚"者亲身体验之象，未肯为教条束缚也。《正眼法藏》卷一法昌遇和尚云："我要一个不会禅底做国师。"亦谓此也。

何劭《王弼传》："何晏以为圣人无喜怒哀乐，……弼与不同，以为：圣人茂于人者神明也，同于人者五情也；神明茂，故能冲和以通无，五情同，故不无哀乐以应物。然则圣人之情，应物而无累于物者也。"按此涉及古代文化于性、情之认识，基本性阳而情阴，故宜"推情合性"焉。《白虎通义·情性篇》引《孝经钩命决》云："情生以阴，欲以时念也；性生于阳，以就理也。阳气者仁，阴气者贪。故情有利欲，性有仁也。"宋均注："阳气主于流溢，故仁；阴气主于积聚，故贪也。"又《孝经援神契》："情者魂之使，性者魄之使。情生于阴，以计念；性生于阳，以理契。"此汉代学术辨性情阴阳也，何、王云云，乃魏晋学术辨性情阴阳。

《管锥编》引《维摩诘所说经·方便品》第二："虽处居家，不着三界；示有妻子，常修梵行；现有眷属，常乐远离；……虽复饮食，而以禅悦为味；……一切治生谐偶，虽获俗利，不以喜悦。"按参观《华严经》卷六五《入法界品》

三九："亦善管理田农商贾一切诸业，取舍进退咸得其所。"此即大乘佛教之行，"一切世间治生产业皆与实相不相违背"（智者《法华玄义》卷一）是也。

全晋文卷二二

王羲之《杂帖》。《管锥编》引《颜氏家训·文章》记沈约语："文章当从三易：易见事，易识字，易读诵。"按周煇《清波杂志》卷十亦引此，且引邢子才语："沈侯文章，用事不使人觉，若胸臆语。"引王安石《题张司业》（即唐代张籍）："（看似寻常最奇崛，）成就容易却艰辛。"《宋诗话辑佚》卷上《王直方诗话》亦引之，谓"文昌生平所得，两句言尽"。参观皎然《诗式·取境》（《诗义·取境》略同）："夫不入虎穴，焉得虎子？取境之时，须至难至险，始见奇句。成篇之后，观其气概，有似等闲，不思而得，此高手也。"

《管锥编》谓亲友交谈，亦如同道同业之上下议论，自成"语言天地"（the universe of discourse, das symbolfeld, suppositio），不特桃花源有"此中人语"也。按别见《七缀集·中国诗与中国画》："一个社会、一个时代各有语言天地，各行各业以至一家一户也都有它的语言田地，所谓'此中人语'。譬如乡亲叙旧、老友谈往、两口子讲体己、同业公议、专家讨论等等，圈外人或外行人听来，往往不甚了了。"

王羲之《杂帖》："此书因谢常侍信还，令知问，可令谢长史且消息。"按"消息"乃至"将息"者，任自然而调养也。《槐聚诗存》一九七三年《叔子书来并示近什》有"为报故人善消息"句，自注："晋齐法帖中'善消息'即后世语'好将息'也。《晋书·谢玄传》云：'诏遣高手医一人，令自消息。'"清福申辑《俚俗集》卷二六《疾病考》有"葆养、将养"条，又有"将息"条，引白居易诗"亦知数出妨将息"，又王建诗"千万求方好将息"。

全晋文卷二六

王羲之《杂帖》："石脾入水即干，出水便湿；独活有风不动，无风自摇。天下物理，岂可以意求，惟上圣乃能穷理。"按"物理"涉及自然关系，"穷理"者乃推究"物理"至其极也。中国古代文化于此积累甚多，且或含洞见焉，《二程遗书》卷二上亦云："物理最好玩。"又《管锥编》引周煇《清波杂志》卷四论此帖，与原文略异，《管》引较简洁，《围城·重印前记》称"顺手有节制地修改一些字句"，亦引文之一法也。

《三月三日兰亭诗序》。按《全梁文》卷四八袁昂奉武帝命作《书评》："王右军书，字势雄强。如龙跳天门，虎卧凤阁。故历代宝之，永以为训。"《山谷题跋》卷二《题缝本法帖》："右军书法，如孟子言性，庄周谈自然。纵说横说，无不如意，非复可以常理待之。"《管锥编》谓羲之于字体不肯复犯，而于词意之复犯，了不避忌。按参观沈德潜《说诗晬语》卷下："王右军作字不肯雷同，《黄庭经》、《乐毅论》、《东方画像赞》，无一相肖处，笔有化工也。杜诗复然，一千四百余篇中，求其词意犯复，了不可得，所以推诗中之圣。"

又《管锥编》引《序》："夫人俯仰一世，……向之所欣，俯仰之间已为陈迹，犹不能不以之兴怀。……古人云：'死生亦大矣！……'每揽昔人兴感之由，莫（当作"若"）合一契，……所以兴怀，其致一也。"参观叶燮《原诗》卷一《内篇》上："余又尝谓晋王羲之独以法书立极，非文辞作手也。兰亭之集，时贵名流毕集，使时手作序，必极力铺写，谀美万端，决无一语稍涉荒凉者。而羲之此序寥寥数语，托意于仰观俯察宇宙万汇，系之感慨而极于生死之痛，则羲之之胸襟，又何如也。由是言之，有是胸襟以为基，而后可以为诗文。"薛雪《一瓢诗话》略同，末云："《昭明文选》不收此序，苏东坡以小儿强作解事斥之，亦属快心。"

《管锥编》谓昭明不选《兰亭序》，宋人或谓由于误以"丝竹管弦"、"天朗气清"为语病。按袁宏道《解脱集》三《兰亭记》："羲之《兰亭序》，于死生之际，感慨尤深。晋人文字如此者，不可多得。昭明《文选》独遗此篇，而后世学语者之流，遂致疑于'丝竹管弦'、'天朗气清'之语，此等俱无关文理，不知于文何病？昭明，文人之腐者，观其以《闲情赋》为白璧微瑕，其陋可知。"田艺蘅《留青日札》卷一《丝竹管弦·兰亭后序》条："人皆以为梁昭明不录《兰亭序》，以为在'虽无丝竹管弦之盛'之句。夫'后堂理丝竹管弦'，《汉书·张禹传》亦载之，似未足以病文也。余谓《文选》必有所主，及阅《五代新说》，载昭明'性爱山水，游圃泛舟，舟人数请奏女乐，久而不答。徐咏太冲诗：何必丝与竹，山水有清音。惭而止。'乃释千古之疑。盖崇山曲水，清响娱人，果何必丝竹管弦也哉。《文选》不取，信在于此。乃昭明之心，素所不欲。后世凡以鼓吹游山者，诚可谓杀风景也。戒之，戒之！"

《管锥编》引《晋书》羲之本传记"与道士许迈共修服食"，《王凝之传》记"王氏世事张氏五斗米道"。按此涉及魏晋玄学与魏晋道教之关系："老庄道德之玄言"通玄学，"张、许方术之秘法"通道教。其间有性、命之别，成互斥之象，然亦可致一也。以羲之本人而论，相传其写《道德》，又写《黄庭》，亦可见其关联。邵博《闻见后录》云："《王羲之传》：'山阴道士好养鹅，羲之往观，意甚悦，欲得之。道士云：为写《道德经》，当举群相赠。羲之欣然写毕，笼鹅而去。'李白《送贺监》诗乃云：'鉴湖流水春始波，狂子归舟逸兴多。山阴道士如相见，为写《黄庭》换白鹅。'世人有以右军写《黄庭》换鹅事，又承太白之误耳。"又《能改斋漫录》卷三："蔡絛《西清诗话》谓：李太白诗有误，云：'山阴道士如相访，为写《黄庭》博白鹅'，逸少所写乃《道德经》。余谓《太白集》有《怀古王右军》诗云：'山阴遇羽客，要此好鹅宾。扫素写道经，笔精妙如神。书罢笼鹅去，何曾别主人。'据此则太白未尝误用。"相传羲之所写之《黄庭外景经》，宋时尚存。

余嘉锡《四库提要辨证》卷一九《阴符经解》条引黄伯思《东观余论》，略云："按《真诰》云：'晋哀帝兴宁二年，南岳魏夫人所授弟子杨君有《黄庭》一篇。'仆案逸少以晋穆帝升平五年卒，后二年始降《黄庭》，安得逸少预书之？今此帖始见于梁代，或宋齐人书也。"黄说似未是。《黄庭经》现于汉魏，由魏夫人（252—334）传出。而魏生前葛洪著《抱朴子》（元帝建武元年，公元 317 年），其《遐览篇》已著录《黄庭经》。故升平元年（357）逸少书《黄庭经》换鹅，非"预书"也（详见王明《黄庭经考》，历史语言研究所集刊）。参观方孝孺《逊志斋集·题观鹅图》："世称王逸少爱鹅。鹅何足深爱？逸少固有以取之耳。事物之变，天地之迹，阴阳鬼神之蕴奥，心之所得，写之于书。其所取者，岂特一端哉？盈两间者，皆逸少书法也，鹅盖其一物而已。"袁中道《珂雪斋集》卷二一《黄学士隆中诗跋》："学字当学运腕，不解运腕，字即无力。羲之爱鹅，政欲观其项间曲折之妙，非果癖之也。"

王羲之《书论》。按与同卷《题卫夫人笔阵图后》合观，可见王氏书法理论之要。《题笔阵图后》自述学书过程："羲之少学卫夫人书，将谓大能。及渡江北游名山，比见李斯、曹喜等书。又之许下，见钟繇、梁鹄书。又之洛下，见蔡邕石经三体书，又于从兄洽处见张昶华岳碑，始知学卫夫人书，徒费年月耳。羲之遂改本师，仍于众碑学习焉，遂成书尔。"此即渐学渐上，转益多师而自成一家。然羲之与卫夫人仍有不可分割联系，此《书论》与卷一四四卫铄《笔阵图》什九相同，后人竟不能分辨何人所作，即一例也。卫铄即卫夫人。

《书论》："若作横画，必须隐隐然可畏。若作壨锋，如长风忽起，蓬勃一家。若飘散离合，如云中别鹤遥遥然。若作引戈，如百钧弩发。若作抽针，如万岁枯藤。若作屈曲，如武人劲弩觔节。若作波，如崩浪雷奔。若作钩，如山将岌岌然。"如与卫铄《笔阵图》比较，《论》之"若作横画，必须隐隐然可畏"，《图》作"如千里阵云隐隐然，其实有形"，两者各有所长而羲之似胜，盖劲气透出也。卫氏《与释某书》："卫有一弟子王逸少，甚能为卫真书，咄咄逼人"，亦关涉此一特点。"善笔力者多骨，不善笔力者多肉"两句，亦即《论》、《图》所谓"多力丰筋者胜（《图》作"圣"），无力无筋者病，一一从其消息而用之"。"消息"当指笔势之轻重缓急，亦书法之要也。

"善鉴者不写，善写者不鉴。"按此见知行合一之不易。参观朱权《太音大全集》："《传》云：'琴瑟虽有妙音，而无妙指，终不能发。'甚哉，指法之难也。""凡书多肉微骨者谓之墨猪。"按此句《图》与"多骨微肉谓之筋书"（《论》无此句）对举，亦卫、王书法"重骨"之说。唐太宗《论书》曰:"唯在求其骨力,而形势自生耳。"孙过庭《书谱序》曰:"假令众妙攸归,务存骨气。"以近代美学而言,"骨"者有力,生命与行动之支持点是也。

全晋文卷三〇

卫恒《四体书势》。《管锥编》引陆鸿渐《僧怀素传》(《全唐文》卷四三三)载张旭自言"'孤蓬自振,惊沙坐飞',余师而为书,故得奇怪"云云,别见《全后汉文》卷四一论"壁痕成画"。引苏轼《跋文与可论草书》记文同自言:"见道上斗蛇,遂得其妙",亦与《怀素别传》"其痛快处如飞鸟出林,惊蛇入草"相印。引顾恺之《神情诗》言及四季风光,参观《宋诗话辑佚》卷上《王直方诗话》八九《题高轩过图》,略云:"张嘉甫题云:'顾长康善画而不能诗,杜子美善作诗而不能画,从容二子之间者,王右丞也。'……晁以道见之,谓言:'……夏云多奇峰,乃长康句,谓不能诗,可乎?'"

引苏轼《言(当作"书")张长史书法》:"世人见古德有见桃花悟者,……便将桃花作饭吃,吃此饭五十年,转没交涉。正如张长史见担夫与公主争路而得草书之法,欲学长史书,日就担夫求之,岂可得哉?"按"古德有见桃花悟者",当指灵云志勤禅师(见《五灯会元》卷四),其悟道诗云:"三十年来寻剑客,几回落叶又抽枝。自从一见桃花后,直到如今更不疑。"或有遇梅而悟者，某尼悟道诗云："竟日寻春不见春，芒鞋踏破岭头云。归来偶把梅花嗅，春在枝头已十分。"梅、桃相间，盖贞下起元之象。张旭见担夫与公主争路，当见及争持间之张力，亦能量之平衡也。《河南程氏遗书》卷一七："问：'张旭学草书，见担夫与公主争道及公孙大娘舞剑而后悟笔法，莫是心常思念，至此而感发否？'曰：'然。须是思有感悟处，若不思，怎生得如此？然可惜张旭留心于书，若移此心于道，何所不至。'""留心于书"之例，尚可见徐渭《徐文长逸稿》卷二十四《杂著·评字》："雷大简云：'闻江声而笔法进。'噫，此其可与俗人道哉？江声之中，笔法何从来哉？"

卫恒《四体书势·草书》："张伯英……临池学书，池水尽黑，下笔必为楷则，号'匆匆不暇草书'。"按《全上古三代文》卷三引杜甫《寄张十二山人彪》："草书何太苦，……张芝是后身"，即此张伯英也。《晋书·王羲之传》载其与人书云："张芝临池学书，池水尽黑，使人耽之若是，未必后之也。"《管锥编》引谚云："家贫难办素食，事忙不及草书。"按此谚亦见禅书《无门关》："云门因僧问：'如何是佛？'门云：'干屎橛。'无门曰：'云门可谓家贫难办素食，事忙不及草书，动将干屎橛来撑门挂户。'"引《旧唐书·文苑传》记席豫"未尝草书，谓人曰：'不敬他人，是自不敬也。'"参观《旧唐书》卷一六五《柳公权传》："穆宗政僻，尝问公权：'笔何尽善？'对曰：'用笔在心，心正则笔正。'"又《山谷题跋》卷二《书缯卷后》:"学书要须胸中有道义。"刘熙载《艺概·书概》:"写字者,写志也。"席氏"不敬他人"云云,亦即《孟子·离娄》下"爱人者人恒爱之,敬人者人恒敬之"是也。

全晋文卷三七

庾翼《贻殷浩书》。《管锥编》引《世说·轻诋》:"桓公入洛,过淮泗,践北境,与诸僚属登平乘楼,眺瞩中原,慨然曰:'遂使神州陆沉,百年丘虚(当作"墟"),王夷甫诸人不得不任其责!'"按即辛弃疾《水龙吟》:"夷甫诸人,神州陆沉,几曾回首!"

《管锥编》引钱大昕《潜研堂文集》卷二《何晏论》略谓:"范宁之《论》过矣!可以是罪嵇、阮,不可以是罪王、何。平叔奏疏,有大儒之风;平叔之《论语》、辅嗣之《易》,未尝援儒以入庄、老。"按钱氏分别王、何与嵇、阮,或因前者相关经典,后者仅就个性发挥。钱氏清儒,重《经》,故重王、何,重儒,故斤斤于儒、道之辨,此品目或成一说,然无须执也。以经籍而论,孔、老本有关联,如《论语·公冶长》"性与天道"节、《阳货》"予欲无言"节,即为关联之一,或本之以发挥,亦非无因。战国时代,庄生能综合孔、老,或与颜回学派相关(近人钟泰《庄子发微》主此说),故取《庄子·人间世》之"心斋"、《大宗师》之

"坐忘"，移释《论语·先进》之"屡空"，未为不可也。《管锥编》谓《老》、《易》旨多相通，孰儒孰道，本难区辨。按此极是，《易》之为书，本不限于儒或道，故未宜画地以限之也。

《管锥编》引唐庚《眉山文集》卷九《易庵记》："陶隐居曰：'注《易》误，犹不至于杀人；注《本草》误，则有不得其死者矣。'世以隐居为知言，与吾之说大异。夫《六经》者，君本之致治也。……《本草》所以辨物，《六经》所以辨道。……一物之误，犹不及其余；道术一误，则无复予遗矣。前世儒臣引《经》误国，其祸至于伏尸百万，流血千里，《本草》之误，岂至是哉。注《本草》误，其祸疾而小，注《六经》误，其祸迟而大。"按《本草》云云今属自然科学，《六经》云云今属社会科学，宜观其互通之理。以传统学术观之，《六经》所医者乃世道人心，其对象为社会，《河南程氏遗书》卷一："《诗》、《书》载道之文，《春秋》圣人之用。《诗》、《书》如药方，《春秋》如用药疗疾，圣人之用全在此书，所谓'不如载之行事深切著明也'。"《本草》所医者乃人身，其对象为个人。《史记·日者列传》记贾谊曰："吾闻古之圣人，不居朝廷，必在卜医之中。"尚可见古代社会之理想。

《管锥编》引奥国一文家作小诗，谓逻辑推论审密，逐步升桄，言之成理，然仍如无基筑室，不足验证，因其大前提由情欲中来耳。按以《易》言之，于泰否有内君子而外小人与内小人而外君子之辨，大前提从情欲中来，当内小人而外君子，故成否象。此辨极微，《尚书·多方》曰："惟圣罔念作狂，惟狂克念作圣"，故宜慎之。推论成理云云，盖因人性极易寻借口自谅，所谓"理由是最方便的，一找就到"。

全晋文卷四六

傅玄《走狗赋》："盖轻迅者莫如鹰，猛捷者莫如虎，惟良犬之禀性，兼二儁之劲武。"按以为美称者，或由古代图腾而来，当感觉其生气。《赋》"应天人"、"顺仪象"，而"凭水木之和气，炼金精以自辅"云云，包含古代于身心状况之理想，由养生理论化出，所谓"拟人"也。

又同卷有《剑铭》："道德不修，虽有千金之剑，何所用之。先王观变而服剑，所以立武象也。太上有象而已，其次则亲用之。铭曰：光文耀武，以卫乃国。"按此立道器文武两端，盖文武宜兼资而以文为主，参观《鹖冠子》卷上《近迭》："兵者百岁不一用，然不可一日或忘也。"

全晋文卷五〇

傅玄《傅子》："刘晔……事明皇帝，又大见亲重。……晔能应变持两端如此！"按观晔两边所言皆是，然终因无原则而非也。《资治通鉴》卷七二魏明帝太和六年刘晔条下引《傅子》评曰（与本卷文字略异）："巧诈不如拙诚，信矣。以晔之明智权计，若居之以德义，行之以忠信，古之上贤，何以加诸！独任才智，不敦诚悫，内失君心，外困于俗，卒以自危，岂不惜哉！"所言实深中"蝙蝠派"之病。

《傅子》："人之涉世，譬如弈棋；苟不尽道，谁无死地，但不幸耳。"《管锥编》引邵雍《伊川击壤集》卷一《观棋大吟》叙尧舜至五季兴废，洋洋千数百言。按此一"大吟"化史事入弈势，可当一部具体而微之《皇极经世书》，《击壤集》置此诗于卷首，或非无意乎。《五灯会元》卷十二浮山法源章次师为欧阳修说法曰："赢局输筹即不问，且到黑白未分时，一著落在甚么处？"良久曰："从来十九路，迷误几多人。"参观陆游《剑南诗稿》卷七四《东岭》："君看浮世事，何处异棋枰。"唐顺之《荆川先生文集·右编序》："古今宇宙一大棋局也。"郑燮《满庭芳·赠郭方仪》："乘除天下事，围棋一局，胜负难评。"纳兰性德《满庭芳》："须知古今事，棋枰胜负，翻覆如斯。"《拜月亭·家门始终》："轻薄人情似纸，迁移世事如棋。"《镜花缘》第十九回："人生在世，千谋万虑，赌强争胜，奇奇幻幻，无非一局围棋。只因参不透这座迷魂阵，所以为他所误。"

又王安石《王文公文集》卷七六《棋》："战罢两奁收黑白，一枰何处有亏成。"亦即《鲁拜集》六九论棋诗 Hither and thither moves, and checks, and Slays/And one by one back in the Closet lays。《管锥编》引魏源《古微堂内集》卷二《治篇》之一六谓"古今宇宙一大弈局乎",因论"废谱"与"泥谱"之"皆非善弈"。按此极是,《傅子》:"兵法云:内精八阵之变,外尽九成之宜,然后可以用奇也。""精八阵之变"、"尽九成之宜"者,由"泥谱"入,"用奇"者,从"废谱"出,出入盖无疾乎。

全晋文卷五二

傅咸《答杨济书》:"卫公云:'酒色之杀人,此甚于作直。'坐酒色死,人不以为悔,逆畏以直取祸。此由心不直正,欲以苟且为明哲耳。"按杨荫杭《老圃遗文辑·处世》亦引及此语。《管锥编》引费尔巴哈谓人心具智、情、意三端(die Vernunft, das Herz, der Wille),充其极皆足以使人颠倒而忘身命。故求爱而甘死者有之,致知遂志,亦若是班。按参观《庄子·骈拇》:"自三代以下,天下莫不以物易其性矣!小人则以身殉利,士则以身殉名,大夫则以身殉家,圣人则以身殉天下。此数子者,事业不同,名声异号,其于伤性以身为殉,一也。"

全晋文卷五九

成公绥《天地赋》。按《序》称此题"至丽无文,难以辞赞"是也。"天地"云云，《管锥编》以"六合"笺之。按"天地"、"六合"之义可分可合，"天地"观念高于"六合"，可出入于"六合"。"六合"似仅指空间，而"天地"高一维，且可上出也。

成公绥《啸赋》："良自然之至音，非丝竹之所拟。是故声不假器，用不借物，近取诸身，役心御气。"按如与前赋对比，则前言天地，此言人也。"精性命之玄机，研道德之玄奥；愍流俗之未悟，独超然而先觉。"此即啸之纲领，乃人之上出也。古人"啸"、"歌"并称，见《诗·江有汜》："之子归，不我过，不我过，其啸也歌。"《白华》："啸歌伤怀，念彼硕人。"《太平御览》卷三二九《啸》门引《说文》曰："啸，吟也。"《杂志解诂》曰："啸，吹声也。"《魏略》曰："诸葛亮在荆州游学，每晨夜常抱膝长啸。"参观杨荫杭《老圃遗文辑》一九二一年《说啸》："郑康成曰：'啸，蹙口而出声者也。'此即西人所谓'忽丝尔'（whistle），古人'啸'、'歌'并称，亦音乐之一。犹忆十余年前在美国，见啸者登台奏伎，仿佛苏门山鸾凤之音，响乎岩谷。乃知《晋书》所载阮籍遇孙登故事，固非虚诳，而成公绥《啸赋》所形容者，亦非铺张扬厉之辞。此伎在魏晋最盛。"

成公绥《鹦鹉赋》："育之以金笼，升之以堂殿，可谓珍之矣，然未得鸟之性也。"按此即以己养养鸟也，非以鸟养养鸟也。《庄子·养生主》："泽雉十步一啄，百步一饮，不蕲畜乎樊中。神虽旺，不善也。"

全晋文卷六一

孙绰《游天台赋》。按孙绰为东晋士族奉佛代表，其思想基本为佛教结合老庄。于五岳外别选天台，有其特识，此赋乃其代表作也。天台一山，其后隋有智者结合印、中佛教而开创中国佛教流派。唐有一行为唐密代表之一，今尚存"一行到此水西流"之句。宋有张伯端结合禅密开创南宗，完成道教三教合一之象。于此步步上出，或相应天台"山岳神秀"之气乎？《赋》描写之天台气象，如"骋神变之挥霍，忽出有而入无"，"悟遣有之不尽，觉涉无之有间；泯色空以合迹，忽即有而得玄；释二名之同出，消一无于三幡"，皆含妙意，刘熙载《艺概》卷三称前语为理趣，后语为理障，或无需分别。

《管锥编》引《成唯识论》论"第八识"、"第七识"云云，宜明其变。凡第八识以第七识之见分为相分、相分为见分，转识成智，乃化阴为阳也。引《五灯会元》卷三大珠慧海章次谓"青青翠竹，总是法身，郁郁黄花，无非般若"，似尚非是，故卷一七苏轼章次《宿东林偈》："溪声便是广长舌，山色岂非清净身？夜来四万八千偈，他日如何举似人？"卷六天竺证悟仍斥为"是门外汉耳"，曰："尚未见路径，何言到耶！"引李耆卿《文章精义》称朱熹诗"音节从陶、韦、柳中来，而理趣过之"。按朱熹诗有理趣者，或非其《读

〈大学·诚意〉章》，而当指《观书有感》、《春日》等，理趣者破理障，宜观其生动也。

全晋文卷七一

陈寿《表上诸葛氏集目录》："然亮才于治戎为长，奇谋为短，理民之干，优于将略。"按亮乃蜀汉之实际支持点，重视治戎理民，实为其长，此由厚积入手，胜于奇谋将略之旋得旋失也。《管锥编》引《魏书·李苗传》记苗读《蜀志》至魏延献策而亮不纳，太息"亮无奇计"。按此或非亮短，语云："诸葛一生唯谨慎"（李贽自题联语），此其象乎。"（或怪亮文采不艳，而过于丁宁周至。）……亮所与言，尽众人凡士，故其文指不得及远也。"按此即"鞠躬尽力，死而后已"，亦不得不然。否则以卧龙之风流，岂不能清言乎。《三国演义》一〇三回司马懿对使者云："孔明食少事烦，其能久乎？"亮知之，叹曰："彼深知我也。"又曰："吾非不知，但受先帝托孤之重，唯恐他人不似我尽心也。"

全晋文卷七四

左思《三都赋》。按此赋写作十年，亦即"洛阳纸贵"之作。《文心雕龙·神思》："左思炼《都》以一纪"，"虽有巨文，亦思之缓也"。《管锥编》引赋《序》云："见绿竹猗猗,则知卫地淇澳之产。……侈言无验,虽丽非经。……其山川城邑,则稽之地图,其鸟兽草木,则验之方志。"按此左思作赋思想,参观《全汉文》卷二二司马相如《答盛擎问作赋》:"合綦组以成文,列锦绣而为质,一经一纬,一宫一商,此作赋之迹也。赋家之心,苞括宇宙,总览人物,斯乃得之于内,不可得其传也。"二人赋论,盖一地一天乎。《两当轩集》附录四引张维屏《诗人征略》:"夫古无类书,并无刻本,是以《三都赋》就,纸贵一时。今类书大备,刻本通行,为诗文者,一题在手,但解翻书,居然博学。吾未谓书可少也,第以善为诗者,用书而诗愈工,不善为诗者,用书而诗愈拙。盖书不可废,亦不可恃也。"

全晋文卷七五

郭冲《条诸葛亮五事》。《管锥编》谓无兵备而坦然示人以不设兵备,是不欺也;示人实况以使人不信其为实况,是欺也。"空城计"者,以不欺售欺也(Honesty is the best deception)。按参观《围城》第五章关于方鸿渐、孙小姐过桥的描写:"辛楣笑说:'孙小姐,是你在前面领着他,还是他在后面照顾你?'鸿渐恍然明白,人家未必看出自己的懦怯无用,跟在孙小姐后面可以有两种解释,忙抢说:'是孙小姐领我过桥的。'这对孙小姐是老实话,不好辩驳,而旁人听来,只觉得鸿渐在客气。鸿渐的虚荣心支使他把真话来掩饰事实。"

全晋文卷八三

谢安《与支遁书》："人生如寄耳，顷风流得意之事，殆为都尽。"按周必大《二老堂诗话》："苏文忠公诗文少重复者，唯'人生如寄耳'十数处用，虽和陶诗亦及之，盖有感于斯言。"又王梵志诗："长命得八十，恰同寄住客。暂住主人家，不久自分擘。""暂时自来生，暂时自来死。死后却还家，生时寄住鬼。""此身如馆舍，命似寄住客。客去馆舍空，知是谁家宅。"王诗感叹无常，与"人生如寄"思想同，项注即引周必大云云。田艺蘅《留青日札》卷首《自赞》诗亦云："浮生如寄死如归。""顷风流得意之事"云云，参见纳兰性德《浣溪沙》："被酒莫惊春睡重，赌书消得泼茶香。当时只道是寻常。"

又支遁东晋名僧，《世说·言语》六三记其畜养数匹马，曰："贫道重其神骏。""神骏"者，乾象也。《言语》七六又记其放鹤，曰："既有凌霄之姿，何可为人作耳目近玩！""凌霄"者冲天，此上出之志，亦乾象也。

全晋文卷八六

仲长敖《核性赋》："赵荀卿著书，言人性之恶，弟子李斯、韩非顾而相谓曰:'夫子之言性恶当矣!'……荀卿曰:'天地之间,兆族罗列。……裸虫三百,人最为劣;爪牙皮毛,不足自卫;唯赖诈伪,迭相嚼啮。总而言之,少尧多桀,但见商鞅,不闻稷契。父子兄弟,殊情异计;君臣朋友,志乖怨结。邻国乡党,务相吞噬;台隶僮竖,唯盗唯窃。面从背违,意与口戾。……周孔徒劳,名教虚设。……法术之士,能不噱龁?仰则扼腕,俯则攘袂。'荀卿之言未毕(按当作"终"),韩非越席起舞,李斯击节长歌,其辞曰:'形生有极,嗜欲莫限。达鼻耳,开口眼;纳众恶,拒群善。方寸地,九折岅(当作"坂"),为人作险(当作"崄")易,顷刻(当作"俄顷")成此蹇。'"此盖对人性之悲观论点,知善者亦不能不知恶,否则如何滋养其善?"周孔徒劳,名教虚设",实惊心动魄。《旧约·耶利米书》十七章九节:"人心比万物都诡诈,坏到极处,谁能识透呢。"(The heart is deceitful above all things, and desperately wicked: who can know it?)

《管锥编》引《礼记·月令》:"季夏之月,……其虫倮。"孔颖达《正义》:"《大戴礼》及《乐纬》云:'鳞虫三百六十,龙为之长;羽虫三百六十,凤为之长;毛虫三百六十,麟为之长;介虫三百六十,龟为之长;倮虫三百六十,圣人为之长。'"按别见《礼运》"麟凤龟龙,谓之四灵"条下《正义》,此略可当古代于动物分类之认识。又按《管锥编》引《月令》"其虫倮"云云,应归属"中央土,其日戊己"节，所谓"土旺四季"，即《内经》"长夏"之义；不应归属"季夏之月"节，"季夏之月"者，"其虫羽"也。孔疏此节后世有述之者，如田艺蘅《留青日札》卷二九《五灵之长》述羽、毛、介、鳞、倮与孔疏同，复云："夫植物亦有然者，谷植三百六十，则禾为之长；木植三百六十，而松为之长；草植三百六十，而蓍为之长；蔬植三百六十，而葵为之长。"又曰："万物之中人为最灵，而圣人又为万物之灵，是当为五灵之长矣。"

《管锥编》引《荀子·非相》："人之所以为人者，非特以二足而无毛也。"又引柏拉图云："人者，两足而无羽毛之动物也。"按别见《写在人生边上·一个偏见》："柏拉图为人类下定义云：人者，无羽毛之两足动物也。"参观《围城·序》："写这类人，我没有忘记他们是人类，只是人类，具有无毛两足动物的基本根性。"引西方古说如柏拉图言人性有狮子、有多头怪物，亦复有人，教化乃培养"人性中之人"。按此"人性中之人"极要，乃教育之最高目的。孟子道"性善"，盖由此出也，荀子主"化性起伪"，亦归于此，孟、荀之结合点，其在此乎？后世宋儒"变化气质"之说，亦相关于此。

《赋》"方寸地"四句以山径险恶喻人心，《管锥编》引《庄子·列御寇》托孔子言："凡人心险于山川。"按即所谓"世上无如人欲险，几人到此误平生"。参观《晋书》卷八三《顾和传》记其论心曰："此中最是难测地。"郭茂倩《乐府诗集》卷三五戎昱《苦辛行》："谁谓西江深，涉之固无忧；谁谓南山高，可以登之游。险巇唯有世间路，一晌令人堪白头。"卷九七白居易《太行路》："太行之路能摧车，若比人心是坦途；巫峡之水能覆舟，若比人心是安流。……行路难，不在山，不在水，只在人心反复间。"陆游《剑南诗稿》卷七五《东窗》："九折危途寸步艰，至今回首尚心寒。"又卷六四《刈获后书事》："细思自有欣然处，高谢人间九折途。"仲氏《赋》似仅言山，然言"险"则已及水，因易象坎水为险。且四句以"蹇"字作结，易象艮下坎上为"蹇"，艮山坎水，乃合山川之象矣。又《蹇·大象》曰"反身修德"，《坎·大象》曰"常德行，习教事"，乃化此山川之险也。

"方寸地"，参观罗大经《鹤林玉露》卷六引谚曰："但留方寸地，留与子孙耕。"《宋诗话辑佚》引《王直方诗话》亦引此句，云此乃真宗时"水部贺公"作（出《总龟》前一九，《丛话》前五八）。或谓此为王梵志诗；《增广贤文》亦引之。《槐聚诗存·此心》："漫说此中难测地，又《观心》：'试量方寸玲珑地'，亦涉及所引典。参观《苏轼诗集》卷二二《孔毅父以诗戒饮酒，问买田，且乞墨竹，次其韵》："我田方寸耕不尽，何用百顷糜千金。"唐寅《言怀》："些须做得工夫处，莫损心头一片天。"

《管锥编》引《荀子·性恶》篇："然则人之性恶明矣，其善者伪也。"按《四库提要》卷九一儒家类一《荀子》条评："至其以性为恶，以善为伪，诚未免于理未融。然卿恐人恃性善之说，任自然而废学，因言性不可恃，当勉力于先王之教。故其言曰：'凡性者天之所就也，不可学，不可事。礼义者圣人之所生也，人之所学而能，所事而成者也。不可学，不可事，而在人者谓之性。可学而能，可事而成，而在人者谓之伪。是性、伪之分也。'其辨白'伪'字甚明，杨倞注亦曰：'伪，为也。凡非天性而人作为者皆谓之伪。故伪字人旁加为，亦会意字也。'后人昧于训诂，误以为真伪之伪，遂哗然掊击，谓卿蔑视礼义，如老庄之所言，是非惟未睹其全书，即《性恶》一篇，自篇首二句以外亦未竟读矣。"胡玉缙《补正》引黄式三《儆居集·读谢校荀子后》，曰："然则荀卿之所谓伪，非诈伪之谓也。"廉泉辑《惜抱轩语》亦云："荀子'化性起伪'之伪，非诈伪也。必以今人用字之法上衡古人，觉其不当者多矣。"

全晋文卷九五

潘尼《安身论》。按取《易》"利用安身，以崇德也"之旨。《管锥编》引《老子》五〇章："动之死地，以其生生之厚"，河上公注"所以动之死地者，以其生活之事太厚，违道忤天，妄行失纪。"又引七五章："人之轻死，以其生生之厚"（傅奕本作"以其上求生生之厚也"，河上公本作"以其求生之厚"），河上公注："人民轻犯死者，以其求生活之道太厚，贪利以自危。"观《老子》语河上公皆以"生活之事"、"生活之道"释之，故"安身"者化去人事、身命之执以达天运、造化也。

全晋文卷九六

陆机《叹逝赋》："川阅水以成川，水滔滔而日度；世阅人而为世，人冉冉而行暮。人何世而勿新，世何人而能故。"《管锥编》谓《文选》李善注引高诱《淮南子》注曰："阅，总也。"又谓"阅"如"阅历"之"阅"。按善注由静而言，《管锥编》由动而言，然静、动互含，仍可相成。《老子》二一章："道之为物，……其中有信。自古及今（马王堆帛书甲乙本作"自今及古"），其名不去，以阅众甫。吾何以知众甫之然哉，以此。"此"阅"字，亦大观之象乎。参观卷一〇三陆云《与杨彦明书》："时去荏苒，岁行复半。悲此推移，终然何及。"又："昔年少时，见五十公，去此甚远。今日冉冉，已近之已。"又司空图《诗品·悲慨》："百年如流，富贵冷灰。"《朱文公集》卷一《诵经》："朝昏一俯仰，岁月如奔川。"曾国藩《杂诗九首》之一："滔滔大江流，年光激若矢。"

"托末契于后生，余将老而为客。"按参观《写在人生边上·读〈伊索寓言〉》："比我们年轻的人大概可以分作两类。第一种是和我们年龄相差得极多的小辈（按"辈行悬绝"云云），我们能够容忍这种人，并且会喜欢而给以保护；我们可以对他们卖老，我们的年长只增添了我们的尊严。还有一种是比我们年轻得不多的后生（按"十年以长"云云），这种人只会惹我们的厌恨以至于嫉忌。他们已失掉尊敬长者的观念，而我们的年龄又不够引起他们对老弱者的怜悯；我们非但不能卖老，还要赶着他们学少，我们的年长反使我们吃亏。"

《管锥编》引苏辙《送人归洛》："遍阅后生真有道，欲谈前事恐无人。"此句《王直方诗话》极赏之，诗题作《送文潞公》，谓"潞公官爵年德难为形容，非此两句，不能优游而自见"。文潞公者，文彦博也。《苏轼诗集》查注引《宋史》本传："位将相五十余年，遍历公孤，两以太师致仕。元丰中，居洛阳，与富弼等十三人为耆英会。"陈继儒辑《邵康节先生外纪》卷三："文潞公尝曰：'人但以某年长为庆，独不知阅世既久，内外亲戚皆亡，一时交游零落殆尽，所接皆邈然少年，无可与论旧事者，正亦无足庆也。'"可为苏辙诗的笺。赵翼《瓯北诗钞》七言律七《自愧》："年老惯为人送死，才疏敢与世争名。"感慨近之。

全晋文卷九七

陆机《文赋》："盖非知之难，能之难也。"《管锥编》引伪《古文尚书·说命》："非知之艰，行之唯艰。"又引《左传》昭公十年："非知之（实）难，将在行之。"按此即中华学术之重行原则，《论语·公冶长》："子路有闻，未之能行，唯恐有闻"，亦许此也。此人生境界以性命学解之，知属性，行属命，性、命宜互成，知、行亦未宜分也。

"伫中区以玄览，颐情志于典坟；遵四时以叹逝，瞻万物而思纷。"按首段之纲领也。第一句言观物，第二句言读书，第三句言时，第四句言空。《管锥编》引李善注第一句："《老子》曰：'涤除玄览'，河上公曰：'心居玄冥之处，览知万物。'"又引五臣张铣注："玄、远也，远览文章。"按善注甚是，"中区"、"区中"当指心。《管锥编》从铣说，解"中区"为屋内，谓前二句谓室内把书卷，后二句谓户外玩风物，似非。

"倾群言之沥液，漱六艺之芳润。"《管锥编》引《文选》李善注："《周礼》曰：'六艺：礼、乐、射、御、书、数也'"；又何焯评："'六艺'谓《易》、《诗》、《书》、《礼》、《乐》、《春秋》；《史记》：'载籍虽博，犹考信于六艺。'"按前言"六艺"由实践言，犹行，后言"六艺"（即《六经》）由典籍言，犹知。引王质《雪山集》卷五《于湖集序》："文章之根本皆在《六经》；非惟义理也，而其机杼物采、规模制度，无不具备者。"按此即中国古代文化乃至文学"宗经"之说，邵雍《伊川击壤集》谓："信知画前元有《易》，自从删后更无诗"，亦自两端推衍。且所取法者或不止《六经》，则范围更广，《宋诗话辑佚》卷下《童蒙诗训》引张文潜

（张耒）尝云："但把秦汉以前文字熟读，自然滔滔地流也。"引董其昌《容台集》卷四《〈餐霞十草〉引》："……昌黎以经为文，眉山以子为文，近时哲匠王允宁、元美以史为文。……"此以经、史、子连言，乃打破以文为文之局限。后世曾国藩以《经史百家杂钞》补充姚鼐之《古文辞类纂》，桐城于是衍为湘乡，亦即以经、史、子充实文之不足也。

"其始也，皆收视反听，耽思旁讯，精骛八极，心游万仞。……于是沈辞怫悦，若游鱼衔钩而出重渊之深，浮藻联翩，若翰鸟缨缴而坠曾云之峻。"按由"伫中区以玄览"而来，犹"倾群言"云云由"颐情志于典坟"而来。此似艺术创作之必由境地，非仅作文也，书法亦如之。《全唐文》卷一〇唐太宗《笔法诀》："欲书之时，收视反听，绝虑凝神，心正气和，则契于元妙。"《管锥编》引魏文帝《典论》谓"文以气为主"，韩愈《答李翊书》亦谓"气盛则言之短长与声之高下皆宜"，此"文气"说，如推其原，似由《论语·泰伯》曾子"出辞气，斯远鄙倍矣"而来。且气与词藻比勘，气者生动之气，能量所在，故为词藻之根也。曾国藩咸丰十一年正月初四日日记："文章之雄奇，以行气为上，造句次之，造字又次之。"

"观古今之（当作"于"）须臾，抚四海于一瞬。"按与"收视反听"一段相关，由"玄览"云云出。参观李通玄《华严合论》卷一："无边刹境自他不隔于毫端，十世古今始终不离于当念。"《管锥编》引《楞伽经·一切佛语心品》：

"意生身者,譬如意去,迅速(当作"疾")无碍,……石壁无碍,于彼异方无量由延。"按此释家境界,以得自在神通为是,然亦未可执也。智旭《成唯识论观心法要》卷八称"意成身"由"不思议变易生死"而来:"谓诸无漏有分别业,由所知障缘助势力所感殊胜细异熟果。改转身命,无定齐限,故名变易。无漏定愿正所资感,妙用难测,名不思议,或名意成身,随意愿所成故。"

"在有无而黾勉,当浅深而不让;虽离方而遁员,期穷形而尽相。"《管锥编》引韩愈《送无本师归范阳》:"无本于为文,身大不及胆。吾尝示之难,勇往无不敢。"按参观《旧唐书·李昭德传》载丘愔劾奏昭德:"臣观其胆,乃大于身。鼻息所冲,上拂云汉。"引苏辙孙籀《栾城遗言》记:"公曰:庄周《养生》一篇,诵之如龙行空,爪趾麟(似当作"鳞")翼所及,皆合规矩,可谓奇文!"按此龙喻,参观《易林》卷《屯》引高谛叶之猫喻。引黄伯思《东观余论》卷上《论张长史书》:"尝观庄周书,其自谓谬悠荒唐而无端涯,然观其论度数形名之际,大儒宗工有所不及。"按此即庄子知《易》之象,以"度数形名之际"而言,孔、老与庄均能互印也。参观刘熙载《艺概·文概》:"庄子文看似胡说乱说,骨里却尽有分数。彼固自谓猖狂妄行而蹈乎大方也,学者何不从蹈大方处求之。"引苏轼《答谢民师书》:"行于所当行,止于所不得不止",亦自然之象,参观《宋诗话辑佚·童蒙诗训》:"东坡云:意尽而言止者,天下之至文也。"

"虽区分之在兹，亦禁邪而制放；要辞达而理举，故无取乎冗长。"按参观作者一学生之回忆："钱师讲课，从不满足于讲史实，析名作。凡具体之事，概括带过，而致力于理出思想脉络，所讲文学史，实是思想史。师讲课，必写出讲稿，但堂上绝不翻阅。既语句洒脱，敷陈自如，又禁邪制放，无取冗长。学生听到会神处，往往停笔默记，盖每一次讲课，即是一篇好文章，一次美的感受。①"

"或文繁理富而意不指适。极无两致，尽不可益；立片言而居要，乃一篇之警策，虽众辞之有条，必待兹而效绩。"《管锥编》谓文繁理富而不立主脑，不点眼目，则散钱未串，游骑无归。按此即"文眼"之说，"游骑无归"，当用《朱子语类》卷一八引程子曰："恐如大军游骑，出太远而无所归。"（又："为学而不主一，如大军游骑漫无所归。"）又曹植《应诏诗》："仆夫警策。"五臣注良曰："犹以策击马，得其警动。"俞正燮《癸巳存稿》卷一二："策即文句，警策即指片言，今文章揣摩家所谓提挈警句也。"

《管锥编》引及《苕溪渔隐丛话》前集卷九引《吕氏童蒙训》："陆士衡《文赋》云：'立片言以居要，乃一篇之警策'，此要论也。文章无警策则不足以传世，盖不能悚动世人。如老杜及唐人诸诗，无不如此。但晋宋间人专致力于此，故失之绮靡而无高古气味。老杜诗云：'语不惊人死不

---

① 许国璋《回忆学生时代》，见《外语教育往事谈》，209页。

休',所谓惊人语,即警策也。"按此亦有理,老杜及唐人诸诗,盖注意篇章者,所谓"警策"也;而晋宋间人,或仅注意警句云。宋诗话多以"警策"作"警句"解,如《宋诗话辑佚》卷上《古今诗话》一三五又卷下《诗史》八四谓宋之问《灵隐寺》诗之"楼观沧海日,门对浙江潮"为"篇中警策";《古今诗话》三六四、《潜溪诗眼》一二引范元实论"形似"(赋)、"激昂"(兴)曰:"文章固多端,然警策处往往此两体尔";《诗事》九称王安石送人诗"看上征鞍立寺门"为"一篇警策"。亦有就篇章而论者,《苕溪渔隐丛话》后集卷九:"贾浪仙诚有警句,视其全篇,意思殊馁,无可置才"(用司空图《与李生论诗书》语)。

"必所拟之不殊,乃暗合于曩篇;虽杼轴于予怀,怵他人之我先;苟伤廉而衍义,亦虽爱而必捐。"按姚鼐《惜抱轩诗集·外集》之《杼轴我先》:"织文资杼轴,志士此精专。每以孤怀往,常收众虑先。章成真似组,意密更如绵。故锦诚何赖,新机任独旋。经纶垂世远,宛转自予传。极欲存先轨,还嫌袭曩篇。平原才倍丽,韩子诚仍坚。睿藻高千古,因之小昔贤。"《管锥编》"明知爱惜终当割"云云,《增订》、《增订》二皆阐之,所谓"为文之道,割爱而已"。参观张岱《与王太岳》谓王所著之《廉书》不廉,"猛思急救《廉书》,则只有割爱一法",其法须"大着眼孔,冷着面皮,硬着心肠","勿吝淘汰,勿靳簸扬,以冀成此异宝也"。袁枚《续诗品·割忍》:"叶多花蔽,词多语费。割之为佳,非忍不济。……深夜九渊，一取万弃。"《小仓山房诗集》卷一五《改诗》："妆严绝色显，叶割孤花明。"

"彼榛楛之勿剪，亦蒙荣于集翠；缀下里于白雪，吾亦济夫所伟。"《管锥编》引十七、十八世纪西方名家论诗云："通篇皆隽语警句，如满头珠翠以至鼻孔唇皮皆填嵌珍宝，益妍反丑，反不如无。"参观作者早年文章《论俗气》记赫胥黎讨厌坡的诗，说它好比戴满了钻戒的手，俗气迎人。引谈艺另一喻："人面能美，尤藉明眸，然遍面生眼睛，则魔怪相耳。"参观曾国藩日记："古文之道，是一段最大工夫。《书经》、《左传》，每一篇空处皆多，实处较少，旁面较多，正面较少。精神注于眉宇、目光，不可周身皆眉，到处皆目也。"

"或托言于短韵，对穷迹而孤兴；俯寂寞而无友，仰寥廓而莫承；譬偏弦之独张，含清唱而靡应。或寄辞于瘁音，言徒靡而弗华，混妍蚩而成体，累良质而为瑕；象下管之偏疾，故虽应而不和。"《管锥编》谓短韵小文别于鸿篇巨制，江河不妨挟泥沙俱下，而一杯水则以净洁无尘为尚。按参观《谈艺录》补订 24 页："余称王静庵以西方义理入诗，公度无是，非谓静庵优于公度，三峡水固不与九溪十八涧争幽蒨清泠也。"引《冷斋夜话》卷四载潘大临得句"满城风雨近重阳"，此句或极赏之，《宋诗话辑佚》卷下《闲居诗话》三二："潘邠老尝得诗：'满城风雨近重阳。'文章之妙，至此极矣。"然亦有反之者，杨万里《重九日雨仍菊花未开》：

"政坐'满城风雨'句,平生不喜老潘诗。"引沈曾植评点严遂成《海珊诗钞》卷四《太行》。按七、八两句"呵吸仰疑通帝座,凌云我欲上山椒。""呵"疑当作"呼",参观《云仙杂记》记李白登华山落雁峰,曰:"此山最高,呼吸之气想通天帝座矣,恨不携谢朓惊人句来,搔首问青天耳。"又三句"掉尾为龙翻碣石",似借用苏轼《游罗浮诗》:"潜鳞有饥蛟,掉尾取渴虎"(《辑佚》卷下《洪驹父诗话》引)。

"虽纷蔼于此世,嗟不盈乎余掬。患挈瓶之屡空,病昌言之难续(当作"属")。故蹠踔于短垣,放庸音以足曲。恒遗恨以终篇,岂怀盈而自足。"按"遗恨终篇"与"怀盈自足",于《易》犹既济、未济乘除之象,既济固为目标,然"物不可穷也,故受之未济终焉"(《序卦》)。此《易》终"未济"之大义,成于未成者也。参观《围城》初版序:"我渐渐明白,在艺术创作里,'柏拉图式理想'真有其事。悬拟这本书该怎样写,而才力不副,写出来并不符合理想。理想不仅是个引诱,而且是个讽刺。在未做以前,它是美丽的对象;在做成以后,它变为惨酷的对照。"

"若夫应感之会,通塞之纪,来不可遏,去不可止。"《管锥编》谓已近后世"神来"、"烟士披里纯"之说。按参观皎然《诗式·取境》:"有时意静神王,佳句纵横,若不可遏,宛若神助。不然,盖先积精思,由神王而得乎?"况周颐《蕙风词话》卷一:"人静帘垂,灯昏香直。窗外芙蓉残叶飒飒作秋声,与砌虫相和答。据梧冥坐,湛怀息机。每一念起，辄设理排遣之。乃至万缘俱寂，吾心忽莹然开朗如满月，肌骨清凉，不知斯世何世也。斯时若有无端哀怨怅触于万不得已，即而察之，一切境象全失，唯有小窗虚幌，笔床砚匣，一一在吾目前。此词境也，三十年前，或月一至焉，今不可复得矣。"引《东坡题跋》卷二当作卷三。引西人论致知造艺，思之思之，不意得之，若神告之，若物凭之，或曰："不当言'我思'，当言'有物〔假我以〕思'"（Man soll nicht sagen：" Ich denke"，sondern：" Es denkt"）。此即感通之象，故希腊史诗起首，必祈缪斯降临也。

全晋文卷九九

陆机《演连珠》："臣闻烟出于火，非火之和，情生于性，非性之适；故火壮则烟微，性充则情约。"按此火喻。《管锥编》引孔颖达《礼记正义》引梁五经博士贺玚曰："性之与情，犹波之于水，静时是水，动则是波，静时是性，动时是情。"按此水喻。二喻皆可思也。《白虎通义》卷八《性情》："性情者，何谓也？性者阳之施，情者阴之化也。人禀阴阳气而生，故内怀五性六情。……《钩命决》云：'情生于阴，欲以时念也。性生于阳，以就理也。阳气者仁，阴气者贪，故情有利欲，性有仁也。'"《说文》："性，人之阳气，性善者也。情，人之阴气，有欲者。"《颜氏家训·序致》："二十已后，大过稀焉。每常心共口敌，性与情竞，夜觉晓非，今悔昨失。"又王安石《王文公文集》卷二七《性情》："性情一也。世有论'性善情恶'，是徒识性情之名而不知性情之实也。喜、怒、哀、乐、好、恶、欲未发于外而存于心，性也；喜、怒、哀、乐、好、恶、欲发于外而见于行，情也。性者情之本，情者性之用，故吾曰：性情一也。"

引《楞伽经·一切佛语心品》之一："譬如巨海浪，斯由猛风起。……藏识海常住，境界风所动。……海水起波浪，七识亦如是。"按《入楞伽经》此节作："如海遇风缘，起种种波浪，现前作用转，无有间断时。藏识海亦然，境等风所击，恒起诸识浪，现前作用转。"此论"藏识"甚深，亦《解深密经》卷一"种子如瀑流"也。《成唯识论》卷三解此有云："故说此识名阿陀那，无性有情，不能穷底，故说甚深。……是一切法真实种子，缘击便生，转识波浪恒无间断，犹如瀑流，凡即无性。"

全晋文卷一〇二

陆云《与兄平原书》四："然了不见出语，意谓非兄文之休者。"《书》五："《刘氏颂》极佳，但无出言耳。"《管锥编》谓"出语"、"出言"即奇句、警句。按"出"者精气所聚，《说文》："象草木益滋上出达也。"于《易》当乾象，《说文》："乾，上出也。""出类拔萃"用《孟子·公孙丑》

上"出乎其类，拔乎其萃"，盖赞"自有生民以来，未有盛于孔子也"。引孙樵《孙可之集》卷七《寓居对》："古人取文，其责盖轻，一篇跳出，至死驰名。"按参观《宋诗选注·序》："在一切诗选里，老是小家占便宜，那些总共不过保存了几首的小家更是占尽了便宜，因为他们只有这点点好东西，可以一股脑儿陈列在橱窗里，读者看了会无限神往，不知道他们的样品就是他们的全部家当。"

《书》五："云作虽时（脱"有"）一佳语，见兄作又欲成贫贱（当作"俭"）家。"《书》二〇："……贫家佳物便欲尽，但有钱谷，复羞出之。"《管锥编》谓皆以资产喻才学，"但有钱谷"谓只具家常物事而无珍异。按参观《旧文四篇·序》："它们仍然是旧作，正像旧家具铺子里的桌椅床柜等等，尽管经过一番洗刷以至油漆，算不得新东西的。""钱谷"之"谷"，参观吴乔《答万季野诗问》："意喻之为米，文炊而为饭，诗酿而为酒。""羞出"之"出"，解作出示于人，与"出语"之"出"，有异有同，盖出阳而入阴，《易·随》"出门交有功"是也。

《书》一八："'彻'与'察'皆不与'日'韵，思惟不可（当作"能"）得，愿赐此一字。"袁枚《随园诗话》卷四："诗得一字之师，如红炉点雪，乐不可言。"又卷一二："诗改一字，界判人天，非个中人不解。"按参观陈衍《石遗室诗话续编》引作者早年诗云："万卷撑肠一字艰（《石语》作"悭"）。"

全晋文卷一〇五

木华《海赋》:"将世之所收者常闻,所未名者若无。"《管锥编》谓世间事物多有名而无实,人情每因名之既有而附会实之非无,遂滋慎思明辨者所谓"虚构存在"(fabulous entities, abstract fictitious entities)。按由集体无意识观之,"虚构存在"与人之愿望相关,一旦成形,亦可能脱离实践而以纯观念形态发展,故"虚"者或非虚也。又共同想象乃族群成立之基础,虚实互生,祭祀以维护之。

《管锥编》谓苟有实而尚"未名",则虽有而"若无",此于思辨成其说。道家于名实关系以实为主,故《老子》"无名"、"有名"相对而"无名"居先,《庄子·逍遥游》曰:"名者,实之宾也。"

全晋文卷一〇七

张韩《不用舌论》:"祸言相寻,造(当作"召")福甚希。"又:"余以留意于言,不如留意于不言。"按《道德指归论·至柔篇》:"言者,祸之户也;不言者,福之门也。"《大集经·无言菩萨品》:"凡所发言,莫说世事。……常当守口,慎言少语。"《旧约·箴言》十三章三节曰:"谨守口者,保全生命"(He that keepeth his mouth keepeth his life)。《增广贤文》亦曰："群居守口，独坐防心。"

全晋文卷一一一

陶潜《闲情赋》。《管锥编》谓初唐于潜之词章尚未重视，北宋以还推崇陶潜为屈原后杜甫前一人。按参观《谈艺录》二四《陶渊明诗显晦》。六朝文学，深厚无过陶渊明者。或以《诗》、《骚》、古诗十九首、陶渊明为中国诗史之要，此与屈、陶、杜三家并列，盖各成一说，然陶皆别树一帜为有味也。

陶潜《归去来兮辞》。按宜兼读《感士不遇赋》与《闲情赋》。《感》上通司马迁、董仲舒，《闲》上通张衡、蔡邕，前赋显"或大济于苍生"、"或击壤以自欢"之志，后赋要在"愿在衣而为领"云云"十愿"，亦阴阳之变也。而后可读《归去来辞》，陶潜一生转折在此，亦陶文之入口也。"归"为行动之归，亦为思想之归，所谓"回家"也。"归"于何处？"归"于《桃花源记》之理想境界与《五柳先生传》之理想人物，亦陶文之中心也。陆游《剑南诗稿》卷六五《悲歌行》："檀公画计三十六，不如一篇归去来。"作者《说"回家"》（1947）引新柏拉图大师 Proclus，将探讨真理的历程分为三个阶段："家居，外出，回家。"又《管锥编》欧阳修至谓晋文章唯此一篇，即《谈艺录》永叔推《归去来辞》为晋文第一。

陶潜《与子俨等书》："然汝等虽不同生,当思四海皆兄弟之义。"按杜甫《遣兴》五首之三:"陶潜避俗翁,未必能达道。观其著诗集,颇亦恨枯槁。达生岂是足,默识盖不早。有子贤与愚,何其挂怀抱。"《管锥编》引朱彝尊《书〈杨太真外传〉后》等争辩"处子入宫"云云,参观作者一九七八年在意大利之讲演《古典文学研究在现代中国》:"譬如解放前有位大学者在讨论白居易《长恨歌》时,花费博学和细心来解答'杨贵妃入宫时是否处女'的问题,……今天很难设想这一类问题的解答再会被认为是严肃的文学研究。"此大学者当指陈寅恪,陈氏《元白诗笺证稿》第一章论《长恨歌》,即引朱文云云。

陶潜《桃花源记》:"南阳刘子骥,高尚士也,闻之欣然,亲往未果,寻病终。"《管锥编》谓"亲往"当作"规往","规"者,谓意图也。按"规往"而未往,盖欲探究"桃花源"者,不应仅执于渔人"处处志之"之路标,宜知桃花林等自然景物之变迁,且宜知源头活水也(参见拙稿《渔人之路与问津者之路》)。

全晋文卷一一二

陶潜《五柳先生传》。按《桃花源记》:"此中人语云:'不足与外人道也。'"初观之,"此中人"在桃花源中,细观之,桃花源在"此中人"中,五柳先生盖体桃源境界于身者也，故超上一层。《管锥编》谓"不"字为一篇眼目，重言积字，即示狷者之"有所不为"。按此篇有其寄托，篇末《赞》之"无怀氏之民欤，葛天氏之民欤"，参以《与子俨等疏》之"自谓羲皇上人"，即篇中"颇示己志"、"以乐其志"之"志"，乃狂者之进取也。狷者否定现实，狂者相应理想，狂、狷互补，亦相成也。又"无怀氏"对应篇中之"忘怀得失"，"葛天氏"见《吕氏春秋·古乐》："葛天氏之乐，三人操牛尾，投足以歌八阕。"《管锥编》引老子"当其无，有有之用"；此"有"、"无"或可辩，亦不宜过辩，参观张载《正蒙·大易》："大易不言有无，言有无，诸子之陋也。"

陶潜《自祭文》："人生实难，死如之何。"按《诗话总龟》前集卷六引《百斛明珠》云："《自祭文》出妙语于纩息之余，岂死生之流哉！但恨其犹以生为寓以死为真耳。"陶氏于生死有其见，参观《形影神诗》三篇，末云："甚念伤吾生，正宜委运去。纵浪大化中，不喜亦不惧。应尽便须尽，无复独多虑。"如究其极，乃玄学之思想境界。《管锥编》前引《自祭文》设想己身故后情状："将辞逆旅之馆，永归于本宅。故人凄其相悲，同祖行于今夕，羞以嘉蔬，荐以清酌。候颜已冥，聆音愈漠。……外姻晨来，良友宵奔，葬之中野，以安其魂。"仍体现于人世之留恋。参观《拟挽歌辞》三首，末云："亲戚或余悲，他人亦已歌。死去何所道，托体同山阿。"虽云豁达，亦足悲也。

又按陶渊明所居庐山一带，晋宋时为重要之文化中心，其人物尚有慧远（334—416）、陆修静（406—477）。慧远以观想念佛法开创净土宗（383年入庐山，386年建东林寺居之，402年结莲社），影响中国佛教之发展。陆修静编定洞神、洞真、洞玄三洞经书（461年入庐山居西林寺，471年上《三洞经书目录》），确立后世《道藏》分类原则，影响中国道教之发展。两种思潮当时影响极大（与陶渊明同称"浔阳三隐"之刘遗民、周续之皆往依慧远），而陶渊明特立独行，于学术人生坚持自己之理解与立场，其精神盖别有寄托，所撰诗文流传千古，非偶然也。三种思潮彼此关涉，成鼎足之势，故慧远、陶渊明、陆修静三人虽不完全同时，后世仍留有"虎溪三笑"之传说①。《苏轼文集》卷二一《石恪三笑图赞》："彼三士者，得意忘言。卢胡一笑，其乐乃天。……各笑其笑，未知孰贤？"又《苏轼诗集》卷一四《和文与可洋川园池·过溪亭》："忽悟过溪还一笑，水禽惊落翠毛衣。"又《苕溪渔隐丛话》前集卷五六引山谷云："远法师居庐山下，持律精严，过中不受蜜汤，作诗换酒饮陶彭泽。送客无贵贱，不过虎溪，而与陆道士行过虎溪数百步，大笑而别。"

---

① 宋陈舜俞《庐山记》略云："昔远法师居庐阜三十余年，影不出山，迹不入俗。送客过虎溪，虎辄号鸣。昔陶元亮（渊明）居栗里，山南陆修静亦有道之士，远师尝送此二人，与语道合，不觉过之，因相与大笑。今世传《三笑图》。"

全晋文卷一一三

鲁褒《钱神论》。按旧题葛洪撰、陈士元增删《梦林玄解》"珍玩部"曰:"梦钱,体圆孔方,轻重以铢,周流四方,利济天下。可以舒人之困,可以舒民之命。其如泉之流,如聚而不散,当获天谴。得此梦者有通达万变之兆。"又曰:"梦身入钱孔,凶。钱体外圆,反之为方。内方,反之为圆。钱质属金,而金主刑伤,得此梦者,必有狱讼之事,为身受枷锁之象。又此梦主有遗臭。"此虽云解梦,实由观察社会生活而来,可为《钱神论》之笺。"孔方兄"云云,参观王梵志诗:"不是人强了,良由方孔兄。"《苏轼诗集》卷一五《赠王仲素寺丞》:"虽无孔方兄,顾有法喜妻。"《山谷外集》卷二《送张沙河游齐鲁诸郡》:"囊无孔方兄。"史注:"《钱神论》曰:'亲爱如兄,字曰孔方。'"

《钱神论》:"谚曰:'官无中人,不如归田';虽有中人,而无家兄,何异无足而欲行,无翼而欲翔?"按此涉及《百家姓》中"赵"(官中人)与"钱"(家兄)之争执,亦政治与经济之联系也。然而有"田"可归,亦云幸矣。此姓或难以独立,亦不得不归于"赵"或"钱"。《管锥编》引西人谓国君为其后宫或外室所左右,彼妇又为其欢子所左右,而两人复各为其贴身婢仆所左右,依此下推。按此即鲁迅《而已集·扣丝杂感》"猛人"受包围之象。盖无论政治、经济、文化领域，一成"猛人"，则必受"包围"，此"包围"甚难突破，代代如此，或可警觉乎？又"官无中人"之谚，盖有见于官场"奥援"连锁之事实，然为官不能造福一方，仅知联络"中人"，亦不足贵也。

"贪人见我，如病得医。"《管锥编》引《钱本草》："钱，味甘，大热，能驻颜，彩泽流润。"按袁宏道《锦帆集》三《王以明》："世安得有彻底甜者，唯孔方兄庶几近之。而此物偏与世之劳薪为侣，有稍知自逸者，便掉臂不顾，去之唯恐不远。"又按"贪人"者，盖患"贫困恐惧症"者也。或谓富裕家族能延续数代者，其子孙血液中必宜有此遗传云[①]。且"贪"即"贫"，参观《大宝积经》记善顺菩萨语波斯匿王云："贪求无厌足，是为最贫者。"

全晋文卷一一六

葛洪《〈关尹子〉序》。《管锥编》谓《关尹子》为赝托，显出唐宋人手，葛洪之序，自亦伪撰。引《吕氏春秋·不二》："关尹贵清，子列子贵虚"；按此涉及《关》、《列》比较。以时代思潮与成书年代而论，《列子》相应于魏晋六朝，《关尹子》相应于五代宋，此其异也。以象数之学而论，《列子》于九数推本于六、七、八、九，亦即阴阳，《关尹子》

---

① 韩毓海《穷通自古看轮回》（The cycle of forture），香港《中》月刊1997年7月号。

于九数推本于五行，亦可衔接。

《管锥编》谓《关尹子》论道德，洪则仅知有方术；引《关尹子·四符》："若有厌生死心，超生死（非"死生"）心，止名为妖，不名为道。"又引《抱朴子》内篇《金丹》至谓："还丹、金液二事，盖仙道之极也。"按此涉及关、葛比较。以时代思潮与成书年代而论，《抱朴子》成于晋末，其时佛教已传入，葛洪坚持民族文化立场，故绝口不提佛教。而《关尹子》成于晚唐五代宋，已渐吸收佛教，故能"融贯禅玄"也。以性命之学而论，关尹子之道德主性，葛洪之方术主命。上根利器或直接从修性入手，故近人遍论丹道各门派，径以关尹文始派直修虚无大道之顿超直入为最高也①。葛洪《释滞》病《老子》于长生之术语焉不详，"文子、庄子、关令尹喜之徒"皆"永无至言"，乃主命一派，所以破玄学清谈之流弊。然性命宜互成，或未可执一也。又《四库提要》卷一四六谓："《汉志》有《关尹子》九篇，刘向《列仙传》作《关令子》。而《隋志》、《唐志》皆不著录，则其佚久矣。南宋时徐蒇子礼始得本于永嘉孙定家。前有刘向校定序，后有葛洪序。……其书未必出于定，或唐五代间方士解文章者所为也。"余嘉锡《辨证》谓："其出甚晚，其

---

① 萧天石《道家养生学概要》卷二《丹道门各派要旨简述》，又《文始派修真要旨》，台湾自由出版社1983年4月第5版，96—101页，102—105页。又据黄兆汉《明代道士张三丰考》考证，文始派或推原于张三丰，与西派的出现密切关联。台湾学生书局1988年版，65—122页。

辞甚近，盖为宋之文士所作。"

全晋文卷一二一

郭璞《〈尔雅〉叙》："总绝代之离词，（脱"辩"）同实而殊号者也。"《管锥编》引许慎《说文解字叙》："分别部居，不相杂厕"；又引《后序》："方以类系（按当作"聚"），物以群分，同条牵属，共理相贯，杂而不越，据形系联。"按《说文》整体编撰思想由《易》而来，故《叙》首用《系辞》"古者庖牺氏之王天下也"云云，欲以"知天下之至赜而不可乱也"；《后序》用《系辞》"方以类聚，物以群分"、"杂而不越"以整理之，亦即《未济·大象》之"慎辨物居方"，此慎加分合，所以济而上出也。

《管锥编》引苏辙《栾城集》卷二五《〈类篇〉叙》："虽天下甚多之物，苟有以待之，无不各获其处也。多而至于失其处者，非多罪也。无以待之，则十百而乱，有以待之，则千万若一。今夫字之于天下，可以为多矣！然而从其有声也，而待之以《集韵》，天下之字以声相从者，无不得也。从其有形也，而待之以《类篇》，天下之字以形相从者，无不得也。"按此"有以待之"思想极是，故后世汉字编码以形、音为两大分野（"形音"乃其变），而归结为数矣。且非仅汉字乃至文字也，《易》"有以待之"天下万事万物者，在其象数结构耳，郭氏能知之。

郭璞《注〈山海经〉叙》："物不自异，待我而后异，异果在我，非物异也。"按此物、我关系，其间异同同异，互有应答，刹那刹那变化，未可执也。《管锥编》引晁迥《法藏碎金录》卷一："见怪不怪怪自坏，见魔非魔魔自和。"参观《五灯会元》卷二寿州道树章次："伊伎俩有穷，吾不见不闻无尽。"

全晋文卷一二二

郭璞《山海经图赞》。《豪彘》："自为牝牡。"按以《易》而论，此当"自对偶"之象，异于"相互对偶"矣。地球上生物存在距今约三十亿年，而生物分雌雄距今约九亿年。《管锥编》引叔本华论交游相处不宜太密昵云云，参观美国诗人弗罗斯特有云："有好篱笆才能有好邻居"（good fences make good neighbours）。

全晋文卷一二五

范宁《春秋穀梁传集解序》："《左氏》艳而富，其失也巫。（《穀梁》清而婉，其失也短。《公羊》辩而裁，其失也俗。若能富而不巫，清而不短，裁而不俗，则深于道者也。）"按范氏能平亭三传得失，其成就已不限于《穀梁》，盖贯通三传而上出于经，故曰："君子之于《春秋》，没身而已矣。"又《礼记·经解》引孔子论六经得失,范氏论三传得失,当由此而来。

范宁《王弼、何晏论》:"时以虚浮相扇,儒雅日替。宁以为其源始于王弼、何晏,二人之罪,深于桀纣。"按六经《易》与《春秋》相通,《史记·司马相如传·赞》谓"《春秋》推见至隐,《易》本隐之以显"。王弼注《易》扫象,开读《易》新路,然断绝与《春秋》之相通,乃渐成空理。其时研究《春秋》者,如杜预注《左传》,范宁注《穀梁》,皆与王、何异路。范宁著论谓"罪深桀纣",亦极自然。

全晋文卷一三四

习凿齿《临终上疏》:"皇晋宜越魏继汉,……谨力疾著论一篇。"即《晋承汉统论》。《管锥编》谓此《论》以晋"继"汉,乃"超"、"越"三国,正如汉之越秦以"承"周也。又谓习氏已佚之《汉晋春秋》以蜀为正统,唐以来史论之"正统"说由此出也。按《晋承汉统论》于周、秦、汉、魏、晋以周、汉、晋为"正统",《汉晋春秋》于魏、蜀、吴三国以蜀为继汉之"正统",二说尚无矛盾。因前者由通史着眼汉、三国、晋间之关系,自然以晋继汉;后者由断代史着眼汉与三国间之关系,自然以蜀继汉。两者层次不同,思想根源尚可一致。而《论》概括全史,落实于"皇晋",亦其一生之理想也。

习凿齿《又与谢安书称释道安》:"统以大无,不肯稍齐物等智,在方中驰骋也。"按《书》可见习氏于道安欣赏之情。由梁元帝《金楼子·捷对》所记问答观之,习氏"争正统"云云,犹"四海习凿齿"是也;而道安阐龙树般若学,盖"弥天释道安"乎。两人一地一天,亦所以相应也。"大无"者,般若学也;"齐物等智"为庄生所树胜义,然此指化为清谈玄学,故以其为小,且谓"在方中驰骋也"。《庄子·大宗师》托为孔子语:"彼游方之外者也,而丘游方之内者也,……丘则陋矣。"此庄生寓言,实则"方内"、"方外"皆可变化,不在三教形式乃至清谈中也。似在"方外"者,或实居"方内",似居"方内"者,或实在"方外",《易·复》所谓"出入无疾"是也,何可执乎?

《管锥编》引《摩诃止观》又《法华玄义》称"世法即是佛法",参观龙树《中论·观涅槃品》:"涅槃与世间,无有少分别。世间与涅槃,亦无少分别。涅槃之实际,及与世间际,如是二际者,无毫厘差别。"盖所谓"世间法"与"出世间法",其究极竟无二也。

全晋文卷一三七

戴逵《与远法师书》三通。逵不信报应,其《释疑论》云:"君子行己处心,岂可须臾而忘善哉。何必循教责实,以期报应乎。苟能体圣教之幽旨,审分命之所钟,庶可豁滞于心府，不祈验于冥中矣。"按所阐发乃儒家之善恶观。慧远《三报论》："经说业有三报：一曰见报，二曰生报，三曰后报。见报者，善恶始于此身，即此身受。生报者，来生便受。后报者，或经二生三生百生千生然后乃受。受之无主，必由于心，心无定司，感事而应，应有迟速，故报有先后。先后虽异，咸随所遇而为对，对有强弱，故轻重不同。斯乃自然之赏罚，三报之大略也。"所阐发乃佛教之报应论。两种态度各成其说，关注之角度有所不同。

戴逵《放达为非道论》："而古之（脱"人"）未始以彼害名教之体者何？达其旨故也。"《管锥编》引《世说新语·文学》王戎问阮瞻："圣人贵名教，老庄明自然，其旨同异？"按"名教"与"自然"未必同，亦未必异，其间有种种曲折，盖"将无同"乎？当神而明之也。《论语·为政》云："七十而从心所欲不逾矩。""贵名教"者由"不逾矩"入，"明自然"者由"从心所欲"入，两端终宜兼也。《管锥编》引《世说新语·任诞》记阮籍语："礼岂为我辈设！"又注引戴逵《竹林七贤论》乐广讥"放荡越礼"曰："名教中自有乐地，何至于此！"即涉及两端，而阮籍、乐广实可互成。

《放达为非道论》："且儒家尚誉者，本以兴贤也，……其弊必至于末伪。道家去名者，欲以笃实也，……其弊必至于本薄。"按邵雍《伊川击壤集》卷八《书皇极经世后》所谓："善设称周孔，能齐是老庄"，亦言此两端。如未能究其本,"名教"之弊甚大,而放达亦非道也。此犹消息,其间辩证无休止焉。《管锥编》谓"名教"者,以"名"为教也,犹夫神道设教。按参观《左传》成公二年仲尼曰:"唯器与名不可以假人,君之所司也。……若以假人,与人政也。政亡,则国家从之,弗可止也已。"又昭公三十年史墨曰:"民不知君,何以得国?是以为君慎器与名,不可以假人。"

全晋文卷一三八

张湛《嘲范宁》:"得此方,云用:损读书一、减思虑二、专内视三、简外观四、旦晚起五、夜早眠六,凡六物。……修之一时,近能数其目睫,远视尺棰之余。长服不已,洞见墙壁之外,非但明目,乃亦延年。"按此出《晋书·范宁传》,叶梦得《避暑录话》卷三亦引之,且云:"此虽戏言,然治目实无逾此六者。……要须尽用其方,不复加减,乃有验也。""六物"中,"损读书"、"旦晚起"、"夜早眠"共"三物",盖由"明目"而言;《管锥编》引斐尔丁剧本一贵公子云:"天下伤眼之事,无过于读书(Reading is the worst in the world for the eyes)"云云,即谓此也。而"减思虑"、"专内视"、"简外观"共"三物",盖由"延年"而言;屠本畯《韦弦佩·六味治目方》:"积劳致目眚者,闭目养神,去嚣习静,专修止观,不用药攻"云云,即谓此也。

于养生学而论，道家极重视眼，盖一身精神之钟聚。《太乙金华宗旨》谓："性命不可见，寄之天光。天光不可见，寄之两目。"北宗丘处机至云："人自两目外，皆死物也。一目中，元精元气元神皆在，可不重欤？眼光落地，万古长夜。人在胎中，先生两目，其死也，先化两目。"又云："但能回光，即了生死。"而清《二懒心话·善问》则曰："人身遍体属阴，赖以化阴还阳者，两目也。"此观点之是非姑且不论，然读书者终宜保持秋水之明也。

《白居易集》卷一四《眼暗》："早年勤倦看书苦，晚岁悲伤出泪多。眼损不知都自取，病成方悟欲如何？夜昏乍似灯将灭，朝暗长疑镜未磨。千药万方治不得，唯应闭目学头陀。"又卷三五《对镜偶吟赠张道士抱元》："眼昏久被书料理。"《苏轼文集》卷五三《答庞安常》三："古人作明目方，皆先养肾水，而以心火暖之，以脾固之。脾气盛则水不下泄，心气下则水上行，水不下泄而上行，目安得不明哉！"《苏轼诗集》卷四四《周教授索枸杞》："短檠照字细如毛，怪底昏花悬两目。"杨万里《谢建州茶使吴德华送东坡新集》："病眼逢书辄着花，笔下蝇头成老鸦。"《感秋》："清灯照书册，两眼如隔雾。"赵翼《瓯北诗钞》五言古三《反矖目篇寿王西庄七十》："好书如好色，遇辄与目成。当其赏心处，不减对倾城。所以耽文史，亦名为书淫。淫则必有罚，咎惟两目任。先生探浩博，万卷罗纵横。昼竭一线晷，宵烬五寸檠。……乃招天公妒，强夺双青睛。有花使雾看，无烛使夜行。谓可示挚报，陈编难披寻。"

张璠《易集解序》："蜜蜂以兼采为味。"按《唱赞奥义书》第六篇第九章："如蜂之酿蜜也，吾儿！采集种种（花）树之菁华，化合此菁华为一液也。如其间彼等无由分别：'我，此树之菁华也。'——'我，彼树之菁华也。[1]'"

全晋文卷一三九

郭元祖《列仙传赞》。郭氏既疑方士之作伪，却信神仙之为真。按此矛盾心态尚有其由，盖方士可证伪，神仙未可证实，故存为理想焉。《管锥编》引《论语·述而》："子不语怪、力、乱、神"，又引《公冶长》："夫子之言性与天道，不可得而闻也"，或《子罕》："子罕言利与命与仁"。三节合观，皆极是，"不语"、"罕言"者，盖重诸象之转化，故不言也。又怪、力、乱、神而利与命与仁而性与天道，构成儒家思想之上出系列，其终达"性与天道"，则"仁"尚非儒家之极至云（参见拙稿"《论语》四章说"）。《庄子·齐物论》曰："六合之外，圣人存而不论。"《管锥编》引扬雄《法言·君子》（按当作"吾子"）："或曰：'世无仙，则焉得有斯语？'曰：'语乎者，非嚣嚣也与？惟嚣嚣，能使无为有。'"按此即"虚构存在"，亦即语言哲学谓"语言能幻构

---

[1] 徐梵澄译《五十奥义书》，中国社会科学出版社1984年1月版，207页。

事物"是也。不经之说，语之或为其增添能量，故"不语"为上也。

全晋文卷一四三

王该《日烛》："假小通大，傥可接俗，助天扬光，号曰'日烛'。"《管锥编》引《庄子·逍遥游》："尧让天下于许由曰：'日月出矣，而爝火不息，其于光也，不亦难乎！'"按"日月之光"与"爝火之光"或赘或助，两柄或可互转。如隔则赘，如通则助，未必有大小之分，张伯端《悟真篇》附余《性地颂》"佛性非同异，千灯共一光"是也。《维摩诘经·弟子品》："无以日光，等彼萤火。"《全三国文》卷二五钟会《刍尧论》："萤光争耀于日月。"北魏安原《临刑上疏》："臣闻圣不独明而治，鼎不单足而立，是以萤火之光，犹增日月之曜。"

《管锥编》引王阳明《传习录》卷下答黄勉叔（亦见《谈艺录》）："若恶念既去，又要存善念，即是日光之下，添燃一灯。"此为当机之说，因去恶念即存善念，存善念即去恶念，一事之两面也。引《五灯会元》卷三齐安国师："思而知，虑而解，如鬼家活计，日下孤灯。"就华严法界而言，"思而知，虑而解"，其信息通道较狭窄，宜化解也。《易·系辞》上："易无思也，无为也，寂然不动，感而遂通天下之故。"华严法界重重无尽之象，或可相应乎？引《全晋文》释道安《安般经注序》，当上承《全三国文》康僧会《安般守意经序》，康序所述渗入神仙家言，安序所述渗入易老玄学，亦时代之异也。

《日烛》："夕惕苦逝，庆升九天。宝殿晃昱，高构虚悬；琼房兼百，瑶户摩千；金门焕水精之朗，玉巷耀琉璃之鲜。……想衣斐亹以被躯，念食芬芳以盈前。"《管锥编》谓"想衣"、"念食"即诸经所谓"自然衣食"，以释家言，亦感应所得也。引龙衮《江南野史》等谓："陛下不读《华严经》，安知佛富贵？"按"佛富贵"者，不在琉璃、摩尼珠、璎珞、宝华诸物，而在其数量级。《华严》显示佛家思维境界，凡普门起信与空三昧在此已合，故称"经王"也。《华严》数量级变化之根，其在《阿僧祇品》乎？此重重无尽之象，亦重重相涉也。《华严》唯有二品为佛口所宣，即《阿僧祇品》（卷四十五）与《如来随好光明功德品》（卷四十八），余闻师云。

引李庆孙《富贵曲》"轴装曲谱金书字，树记花名玉篆牌"，与白居易"笙歌归院落，灯火下楼台"比较，此前言物质，后言气象，故后者胜也。《归田录》卷二晏殊评"笙歌"句，则引与"老觉腰金重，慵便枕玉凉"对照。《丛话》前集二六引陈师道《后山诗话》亦评"笙歌"句，曰："非富贵语，看人富贵者也"，则诗无达诂乎？

《日烛》："逮乎列仙之流，炼形之匹，（熊经鸟伸，呼吸太一，）……贵乎能飞，则蛾蝶高翚；奇乎难老，则龟蛇修考。"此节讥道家不死飞升之术。按释重性，道重命，然究未可辨，以光学为喻，其波、粒二象性乎？以释而论，《楞严经》大破十种仙，又弥勒《金刚经颂》"饶君百万劫，终是落空亡"，《管锥编》引寒山诗："昨到云霞观，忽见仙尊士。……饶你得仙人，恰似守尸鬼！"即从此出（《谈艺录》六九亦引及）。以道而论，《悟真篇》下卷绝句五首之一："饶君了悟真如性，未免抛身却入身。"又《青天歌》："只修祖性不修丹，万劫阴灵难入圣。"故道士常以神通变化加陵释子也。然高僧高道皆能互补互知，所斥乃两家末流之弊端耳，宜互观而增上也。

"熊经鸟伸"语出《庄子·刻意》："吹呴呼吸，吐故纳新，熊经鸟申，为寿而已矣。此道引之士，养形之人，彭祖寿考者所好也。"然此仍属"刻意"之象，非庄子所许，而"若夫不刻意而高，无仁义而修，无功名而治，无江海而闲，不道引而寿。无不忘也，无不有也，淡然无极而众美从之，此天地之道，圣人之德也"，乃庄子之理想境界（参见拙稿"《引声歌》讲记"）。故道家之发展，"炼形"亦未必能限也。

全晋文卷一四六

阙名《道学论》："许迈字叔齐。"按迈与羲之关系，别见本卷论羲之《兰亭集序》。《管锥编》引《隋志》称汉时盖公云云，乃黄老道学；许迈所从，乃魏晋道学。两者皆属所谓"道家之学",然有同有异。宋儒自号"道学",乃新派儒学,此学取资释、道甚多,与汉儒异,故元撰《宋史》不得不于历代《儒林传》外,另立《道学传》也。

引《高僧传》三集《含光传》:"唐西域求易《道经》,诏僧、道译唐为梵。二教争'菩提'为道。纷拏不已,中辍。"按此工作极要,作为轴心时代古文明之一,世界文化确有部分精华保存于中国,不宜妄自菲薄。凡"二西"有所入,"中"亦有所出,亦文化交流也。《传》"求易道经"之"易",亦可作书名解,中华书局范祥雍点校本即作"求《易》、道经"。观上文"车师有《毛诗》、《论语》、《孝经》,置学官弟子,以相教授",则"易"解作典籍为宜。以唐文化观之,《易》为五经之首,亦与释典、道经相通,纷拏争执者,未能见其化。故《传》惜之曰:"设能翻传到彼,见此方玄赜之典籍,岂不美欤!"参观《旧唐书·天竺传》记迦没路国发使,"贡以珍奇异物及地图,因请老子像及《道德经》"。《全晋文》卷一六四引道宣《高僧传》二集卷五《玄奘传之余》记奘奉敕"译《老子》为梵言",亦此例。

全晋文卷一五八

释道安《答郗超书》:"损米千斛,弥觉有待之为烦。"按东晋十六国佛教流行,当以佛图澄与鸠摩罗什作用为大,其次为两人弟子道安与僧肇,于中国佛教之形成影响深远。

道安之学，主要在大乘般若，亦通小乘以及玄学。"有待"语出《庄子·逍遥游》论列子御风，"此虽免乎行，犹有所待者也"。《管锥编》谓晋人每以口体所需、衣食之资为"有待"；如推原其本，则《老子》一三章谓："吾所以有大患者，为吾有身，及吾无身，吾有何患？"河上公注："有身，忧其勤劳，念其饥寒，触情从欲，则遭祸患也。""有待"者，盖人生乃至人身终为"生、老、病、死"所限，余者乃不得不营求开门七件事也。

引《世说新语·文学》门刘峻注述向秀、郭象"逍遥义"及"支氏《逍遥论》"，乃魏晋时代之最佳解庄，向、郭义由道家来，支氏《论》则参用佛理。而明清王夫之《庄子解》在千年后，乃大儒解庄也，宜更读《庄子通》。《解》尚有"我注庄子"余味，而《通》基本已达"庄子注我"之境，故曰："且不论庄生能及此否，亦可备一说。"凡历代注《庄》者，以郭、王两家为尤佳，因皆能脱离庄子而自成一说也。近代注庄有见者，可参阅钟泰《庄子发微》云。

释道安《摩诃钵罗若波罗蜜经钞序》。按道安一生重视般若诸经，如《放光般若》、《光赞般若》、《道行般若》等，而《经钞》乃大品《般若》之补译，亦其上出也。《管锥编》论"五失本"、"三不易"，可参观《七缀集·林纾的翻译》，此关联中印，彼关联中西，互相映照。"五失本"、"三不易"涉及不同语言之变化，而变化目的在显示其不变处，凡质、文消息皆宜以此为中心也。

引《高僧传》二集卷二《彦琮传》载琮"著《辩正论》，以垂翻译之式"，所定"十条"、"八备"云云，别见《槐聚诗存》一九六五年《喜得海夫书并言译书事》："好与严、林争出手，十条八备策新功。"自注："《高僧传》二集卷二载隋僧彦琮《辩正论》，定十条八备为翻译之式，几道、琴南皆君乡献也。"又"严、林"参观《林纾的翻译》引康有为诗："译才并世数严、林。"引卷一六三鸠摩罗什《为僧叡论西方辞体》"嚼饭哺人"之喻，此亦不得不然，因终胜于饥饿也。

引慧皎《高僧传》卷六《僧叡传》记其参罗什译经，竺法护原译《法华经·受决品》有云："天见人，人见天"，什曰："此语与西域义同，但此言过质"，叡曰："得非'人天交接，两得相见？'"什喜曰："实然！"此间引文，论者曾作查核。其梵语原文：devā api manuṣyan drakṣ yanti manuṣ ya āpi devan drakṣ yanti 天（主格）人（宾格）见人（主格）天（宾格）见，确可直译如什所说。而现存竺法护译《正法华经》此处作："天上视世间，世间得见天上，天人世人往来交换"，并未译作"天见人，人见天"，故推测慧皎或记闻有误，什译盖平衡质（梵文）、文（护译）而成[①]。参观《华严经》卷六〇《入法界品》第三九之一："应知如来普见世间，非诸声闻所能得见，唯除趣向一切智境诸大菩萨。如

[①] 黄宝生《佛经翻译文质论》，《文学遗产》1994年第6期。

人生已,则有二天恒相追逐,天常见人,人不见天。"又《大智度论》卷一一《释初品中舍利弗因缘》:"是时佛从忉利天下故,阎浮提中四部众集,诸天见人,人亦见天。"

《管锥编》引欧阳修《文忠集》卷一三〇《试笔》:"余尝听人读佛经,其数十万言,谓可数言而尽。"此即"秦人好简"之说,以文法而论,确有其长。董其昌《画禅室随笔》卷三《评文》曰:"甚矣舍法之难也。两垒相薄,两雄相持,而侠徒剑客独以鱼肠匕首成功于枕席之上者,则孙、吴不足道矣。此舍法喻也。……文家三昧,宁越此哉。"

全晋文卷一六一

释慧远《答桓玄书》等。《管锥编》引《鬼谷子·反应》篇详言"以反求覆"之道:"反以观往,覆以验来;反以知古,覆以知今;反以知彼,覆以知己。……故知之始,己自知而后知人也。"按如推其本,犹阴阳也。此理可推之于观史,亦可推之于阅读。《左传》卷隐公元年论"阐释之循环"亦引《鬼谷子》本篇谓"以反求覆"。

《管锥编》谓古事时事,相影射复相映发(actualization)。此极是,亦即克罗齐谓"历史就在我们大家心中",又"一切(真)历史都是当代史"也。近人陈寅恪亦云:"史论之作者或有意,或无意,其发为言论之时,即以印入作者及其时代之环境背景。……故苏子瞻之史论,北宋之政论也。胡致堂之史论，南宋之政论也。王船山之史论，明末之政论也。[1]"引《有学集》卷九《题归玄恭僧衣画像》之二："儒门亦有程夫子，赞叹他家礼乐来。"按《河南程氏外传》卷一二记明道先生尝至禅寺，见趋进揖逊之甚，叹曰："三代威仪，尽在是矣。"

全晋文卷一六四

释僧肇《答刘遗民书》、《般若无知论》等。《管锥编》谓吾国释子阐明彼法，义理密察而文词雅驯，当自肇始。按中国佛教之形成，当以道安、僧肇之影响为大。道安撰《综理群经目录》为中国最早之系统经录，其后经僧佑《出三藏记集》及智升《开元释教录》发展，乃成编定汉译《大藏经》之基础。中国佛教所以有独特成就，基于对印度佛教产生一系统认识，而道安《经录》乃系统认识之始也。而僧肇《论》哲理较深，盖结合般若与老庄，亦佛教中国化之始也。

《管锥编》引《太平御览》卷六五五引《洛阳伽蓝记》："僧肇法师制四论合为一卷，曾呈庐山远大师，大师叹仰不已。又呈刘遗民，叹曰：'不意方袍，复有叔平！'"此拟肇于何晏（平叔），涉及佛教与玄学关系。玄学之兴，其代表

---

[1] 陈寅恪《冯友兰中国哲学史上册审查报告》，《金明馆丛稿二编》，上海古籍出版社1980年10月版，248页。

作王弼注《易》、《老》，郭象注《庄》，已受其时已传入而尚未完备之般若学说影响。而僧肇注《维摩》而撰《肇论》，则代表较成熟之般若学说重新吸收老庄思想。此后玄学不敌般若，乃渐趋消亡，而佛合老庄，得中国文化之助，乃水涨船高也。

《管锥编》推许释延寿《宗镜录》。按僧肇佛教中国化之始，其后六朝佛教宗派如般若宗、三论宗等皆可推本于肇；而隋唐佛教渐开性、相、台、贤、禅、净、律、密八宗之盛，且禅宗又合诸家而一枝独秀。释延寿《宗镜录》总结禅机，谓其结束禅宗，似无不可。宋代以后，中国佛教再无较大发展，明末四大师莲池、紫柏、憨山、藕益能三教合一，皆有突出成就，然已无根本性创新云。

《管锥编》引澄观《华严经疏钞悬谈》。按《悬谈》来自《疏钞》，《疏钞》释《华严》，大经大疏，涵盖万有，乃中国佛教最大之书，然繁极反简，故亦与禅宗相应也。

全晋文卷一六五

释僧肇《百论序》。《管锥编》引僧叡《思益经序》，谓"思益"当作"持意"。按《维摩》与《思益》有配合之象，《思益》出而《维摩》入，宜出入无疾也。"持意"旧名"持心"，竺法护译有《持心梵天所问经》；或谓宜作"特心"，菩提流支译作"胜思惟"也。

全宋文卷一五

范晔《狱中与诸甥侄书以自序》。《管锥编》引《序》中自赞《后汉书》之文词曰："奇变不穷，乃自不知所以称之"，自赞音乐"至一绝处"曰："不知所从而来，虽少许处而旨态无极"；谓我与我周旋，倾倒如此，旁人当为绝倒也。按此犹《毛诗》卷《陟岵》所谓"倩女离魂法"，参观《围城》第五章："李先生恨不得身外化身，拍着自己的肩膀，说：老李，真有你！"又"不知所从而来"者，感动之象，此沟通另一时空信息，梁启超谓"烟士披里纯"是也，宜重视此一刹那不识不知之成就。"我与我周旋"，亦可当自我认识之象，凡创作或不能缺其间之应答，乃探索内心之路也。又此语出《世说新语·品藻》，殷侯对桓公曰："我与我周旋久，宁作我。"桓、殷齐名而含竞心，然竞心终宜息也。

"口机又不便（当作"调"）利，以此无谈功。……文章转进。"按此"物莫能两大"之象，阿德勒谓"补偿功能"是也，或有美兼难并者，终希见云。且尚可由正面观之，姚鼐《惜抱轩诗集后集·跋》记其少年情事："词学以浙中为盛，余少时尝效焉。一日嘉定王凤喈（按：王鸣盛）语休宁戴东原曰：'吾昔畏姬传，今不畏之矣。'东原曰：'何耶？'凤喈曰：'彼好多能，见人一长，辄思并之。夫专力则精，杂学则粗，故不足畏也。'东原以见告。余悚其言，多所舍弃，词其一也。"此知有所舍者有所得。盖化二为一，又一分为二，亦变化之理也。

袁枚《小仓山房文集》卷一九《答友人某论文书》："人必有所不能也，而后有所能。世之无所不能者，世之一无所能者也。……仆不敢自知天性所长，而颇自知天性所短。……非吾能者，决意绝之，犹恨其多爱而少弃也。"又曰："专则精，精则传；兼则不精，不精则不传。"同卷《与友人论文第三书》："张平子学穷造化，而其言曰：'官无二业，事不并济，昼长则夜短，天且不能兼，而况于人乎。'……荀子曰：'艺之精者不两能。'《大戴礼》：'君子知不务多，而务审其所知。'《尸子》：'同能不如独胜。'"《随园诗话》卷五："'传'字人旁加专，言人专必传也。"《三字经》亦云："教之道，贵以专。"

"常耻作文士。"《管锥编》引顾炎武《亭林集》卷四等谓"一命为文人，无足观矣"，此斥文人无行，盖由儒者敦品而言。《论语·学而》子曰："弟子入则孝，出则弟，谨而信，泛爱众，而亲仁。行有余力，则以学文。"此孔门重行之象，故"四科"以"德行"至"文学"为次也。

"文患其事尽于形，情急于藻，义牵其旨，韵移其意。"下文云："常谓情志所托，故当以意为主，以文传意。以意为主，则其旨必见，以文传意，则其词不流。"按意者文章之驱动力也，故借以整齐文字；"其词流"者，未为意所贯注也。《金史》卷一二六《文艺传》记周昂教王若虚曰："文章以意为主，以言语为役。主强而役弱，则无令不从。今人往往骄其所役，至跋扈难制，甚者反役其主。虽极辞语之工，而岂文之正哉！"王夫之《夕堂永日绪论》内编："无论诗歌与长行文字，俱以意为主。意犹帅也，无帅之兵，谓之乌合。"又曰："诗文俱有主宾，无主之宾，谓之乌合。……立一主以待宾，宾无非主之宾者，乃俱有情而相浃洽。"袁枚《续诗品·崇意》："意似主人，辞似奴婢。主弱奴强，呼之不至。"参观刘熙载《艺概·文概》论书法："作书必由主笔，为余笔所拱向。主笔有差，则余笔皆败。故善书者必争此一笔。"引韩愈《科斗书后记》："思凡为文章，宜略识字"，参观《全晋文》卷一一二引杜甫《漫成》："读书难字过。"或问："社科院最有资格招研究生者当推钱先生，何故他独不招？"答："钱先生有言，先把《说文解字》读通了再考研究生不迟；字都认不全，读什么博士？[①]"

"性别宫商、识清浊，斯自然也。观古今文人，多不全了此处；纵有会此者，不必从根本来。言之皆有实证，非为空谈。"《管锥编》谓散文虽不押韵脚，亦自有宫商清浊，引古罗马文家谓"言词中隐伏歌调"（est autem etiam in dicendo quidam cantus obscurior）。按《论语·季氏》记孔子过庭之训："不学诗，无以言"，"不学礼，无以立"，前句亦含此意。又诗、礼之相成，犹音乐、舞蹈之相成也。

---

① 潘小松《钱锺书先生轶闻》，牟晓朋、范旭仑编《记钱锺书先生》，大连出版社1995年11月版，112页。

全宋文卷二〇

宗炳《答何衡阳书》："佛经所谓本无者，非谓众缘和合者皆空也。……贤者心与理一，故颜子'庶乎屡空'，有若无，实若虚也；自颜以下，则各随深浅而昧（"昧"误）其虚矣。"按"本无"者，汉末支娄迦谶译出《道行般若波罗密经》，中有《本无品》，此词为梵文 Tatha 之意译，后又意译为"真如"，"诸法本无自性"义。

《管锥编》谓《庄子·人间世》以颜渊"家贫"持"斋"引入"唯道集虚"之"心斋"，后世或牵合《论语·先进》"屡空"以相合道论释说。此亦时代为之，"屡空"者，不断调整以适应新环境也。引《五灯会元》卷四（按当作卷九）香严偈："去年贫，未是贫，今年贫，始是贫；去年无（当作"犹有"）立锥之地，今年锥也无。"《红楼梦》二二回宝玉作偈："你证我证，心证意证。是无有证，斯可云证。无可云证，斯立足境"，黛玉下转语云："无立足境，方是干净"，即从此出。引卷一三僧问："古人得个什么便休去？"龙牙曰："如贼入空室"，谓死尽偷心也。《恒河大手印》："最后妄念无利无害而隐灭，如盗入空室，是为解法之最要妙。"

《管锥编》谓宋明儒者尤恣肆，引吕大临《送刘户曹》"独立孔门无一事，唯传颜氏得心斋"等，皆见宋儒有取于禅。又吕大临、杨时、谢良佐以及游酢皆程颐门人，世称

"程门四先生"。引王畿《龙溪全集》卷三《九龙纪诲》:"或叩颜子'屡空'之旨,先生曰:'此是减担法,人心无一物,本是空空之体。……一切知解,不离世情,皆是增担子。'"按仍可兼两边而言,盖增即减,减即增,如《老子》四八章"为学日益,为道日损"是也。引《论语·子罕》:"子谓颜渊曰:'惜乎!吾见其进也,未见其止也。'"《管锥编》引"大休歇之地"与"到家"释"止",此成一说。止即不止,观即不观,犹真空乃妙有也。

宗炳《寄雷次宗书》:"昔与足下,共与释和尚间,面受此义,今便题卷首称'雷氏'乎?"《管锥编》引《世说·文学》谓向秀注《庄》,而郭象窃以为己注事。按《晋书·向秀传》谓"秀乃为之隐解",而"郭象又述而广之",则尚非单纯抄袭。引魏源《古微堂外集》卷三《书赵校〈水经注〉后》等,此涉及《水经注》赵一清、戴震校本公案,近人胡适亦有考,化二十年心力,为戴辩护甚力云。

宗炳《画山水序》。《管锥编》引王夫之《夕堂永日绪论》内编:"论画者曰:'咫尺有万里之势',一'势'字宜着眼;若不论势,则缩万里于咫尺,直是《广舆记》前一天下图耳!"按"缩万里于咫尺"约当二维,透视则增至三维,着眼于"势"则超越三维乃至四维以上,亦即艺术之作用。以西方美术史而论,文艺复兴后之绘画基本象形,乃由三维合于二维;而二十世纪现代绘画打破象形,乃由三维以上合于二维。于二维能画出时间,即时空互转之象,为绘画之至妙处。《七缀集·读〈拉奥孔〉》论诗画关系，结论为诗或胜于画。盖诗之维数相应灵思可无限上推，而画之维数亦可相应灵思而无限上推，然终似稍逊，此或相应象与形之不同。或谓耳根圆通，故诗先画后也。

全宋文卷三一

谢灵运《山居赋》。《管锥编》引《世说·言语》："竺法深在简文坐，刘尹问：'道人何以游朱门？'答曰：'君自见其朱门，贫道如游蓬户。'"又《排调》："支道林就深公买印山，深公答曰：'未闻巢由买山而隐。'"按此即"小隐隐于山"与"大隐隐于市"之异，所引事别见《高僧传·竺道潜传》。引《文心雕龙·情采》"故有志深轩冕，而泛咏皋壤，心缠几务，而虚述人外"，则言行不一之象，盖既有真隐，亦必有伪隐矣。皮日休《鹿门子》斥曰："古之隐也，志在其中；今之隐也，爵在其中。"引元好问《论诗》："心画心声总失真，文章宁复见为人？高情千古《闲情赋》，争识安仁拜路尘！"别见《谈艺录》四七又四八则，《管》书盖主"文章"乃至"词气"皆能"失真"者，《谈艺录》曰："以文观人，自古所难"，述之详矣。

"鉴虎狼之有仁，……悟好生之咸宜"云云；自注："自弱龄奉法，故得免杀生之事，……庄周云：'海人有机心，鸥鸟舞而不下。'"按灵运信仰当在释教，亦及道之老庄列及儒之六经，乃三教互成之象。《管锥编》引慧皎《高僧传》卷七《慧严传》谓灵运参与"改治"《大般涅槃经》，涉及三种译本：《大涅槃经》四十卷，昙无谶译；《大般泥洹经》六卷，法显译，相当本经前五品十卷，或称"前分"，其余称"后分"；而慧严、灵运等"改治"乃依据法显本分品调整昙无谶本前五品之分品，文字略作润色，共三十六卷。由是昙无谶本称"北本"，慧严、灵运等之"改治"本称"南本"，内容略同，此即《涅槃经》南、北之异。又《七缀集·林纾的翻译》亦言及此："传布到现在的《大般涅槃经》卷首明明标出'谢灵运再治'，杭州宝应寺曾保留'谢灵运翻经台'古迹，唐以来名家诗文集里都有题咏。"

全宋文卷三二

谢灵运《辨宗论》："有新论道士，以为寂鉴微妙，不容阶级。……华民易于见理，难于受教，故闭其累学，而开其一极；夷人易于受教，难于见理，故闭其顿了，而开其渐悟。渐悟虽可至，昧顿了之实；一极虽知寄，绝累学之冀。……是故权实虽同，其用各异。……是故傍渐悟者，所以密造顿解。"《管锥编》引《宋书·谢灵运传》记灵运曰："得道应须慧业，丈人生天当在灵运前，成佛必在灵运后。"按此重视"慧业"甚是，盖上根利器悟念劫圆融之象或一超直入，然必以"慧业"与修行对立，则成"乾慧"或"狂慧",亦偏执之失也。孟颛若知灵运有其是,或一跃而上,而灵运若不知孟颛有其是,则一落千丈,且斤斤于"前"、"后"者,终未能达"当下"之机也。袁枚《小仓山房诗集》卷二《题金正希画达摩图》:"眉毫秃尽肠欲流,三才万物同参证。较彼蒲团枯坐人,禅理文心果谁胜?……文人学佛即升天,才子谈禅多上乘。"亦用及灵运语。袁氏《新齐谐》卷一《狐生员劝人修仙》:"人学仙,较异类学仙少五百年功苦。若贵人、文人学仙,较凡人又省五百年功苦。"

引《高僧传》卷七《竺道生传》:"时人以生推'阐提得佛',此语有据顿悟。……宋太祖尝述生顿悟义。"按顿、渐犹阴阳,未可执于一边。凡主顿者,终宜由渐入,而主渐者,亦宜知顿象。"听君一席话,胜读十年书",然未读十年书者,或终无缘听此一席话,故顿、渐宜相成也。道生之"阐提得佛"盖主顿,此有所取资于中华文化,故虽得《大般涅槃经》之印许,道生亦颖悟也。且"阐提得佛"者,盖有见于生物之共通性,此应达生物、非生物之际,故曰"生公说法,顽石点头"(《莲社高贤传·道生法师》)也。

《管锥编》引《楞严经》卷八:"理则顿悟,乘悟并销;事非顿除,因次第进(按当作"尽")";《圆觉经》卷下:"此经名为顿教大乘,顿机众生,从此开悟;亦摄渐修一切群品,譬如大海,不让细流";皆兼顿、渐而言。又此二经超卓,或评为"伪经",是否含中国文化成分,未可知也。引圭峰宗密《禅源诸诠集都序》卷下阐说有"因渐修而豁然顿悟"，有"因顿修而渐悟"，有"因渐修而渐悟"，有"先须顿悟，方可渐修"，要归于"因悟而修"之"解悟"与"因修而悟"之"顿悟"二者。按《谈艺录》二八《妙悟与参禅》亦引此，终曰："若远推宿世，则惟渐无顿，今顿见者，已是多生渐熏而发现也。"如此顿似不可必，终以主渐步步踏实为上也。又融通顿、渐之义，非释家所得专，儒家亦有之，《孟子·公孙丑》上："是集义之所生，非义袭而取之也。"又于《易》而言，宗密所论可当四象而二仪之变化，故先天图出，禅机亦为其所摄也。

全宋文卷三三

谢灵运《拟魏太子邺中集诗序》："不诬方将，庶必贤于今日尔。"《管锥编》引及《论语》："后生可畏，焉知来者之不如今也。"（《子罕》）按"后生可畏"之象极是，盖生力之所在，故先生可敬而后生可畏也。可畏者，畏其精锐之气，乃自强不息。引嵇康《养生论》："一溉之益，不可诬也。"甚是，然此尚属鲧用息壤之法，终未如《孟子·离娄》下"禹之治水也，行其所无事也"。

全宋文卷三四

谢庄《月赋》。《管锥编》引《孝经正义·御制序》邢疏引隋刘炫"述义",略谓此书"假曾子之言,以为对物之体,乃非曾子实有问也。……此皆孔子须参问,非参须问孔子也。庄周之斥鹦笑鹏、罔两问影,屈原之渔父鼓枻、大卜拂龟,马卿之乌有、无是,扬雄之翰林、子墨,宁非师祖制作以为楷模乎?"按盖诸段之意不在问答而在问答之外,故问答者,犹释家谓"示现"也。佛经尚有未问自说之体,如《阿弥陀经》是也。《管锥编》谓西方说理而出以主客交谈者,柏拉图《对话录》最著。古之学士早谓其捉取年辈悬殊之哲人(Parmenides, Socrates)置于一堂,上下议论,近世文家至视同戏剧。按《增订》一亦笺此,或托苏格拉底云:"这后生杜撰了我多少话呀!""他年托吾名而肆言"殆不可免,《论衡·案书篇》托孔子云:"董仲舒乱我书。"或谓乱,治也。

《管锥编》引及马致远《三醉岳阳楼》赋吕纯阳事。按唐末五代宋新道教之兴起,钟、吕与陈抟有大作用,吕尤为民间传说所神化,故后起之东、西、南、北、中诸派皆奉为祖师。而南派尤有特色,其创派者即《西游记》七一回"紫阳真人张伯端"是也。又《管锥编》引"张紫阳"云云,当据明世德堂本,清初《西游证道书》此处作"张道陵天师",盖已注意时代错乱(anachronism)之失。《西游记》总体思想由唐宋新道教而来,其要在三教互证而仙佛同源,全书开卷第一回用《皇极经世书》之说、《证道书》卷首录张伯端十六首《悟真篇》以及世俗传说作者为丘处机等,皆与此相关。而张道陵属汉末魏晋思想，乃旧派也。《管锥编》论明知故为屡引《镜花缘》，尚可添一例。《镜花缘》第四回武则天曰："我以妇人而登大宝，自古能有几人，将来真可上得《无双谱》的。"——《无双谱》为清人金古良编，录汉张良至宋文天祥共四十人，唐武则天亦在内。

《管锥编》谓歌德晚岁深恶来客有戴眼镜者云云，别见《写在人生边上·窗》："我们跟戴黑眼镜的人谈话，总觉得捉摸不住他的用意。……据爱戈门（Eckermann）记1830年4月5日歌德的谈话，歌德恨一切戴眼镜的人，说他们看得清楚他脸上的皱纹但是他给他们的玻璃片耀得眼花缭乱，看不出他们的心思。"

全宋文卷三六

颜延之《赭白马赋》："旦刷幽燕，昼秣荆越。"《管锥编》谓参观《全后汉文》卷论傅毅《七激》。按彼重过程，此重首尾，彼云一线，此云两点。引王安石《澶州》："天发一矢胡无酋"，确为"不动声色"之象。此用《易·旅》"射雉，一矢亡"成语，参观《山谷外集》卷二《薛乐道自南阳来入都留宿会饮饯行》："薛侯本贵胄，射策一矢中。"史容注引《汉书·儒林传·赞》、《易·旅》六五；又引《左传》成公十六年："王召养由基，与之两矢，使射吕锜，中项伏韬，以一矢复命"，注："言一发而中"；亦"不动声色"

之象。

引《全唐诗》载吕岩《绝句》之十六:"朝游北越暮苍梧,袖里青蛇胆气粗,三入洛阳人不识,朗吟飞过洞庭湖。"按宋郑景璧《蒙斋笔谈》记钟、吕本朝以来出没人间,亦引吕题岳州古寺二诗,其一即此,而异文即《管锥编》所引之"岳鄂"也。《醒世恒言》卷二二《吕洞宾飞剑斩黄龙》卷首《沁园春》:"暮宿苍梧,朝游蓬岛,朗吟飞过洞庭边",亦用此意。引《西游记》第二回须菩提祖师以腾云法授孙悟空,曰:"自古道:'神仙朝游北海暮苍梧',……凡腾云之辈,早晨起自北海,游过东海、西海、南海,复转苍梧,——'苍梧'者,却是北海零陵之语话也。将四海之外,一日都游遍。"此由点而面,亦圆成之象。又此处诸本有异文,《管锥编》盖用世德堂本,然"'苍梧'者,却是北海零陵之语话也",颇含混,《西游证道书》径删去此句,似未理解原义,而陈士斌《西游真诠》此句作"苍梧者,却又是北海",则扼要而无衍文矣。

全宋文卷四六

鲍照《观漏赋》:"嗟生民之永途,躬与后而皆恤,死零落而无二,生差池之非一。"《管锥编》引韩愈《秋怀诗》:"人生虽多途,赴死惟一轨。"按此即人生之基本事实,释家所谓"死决定至",无可逃避者也。小乘佛教"十念",其十曰"念死",盖以"死"刺激"生",以此策励精进也。

鲍照《舞鹤赋》:"众变繁姿,参差洊密,烟交雾凝,若无毛质。"《管锥编》引席勒称艺之高者能全销材质于形式之中,此极是,亦即《谈艺录》补订5页新补十六引席勒论艺术高境所谓内容尽化为形式也。引弗罗贝欲文成而若不觉有题材,亦极是,参观马克思论研究与叙述:"材料的生命一旦观念地反映出来,呈现在我们面前的就好像是一个先验的结构了。①"引近世英国诗人咏舞,谓舞人与舞态融合,观之莫辨彼此。此瞻之在前、忽焉在后之象,犹礼乐相合也。

全宋文卷四七

鲍照《河清颂》。按"河清"一词,出《左传》襄公八年引《周诗》:"俟河之清,人寿几何?"注:"逸诗也。"杜甫《洗兵马》:"词人解撰《清河颂》",即指鲍氏此篇。杨伦注:"宋元嘉中河济俱清,当时以为瑞,鲍照作《河清颂》。"参观《元史·彻里帖木儿传》:"黄河清,有司因为瑞,请闻于朝。彻里帖木儿曰:'吾知为臣忠、为子孝、天下治、百姓安为瑞,余何益于治。'"《谈艺录·序》亦曰:"时日曷丧,清河可俟。"

鲍照《瓜步山楬文》:"江中眇小山也,徒以因迥为高,

---

① 《〈资本论〉第二版跋》,《马克思恩格斯选集》第2卷,217页。

据绝作雄，而临清瞰远，擅奇含秀，是亦居势使之然也。故才之多少，不如势之多少远矣。仰望穹垂，俯视地域，涕洟江河，疣赘丘岳。"《管锥编》谓此因地形而触发愤世之感，尚就负面而言。就正面而言，则玄空学"借势"之理也，若明上出之象，自宜步步借之。参观《荀子·劝学》："登高而招，臂非加长也，而见者远；顺风而呼，声非加疾也，而闻者彰。"《管锥编》谓后三句乃居高临下之放眼，盖此际觉人间得失奚啻"毫盈发虚"。按此极是，宜有此胸襟也。此"鸟瞰势"或"大鹏负天势"，后世曾国藩论八种文境而称之为"远"，其辛酉（1866）正月日记云："九天俯视，下界聚蚊。"

全宋文卷四八

周朗《上书献谠言》："自释氏流教，其来有源。……然习慧者日替其修，束诫者月繁其过。……复假揉医术，托杂十数，延姝满室，置酒浃堂，寄夫托妻者不无，杀子乞儿者继有。"按此斥僧侣丑行，皆戒律荡然之失。《管锥编》引慧皎《高僧传》卷一一《论》："得意便行，莫曾拘碍，谓言'地狱不烧智人，镬汤不煮般若。'"按"地狱"云云未宜执，以此说自饰更为大失。《华严经》卷二九《十回向品》第二五之七："菩萨了知诸法空，一切世间无所有。无有造作及作者，众生果报亦不失。"《大宝积经》卷二第一之二："由人诈现修菩萨行，便自显扬生于放逸，生放逸已，谓胜独觉及阿罗汉，住于非理，名不可治。"《永嘉证道歌》："了即业障本来空，未了应须还夙债。"张伯端《悟真篇》附余《禅宗歌颂诗曲杂言》之《无罪过》："修善不成功德，造恶元无罪过，时人若未明心，莫执此言乱做，死后须见阎王，难免镬汤碓磨。"亦指此而言。引《高僧传》卷二《鸠摩罗什传》记"姚主以伎女十人逼令受之"，以免"法嗣无种"。按此与前事不同，然终属破戒。故什自尔以来，不住僧坊，别立廨舍，且常自说譬喻："如臭泥中生莲花，但采莲花，勿取臭泥也。"

全宋文卷五五

虞龢《上明帝论书表》。《管锥编》论二王轶闻，记献之书胜其父事，引及《世说新语·品藻》："谢公问王子敬：'君书何如君家尊？'答曰：'固当不同。'公曰：'外人论殊不尔。'王曰：'外人那得知！'"按此涉及父子争胜之象，或历代有之，终以相知为上也。参观论者回忆："一天，王君转述闻诸国师旧友的轶事：国师有一对父子教授，父亲叫钱基博，儿子叫钱锺书。这位锺书先生少年英俊，非常高傲，有一次在课堂上居然对学生们说：'家父读的书太少。'有的学生不以为然，把这话转告钱老先生，老先生却说：'他说得对，我是没有他读的书多。首先，他懂得好几种外文，我却只能看林琴南译的《茶花女遗事》；其次，就是中国的古书，他也比我读得多。'①"此盖基博先生之服善乎，然观其诫子曰："子弟中，自以汝与钟韩为秀出。然钟韩厚重少文，而为深沉之思，独汝才辩纵横，而沉潜远不如！勿以才华超绝时贤为喜，而以学养不及古贤人为愧！"又曰："现在外界物论，谓汝文章胜我，学问过我，我固心喜！然不如人称汝笃实过我，力行过我，我犹心慰！""我望汝为诸葛公、陶渊明，不喜汝为胡适之、徐志摩！"(《谕儿锺书札》)亦未必为无益之言。父子遗传有其神秘联系，其变化实难言，然终宜达知子莫若父、知父莫若子之境，宜互携而增上也。

《论书表》："遂失五卷，多是《戏学》。"《管锥编》引释氏所谓"游戏神通"(《维摩诘所说经·方便品》第二)、"得游戏三昧"(《五灯会元》卷三南泉普愿章次)。按此高境，以儒家喻之，盖以《论语·述而》"志于道"贯通于"游于艺"也。引近人谓致知穷理以及文德武功莫不含游戏之情，通游戏之事。按此充类至尽或有其理。如《管锥编》虽有致知穷理之用，而亦含游戏因素，故可视为玩辞之书也。游戏者，得报酬于自身且无为也，否则如此繁复之作，或因疲劳力竭而中止云。又论者或目作者为神童，此未必为贬辞，盖"神童"者，永远有兴趣于游戏也。

虞通之《为江敩让尚公主表》。按《关雎》"后妃之德"者，与建国立邦相关，盖其基础由阴阳平衡而来，中医理论

---

① 刘世南《记默存先生与我的书信交往》，见《记钱锺书先生》，26页。

所谓"阴平阳秘"乎。凡中国文化家、国一致之说，亦有其蔽，然谓其必无联系，则不可也。引《全唐文》卷八六七杨夔《止妒》、杨慎《升庵全集》卷一一《仓庚传》等云云，对比谐妙，盖《红楼梦》八〇回《王道士胡诌妒妇方》之义乎？所谓"妒嫉无药可医"是也。

全宋文卷六二

释慧叡《喻疑》："今《大般泥洹经》法显道人远寻真本，于天竺得之，持至扬都。……此经云：'泥洹不灭，佛有真我；一切众生，皆有佛性。'皆有佛性，学得成佛。……所以陶炼既精，真性乃发。"《管锥编》引《高僧传》卷七《竺道生传》："洞入幽微，乃说：'一阐提人皆得成佛'"，且倡"善不受报，顿悟成佛"之说，此虽似"孤明先发"，亦得中华文化之资也。《管锥编》引《孟子·告子》论"人皆可以为尧舜"，《荀子·性恶》论"途之人可以为禹"，乃先秦儒家义，此亦见中华文化之潜势力既深且久，所谓"赤县神州有大乘气象"（《五灯会元》卷一菩提达磨章次），非偶然也。

引《六祖法宝坛经·般若》及神会《语录》说"本有佛性"、"龙女刹那发心便成正觉"，参观《悟真篇》卷下《西江月又一首》："不待他身后世，现前获佛神通，自从龙女著斯功，尔后谁能继踵。"亦见禅与道之相合。"龙女"喻见

《法华经·提婆品》。又历代顿、渐之争，宜相辅相成。以观音两胁持观之，善财五十三参居左为渐，龙女刹那发心居右为顿也。

释慧通《驳顾道士〈夷夏论〉》："昔公明仪为牛弹清角之操，伏食如故，非牛不闻，不合其耳也。"按俗语"对牛弹琴"云云，参观作者致友人信戏言："届时当作牛听贤郎妙奏。[①]"引或诋国学师儒之专骛记诵曰："通晓梵文者之于印度哲学，无异于畜兽之于琴瑟奏弹尔。"按此甚是，盖哲学高于语言文字，若仅执后者，终不能知前者之境。然以中国文化观之，哲学亦有其局限，若未能修养于自身，仅执其术语亦徒成戏论而已。

全宋文卷六四

释宝林《檄泰山文》："夫东岳者，龙春之初，清阳之气，育动萌芽，王父之位。……又太山者，则阎罗王之统，其土幽昧，与世异灵，……总集魂灵，非生人应府矣。"《管锥编》谓吾国古说，东方者，"动方"也，而春者，"蠢生"也，《史记·六国年表》引或曰："东方物所始生"，故太山本主生。按此于《易·说卦》当"帝出乎震"，"万物出乎震"，震东方也春也。《管锥编》谓后汉释说入华，流俗渐以

[①] 转引自傅雷致傅聪信，见《傅雷家书》三联书店1984年5月版，7页。"贤郎"指傅聪，著名钢琴家。

东岳之太山与"六道"之"太山地狱"混为一谈；于是太山遂主死。按此于《易·说卦》当"成言乎艮","艮东北之卦也，万物之所成终而成始也"。《易》后天图艮震相连而艮入震出，故两说并举亦可，而斡旋其间者，其生死之机乎。别见《史记》卷论《封禅书》。

全齐文卷八

王僧虔《条疏古来能书人名启》："杜陵陈遵，后汉人，不知其官，善篆隶，每书一座皆惊，时人谓为'陈惊座'。"《管锥编》引《全晋文》卷二四王羲之《杂帖》："……献之字子敬，少有清誉，善隶书，咄咄逼人。"按此或能见魏晋南北朝之书法思想，"惊座"即"咄咄逼人"，皆写书势。《全晋文》卷一四四卫夫人《与释某书》："卫有一弟子王逸少，甚能卫真书，咄咄逼人。""惊座"乃至"咄咄逼人"者，亦精锐之气也。袁昂《书评》云："王僧虔书，犹如扬州王谢家子弟，虽复不端正，奕奕有一种风气。"《管锥编》论僧虔之荒陋悠谬，或相应"虽复不端正"，而"咄咄逼人"可相应"奕奕有一种风气"。

王僧虔《论书》："宋文帝书，自云可比王子敬；时议者云：'天然胜羊欣，工夫少于欣。'"按"天然"、"工夫"之对立相成，乃先、后天之异，宜明其消息，且宜知其变也。主工夫者，参观王渔洋等《师友诗传录》记郎廷槐问："作诗，学力与性情必兼具而后愉快。愚意以为学力深，始能见性情。若不多读书、多贯穿而遽言性情，则开后学油腔滑调、信口称章之恶习矣。"阮亭答："二者相辅而行，不可偏废。若无性情而侈言学问，则昔人有讥点鬼簿、獭祭鱼者矣。学力深，始能见性情，此一语是造微破的之论。"况周颐《蕙风词话》卷一："填词之道，造句要自然，又要未经前人说过。自唐五代以还，名作如林，那有天然好语，供我辈驱遣。必欲得之，其道有二：曰性灵流露，曰书卷酝酿。性灵关天分，书卷关学力。学力果充，虽天分少逊，必由资深逢源之一日，书卷不负人也。中年以后，天分便不可恃。苟无学力，日见其衰退而已。江淹才尽，岂真梦中人索还囊锦耶？"主天分者，《管锥编》引赵翼《瓯北诗钞·绝句》卷二《论诗》之四："少时学语苦难圆，只道工夫半未全，到老方知非力取，三分人事七分天。"按此极是，与《论诗》之二"李杜诗篇万口传"比较，"李杜"云云之豪气虽是，终未及此诗之深知甘苦也。《谈艺录》三八谓"瓯北晚年论诗，矜卓都尽"之说，或此象乎？又《谈艺录》五《性情与才学》亦引及赵氏此诗，作："此事原知非力取，三分人事七分天"，盖稍有误忆云。

全齐文卷一二

王融《上书请给虏书》。《管锥编》引《南齐书·王融传》谓"诗史经典"使人耽文事而忘武备，故用夏变夷，可转强为弱；按此为主意。又引《旧唐书·吐蕃列传》："……若达于书，必能知战"；此为补笔。此两义相反而相成，盖多读书者，必宜精简以得其要，乃能致用也。领军将领与书斋学者之差异，即在知识之贯通与简化云。《管锥编》引《法言·吾子》篇尝谓"女有色，书亦有色"，谓书淫足以败事害人，或不亚于色荒、禽荒；按书淫者，亦所谓玩物丧志也，淫者过也，或妨家妨国乎？故读书少者宜博之，读书多者宜化之，而尤当精进以抓住主线也。引《通鉴》梁纪二一记元帝被俘前亟焚图书，曰："读书万卷，犹有今日，故焚之！"梁元实未知世，亦未知书，故李贽《史纲评要》卷一六梁世祖二年评："以天下事为儿戏，不才，不才。"

全齐文卷一五

张融《海赋》："浮微云之如梦，落轻雨之依依。"《管锥编》谓此取情理以譬物象，即《文心雕龙·比兴》"或拟于心"，西方修词学"抽象之形象"。按此或可当"抽象之比喻"，即以传统之本体作喻体也。秦观《浣溪沙》："自在飞花轻似梦，无边丝雨细如愁。"似可为例。《管锥编》引《文子·道原》称"圣人"之"以恬养智，以漠养神，……澹然若大海"；又引《维摩诘所说经·方便品》称维摩诘"心如大海"。按此道、释两家之心量，儒家朱熹亦谓："仁者如水。有一杯水，有一溪水，有一江水，圣便是大海水"（《朱子语类》卷三十三）。凡参禅亦宜有此心量，《指月录》卷三一《大慧宗杲语要》上圆悟曰："我这禅如大海相似，你须将个大海来倾去始得。若只将钵盂盛得些子去便休，是你器量只如此，教我怎奈何。"凡中国文化历经千难万险而不衰不竭者，或在此如海之心量乎。故参禅者必宜见此大丈夫勇猛决绝之象，仅局限于小己者非也，"若见渠不了，便修行去，后世出来参禅"。

《管锥编》引西籍一谈艺者称古希腊石雕人神诸像，流露情感而衷心静穆，犹大海然，表面汹涌而底里宴定。按此即希腊艺术精神，亦欧洲文化上升期民族性之流露，所引语出温克尔曼（Winckelmann，1717—1768）之早年论文，希腊艺术杰作所表现"高贵之单纯"与"静穆之伟大"，确不可及云。

张融《门律自序》："政以属辞多出，比事不羁，不阡不陌，非途非路耳。"按作者曾致文怀沙一联："非陌非阡非道路（用《南齐书·张融传》典），亦狂亦侠亦温文（用龚定庵句）。①"前句即用此，所谓"别辟蹊径"。后句用《己亥杂诗》第二八首："不是逢人苦誉君，亦狂亦侠亦温文。照人胆似秦时月，送人情如岭上云。"

---

① 转引自《聂绀弩诗全编》，学林出版社1992年12月版，287页。

全齐文卷一九

孔稚珪《北山移文》。"使我高霞孤映，明月独举，青山落阴，白云谁侣，磵户摧绝无与归，石径荒凉徒延伫。"《管锥编》谓人去山空，景色以无玩赏者而滋生弃置寂寞之怨嗟也。按参观柳宗元《邕州马退山茅亭记》（一云独孤及作）："夫美不自美，因人而彰。兰亭也，不遭右军，则清湍修竹，芜没于空山矣。"《镜花缘》第一回百花仙子曰："谪居深山穷谷，青眼稀逢，红颜谁顾；听其萎谢，一任沉埋。"《管锥编》又谓水声山色，鸟语花香，胥出于本然，自行其素，既无与人事，亦不求人知。按两境关联颇妙，犹阴阳也。如以《论语》为喻，前者似相关"有朋自远方来，不亦乐乎"，后者似"人不知而不愠，不亦君子乎"。

全齐文卷二五

谢赫《古画品》。"六法者何？一、气韵，生动是也；二、骨法，用笔是也；三、应物，象形是也；四、随类，赋彩是也；五、经营，位置是也；六、传移，模写是也。"《管锥编》谓传统"气韵生动"云云失读。按《管锥编》句读或较善，然传统读法亦浑成可取，两行如何？谢赫思想以贯注六法为主，或未必考虑句读也。

《管锥编》谓"气韵"亦即古希腊谈艺,最重"活力"或"生气"(enargeia)是也。按以能量而论,盖宜浑成而不宜断裂,故曰"气韵生动"是也。此"气韵"极要,由后天亦由先天,亦有全主先天者。郭若虚《图画见闻志·论气韵非师》:"六法精论,万古不移,然而骨法用笔以下五法可学,如其气韵,必在生知,固不可以巧密得,复不可以岁月到,默契神会,不知然而然也。"又董其昌《画诀》:"气韵不可学,此生而知之,自然天授。"

《管锥编》引张彦远《历代名画记》卷一"试论"六法,有曰:"至于台阁树石车舆器物,无生动之可拟,无气韵之可侔。……顾恺之曰:'画人最难,次山水,次狗马,其台阁一定器耳,差易为也';斯言得之。……鬼神人物有生动之可状,须神韵而后全,若气韵不周,空陈形似,谓非妙也。……今之画人,粗善写貌,得其形似,则无其气韵,具其彩色,则失其笔法。"又曰:"画有六法,若其气韵,必在生知,转工转远。"此以人、物为两端,人含神韵,故胜物也。或仅以形似而论"犬马"、"鬼魅",则"犬马最难"而"鬼魅最易"。参观《韩非子·外储说左上·说二》:"夫犬马,人所知也,旦暮罄于前,不可类之,故难。鬼魅无形者,不罄于前,故易之也。"又《后汉书·张衡传》上疏论图纬非圣人之法:"画工恶犬马而好作鬼魅,诚以实物难形而虚伪不穷也。"

《管锥编》引儒贝尔谓文带晦方工,盖物之美者示人以美而不以美尽示于人。按此盖"谦卦"之象，玉蕴而珠藏是也。刘熙载《游艺约言》："琴家诸手法，吟为最妙，为其不尽也。诗文亦均以之。"引《全三国文》卷五三伏义《与阮嗣宗书》所讥"闭虚门以示不测者"，犹《谈艺录》二七《王渔洋诗》所讥："渔洋固亦真有龙而见首不见尾者，然大半则如王文禄《龙兴慈记》载明太祖杀牛而留尾插地，以陷土中欺主人，实空无所有也。妙悟云乎哉，妙手空空而已。"

《管锥编》据《永乐大典》卷八〇七辑出北宋范温《潜溪诗眼》论"韵"一则，洋洋千数百言，按即《管》书最长一段引文。引《宋诗话辑佚》云云，乃《管》书引今人著作之一例。而《辑佚》再版，即转录范氏此则于《增订》，且据《永乐大典》卷七〇八校补也。《管锥编》、《辑佚》引书卷数之异，则以《辑佚》为是。范氏曰："……【韵】盖生于有余。……必也备众善而自韬晦，行于简易闲澹之中，而有深远无穷之味，……测之而益深，究之而益来，其是之谓矣。……自《论语》、《六经》，可以晓其辞，不可以名其美。……如释氏所谓一超直入如来地，考其戒、定、神通，容有未至，而知见高妙，自有超然神会，冥然吻合矣。……然所谓有余之韵，岂独文章，自圣贤出处古人功业，皆如是矣。"按此以"文章"贯通于"圣贤出处古人功业"，犹坤五贯通于乾五之象，"黄裳元吉，文在中也"，《文言》以"美在其中，而畅于四支，发于事业，美之至也"释之。此儒家礼乐之象，以释家为喻，则《大日经义释》"一一歌咏，皆是真言，一一舞戏，莫非实印"是也。

又篇中"俗者，恶之先，韵者，美之极"云云，参观山谷"凡百病皆可医，惟俗不可医"；又"人胸中久不用古今浇灌之，则俗尘生其间。照镜觉面目可憎，对人亦语言无味也"。又作者早年论文《论俗气》"量的过度"，与《管》书"有余"，亦成映照。《管锥编》谓：神必托体而方见，韵必随声而得聆，非一而非异，不即而不离；亦即《谈艺录》六《神韵》：若百骸六脏，赅焉不存，则神韵将安寓著，毋乃精气游魂之不守舍而为变者乎。此亦见禅家之"向上一着"，必自其基础来，"华严"与"密"，盖其基础乎。

全齐文卷二六

那伽仙《上书》："吉祥利世间，感摄于众生；所以其然者，天感化缘明。……菩萨行忍慈，本迹起凡基，一发菩提心，二乘非所期。……生死不为厌，六道化有缘，具修于十地，遗果度人天。功业既已定，行满登正觉，万善智善（当作"圆"）备，惠日照尘俗。"《管锥编》引纪昀《纪文达公文集》卷九《耳溪诗集序》："郑樵有言：'瞿昙之书能至诸夏，而宣尼之书不能至跋提河，声音之道有障碍耳。'此似是而不尽然也。夫地员九万，国土至多。自其异者言之，岂但声音之道有障碍，即文字亦障碍。自其同者言之，则殊方异域，有不同之文字，而无不同之性情，亦无不同之义理，虽宛转重译，而义皆可明。"按此引郑樵语亦即《谈艺录·序》"虽宣尼书不过拔提河，每同《七音略序》所慨"。依郑《序》原文，纪引"至诸夏"当作"入诸夏"，《谈》引"拔"当作"跋"。跋提河者，梵名 Ajitavatī，释尊于此河西岸涅槃，故尔著名。《大唐西域记》卷六《拘尸那揭罗国》二述及此河，译名阿恃多伐底河。

释玄赐《诃梨跋摩传》："于时外道志气干云，乃傲然而咏曰：'……神为知王，唯断为宗，敢有抗者，斩首谢焉！'"按此将学术与生死关联，故有此激烈形象。《管锥编》引《五灯会元》卷四赵州曰："若不会，截取老僧头去！……若不信，截取老僧头去！"可上通卷一达磨、慧可断臂故事，亦见禅家之勇决激烈。然普明之《牧牛图颂》亦由禅家来，《五灯会元》之激烈，至《牧牛图颂》之"双泯"，已一片祥和云。牧牛之象，参观《五灯会元》卷三石巩慧南章次：石巩在厨作务，马祖问作么，曰："牧牛。"曰："作么生牧？"曰："一回入草去，便把鼻拽回。"祖曰："子真牧牛。"石便休。又卷四长庆大安章次：（大安）问："学人欲求识佛，何者即是？"（百）丈曰："大似骑牛觅牛。"曰："识得后如何？"曰："如人骑牛至家。"曰："未审始终如何保任？"曰："如牧牛人执杖视之，不令犯人苗稼。"参观《悟真篇》附余《禅定指迷歌》："昔时一个黑牛，今日浑身总白。"又黄庭坚《奉答茂衡惠纸长句》："春草肥牛脱鼻绳",《病起荆江亭即事》:"时有归牛浮鼻过",当用"牧牛"之典。陆游《剑南诗稿》卷五七《送辛幼安殿撰造朝》:"十年高卧不出门,参透南宗牧牛话。"

全梁文卷一

梁武帝《净业赋》。《管锥编》引《敕答贺琛》"朕绝房室三十余年"云云。按毛泽东读《南史》卷六二《贺琛传》"朕绝"云云句下批:"萧衍善摄生,食不过量,中年以后不近女人。然予智自雄,小人日进,良佐自远,以至灭亡,不亦宜乎。①"《管锥编》引《五灯会元》卷一东土初祖章次记梁武问达磨:"朕即位以来,造寺、写经、度僧不可胜纪,有何功德?"答:"并无功德。"问:"何以无功德?"答:"此但人天小果,有漏之因,如影随形,虽有非实。"按梁武、达磨争执乃禅家一大公案,有功德与无功德,仅知一边非其义,且非言诠可及,下文引《祖英颂古》谓"阇国人追不再来,千古万古空相忆"是也。

引《旧唐书·萧瑀传》太宗诏:"至若梁武穷心于释氏,简文锐意于法门,……子孙复亡而不暇,社稷俄倾而为墟,报施之征,何其缪也!"此唐初讨论长治久安状况,或有其作用,参观《旧唐书》卷一七八《李蔚传》引狄仁杰谏武后

---

① 《毛泽东读文史古籍批语集》,中央文献出版社1993年11月版,207页。

营大像曰：",往在江表，像法盛兴，梁武、简文，施舍无限。及乎三淮沸浪，五岭腾烟，列刹盈衢，无救危亡之祸；淄衣蔽路，岂益勤王之师？"又引姚崇谏中宗度僧尼，曰："佛不在外，求之于心。佛图澄最贤，无益于后赵；罗什多艺，不救于姚秦。何充、梁武，皆遭败灭；齐襄、符融，未免灾殃。但志发慈悲，心行利益，若苍生安乐，即是佛身。"《管锥编》又引《萧瑀传》："瑀请出家，太宗谓曰：'甚知公素爱桑门，今者不能违意。'瑀旋踵奏曰：'臣顷思量不能出家。'……诏曰：'……往前朕谓张亮曰：卿既事佛，何不出家？乃端然自应，请先入道。'"按此以矛攻盾甚是，凡宣传张扬者，终有所不足云。《管锥编》谓清季海客谈瀛，士夫渐知西天久非佛土，则佛我躬不阅，遑能远恤。按此盖消息之象，然佛教虽早不行于印度，其北传、南传及藏传所形成之三大系，各有所长，而藏传与汉地佛教之结合处，尤有所精采云。

武帝《唱断肉经竟制》。《管锥编》引《六祖法宝坛经·行由》第一记六祖避难猎人队中，每至饭时，以菜寄煮肉锅，或问，则对曰："但吃肉边菜！"按此即慧能得弘忍印可后隐遁岭南潜修十五年之说（王维《能禅师碑》作十六年）。若无此潜修保任而仅凭一偈印心，或启后世之狂禅也。引吴昌龄《东坡梦》托为苏轼劝佛印曰："溪河杨柳影，不碍小舟行。佛在心中坐，酒肉穿肠过。只管吃，怕什么。"按前句似"竹密不妨水流过"之象，后句参观《梵网经》卷三所斥:"口但说空,行在有中。"

全梁文卷五

武帝《敕答臣下神灭论》:"欲谈无佛,应设宾主,标其宗旨,辨其短长。"按《世说新语·文学》:"支道林、许掾诸人共在会稽王斋头。支为法师,许为都讲。支通一义,四坐莫不厌心,许送一难,众人莫不抃舞。但共嗟叹两家之美,不辨其理之所在。"按通义送难,乃两造对质之象,宜赏其应答之美。

《管锥编》引及《世说新语·文学》记王弼"便作难,一坐人便为屈,于是弼自为客主数番,皆一坐所不及"。此"自为客主数番",乃孤芳自赏之象,亦成寂寞之象。近人何其芳《画梦录·梦后》:"从前有人隔壁听姑妇两人围棋,精绝,次晨叩之,乃口谭而已。又有一位古代的隐遁者双手分运黑白子相攻伐[①]",亦兼言此两象也。又临济宗有"四宾主"者,终宜达成"主看主"互知,禅家"拈花微笑"之无言,或即此象乎?中国文化主证量,亦深知辩论之局限,故有"辩者不知,知者不辩"之说。《庄子·齐物论》:"圣人

[①] 何其芳《画梦录》,广东人民出版社1981年版,28页。何氏"从前有人"云云指王积薪,出《唐国史补》及《集异记》;"古代的隐遁者"云云,似出《古今谭概》癖嗜部第九,云郑介夫名侠,"自以左右手对局,精思如真敌,白胜则左手斟酒,右手引满,黑胜反是"。

怀之，众人辩之以相示也。"

《管锥编》引《老子》六九章："用兵有言：'吾不敢为主而为客。'"又引《三国志·吴书·朱桓传》："兵法所称'客倍而主人半'者，……以逸待劳，为主制客，此百战百胜之势也。"此皆道家谦象，"不敢为天下先"，故称百战百胜之势也。

全梁文卷六

武帝《观钟繇书法十二意》："世之学者宗二王，元常逸迹，曾不睥睨。……子敬之不逮逸少，犹逸少之不逮元常。"《管锥编》谓百世赏鉴之公非大有力者一人之嗜好之偏所能久夺也。按中国"文化大革命"期间，因当时最高领导人欣赏，郭、章二氏之书甚为流行，即《管锥编》"一时必亦景从草偃"是也；而作者等皆不以为然，即《管锥编》"物论却终未翕然"是也。而郭氏谓世传右军《兰亭序》为伪托及抑杜扬李等说，作者皆持相反意见。

武帝《菩提达磨大师碑》："及乎杖锡来梁，说无说法。……帝后闻名，钦若昊天。嗟乎！见之不见，逢之不逢，今之古之，悔之恨之，朕以（当作"虽"）一介凡夫，敢师之于后。"《管锥编》谓此碑似为后世禅师之伪托耳。按六朝关于达磨之记载，仅见于杨衒之《洛阳伽蓝记》卷一永宁寺、修梵寺数条，且未能肯定与唐宋僧史所载是否为一人，则当时颇不显名。而禅宗之出现，深得印、中两大文化之滋养，亦不能仅归属于创派之一、二人。唐宋僧史载达磨默然"壁观"及许慧可"得髓"事，前者或谓即"地遍处法门"①，此推其印度文化来源，尚有"如来禅"之象；后者印证禅机，乃涉及中国文化来源，则"祖师禅"亦可推原于此。"壁观"一词，似出宗密《禅源诸诠集都序》："达摩以壁观教人安心。云外止诸缘，内心无喘，心如墙壁，可以入道。"

《管锥编》引释惠洪《林间录》卷上："雪窦禅师作《祖英颂古》，其首篇颂初祖不契梁武，曰'阖国人追不再来，千古万古空相忆'者，叹老萧不遇词也。"按今存《雪窦四集》含《颂古》、《拈古》、《瀑泉》、《祖英》四集，《林间录》所述与《颂古》首则略有异，"阖国人追不再来，千古万古空相忆"者极是，此即"机不可失"、"当机立断"之"机"，此机一失不再得，犹《五灯会元》卷一达磨章次"如庆喜见阿閦佛国，一见更不再见"是也；然此仅属"得肉"，观《颂古》下文又云："休相忆，清风匝地有何极"，则此禅机尚宜化去，如此方属"得髓"，盖"一得永得"矣。又按雪窦之最佳读者，当属《悟真篇》作者张伯端，此人完成以道教为主之三教合一。《悟真篇》全书正文以《读〈周易参同契〉》作结，

---

① 吕澂《禅学述原》："举大乘壁观，后人不谙壁观之本意，而妄谓心如墙壁，不知实即地遍处法门也。地遍处者，观地之色也。方便涂土于曼荼罗，随处倚壁观之。中国北地多土舍，则不必别具曼荼罗矣。"《吕澂佛学论著选集》一，齐鲁书社 1991 年版，399 页。

乃见其相合于道，而《附余》有《读雪窦禅师〈祖英集〉》，乃见其兼采于禅也。道、禅合一而开创南宗，亦精绝云。

武帝《舍道事佛疏文》："弟子经迟迷荒，耽事老子，历叶相承，染此邪法。习因善法（当作"发"），弃迷知返。……宁可在正法中，长沦恶道；不乐依老子教，暂得升天。"按梁武信仰中心之转移，似与时代风气之变迁相关。然梁武未废道，如《管锥编》所论，且未废儒，观《隋书·经籍志》可知。故其背景，实为玄风，如《颜氏家训·勉学》"洎于梁世，兹风复阐，《庄》、《老》、《周易》，总谓'三玄'，武帝、简文，躬自讲论"是也。

《管锥编》引《广弘明集》卷八释道安《服法非老》第九引《清净法行经》："佛遣三弟子震旦教化：儒童菩萨、彼称孔丘，光净菩萨、彼称颜渊，摩诃迦叶、彼称老子"，此僧徒捏造伪经，以抵制道士捏造之《老子化胡经》等，乃释道两家争斗之象。然争斗间亦互渗互成，故于教派未宜坚执也。永明延寿《万善同归集》卷六："《起世界经》云：佛言我遣二圣往震旦行化，一者老子，是迦叶菩萨，二者孔子，是儒童菩萨。明知自古及今，但有利益人间者，皆是密化菩萨。惟大士所明，非常情之所测，遂使寡闻浅识，起谤如烟。"

全梁文卷一一

简文帝《诫当阳公大心书》："立身之道，与文章异；立身先须谨重，文章且须放荡。"按立身于谨重外仍应观乎放荡，文章于放荡外亦须以谨重为底，《论语》折衷于"狂者进取，狷者有所不为"，又曰"行有余力，则以学文"是也。袁枚《小仓山房文集》卷一〇《陶西圃诗序》以《礼记·表记》"情欲信，词欲巧"释简文"人品贵谨严，文章须放荡"。《随园诗话》卷四："凡作人贵直，而作诗文贵曲。……崔念陵诗云：'有磨皆好事，无曲不文星。'洵知言哉！"

《管锥编》谓观文章固未能灼见作者平生为人行事之"真"，却颇足征其可为、愿为何如人，与夫其自负为及欲人视己为何如人。参观《写在人生边上·魔鬼夜访钱锺书先生》："为别人作传记也是自我表现的一种；不妨加入自己的主见，借别人为题目来发挥自己。……所以，你要知道一个人的自己，你得看他为别人做的传；你要知道别人，你倒该看他为自己做的传；自传就是别传。"引康德论致知（Erkenntniss）开宗明义曰："知识必自经验始（mit der Erfahrung anhebt），而不尽自经验出（entspringt nicht eben alle aus der Erfahrung）。"按作者晚年对客引用此语自辩，否定《围城》为"自传"之说①。

---

① 吴泰昌《秋天里的钱锺书》，《艺文轶话》，中国工人出版社1991年7月版，357页。

全梁文卷一九

昭明太子统。《管锥编》谓经有"《易》学"、"《诗》学"等或《说文解字》之蔚成"许学",而词章中一书而得为"学"者,惟"《选》学"与"《红》学"耳。按《易》学与《诗》学为"六经"纲领,亦中华传统学术之要,《易》天而《诗》人,所谓出入无疾、遨游六合之外是也。《说文》之蔚成"许学",指传统文字学而言。清代乾嘉学术以此为学问基础,《书目答问补证》附二《国朝著述家姓名略》所谓"由小学入经学者,其经学可信"云云是也。《管锥编》谓考据言"郑学",义理言"朱学",此关涉《易》、《诗》,分别当汉、宋学术集大成者之象。清代学术过于重视《说文》,治学方向似有所偏云。"千家注杜"、"五百家注韩、柳、苏",当关涉《文选》,杜诗"熟精《文选》理"(《宗武生日》),已示其要,韩、柳、苏属之可也。又以后世桐城文论"义理、辞章、考据"之说观之,义理有朱,考据有许、郑,辞章则有《文选》也。

又"《选》学"诗文,"《红》学"则小说。中国传统小说代表作以《三国》、《水浒》、《封神》、《西游》、《红楼》为要。以数而论,《封神》、《西游》、《红楼》可当"参天",《三国》、《水浒》可当"两地"。以时而论,《封神》当殷周、《西游》当隋唐、《红楼》当明清,可当中国传统文化发展之始、中、终。而《三国》当汉末魏晋,《水浒》当五代宋,乃分别相应其间变化。五书连缀,亦能见整体联系云。《汉书·艺文志》列小说于九流之外,然此家亦可吸收九流乃至三教信息,附庸渐成大国也。

昭明《锦带书十二月启》。《管锥编》谓《启》前节颂谀受书人,后节作书人自谦。按作者之酬世尺牍亦多颂扬受书人,此应视为一般勉励语,与书信体式相关,未足深信也。引《姑洗二月启》:"聊寄八行之书,代申千里之契。"按杨绛《记钱锺书与〈围城〉》:"我常见锺书写客套信从不起草,提笔就写,八行笺上,几次抬头,写来恰好八行,一行不多,一行不少。"又"姑洗二月"当作"三月",昭明此《启》以十二律吕配十二月,太簇正月,夹钟二月,姑洗三月,中吕四月,蕤宾五月,林钟六月,夷则七月,南吕八月,无射九月,应钟十月,黄钟十一月,大吕十二月是也。

全梁文卷二〇

昭明太子《七契》。《管锥编》引《水浒》第三八回宋江所谓"美食不如美器",又引歌德小诗言饮美酒当以精制古杯觞斟酌之。按今人武侠小说《笑傲江湖》一四回亦论及"好酒须用好器皿"。小说借书中人物之口言道:"你对酒具如此马虎,于饮酒之道,显然未得其中三昧。饮酒须得讲酒具,喝什么酒,配什么酒杯。"因连举汾酒配玉杯、葡萄酒配夜光杯、高粱酒配青铜酒爵、米酒配大斗、百草酒配古藤杯、状元红配古瓷杯、梨华酒配翡翠杯、玉露酒配琉璃杯八例，终云："若无佳器，徒然糟蹋了美酒。"虽似夸张渲染，亦成其说也。

全梁文卷二八

沈约《与徐勉书》："外观旁览，尚似全人，而形骸力用，不相综摄，常须过自束持，方可黾勉。解衣一卧，支体不复相关。……后差不及前差，后剧必甚前剧。"《管锥编》谓写老而衰，非写老而病。盖病乃变故，衰属常规；病尚得减，而衰老相期。按老而衰属"老"，老而病属"病"，两者虽别，亦互相扶助。且病顿衰渐，顿者破位而下，衰者渐积而难觉，甚可畏也。此如四季变化，由春而夏，或有"倒春寒"，然必日暖一日；由秋而冬，或有"小阳春"，然必日寒一日；其间趋势性存在，最宜注意。

全梁文卷二九

沈约《答陶隐居〈难均圣论〉》："释迦出世年月，不可得知。佛经既无年历注记，……不过以《春秋》鲁庄七年四月辛卯恒星不见为据。……何以知鲁庄之四月，是外国之四月乎？"按释迦生年南传（公元前624—公元前544年）与北传（公元前565—公元前486年，据《众圣点记》）及西方考证均有所不同，异说据称有六十种之多[①]，大体与孔子（公元前551—公元前479年）同时代而略早于孔子。鲁庄公七年约当公元前687年，与今推断之释迦生年尚有差别。沈、陶之辩论于今日似已无太大意义，或取约定俗成之说可也。然于人类文化发展而言，公元前500年前后确属极重要时期，西方学者雅斯贝斯称"轴心时代"（the axial period），如印度释迦牟尼、中国孔老、希腊前苏格拉底哲学均出现于此，所谓"启明期"是也。

全梁文卷三二

沈约《忏悔文》："往所行恶，造即由心，行恶之时，其心既染。既染之心，虽与念灭，往之所染，即成后缘。若不本诸真谛，以空灭有，则染心之累，不卒可磨。今者行此愧悔，磨昔所染，所染得除，即空成性。其性既空，庶罪无所托，布发顶礼，幽显证成。此念一成，相续不断，日磨岁莹，生生不休，迄至道场，无复退转。"按释家重视忏悔无始以来罪业，此文可当沈约于忏悔之认识。《管锥编》引"暑月寝卧，蚊虿嘬肤"云云，此依杀戒而忏；"杀之于手"，"杀"当作"应"。引"追寻少年，血气方壮"云云，此依色戒而忏。

[①] 详见张曼涛《现代佛教学术丛刊》97册《佛灭纪年考证》，大乘文化出版社1997年3月版。

全梁文卷三三

江淹。《管锥编》引"外国即当代之后世"（L'étranger, cette postérité comtemporaine），按参观《七缀集·林纾的翻译》引《圣经·马太福音》一三章五七节："一位先知在他本国和自己家里是不受尊敬的"（A prophet is not without honour, save in his own country, and in his own house）。此亦有其理，因思想领先者于当地当时往往不被理解，故俟诸异地或异时也。参观杜文澜辑《古谣谚》卷四〇引《书画跋跋》卷一孙矿引谚："物离乡贵。"《管》书作者在本国受社会重视，起始于国外学者之率先推崇，亦其例也。

《四时赋》："测代序而饶感，知四时之足伤。若乃旭日始暖，……至若炎云峰起，……及夫秋风一至，……至于冬阴北边，……"按自然状况变化影响生物情感，乃自然钟影响生物钟之例，而生物钟本身之调整亦有相应作用，故《内经》有"四气调神"之说。此似"四时注我"与"我注四时"之别，故有"足伤"、"足懒"、"足乐"种种异也。

《别赋》："倘有华阴道士，服食还仙。"按"仙"当作"山"。

全梁文卷三八

江淹《杂体诗序》："故蛾眉讵同貌，而俱动于魄；芳草宁共气，而同悦于魂，不其然欤。"按以精灵、形体分言魂、魄，犹阴阳也。《礼记·郊特牲》："魂气归于天，形魄归于地。"《艺文类聚》卷七九引《淮南子》曰："天气为魂，地气为魄。"又引《白虎通》曰："魂者何谓也？魂犹伝伝也，行不休也，动于外，主于情。魄者白也，犹着人者也，主于性。"《管锥编》引钱谦益《牧斋有学集》卷一七《宋子建〈遥和集〉序》："论诗而至于'动魂'、'悦魄'，精矣微矣！推而极之，《三百篇》、《骚》、《雅》以迄唐后之诗，皆古人之魄也。千秋已往，穷尘未来，片什染神，单词刺骨，扬之而色飞，沉之而心死，非魄也，其魂也。钟嵘之称《十九首》'惊心动魄，一字千金'，正此物也。如其不尔，则玄黄律吕，金碧浮沉，皆象物也，皆化生也。虽其骈花俪叶，余波绮丽，亦将化为陈羹涂饭，而矧其诐詖者乎！"

参观黄子云《野鸿诗的》："学古人诗，不在乎字句，而在乎臭味。字句魄也，可记诵而得。臭味魂也，不可以言宣。"《刘大櫆集》卷三《见吾轩诗序》："文章者，古人精神之所蕴结也。其文章之传于后世，或久或暂，一视其精神之大小薄厚而不逾累黍。故有存之数十百年者，有存之数百千年者，又其甚者与天地同其存灭。夫与天地同其存灭，六经之文也。自六经以下，其文递降而薄，则其传亦递降而近，有不可以一概齐者矣。"此精神魂魄之说，似与明清间对生命之认识相关，如黄宗羲《破邪论·骂先贤》引钱牧斋云云，且曰："壮缪之威灵，以香火象设；象山、阳明之威灵，以书卷诵读。"明清谈艺之常，有其根也。综合而论，凡有形者谓之魄，无形者谓之魂，又轻举为魂，重沉为魄，且虽有此别，魂、魄终未宜离也。《老子》第十章："载营魄抱一，能无离乎？专气致柔，能婴儿乎？"河上公注："营魄，魂魄也。"《黄庭经·中部经》第二："魂欲上天魄入渊，还魂返魄道自然"，欲其由离而合，乃修炼家之旨也。

全梁文卷三九

江淹《铜器赞》："悠悠开辟，或圣或贤。蚩尤铸铜，为兵几年。天生五才，实此为先。"按"天生五才"，似用《左传》襄公二十七年："天生五材，民并用之，废一不可。""材"一作"才"，杜注："金、木、水、火、土"，即五行也，"金"列第一，故曰"实此为先"。又按以中华文化"五行"与印度文化"四大"比较，其差异为中华多"金"一行。因金者来自人工冶炼，必掌握较高技术方能得之，故与纯出自然之木、水、火、土四行不同。中国于先秦早已掌握冶炼技术，金较普及，故列入五行之一而平等处之。而印度古代尚视金为希罕难得之物，故有"金刚不坏"之说，余闻师云。

"今之作必不及古，犹今镜不及古镜，今钟不及古钟矣"，又："闻之释经，万物澹薄，在古必厚，在今必恶。"按盖主历史退化观。《管锥编》引《大唐西域记》卷六略云："沙门憨然告曰：'吾悲众生福佑渐薄，……嗟乎！今之淳乳不及古之淡水！'"按此似可当释家正、依报相应之说，引文中"叹息"应作"长息"。或谓玄奘译《大般若经》六百卷竟，乃感叹中土众生福薄，虽译出此经，亦未必能读而得受用也。《管锥编》谓荣古虐今者，必拈饮食为说。按鲁迅小说《风波》一人物亦反复感叹"一代不如一代"，且云："伊年轻的时候，天气没有现在这般热，豆子也没有这般硬。"

江淹《自序传》："所与神游者，惟陈留袁叔明而已。"《管锥编》谓"神游"、"神交"者，知心忘形之交也，后世乃谓心向而身未逢，名闻而面未见。按此皆友道之上乘者也，犹《易》比、应之别。《庄子·养生主》"以神遇不以目视"，"神游"、"神交"之"神"，盖谓此乎。

全梁文卷四五

范缜《神灭论》。按与王充、嵇康并列，亦见范氏大致地位，盖有胜解以破圣言量，或足以自立，亦时代之风气也。《论》谓"形"、"神"云："神即形也，形即神也。是以形存则神存，形谢则神灭也。……形神相即。"又云："神之于质，犹利之于刀，形之于用，犹刀之于利。利之名非刀也，刀之名非利也。然则舍利无刀，舍刀无利。未闻刀没而利存，岂容形亡而神存。"此说颇有理，然是否适用于生死仍可疑，盖终未可知也。《全晋文》卷四六陶弘景《答朝士访仙佛两法体相书》亦论形神："凡质象所结，不过形神。形神合时，则是人是物，形神若离，则是灵是鬼。其非离非合，佛法所摄，亦离亦合，仙道所依。"此陶氏之信仰，亦成一说。《管锥编》引陶潜《形影神》诗《神释》："应尽便须尽，无复独多虑"，此玄学之境界，盖形神相成而化于自然也。

《管锥编》引《南齐书·良政传》记虞愚对宋明帝："陛下起此寺，皆是百姓卖儿贴妇钱，佛若有知，当悲哭哀愍；罪高浮图，有何功德！"参观杜文澜《古谣谚》卷五五引《荆川右编》卷三六："民生安乐，便是好事，狱讼无冤，便是布施。一僧一道之祝延，不如百姓群黎之同愿。一寺一观之祈祷，不若千门万户之齐声。"

全梁文卷四六

陶弘景《授陆敬游十赉文》。按南北朝道教之发展，主要在南北天师道之改革。先有北朝寇谦之（365—448）改革北天师道，后有刘宋陆修静（406—477）改革南天师道。而于陆之后，南朝复有陶弘景（456—536）活动于齐梁时代。陶氏修习《上清经》，开茅山一派并保存大量资料，乃葛洪后影响最大之道教人物。然葛洪绝口不提佛教，保持较纯粹之中国思想；而陶氏吸收佛教，渐呈三教合一之象。或谓道教系统之三教合一，始于陶弘景而终于张伯端，而张氏成容佛之新道教后，道教根本内容再无大发展云。

《管锥编》引《真灵位业图序》："虽同号真人，真品乃有数，俱目仙人，仙亦有等级千亿。"此明辨修真之阶梯次第，乃渐教所需。又此《图》定"元始天尊"为道教最高神，实由《周易》"大哉乾元，万物资始，乃统天"又"天尊地卑，乾坤定矣"而来，余闻师云。引袁宏道《墨畦》："官慕神仙，神仙亦慕官。小修曰：'分之则山人，合之则仙也。'"按前句盖认为空、时不能互备，参观《苏轼诗集》卷一五《赠王仲素寺丞》："养气如养儿，弃官如弃泥。"袁中道《游居柿录》卷一："得中郎都中书云：'真知热官之不可作，去之唯恐不急。'"后句涉及"仙"之传统训诂，《说文》："僊，长生僊去。从人䙴，䙴亦声。"䙴即升高。又有"仚"字，谓"人在山上貌"，段注："引伸为高举貌。"然又有"仙"字，《释名》："老而不死曰仙。仙，迁也，迁入山也。"故"仙"字含两义，一为升高，即"登真隐诀"之"登"，为上出之象；一为"迁移"入山，即小修之解也。

陶弘景《与梁武帝启》二："昔患无书可看，乃愿作主书史，晚爱隶法，又羡典掌之人。……每以为得作才鬼，亦当胜于顽仙。"按如以释家义言之，此盖重慧，慧通戒、定。或引吕纯阳诗云："由来富贵原似梦，未有神仙不读书"，亦可笺此。赵翼《瓯北诗钞》七言律六《和乩仙诗》亦云："世无不识字仙人。"

全梁文卷四七

陶弘景《发（当作"登"）真隐诀序》："非学之难，解学难也。屡见有人，得两三卷书、五六条事，谓理尽纸，便入山修用，动积岁月，愈久昏迷。……真人立象垂训，本不为朦狡设言，故每标通衢，而恒略曲径。……凡五经、子、史，爰及赋颂，尚历代注释，犹不能辨，况玄妙之秘途、绝领之奇篇。"

《管锥编》谓方士常言，学道者不蒙祖师亲传，徒执丹经，虽熟读深思，终无入处。故求仙必得秘诀，而秘诀端赖口耳秘授（esoteric），所谓"口诀"。按此属道教，若佛教亦有密教（Esoteric Buddhism）或密乘（Esotericyana）重视师传口诀。凡口诀者，特殊教授，其传授与时间、地点、人物相关，尤重视师弟子相应，所谓诀者，决也，盖一得永得云。

《管锥编》引《太平御览》卷六六八引《集仙录》等所谓"盗道无师，有翅不飞"，乃道家说；《抱朴子·勤求》所谓："然决须好师，师不足奉，亦无由成也。"此说佛家亦有之，推而极之，乃变显教之"四依"为密教之"依人不依法"。《管锥编》引《悟真篇》卷中《七言绝句》之一三、一四（通行本作"二八"、"五九"）："契论经歌讲至真，不将火候著于文，要知口诀通玄处，须共神仙仔细论。饶君聪慧过颜闵，不遇师传（当作"真师"）莫强猜，只为丹经无口诀，教君何处结灵胎！"云阳道人朱元育注："自古到今，未有无师而得证尽性（脱"至"）命之大道者。"如详读《悟真篇》前、后序，可知张氏得诀经过，然未著于文者，盖免误传"匪人"之失耳。

《管锥编》引《西游记》第二回须菩提祖师云云，按《西游记》思想从唐末五代宋新道教而来，本回所传之"长生妙道"："显密圆通真妙诀，借修性命无他说，都来总是精气神，谨固牢藏休漏泄。休漏泄，体中藏，汝受吾传道自昌。口诀记来多有益，屏除邪欲得清凉。得清凉，光皎洁，好向丹台赏明月。月藏玉兔日藏乌，自有龟蛇相盘结。相盘结，性命坚，却能火里种金莲。攒簇五行颠倒用，功完随作佛和仙。"亦与《悟真篇》思想相关，陈士斌《西游真诠》本回评引张氏"总饶聪慧过颜闵，不遇真师莫强猜"是也。《管锥编》引《抱朴子·微旨》记或愿闻"真人守身炼形之术"，葛洪答曰："夫'始青之下月与日，两半同升合或（当作"成"）一，出彼玉池入金室，大如弹丸黄如桔，中有嘉味甘如蜜，子能得之谨勿失。既往不追身将灭，纯白之气至微密，升于幽关三曲折，中丹煌煌独无匹，立之命门形不卒，渊乎妙矣难致诘。'此先师之口诀，知之者不畏万鬼五兵也。"按此口诀与《黄庭经》内容、句式近似，确属当时思想，陶弘景"登真隐诀"，亦当与此相通。然此皆属旧派道教。《管锥编》引《西游记》第二回所涉及之口诀以佛与仙为归宿，且传诀之道教祖师（《歌》谓"莫把金丹作等闲"）又与佛弟子解空第一同名，其思想属佛道相兼，当新派道教云。

陶弘景《本草序》："魏晋以来，……或三品混糅，冷热舛错，草石不分，虫兽无辨。……今辄苞综诸经，研括烦省，……合七百三十种。"《管锥编》谓"三品"即《神农本草经》所称"养命"之"上药"、"养性"之"中药"、"养病"之"下药"。按由"下药"而"中药"、"上药"，乃知药之本矣。《鹖冠子·世贤》记扁鹊答魏文侯问所谓："长兄于病视神，未有形而除之"，"中兄治病，其在毫毛"，"扁鹊针血脉，投毒药，副肌肤"。由"上医"、"中医"而"下医"，乃知医之本也。盖上医医未病，上药养性命，不其然乎？《抱朴子》内篇《仙药》引《神农四经》曰："上药令人身安命延，……中药养性，下药除病。"《唱道真言》卷五亦曰："下药医形，上药能医神气。"

《管锥编》引《太平广记》卷一五《桓闿》："降陶君之室，言曰：'君之阴功著矣！所修《本草》，以蚉虫、水蛭辈为药，功虽及人，而害于物命，以此一纪之后，当解形去世。'"又卷二一《孙思邈》（出《仙府（当作"传"）拾遗》等）："有神仙降谓曰：'尔所著《千金方》，济人之功，亦已广矣。而物命为药，害物亦多，必为尸解之仙，不得白日升举矣。陶贞白事，吾子所知也。'"按《安士全书·万善先资集》卷三《医士》亦据《梁书》记陶受谴事，且谓其别著《本草》三卷以赎过。如此后世孙思邈别著《千金翼方》事，亦出此乎？施德操《北窗炙輠录》卷上："陶隐居、孙真人皆以药隐，亦隐之善。未能活国，且复活人。"《管锥编》引《华阳陶隐居内传》卷中陶自言："仙障有九，名居其一；使吾不白日登宸者，盖三朝有微名乎！"按此谓名为出世间障，袁小修《珂雪斋集》卷八《寿陈眉公八十》："逃名怕作仙人障，息影真成静者身。"参观袁枚《小仓山房诗集》卷二五："仙人九障名居一，上士关防口最先。安得四禅天上住，一生风不到窗前。"

陶弘景《药总诀序》："或一药以治众疾，或百药共愈一病。"《管锥编》引《旧唐书·方伎传》许胤宗曰："且古之名手，唯是别脉。脉既精别，然后识病。夫病之于药，有正相当者，唯须单用一味，直攻彼病，药力既纯，病即立愈。今人不能别脉，莫识病源，以情臆度，多安药味；譬之于猎，未知兔所，多发人马，空地遮围，或冀一人偶然逢也。如此疗疾，不亦疏乎！假令一药，偶然当病，复共他味相和，君臣相制，气势不行，所以难差，谅由于此。"按许氏医术，以"别脉"为主，脉既精别，以药副之，故可立愈。王符《潜夫论·述赦》："凡治病者，必先知脉之虚实、气之所结，然后为之方，故疾可愈而寿可长也。"此医法颇通禅家，如《七缀集·中国诗和中国画》引《朱子语类》卷一一、卷八引禅语所谓："寸铁可杀人，无杀人手段，则载一车枪刀，逐件弄过，毕竟无益"；南宗禅提倡"单刀直入"（《五灯会元》卷九灵佑章次等），亦此意也。又医家用药主"共味交攻"（synergism）与主"单用一味"之是非，终无定论，宜神而明之也。

陶弘景《遗令》："因所著旧衣，上加生祆裙及臂衣、靺、冠、法服，……钗符于髻上，通以大袈裟复衾，……道人、道士并在门中。"按此即陶氏所得三教合一之象，参观同卷陶氏所撰《茅山长沙馆碑》："夫万象森罗，不离两仪所育；百法纷凑，无越三教之境。"然佛道归宿究有所不同，《高僧传》记昙鸾弃陶弘景所传之仙诀，专修十六观法往生净土，亦见两家之异也。《管锥编》引《五灯会元》卷二记傅大士赴梁武帝招，"被衲、顶冠、靸履"事，或出后人附会，然三教于争执间互相印证，亦渐成时代风气，若大士者，盖得风气之先云。

全梁文卷五二

王僧孺《初夜文》。《管锥编》引《抱朴子》内篇《勤求》："人在世间，日失一日，如牵牛羊，以诣屠所，每进一步，而去死转近。"按《法句经》卷上《无常品》有云："是日已过，命亦随减，如少水鱼，斯有何乐？"亦佛门警言也。参观王梵志诗："百岁乃有一，人得七十稀。张眼看他死，不能自觉知。痴皮裹脓血，顽骨强相随。两脚行衣架，步步入阿鼻。"

《管锥编》引后秦译《长阿含经》之《阿兰那经》，当出东晋译《中阿含经》。引古罗马哲人云："吾人每日生正亦逐日死，生命随日而减，其盈即其缩也。"按近人论出离云：

"始知日历成册，撕一张即废一张，岂最后一张方为废乎！人生积年，去一日即死一日，非以临终一日方为死也。①"

全梁文卷五三

裴子野《雕虫论·序》："宋明帝博好文章，……每国有祯祥，及行幸宴集，辄陈诗展义，且以命朝臣。"按《序》所删部分有："才思朗捷，常读书奏，号称七行俱下。"此"七行俱下"乃一种速读方法。凡书有需逐句逐句乃至逐字逐字读者，此为慢速阅读乃至超慢速阅读。"七行俱下"或进而整页整页读者，则属快速阅读或超快速阅读，且如具备一定条件，尚可整本乃至整类以读。如以三才之道贯通人类整体知识之结构变化，或可能得书籍之整体信息，因象之变化，小大由之也。且人之性情及其变化，确与其所读之书相应，或谓观其藏书品类，亦能知其人矣。

全梁文卷五四

王屮《头陀寺碑文》。《管锥编》谓欲知彼法要指，观此碑与魏收《魏书·释老志》便中，千经万论，待有余力可耳。按千经万论与此碑与《志》，彼法要旨与佛典禅藻，或

---

① 陈健民《曲肱斋尺牍·致某老居士论出离书》，见《曲肱斋文集》（一），蓝吉富主编《现代佛学大系》第38册，140页，别见213页。

一或不一，其间关系似未宜固定也。盖释书属中国文化之要籍，云栖袾宏《竹窗随笔》谓"不读如是书，几虚度一生矣"。然释书有各类读法，云栖又曰："虽读之不过采其辞以资谈柄，自少而壮老而死不一究其理，可谓入宝山而不取也。"虽然，"一染识田，终成道种"，亦未尽无益也。

全梁文卷五五

钟岏《食生物议》。《管锥编》引沈德符《野获编》卷二二（当作"二七"）记冯梦祯奉佛，敬事僧达观、所谓"紫柏大师"，一日同宴席，"主人出馔，蟹甚肥，冯手掰之，自讼（曰）：'是不宜吃，无奈口馋何！'紫柏振声，以杖击之：'汝但饮（当作"恣"）啖，不过识神偶昧。今明知其非，强作怜悯状；此真泥犁种子，非吾徒也。'"按明末四大师，皆有发扬蹈厉之象，此斥极是，盖"直心是道场"，扭曲者非也。

钟嵘《诗品》。《管锥编》引十七世纪英诗人尝言，诗法犹国法，国愈乱则法愈繁。按此盖宋人诗话出而诗亡之意，国法、诗法皆不欲繁，易简之理也。引汤显祖《玉茗堂尺牍》自谓"知曲意"云："笔懒韵落，时时有之，正不妨拗折天下人嗓子。"此以我为主之象，犹王梵志诗"梵志翻着袜，人皆道是错，乍可刺你眼，不可隐我脚"，亦所谓"礼法岂为我辈设"乎。

引袁嘏"诗飞去"之夸，《诗品》作："我诗有生气，须人捉着，不尔，便飞去。"按《槐聚诗存·寻诗》："寻诗争似诗寻我，伫兴追逋事不同。""寻诗"云云，参观杨万里《晚寒题水仙花并湖山》："炼句炉锤岂可无？句成未必尽缘渠。老夫不是寻诗句，诗句自来寻老夫。"吴雷发《说诗管蒯》："作诗固须搜索枯肠，然着不得勉强。故有意作诗，不若诗来寻我，方觉下笔有神。诗固以兴之所至为妙，唐人云：'几处觅不得，有时还自来'，进乎技矣。""追逋"语出苏轼《腊日游孤山访惠勤惠思二僧》："作诗火急追亡逋，清景一失后难摹"，而兼用"诗飞去"意也。

全梁文卷五七

刘峻《辨命论》："夫通生万物，则谓之道；生而无主，谓之自然。自然者，物见其然，而不知其所以然；同焉皆得，而不知其所以得。鼓动陶铸而不为功，庶类混成而非其力。……化而不易，则谓之命；命也者，自天之命也。定于冥兆，终然不变，鬼神莫能预，圣哲不能谋，触山之力无以抗，倒日之诚弗能感。"按此由道与自然而来之命论。《管锥编》引《旧唐书·萧瑀传》记瑀作《非〈辨命论〉》，大旨以为："人禀天地以生，孰云非命？然吉凶祸福，亦因人而有，若一之以命，其弊已甚。"按此释氏之业力因果论。两者实可印证。前者云："然所谓命者，死生焉，贵贱焉，贫富焉，治乱焉，祸福焉，此十者，天之所赋也。愚智善恶，此四者，人之所行也。……夫圣人之言，……或立教以进庸愚，或言命以穷性灵。积善余庆，立教也；凤鸟不至，言命也。……《诗》云：'风雨如晦，鸡鸣不已'，故善人为善焉有息哉。……君子之所急，非有求而为也。"此儒家重视人之主观能动性，与释家之重视自作自受自忏自解，亦有可合处，宜互相包容也。

《管锥编》引本卷峻《相经序》："夫命之与相，犹声之与响。……丰本知其有后，黄中明其可贵。……因斯以观，何事非命？"又引卷四七陶弘景《相经序》："相者，盖性命之著于形骨，吉凶之表于气貌。"按命者时也，相者空也，两者有相需之理。刘《序》云："声动于几，响穷于应"，陶《序》云："表里相感，莫知其所以然"，皆能见其间联系。《管锥编》谓不可知者，命之所以然，观相可知者，命之然。相乃命之表（sign）而非命之本（cause），可由以知命之事而不足凭以测命之理也。按"命之所以然"与"命之理"极深，虽以大道自然与业力因果两论推究其原，终有所不可知云。

全梁文卷五九

郭祖深《舆榇诣阙上封事》。《管锥编》谓极言举国信佛而"不务农桑"之使"杼柚日空"，寺多僧众之"蠹俗伤法"；然并非辟佛废释，故仍曰："功德者，将来胜因"，"如此则法兴俗盛，国富人殷。"按此即释教流弊。又按于印度公元前 400—公元前 200 年间，于《吠陀经》、《奥义书》系统中出现大史诗《摩诃婆罗多》之创作，其插曲《薄迦梵歌》综合《奥义书》以后思想之发展，打破佛教以出世号召人民脱离生产，强调用超脱精神从事实际工作，为长期潜流之婆罗门教复兴为印度教打开源头。其后中国大乘佛教发展打通出入世关系与西方基督教发展以新教伦理贯通资本主义精神，亦同此思路。

全梁文卷六〇

刘勰《灭惑论》。《管锥编》引《朱子语类》卷四五谓王介甫错解佛经"揭谛、揭谛"，大可笑。按有以《书·大禹谟》"念兹在兹，释兹在兹，名言兹在兹"求对者，或以《心经》"揭谛揭谛，波罗揭谛，波罗僧揭谛"应之，亦佳偶也。"揭谛揭谛"，后世亦有译意者，然终以不翻为上。引明人以六字真言"唵嘛呢叭咪吽"（om mani padme hum）象声释为"俺把你哄！"按非是亦是，非是者以密观之，亦是者以禅观之，如圆融互转，则两行可也。

全梁文卷六六

庾肩吾《书品序》："开篇玩古，则千载共朝；削简传今，则万里对面。"《管锥编》引《颜氏家训·杂艺》："真草书迹，微须留意，江南谚云：'尺牍书疏，千里面目。'"按《河南程氏遗书》卷三："某写字甚敬，非是要字好，只此是学。"董其昌《画禅室随笔》卷一《评书》："吾乡陆俨山先生作书，虽率尔应酬，皆不苟且。常曰：'即此便是写字时须用敬也。……古人无一笔不怕千载后人指摘，故能成名。'"参观杨绛《洗澡》第五章："我国有句老话：'写字是出面宝'，凭你的字写得怎样，人家就断定你是何等人。"

全陈文卷六

徐陵《鸳鸯赋》。《管锥编》引雪莱谓生命中一见即没者，诗歌捉搦之，俾勿消失。按《由谁奥义书》第四分："此乃'彼'之指征，如电光一闪，如眼睑一眨。在属诸天者，如是。"注引德国梵学家杜森（Paul Deussen）云："无时间性之大梵，在自然界之象征为一瞬间之闪电，在心灵之象征为一瞬间之想象。[1]"参观桑德堡《诗的定义试解》："诗是对朝天边消失得太快来不及解释生活的一系列解释。"叶寘《爱日斋丛钞》引陈去非诗云："忽有好诗生眼底，安排句法已难寻。"徐增《而庵诗话》："好诗须在一刹那上揽取，迟则失之。"金圣叹《读第六才子书〈西厢记〉法》一八："文章最妙，是此一刻被灵眼觑见，便是此一刻放灵手

---

[1] 徐梵澄译《五十奥义书》，中国社会科学出版社1984年1月版，260、262页。

抓住。盖于略前一刻亦不见，略后一刻便亦不见，恰恰不知何故，却于此一刻忽然觑见，若不捉住，便更寻不出。"

《管锥编》用及苏轼《和子由渑池怀旧》："人生到处知何似？应似飞鸿踏雪泥：泥上偶然留指爪，鸿飞那复计东西！"按"鸿飞"意象似参用释典，南传佛典《长老偈·一偈集》十《维阇耶长老偈》："行迹不可见，空中鸟飞翔。"《大智度论》卷四四《释句义品》："譬如鸟飞虚空，无有足迹。"白居易《观幻》："更无寻觅处，鸟迹印空中。"参观麦克里希《诗艺》："诗应当不置一词，好像鸟飞。"（赵毅衡译）

全陈文卷九

徐陵《与顾记室书》。《管锥编》引韩愈《代张籍与李浙东书》："当今盲于心者皆是，若籍自谓独盲于目尔。"按参观《聊斋志异》卷三《司文郎》："仆虽盲于目而不盲于鼻，帘中人并鼻盲矣。"此"帘中人"即"当今盲于心"者。又"盲心"而至于"盲目"，《聊斋志异》卷十《何仙》亦有所斥："曾在黑暗狱中八百年，损其目之精气。如人久在洞中，乍出，则天地异色，无正明也。"

全陈文卷一〇

徐陵《谏仁山深法师罢道书》。《管锥编》谓"罢道"

者，思凡而竟还俗，"败道"者，破戒而未还俗。然后者长作师子身上虫，反不如前者尚是直心道场矣。按《莲花面经》上："阿难！譬如狮子命绝身死，若空若地若水若陆，所有众生不啖食彼狮子身肉，唯狮子身自生诸虫，还自啖狮子之肉。阿难！我之佛法非余能坏，是我法中诸恶比丘，犹如毒刺，破我三阿僧祇劫积行勤苦所集佛法。"又《仁王经》下："如狮子身中虫，自食狮子肉，非外道也。"《梵网经》卷三："如师子身中虫，自食师子肉。"

全陈文卷一一

徐陵《天台山馆徐则法师碑》。按此见天台山其时尚有道教修炼者，非佛教一宗之天下。而佛教天台宗之成派，于道教思想亦有所吸收，久假而不归，安知其非有也。"夫海水扬尘，几千年而可见；天衣拂石，几万年而难平。"《管锥编》谓下句出《楼炭经》，亦即《长阿含经》之三〇《世纪经》。此"天衣拂石"事，即"阿僧祇劫"数量级之起源。又西晋译《大楼炭经》、后秦译《长阿含经》之《世纪经》，隋译《起世经》（另有《起世因本经》）等，皆述世界成毁之状况，乃同本异译也。

全后魏文卷二七

源子恭《奏访梁亡人许周》。《管锥编》谓异国亡人，即非谍佅,亦常捏造身世,自增声价,盖远来则易大言也。按李贽《史纲评要》卷三三《南宋纪》建炎三十二年卷末评:"高宗南渡,最有功德。不然,东南人家遂无人作墓志,认家谱。可笑俗人,凡有子孙,定有祖宗,何人不从开辟来耶。"此即《写在人生边上》和《人·兽·鬼》重印本序所谓"创造性记忆的诱惑"是也。

全后魏文卷三一

韩显宗《上书陈时务》:"文章之业,日成篇卷。虽睿明所用,未足为烦,然非所以啬神养性,颐无疆之祚。庄周有言:'形有待而智无涯,以有待之形,役无涯之智,殆矣!'"按是,凡多读多写多记多语而不能得其简要者,非养性养神之道,玩物丧志是也。亦有以此消磨意气者,如《全梁文》卷四七引项鸿祚《忆云词》丙稿自序(谭献《复堂词话》九二引作"丁稿")云:"嗟乎!不为无益之事,何以遣有涯之生!"此皆消极而言,未知人生有向上之境。《论语·述而》子曰:"其为人也,发愤忘食,乐以忘忧,不知老之将至云尔。"此终身学习之象,故能得其乐以忘忧也。参观苏轼《与苏伯固》:"某凡百如昨,但抚视《易》、《书》、《论语》三书,便觉此生不虚过。"此言可深味,盖典籍乃至音乐,实人生之最大慰藉也。宋叶采《春日即景》云:"闲坐小窗读《周易》,不知春去几多时。"此读书不觉入神,乃与大化相应也。

全后魏文卷五八

阙名《中岳嵩阳寺碑》："显皮纸骨笔之重，半偈乍身之贵。"按中岳嵩山乃道教重地，北魏时渐有佛教势力渗入。于主峰建立嵩阳寺（公元484年）为其一，于支脉建立少林寺（公元495年）为其二。相传达磨于少林寺面壁九年，少林成禅宗祖庭而大盛，嵩阳遂为少林所掩，而至宋乃成嵩阳书院，亦三教之变也。

《管锥编》引《贤愚经》卷一："剥皮为纸，析骨为笔，血用和墨。"按此含菩萨行愿之成分，参观《普贤行愿品》八："从初发心，精进不退，以不可说不可说身命而为布施，剥皮为纸，析骨为笔，书写经典，积如须弥，为重法故，不惜身命，何况王位城邑聚落宫殿园林一切所有，及余种种难行苦行。"《大唐西域记》卷五《乌仗那国·摩愉伽蓝》："是如来在昔修菩萨行，为闻正法，在此析骨书写经典。"行愿乃佛教实践之一，愿力者，亦生物进化之动力也。

"半偈乍身"之"乍"，《管锥编》疑当作"三"。按"乍"当为"舍"或"捨"字之误。《大般涅槃经》卷一三记释迦牟尼于过去世为凡夫时为闻半偈而舍身，即此事。如与上句"皮纸骨笔"联观，益见重法轻身之象；"半偈"者，"生灭灭已，寂灭为乐"是也。又《管锥编增订》三复引

《大般涅槃经·圣行品》佛曰："如我往昔为半偈故舍奉此身",解"乍"为"奉",然"奉"虽近似,仍以"舍"或"捨"字为长也。且《涅槃经》原文"奉"字为"弃"字,则尤见"捨"字为是。《心地观经》卷一："时佛往昔在凡夫,入于雪山求佛道。摄心勇猛勤精进,为求半偈舍全身。"

全北齐文卷二

杨愔《文德论》。《管锥编》谓"文德"有多义。(1) 见于《经》如《易·小畜》等皆谓政治教化,以别于军旅征伐,如《左传》襄公八年"小国无文德而有武功"。按此文武兼备之象,犹阴阳也,终宜以文德为主。参观《鹖冠子》卷中《度万》："文则寝天下之兵,武则天下之兵莫能当。"(2) 王充《论衡·佚文》篇："《易》曰:'大人虎变,其文炳,君子豹变,其文蔚',又曰:'观乎天文,观乎人文';此言天文以文为观,大人君子以文为操也。"此品德流露为操守言动者。按此"文德"以人为本,《易·坤》五《象》曰:"黄裳元吉,文在中也",《文言》曰:"君子黄中通理,正位居体,美在其中,而畅于四支,发于事业,美之至也。"(1) 言国,(2) 言身,然仍有一贯之理,犹内圣外王之道乎。(3) 章学诚《文史通义》内篇二《文德》："古人……未尝就文词之中,言其有'才'、有'学'、有'识',又有文之'德'也。凡为古文词者,必敬以恕。……知临文之不可无敬、恕，则知文德矣。"此"文德"指作文之正心诚意，即著书立说之操守，《易·文言》"修辞立其诚"是也。《论语·宪问》云："有德必有言，有言者不必有德。仁者必有勇，勇者不必有仁。""有德者"、"仁者"为本，"言"、"勇"生乎此矣。

总观三义，皆可属《易》"人文"之象。（1）言国与（2）言身，当相通，观坤五知之；（3）由乾三"修辞立其诚"出，然此属"居业"，如与"忠信进德"相合，则已衔接（2）矣。又章学诚"才、学、识、德"四者，才、学当先后天之变，而识、德亦互相扶持，识进一层，德进一层，识如通于"观乎天文以察时变，观乎人文以化成天下"，德亦通于道矣。

全北齐文卷八

朱元洪妻孟阿妃《造老君像》："敬造老君像一区〔躯〕。……愿亡者去离三途，永超八难，上升天堂，侍为道君。芒〔茫〕芒三界，蠢蠢四生，同出苦门，俱生上道。"按释家亦有造像度亡之说，今所谓印造经像有十大利益是也。《管锥编》谓后世《封神传》、《西洋记》、《西游记》等写僧道不相师法而相交关；按亦两家之交通也。《红楼梦》亦佛道合一之书，故第一回癞僧疲道合伙同行以示其象，所谓"茫茫大士"、"渺渺真人"者，亦宏观、微观之相通也。

全北齐文卷九

阙名《刘碑造像铭》："笃信（脱"佛"）弟子刘碑……以此果缘，福钟师僧七世，愿使……见在宁康，子孙兴茂，……宦极台相，位累九坐。"《管锥编》谓刘碑梦想颠倒，然"笃信佛弟子"齐心同此愿者，数必如恒河沙。按仅知求福必非，亦即达磨答梁武帝所谓"人天小果，有漏之因"是也；或以探究求福何以有此理，则已通出世间法，非世间法所能限矣。三教乃至基督教皆有修福之事，然其精华尚别有在。且任何一种理论走向群众必有其失，故作者念念不忘"荒江野老屋，二三素心人"也。

全后周文卷八

庾信《马射赋》："落花与芝盖齐飞，杨柳共春旗一色。"《管锥编》引王勃《滕王阁序》警句："落霞与孤鹜齐飞，秋水共长天一色。"按李诩《戒庵老人漫笔》卷八亦谓"落霞"二句承袭《马射赋》，而陈子昂有"残霞将落日交晖，远树与孤烟共色"，"新交与旧识俱欢，林壑共烟霞对赏"，同时骆宾王有"断云将野鹤俱飞，竹响共雨声相乱"。田艺蘅《留青日札》卷二谓"落霞"句祖《淮南子》"紫芝与萧艾俱死"，于王勃前引《褚渊碑》"风仪与秋月齐明，音徽与春云等润"等，亦引《马射赋》此句。

《小园赋》："虽有门而长闭，实无水而恒沉。"按此可当"自隐"之象，前句尚言其形，后句已得其神。参观《庄子·则阳》论"圣人仆"："是自埋于民，自藏于畔。其身销，其志无穷，其口虽言，其心未尝言。方且与世违，而心不屑与之俱，是陆沉者也。"《管锥编》引及"陆沉"郭象注："人中隐者，譬无水而沉也。"又前句参观作者晚年门上挂牌，长期闭门谢客事。后句参观杨绛欣赏庄子"陆沉"，爱读东坡"万人如海一身藏"之句①。

全后周文卷二〇

甄鸾《笑道论》："臣窃以为佛之于道，教迹不同，出没隐显，变通亦异。……佛者以因缘为宗，道者以自然为义。自然者，无为而成，因缘者，积行乃证。……案《老子》五千文，辞意俱伟，谅可贵矣。立身治国，君民之道富焉。所以道有符书厌诅之方，佛禁怪力背哀之术，彼此相形，致使世人疑其邪正，此岂大道自然，虚寂无为之意哉。将以后人背本，妄生穿凿故也。"按此以佛、道比较，示其区别；又以道家之老子与道教之老子比较，示其区别；乃见《论》之意焉。且《化胡》伪经固不足辩亦不足笑，然"化胡"之象

---

① 杨绛《隐身衣》，《将饮茶》代后记，见《杨绛作品集》卷二，中国社会科学出版社 1993 年 10 月版，186 页。

是否可当其时之文化交流，宜另究之。

又"化胡"说当出《后汉书·襄楷传》，楷上桓帝表曰："或言老子入夷狄，为浮屠。"唐李贤注："或言，当时言也。老子西入夷狄，始为浮屠之化。"引黄震《黄氏日钞》卷八六《崇寿宫记》记道士张希声详究"吾师老子之入西域也，尝化为摩尼佛"，则又成一说。摩尼教由古波斯琐罗亚斯德教而来，于中土曾称"明教"。摩尼教学说有取资于佛、道二教处，然佛、道二教似较精致；其"二宗三际"之善恶二元论大致可与中土阴阳学说印证，然亦以阴阳学说较为精致。

全后周文卷二二

释僧勔《难道论》："世之滥述，云老子、尹喜西度，化胡出家，老子为说经解（当作"戒"），尹喜作佛，教化胡人。"按即前引老子化胡之说，后人或谓老子西去达君士坦丁，西人算学开宗之《几何原本》，其形式数理亦为老子所传云①。

全后周文卷二四

卫元嵩《上书请造平延大寺》。《管锥编》引西人尝言：

---

① 杭辛斋《读易杂识·老子之易》。

"耶稣基督而复生，必不信奉流行之基督教"（Christ was not a Christian, and certainly would not have been if born within the Christian era）。按此极是，参观鲁迅《华盖集续编·无花的蔷薇》五："如果孔丘、释迦、耶稣基督还活着，那些教徒难免要恐慌。对于他们的行为，真不知道教主先生怎样慨叹。"别见《谈艺录》补订172页。又本页脚注引数例，其末为恩格斯引述马克思语："正如我所知道的，我不是一个马克思主义者。"《管锥编》全书引马克思恩格斯语共四例，此例入注而较隐，或与《管》书写作时身处之时代背景有关欤。又《管锥编增订》二引尼采尝言："奚考其实，基督教徒只有一人，渠已死于十字架上矣。"按尼采晚年疯病已著后，曾自署名"被钉十字架者（Der Gekreuzigte）"①。

全隋文卷六

炀帝《与释智颉书》三十五首等。按此涉及隋炀帝与天台宗智者大师之关系。天台宗为第一个成熟之中国佛教流派，于性、相、台、贤、禅、净、律、密八宗中，有典型意义。天台宗之经典依据在《妙法莲华经》，思想在"五时八教"之判教方法。此一判教实际开创于隋代之智者，而至明末智旭著《阅藏知津》最后完成，故天台始末亦关联于中国

---

① 徐梵澄译尼采《苏鲁支语录》，商务印书馆1992年版，342页。

佛教兴衰。后世以天台、慈恩与贤首共称"教下三家",然"教下"各有其法通禅、净、密三宗,智者《净土决疑论》"机感相应"是也。

天台宗虽得隋王室支持而大盛,然其内涵非隋王朝可尽,故台宗香火绵延当别有原因,可另究之。且一宗教之流行,或由于政治力量之支持,然宗教成为政治力量或为政治力量服务,亦往往失其真义。台宗与隋王室周旋,亦不得不然,观智者于赴召前坐化于山中大石像前,或不无微意乎。《全陈文》卷一〇《管锥编》曾引《摩诃止观》卷八斥僧之为供养利益而持戒者,盖智者之大愿决不在维持己所创立之一宗也。又天台文献《摩诃止观》与《童蒙止观》入手似有性、命之别,后者可当前者之节本,故分称"大"、"小",宜互化也。

全隋文卷一〇

江总《自叙》。《管锥编》引欧阳修《五代史·杂传》第四二谓尝读冯道《自叙》,"其可谓无廉耻者矣!"按于冯道评论,历来有二说。如仅读其《自叙》以及吴处厚《青箱杂记》卷二所引诗二首,尚可作正面解,所谓"迹浊心清",与江总"权臣"兼"狎客"有所不同。宋吴曾《能改斋漫录》卷十叙富弼、苏辙、王安石之言而推论之,至以冯道为大人(《四库提要》因之称"是非甚为乖剌"),即李详《媿生丛录》卷一"宋人不轻诋冯道，或自有说"。然道之行事仍以作负面解为宜，因后世如以道之言行为口实，则天下坏矣。

李贽《焚书》卷五《读史·孔明为后主写申韩管子六韬》："谯周、冯道诸老宁受祭器归晋之谤，历事五季之耻，而不忍无辜之民日遭涂炭，要皆有一定之学术，非苟苟者。"又《史纲评要》卷二六《后周纪》"冯道卒"条评："此老直是名妓转世，何所多合如此。若作《长乐叙》，又是撒娇故态耳。"王夫之《读通鉴论》卷一〇〇云："冯道，鄙夫也。国已破，君已易，贪生惜利禄，弗获已而数易其心。"近人陈寅恪《寒柳堂集·送蒋秉南序》云："欧阳永叔少学韩昌黎文，晚撰五代史记，作义儿冯道诸传，贬斥势利，崇尚气节，遂一匡五代之浇漓，返之淳正。故天水一朝之文化，竟为我民族遗留之瑰宝，孰谓空文于治道学术无裨益哉。"

全隋文卷一九

薛道衡《老氏碑》："庄周云：'老聃死，秦佚吊之，三号而出，是为（当作"谓"）遁天之形。'虽复傲吏之寓言，抑亦蝉蜕之微旨。"按可分两层解之。其一，《庄子·养生主》寓言，此寓言极深而古今解者不多。凡成学者皆有其执，此执殆不可免，盖由化执而成学，而成学本身亦为执。"秦失吊之，三号而出"，盖化老聃之执乎。然秦失之吊，老聃岂不知，不知如何成学？而老聃之知，秦失又岂不知，不知如何吊之？故老聃、秦失之互知互化乃寓言之旨，此所以两人为友也。又《养生主》以"帝之悬解"对应"遁天之刑"，可参观《德充符》无趾语老聃谓孔丘："天刑之，安可解！"其二，《庄子》"帝之悬解"，薛氏以"蝉蜕"、"尸解"解之。按《庄子》于"帝之悬解"有明确说明，其旨甚为温厚："适来，夫子时也；适去，夫子顺也。安时而处顺，哀乐不能入也。"由时而顺，以此出入，有不同之层次与方式，亦相应于《养生主》末句之结："指穷于为薪，火传也，不知其尽也。"薛碑"参日月之光华，与天地而终始"，似由《庄子·在宥》广成子之言"吾与日月参光，吾与天地为常"而来，如此老子形象已不在生死之内。而参天地日月而变化，非但"飞升"不足以尽之，而"蝉蜕"等亦早已打破也。

《管锥编》引《太平广记》卷一《老子》："《九宫》及《三五经》及《元辰经》云：ّ人生各有厄会，到其时若易名字以随元气之变，则可以延年度厄。'老子必厄会非一，是以名字稍多耳。"按此意极是，"元气之变"约可当《道德经》之"可道非常道"，"易名字"者，《管锥编》已用"可名非常名"解之也。

全隋文卷二〇

李谔《上书正文体》。《管锥编》引《朱子语类》卷一三九曰："大率文章盛则国家却衰；如唐贞观、开元都无文章，及韩、柳以文显，而唐之治已不甚（当作"如"）前矣。"按此以文运、国运之互相消息为论，或成一说。此推移"诗能穷人"之说于国，其是非较难判断，然终以"四象"（文盛国盛、文盛国衰、文衰国盛、文衰国衰）析之为上，不宜仅以"两象"（文盛国衰、文衰国盛）而尽整体也。

全隋文卷二四

牛弘《上表请开献书之路》。《管锥编》谓历数自秦始皇焚书至梁元帝焚书，"书有五厄"。胡应麟《少室山房笔丛》卷一复征自隋以迄于元，"通前为十厄"。按此"五厄"、"十厄"等有其总因，有其别因。总因似可归结于书籍本身之聚散消息，弘《表》谓"经籍盛衰，信有征数"是也；别因则应于每"厄"本身探究。

袁枚《小仓山房诗集》卷二《题蒋元葵进士藏书楼》："常言聚书如斗宝，琅嬛所有安可少？牛弘数五厄，闻之最懊恼。"（《小仓山房续文集》卷二九《散书记》："牛弘所数之五厄，言之慨然。"）亦惜书至极。然同卷《意有所得辄书数句》："形为万卷累，亦非达士怀，不闻古神仙，识字居蓬莱。书堆三万卷，转使我意乖，束之良可惜，读之不能该。吾欲法祖龙，一举为灰埃，终日仰屋梁，不乐胡为哉！"则亦有反向冲动。

《管锥编》引陈献章《白沙子全集》卷一《道学传序》曰："自炎汉迄今，文字纪录著述之繁，积数百年于天下，至于汗牛充栋，犹未已也。许文正［衡］语人曰：'也须焚书一遭！'"参观《谈艺录》补订160页引《旧约全书》中古师之叹："书籍无穷，多读徒疲精弊体。"凡读书宜由繁化简以得其要，如《基度山伯爵》一六章法利亚长老谓仅需熟读一百五十种可也。且深入而言，即此一百五十种尚可简化云。

全隋文卷三一

倭国王多利思北孤《国书》："日出处天子致书日没处天子。无恙！"《管锥编》谓日本、印度乃至古希腊、罗马、阿拉伯人各以本土为世界中心，即家铉翁谓"中有定名而无定位"，"随地而各不同"（《则堂集》卷一《中斋记》）是也。按以地球观之，南北之轴不变，而东西可变。以本土为世界中心，本无不可，然执之则非。且以世运观之，其重心由东向西，呈数百年一变之象；或谓继续西移，未可知也。

全隋文卷三三

释彦琮《通极论》："行乐公子曰：'仆闻天生蒸民，刚柔为匹，……嫁娶（当作"婚姻"）则自古洪规……何独旷兹仇偶，壅此情性，……品物何以生？佛种谁因续？此先生之一蔽也。'"按此婚姻乃至遗传问题，而"梵行先生"、"行乐公子"之辩证仍不厌人心。此问题极深，亦生命奥秘所在，"天地人"之"人"即在于此，古代理论与现代科技之探索各有其长，宜深入之。作者于书信中，引及拉伯雷"那么你就结婚罢"、"那么你就不要结婚罢"之反复辩论（致张文江，1981年10月24日），所谓"围城"之象，亦关涉于此。

修订本后记

本书是我阅读《管锥编》的笔记,2000 年由上海古籍出版社出版。2005 年由该社出版了增订本,2009 年、2012 年重印。本次修订,删削了若干段落,核对了部分引文。

各卷未列出之第一则,已收入拙稿《钱锺书传》中"十部书简义"。

张文江

2023 年 3 月 26 日

图书在版编目(CIP)数据

管锥编读解/张文江著.--修订本.--上海：上海古籍出版社,2024.4(2025.1重印)
ISBN 978-7-5732-1046-3

Ⅰ.①管… Ⅱ.①张… Ⅲ.①《管锥编》Ⅳ.①C539

中国国家版本馆 CIP 数据核字(2024)第 054841 号

中国美术学院视觉中国研究院
China Institute for Visual Studies，China Academy of Art
中国美术学院视觉中国协同创新中心
The Institute for Collaborative Innovationin Chinese Visual Studies，
China Academy of Art

管锥编读解(修订本)

张文江　著

上海古籍出版社出版发行

(上海市闵行区号景路 159 弄 1-5 号 A 座 5F　邮政编码 201101)
(1) 网址：www.guji.com.cn
(2) E-mail：guji1@guji.com.cn
(3) 易文网网址：www.ewen.co

印刷　上海天地海设计印刷有限公司
开本　890×1240　1/32
印张　20.625　插页 5　字数 395,000
版次　2024 年 4 月第 1 版
　　　2025 年 1 月第 2 次印刷
印数　1,501—2,300
ISBN 978-7-5732-1046-3/B·1375
定价：98.00 元

如有质量问题,请与承印公司联系